FUNDAMENTOS DA PESQUISA EM CIÊNCIA POLÍTICA

Blucher

Paul M. Kellstedt
Texas A&M University

Guy D. Whitten
Texas A&M University

FUNDAMENTOS DA PESQUISA EM CIÊNCIA POLÍTICA

Tradução da 2ª edição americana

Tradução

Lorena G. Barberia
Patrick Silva
Gilmar Masiero

Fundamentos de Pesquisa em Ciência Política

Título original em inglês: *The Fundamentals of Political Science Research, Second Edition*

© Paul M. Kellstedt e Guy D. Whitten, 2009, 2013

Editora Edgard Blücher Ltda.

Tradução

Lorena G. Barberia
Professora doutora do Departamento de Ciência Política da Universidade de São Paulo (USP)

Patrick Silva
Mestre em Ciência Política pela Universidade de São Paulo e pesquisador do Centro de Estudos da Metrópole (Cepid/Fapesp)

Gilmar Masiero
Professor de Administração de Empresas no Departamento de Administração da Faculdade de Economia, Administração e Contabilidade da Universidade de São Paulo (FEA-USP)

Blucher

Rua Pedroso Alvarenga, 1245, 4° andar
04531-934 – São Paulo – SP – Brasil
Tel 55 11 3078-5366
contato@blucher.com.br
www.blucher.com.br

Segundo Novo Acordo Ortográfico, conforme 5. ed. do *Vocabulário Ortográfico da Língua Portuguesa*, Academia Brasileira de Letras, março de 2009.

É proibida a reprodução total ou parcial por quaisquer meios sem autorização escrita da Editora.

Todos os direitos reservados pela Editora Edgard Blücher Ltda.

FICHA CATALOGRÁFICA

Kellstedt, Paul M.
Fundamentos da pesquisa em ciência política / Paul M. Kellstedt, Guy D. Whitten; tradução de Lorena Barberia, Patrick Cunha Silva, Gilmar Masiero. -- São Paulo: Blucher, 2015.

Bibliografia
ISBN 978-85-212-0998-0
Título original: The Fundamentals of Political Science Research

1. Ciência política – Pesquisa I. Título II. Whitten, Guy D. III. Barberia, Lorena IV. Silva, Patrick Cunha V. Masiero, Gilmar

15-1223   CDD 320.072

Índice para catálogo sistemático:
1. Ciência política – Pesquisa

Dedicado a Lyman A. Kellstedt, Charmaine C. Kellstedt,
David G. Whitten, e Jo Wright-Whitten,
os melhores professores que tivemos.

PMK e GDW

CONTEÚDO

FIGURAS 16

TABELAS 18

PREFÁCIO À SEGUNDA EDIÇÃO 21

AGRADECIMENTOS DA SEGUNDA EDIÇÃO 23

AGRADECIMENTOS DA PRIMEIRA EDIÇÃO 25

1. O ESTUDO CIENTÍFICO DA POLÍTICA 27

1.1   Ciência Política? 27

1.2   Abordando cientificamente a política: a busca por explicações causais 29

1.3   Pensando sobre o mundo em termos de variáveis e explicações causais 33

1.4   Modelos de política 40

1.5   Regras do caminho para o conhecimento científico sobre política 41

    1.5.1   Desenvolva suas teorias causais 41

    1.5.2   Não deixe que sua teoria seja movida apenas pelos dados 42

    1.5.3   Considere apenas evidências empíricas 42

| | 1.5.4 | Evite afirmações normativas | 43 |

1.5.4 Evite afirmações normativas 43

1.5.5 Persiga tanto a generalização como a parcimônia 43

1.6 Uma rápida visão dos próximos capítulos 44

Exercícios 46

2. A ARTE DA CONSTRUÇÃO DE TEORIAS 49

2.1 Boas teorias nascem de uma boa estratégia de construção teórica 49

2.2 Teorias promissoras oferecem respostas para perguntas
de pesquisa interessantes 50

2.3 Identificando variações interessantes 51

2.3.1 Exemplo de medida temporal 52

2.3.2 Exemplo transversal 53

2.4 Aprendendo a usar seu conhecimento 54

2.4.1 Passando de um evento específico para teorias mais gerais 55

2.4.2 Conhecimento local, pensamento global: podemos abandonar
os nomes próprios? 55

2.5 Examine pesquisas anteriores 57

2.5.1 O que os pesquisadores não abordaram? 57

2.5.2 Pode a teoria ser aplicada a outros lugares? 57

2.5.3 Acreditando nos achados, existem outras implicações? 58

2.5.4 Como esta teoria pode funcionar em outros níveis de agregação
(micro ⇔ macro)? 58

2.6 Pense formalmente sobre as causas que levam à variação de uma variável
dependente 59

2.6.1 Utilidade e utilidade esperada 60

2.6.2 O enigma do comparecimento eleitoral 62

2.7 Pensando sobre instituições: as regras normalmente importam 64

2.7.1 Regras legislativas 64

2.7.2 As regras importam! 66

2.8 Extensões 67

| 2.9 | Como sei se tenho uma "boa" teoria? | 68 |

2.9 Como sei se tenho uma "boa" teoria? 68

    2.9.1 Sua teoria oferece uma resposta a uma questão de pesquisa interessante? 68

    2.9.2 Sua teoria é causal? 69

    2.9.3 Você pode testar sua teoria com dados que ainda não observou? ... 69

    2.9.4 Quão geral é a sua teoria? 69

    2.9.5 Quão parcimoniosa é a sua teoria? 69

    2.9.6 Quão nova é a sua teoria? 70

    2.9.7 Quão não óbvia é a sua teoria? 70

2.10 Conclusão 70

Exercícios 71

3. AVALIANDO RELAÇÕES CAUSAIS 75

3.1 A causalidade e a linguagem do dia a dia 75

3.2 Quatro obstáculos na rota para o estabelecimento de relações causais 78

    3.2.1 Considerando tudo junto – adicionando as respostas para nossas quatro perguntas 80

    3.2.2 Identificar afirmações causais é uma atividade mental essencial 81

    3.2.3 Quais são as consequências de falhar no controle de outras possíveis causas? 84

3.3 Por que o estudo da causalidade é tão importante? Três exemplos da ciência política 85

    3.3.1 Satisfação com a vida e a estabilidade democrática 85

    3.3.2 Raça e participação política nos Estados Unidos 86

    3.3.3 Avaliando se o programa Head Start é efetivo 87

3.4 Encerrando 89

Exercícios 89

4. DESENHO DE PESQUISA 93

4.1 A comparação como a chave para estabelecer relações causais 93

4.2	Desenhos de pesquisa experimentais	94

4.2.1 "Atribuição randômica" *versus* "amostra aleatória" 100

4.2.2 Variedades de experimentos e quase experimentos 100

4.2.3 Existem limitações ao desenho de pesquisa experimental? 101

4.3 Estudos observacionais (em dois sabores) 105

4.3.1 *Datum, data* e banco de dados 107

4.3.2 Estudos observacionais transversais 109

4.3.3 Estudos observacionais de séries temporais 109

4.3.4 A maior dificuldade com estudos observacionais 110

4.4 Resumo 111

Exercícios 113

5. CONHECENDO OS SEUS DADOS: AVALIANDO MENSURAÇÃO E VARIAÇÕES 115

5.1 Conhecendo os seus dados 116

5.2 A mensuração nas ciências sociais: os vários desafios de quantificar a humanidade 117

5.3 Problemas na mensuração dos conceitos de interesse 121

5.3.1 Clareza conceitual 121

5.3.2 Confiabilidade 122

5.3.3 Viés de mensuração e confiabilidade 123

5.3.4 Validade 123

5.3.5 A relação entre validade e confiabilidade 125

5.4 Controvérsia 1: mensurando democracia 125

5.5 Controvérsia 2: mensurando tolerância política 129

5.6 As mensurações ruins têm consequências? 131

5.7 Conhecendo seus dados estatisticamente 131

5.8 O que é a métrica de mensuração de uma variável? 132

5.8.1 Variáveis categóricas 133

Conteúdo 11

	5.8.2	Variáveis ordinais 133
	5.8.3	Variáveis contínuas 134
	5.8.4	Tipos de variáveis e análise estatística 135
5.9	Descrevendo variáveis categóricas 136	
5.10	Descrevendo variáveis contínuas 138	
	5.10.1	Estatísticas de ordenamento 138
	5.10.2	Estatística de momento 142
5.11	Limitações das estatísticas descritivas e dos gráficos 145	
5.12	Conclusões 145	
Exercícios 148		

6. PROBABILIDADE E INFERÊNCIA ESTATÍSTICA 151

6.1	Populações e amostras 151	
6.2	Noções básicas de teoria probabilística 153	
6.3	Aprendendo sobre a população a partir de uma amostra: o teorema do limite central 155	
	6.3.1	A distribuição normal 156
6.4	Exemplo: taxas de aprovação presidencial 160	
	6.4.1	Que tipo de amostra era? 162
	6.4.2	Uma nota sobre os efeitos do tamanho da amostra 162
6.5	Olhando adiante: examinando relações entre variáveis 164	
Exercícios 165		

7. TESTE BIVARIADO DE HIPÓTESE 167

7.1	Teste bivariado de hipótese e o estabelecimento de relações causais 167	
7.2	Escolhendo o teste bivariado de hipótese mais adequado 168	
7.3	Todos os caminhos levam ao p 169	
	7.3.1	A lógica dos valores-p 169
	7.3.2	As limitações do valor-p 170

7.3.3	Dos valores-p à significância estatística	171
7.3.4	A hipótese nula e os valores-p	171
7.4	Três testes bivariados de hipótese	172
7.4.1	Exemplo 1: análise tabular	172
7.4.2	Exemplo 2: diferença de médias	177
7.4.3	Exemplo 3: coeficiente de correlação	182
7.5	Conclusão	188
Exercícios		189

8. MODELO DE REGRESSÃO BIVARIADO 193

8.1	Regressão bivariada	193
8.2	Ajustando uma linha: população – amostra	194
8.3	Qual linha se ajusta melhor? Estimando a reta de regressão	196
8.4	Mensurando nossa incerteza sobre a reta da regressão de MQO	200
8.4.1	Qualidade do ajuste – raiz do erro quadrático médio (*root mean-squared error*)	201
8.4.2	Qualidade do ajuste: R^2	202
8.4.3	Esta qualidade do ajuste é "boa"?	203
8.4.4	Incerteza sobre os componentes individuais do modelo de regressão amostral	203
8.4.5	Intervalo de confiança para os parâmetros estimados	205
8.4.6	Testes de hipótese bicaudais	207
8.4.7	A relação entre intervalos de confiança e testes de hipótese bicaudais	209
8.4.8	Teste de hipótese unicaudal	209
8.5	Pressupostos, mais pressupostos e os requisitos matemáticos mínimos	211
8.5.1	Pressupostos sobre o componente estocástico do modelo populacional	211
8.5.2	Pressupostos sobre as especificações do nosso modelo	214
8.5.3	Requisitos matemáticos mínimos	215

8.5.4   Como podemos satisfazer todos esses pressupostos? 215

Exercícios 217

9. MODELO DE REGRESSÃO MULTIVARIADO: O BÁSICO 219

9.1   Modelando a realidade multivariada 219

9.2   A função do modelo de regressão para a população 220

9.3   Do modelo bivariado ao modelo multivariado 220

9.4   Interpretando a regressão multivariada 225

9.5   Qual efeito é "maior"? 228

9.6   Significância estatística e substantiva 229

9.7   O que acontece quando deixamos de controlar por Z? 231

    9.7.1   Um requisito matemático mínimo adicional para a regressão
          multivariada 235

9.8   Um exemplo da literatura: teorias concorrentes sobre como políticas
     afetam o comércio internacional 235

9.9   Implicações 238

Exercícios 239

10. ESPECIFICAÇÕES DO MODELO DE REGRESSÃO
MULTIVARIADO 243

10.1   Extensões do MQO 243

10.2   Sendo inteligente com variáveis independentes *dummies* no MQO 244

    10.2.1   Utilizando variáveis *dummies* para testar hipóteses sobre uma
            variável categórica que assume somente dois valores 244

    10.2.2   Utilizando variáveis *dummies* para testar hipóteses sobre uma
            variável independente categórica que assume mais de dois valores 249

    10.2.3   Utilizando variáveis *dummies* para testar hipóteses sobre múltiplas
            variáveis independentes 251

10.3   Testando hipóteses interativas com variáveis *dummies* 253

10.4   Valores discrepantes e casos influentes no MQO 256

    10.4.1   Identificando casos influentes 257

    10.4.2   Lidando com casos influentes 260

| 10.5 | Multicolinearidade | 262 |

10.5 Multicolinearidade 262

    10.5.1 Como a multicolinearidade acontece? 263

    10.5.2 Detectando a multicolinearidade 264

    10.5.3 Multicolinearidade: um exemplo simulado 265

    10.5.4 Multicolinearidade: um exemplo do mundo real 267

    10.5.5 Multicolinearidade: o que devemos fazer?.................... 269

10.6 Encerrando 269

Exercícios 270

11. VARIÁVEIS DEPENDENTES LIMITADAS E SÉRIES DE DADOS TEMPORAIS **273**

11.1 Extensões do MQO 273

11.2 Variáveis dependentes *dummies* 274

    11.2.1 Modelo linear de probabilidade 274

    11.2.2 *Binomial logit* e *binomial probit* 277

    11.2.3 A qualidade do ajuste com variáveis dependentes *dummies* 280

11.3 Sendo cauteloso com dados de séries temporais 282

    11.3.1 A notação dos modelos de séries temporais 282

    11.3.2 Memória e defasagem em análises de séries de dados temporais 283

    11.3.3 Tendências e o problema da regressão espúria 285

    11.3.4 A variável dependente diferenciada 288

    11.3.5 A variável dependente defasada 289

11.4 Exemplo: a economia e a popularidade presidencial 291

11.5 Encerrando 295

Exercícios 296

12. JUNTANDO TODAS AS PARTES PARA PRODUZIR UMA PESQUISA EFICAZ **299**

12.1 Duas rotas para um projeto científico novo 299

    12.1.1 Projeto tipo 1: um novo Y (e algum X) 300

12.1.2 Projeto tipo 2: um *Y* conhecido e um novo *X* 301

12.1.3 Variantes dos dois tipos de projetos 302

12.2 Utilizando a literatura sem ser soterrado por ela 304

12.2.1 Identificando trabalhos importantes sobre um assunto – utilizando a contagem de citações 304

12.2.2 Oh, não! Alguém já fez o que eu estava planejando fazer. O que faço agora? 304

12.2.3 Dissecando as pesquisas de outros estudiosos 304

12.2.4 Leia efetivamente para escrever efetivamente 305

12.3 Escrevendo efetivamente sobre sua pesquisa 306

12.3.1 Escreva cedo, escreva frequentemente, porque escrever é pensar 307

12.3.2 Documentando sua codificação – escrevendo e pensando enquanto você codifica 307

12.3.3 Divida e conquiste – uma estratégia seção por seção para a construção do seu projeto 308

12.3.4 Revise, revise e então revise outra vez 310

12.4 Fazendo uso efetivo de tabelas e gráficos 311

12.4.1 Construindo tabelas de regressão 312

12.4.2 Escrevendo sobre tabelas de regressão 316

12.4.3 Outros tipos de tabelas e gráficos 317

Exercícios 318

APÊNDICE A – VALORES CRÍTICOS DO QUI-QUADRADO 319

APÊNDICE B – VALORES CRÍTICOS DE *T* 321

APÊNDICE C – FUNÇÃO DE LIGAÇÃO Λ PARA O MODELO *BINOMIAL LOGIT* 323

APÊNDICE D – FUNÇÃO DE LIGAÇÃO Φ PARA O MODELO *BINOMIAL PROBIT* 325

BIBLIOGRAFIA 327

ÍNDICE REMISSIVO 333

FIGURAS

Figura 1.1 – O caminho para o conhecimento científico 29

Figura 1.2 – Da teoria à hipótese 34

Figura 1.3 – O que você esperaria ver com base na teoria do voto econômico? 36

Figura 1.4 – O que você esperaria ver com base na teoria do voto econômico?
Dois casos hipotéticos 37

Figura 1.5 – O que você esperaria ver com base na teoria do voto econômico? 39

Figura 1.6 – O que você esperaria ver com base na teoria do voto econômico?
Dois casos hipotéticos 39

Figura 2.1 – Aprovação presidencial, 1995-2005 53

Figura 2.2 – Gasto militar em 2005 54

Figura 2.3 – Dívida bruta do governo dos Estados Unidos como
percentual do PIB, 1960-2011 73

Figura 2.4 – Percentual de mulheres no parlamento, 2004 73

Figura 3.1 – O percurso para avaliar uma relação causal 81

Figura 4.1 – Os possíveis efeitos de confusão do interesse político na relação
entre exposição à propaganda eleitoral e intenção de voto 98

Figura 5.1 – Confiabilidade, validade e teste de hipóteses 125

Figura 5.2 – *Score* do Polity IV para o Brasil 127

Figura 5.3 – *Score* do Polity IV para os Estados Unidos. 129

Figura 5.4 – Gráfico de setores da identificação religiosa, NES 2004 137

Figura 5.5 – Gráfico de barras da identificação religiosa, NES 2004 137

Figura 5.6 – Exemplo do produto do comando *summarize* do Stata com
a opção *detail* 138

Figura 5.7 – *Box-plot* do percentual de votação do partido incumbente para a
presidência, 1876-2008 141

Figura 5.8 – Histograma do percentual de votação do partido incumbente
para a presidência, 1876-2008 144

Figura 5.9 – Histogramas do percentual de votação do partido incumbente
para a presidência, 1876-2008, descritos com dois e dez blocos 144

Figura 5.10 – Gráfico de densidade *kernel* do percentual de votação do partido
incumbente para a presidência, 1876-2008. 145

Figura 6.1 – Distribuição de probabilidade normal 155

Figuras 17

Figura 6.2 – A regra do 68-95-99 157

Figura 6.3 – Distribuição de frequência de seiscentos lançamentos de um dado.. 157

Figura 7.1 – *Box-plot* para a duração de governos majoritários e minoritários...... 179

Figura 7.2 – Gráfico de densidade *kernel* para a duração de governos
majoritários e minoritários 180

Figura 7.3 – Gráfico de dispersão da mudança no PIB e voto no partido
do incumbente.. 183

Figura 7.4 – Gráfico de dispersão da mudança no PIB e voto no partido
do incumbente com quadrantes de média delimitada 184

Figura 7.5 – O que há de errado com essa tabela? 190

Figura 8.1 – Gráfico de dispersão da mudança no PIB e voto no partido
do incumbente.. 196

Figura 8.2 – Três retas possíveis 197

Figura 8.3 – Linha de uma regressão MQO em gráfico de dispersão com
quadrantes de média delimitados 199

Figura 8.4 – Resultados do Stata para o modelo de regressão bivariada
VOTE = α + β GROWTH 201

Figura 8.5 – Diagrama de Venn da variância e da covariância para X e Y 202

Figura 9.1 – Diagrama de Venn no qual X, Y e Z estão correlacionados 234

Figura 9.2 – Diagrama de Venn no qual X e Z estão correlacionados com Y,
mas não entre si 234

Figura 10.1 – Resultados do Stata quando são incluídas ambas as variáveis
dummies de gênero no modelo 246

Figura 10.2 – Retas da regressão do modelo com uma variável *dummy*
para gênero.. 248

Figura 10.3 – Retas da regressão do modelo interativo 256

Figura 10.4 – lvr2plot do Stata para o modelo apresentado na Tabela 10.7 259

Figura 10.5 – Reta MQO com gráfico de dispersão para a Flórida, 2000............... 260

Figura 10.6 – Diagrama de Venn com multicolinearidade.................................... 263

Figura 11.1 – Três diferentes modelos para o voto em Bush.............................. 279

Figura 11.2 – O crescimento do golfe e o declínio do casamento nos
Estados Unidos, 1947-2002 286

Figura 11.3 – O crescimento da economia dos Estados Unidos e o
declínio do casamento, 1947-2002.. 287

Figura 11.4 – Primeiras diferenças no número de cursos de golfe e porcentagem
de famílias casadas, 1947-2002 289

Figura 11.5 – Um modelo causal simples da relação entre economia e
aprovação presidencial 292

Figura 11.6 – Um modelo revisado da aprovação presidencial.............................. 292

TABELAS

Tabela 2.1 – Perguntas de pesquisa dos dez artigos mais citados publicados pela *American Political Science Review*, 1945-2005 51

Tabela 2.2 – Lista do 11º ao 20º artigos mais citados na *American Political Science Review*, 1945-2005 72

Tabela 4.1 – Exemplo de dados transversais 108

Tabela 4.2 – Exemplo de dados de série temporal 108

Tabela 5.1 – Frequência para a identificação religiosa segundo o NES de 2004 136

Tabela 5.2 – Valores da votação do incumbente ordenados do menor para o maior 140

Tabela 5.3 – Renda média dos cinquenta estados americanos, 2004-2005 148

Tabela 7.1 – Tipos de variáveis e testes bivariados de hipótese mais adequados 169

Tabela 7.2 – Residências com filiação sindical e voto na eleição presidencial americana de 2008 172

Tabela 7.3 – Gênero e voto na eleição presidencial americana de 2008: cenário hipotético 173

Tabela 7.4 – Gênero e voto na eleição presidencial americana de 2008: expectativas para o cenário hipotético caso não houvesse relação entre gênero e preferência 174

Tabela 7.5 – Gênero e voto na eleição presidencial americana de 2008 174

Tabela 7.6 – Gênero e voto na eleição presidencial americana de 2008: calculando os valores esperados das células caso não haja relação entre gênero e preferência 175

Tabela 7.7 – Gênero e voto na eleição presidencial americana de 2008 175

Tabela 7.8 – Gênero e voto na eleição presidencial americana de 2008 175

Tabela 7.9 – Tipo de governo e duração do governo 181

Tabela 7.10 – Contribuição individual de cada ano eleitoral ao cálculo da covariância 185

Tabela 7.11 – Covariância para crescimento econômico e voto presidencial no candidato do partido incumbente, 1880-2004 186

Tabela 7.12 – Taxas de reeleição dos incumbentes nas eleições para o Congresso nos Estados Unidos, 1964-2006 191

Tabela 8.1 – Medidas dos resíduos totais para três retas diferentes 198

Tabela 9.1 – Três modelos de regressão das eleições presidenciais nos Estados Unidos.. 225

Tabela 9.2 – Excertos da tabela de Morrow, Siverson e Tabares sobre as causas políticas do comércio internacional................................. 237

Tabela 9.3 – Viés em $\breve{\beta}_1$, quando o modelo populacional verdadeiro é $y_1 = \alpha + \beta_1 X_i + \beta_2 Z_1 + ui$, mas deixamos Z de fora............................. 240

Tabela 9.4 – Três modelos de regressão do salário dos professores nos estados americanos e distrito de Columbia 240

Tabela 10.1 – Dois modelos do efeito de gênero e renda nos *scores* do termômetro de Hillary 247

Tabela 10.2 – Identificação religiosa no NES de 1996 249

Tabela 10.3 – O mesmo modelo de religião e renda nos *scores* do termômetro de Hillary com diferentes categorias de referência 251

Tabela 10.4 – Modelo para duração do acordo 253

Tabela 10.5 – Duas variáveis *dummies* sobrepostas nos modelos de Martin e Vanberg.. 253

Tabela 10.6 – Os efeitos de gênero e dos sentimentos em relação ao movimento feminista nos *scores* do termômetro de Hillary....... 255

Tabela 10.7 – Votos em Gore e Buchanan nos condados da Flórida nas eleições presidenciais americanas de 2000............................ 258

Tabela 10.8 – Os cinco maiores (valor absoluto) *scores* de DFBETA para β no modelo apresentado na Tabela 10.7.......................... 260

Tabela 10.9 – Votos em Gore e Buchanan nos condados da Flórida nas eleições presidenciais americanas de 2000............................ 261

Tabela 10.10 – Amostras aleatórias de tamanho crescente de uma população com multicolinearidade substancial.......................... 266

Tabela 10.11 – Correlações de pares entre variáveis independentes................... 267

Tabela 10.12 – Resultados de modelos utilizando amostras aleatórias de tamanho crescente do NES de 2004..................................... 268

Tabela 11.1 – Os efeitos do partidarismo e das avaliações do desempenho do governo nos votos em Bush em 2004 275

Tabela 11.2 – Os efeitos do partidarismo e das avaliações do desempenho do governo nos votos em Bush em 2004: três diferentes tipos de modelos.. 279

Tabela 11.3 – Classificação pelo MPL dos efeitos do partidarismo e das avaliações do desempenho do governo nos votos em Bush em 2004 281

Tabela 11.4 – Golfe e o declínio do casamento nos Estados Unidos, 1947-2002... 287

Tabela 11.5 – PIB e declínio do casamento, 1947-2002..................................... 288

Tabela 11.6 – Excertos da tabela de relação entre economia e aprovação
presidencial de MacKuen, Erikson e Stimson................................. 293

Tabela 11.7 – Classificação de um modelo BNP dos efeitos do partidarismo
e das expectativas prospectivas nos votos em Obama em 2008. 296

Tabela 12.1 – Modelos econômicos de apoio mensal ao governo britânico,
2004-2011 – apenas medidas econômicas objetivas. 314

Tabela 12.2 – Apresentação alternativa dos efeitos de gênero e do sentimento
em relação ao movimento de mulheres nos *scores* do
termômetro de Hillary Clinton. 315

Tabela 12.3 – Modelos econômicos para a taxa de aprovação mensal
do governo britânico entre grupos de eleitores, 2004-2011 –
apenas medidas econômicas objetivas. 315

PREFÁCIO À SEGUNDA EDIÇÃO

Recebemos uma enorme quantidade de valiosos comentários à primeira edição deste livro. Durante a elaboração de uma nova edição, nosso desafio foi tentar produzir um livro que incorporasse o maior número possível desses comentários e mantivesse um tamanho mais ou menos parecido. Nossos objetivos gerais nesta segunda edição foram produzir mais exercícios (que apresentamos no final de cada capítulo), tornar nossas explicações o mais claras e acessíveis quanto possível e incorporar mais exemplos de pesquisas publicados.

Aumentamos consideravelmente a quantidade de exercícios disponíveis no final de cada capítulo. A segunda edição contém 101 exercícios, contra 59 na primeira edição. Adicionalmente, também aumentamos consideravelmente as seções para o público geral e para professores no site deste livro. Agora, a seção destinada ao público geral contém os guias para conduzir as análises discutidas no livro utilizando os *softwares* estatísticos SPSS, Stata e R, bem como os bancos de dados nos formatos compatíveis com esses três *softwares*. A seção destinada aos professores contém diversas adições, incluindo *slides* de PowerPoint e de TEX/Beamer para cada um dos capítulos, um banco de perguntas para provas e as respostas para os exercícios.

Na nova edição, no final de cada capítulo adicionamos uma pequena definição para cada um dos termos introduzidos no capítulo (marcados com negrito). O *trade-off* aqui é entre tornar os materiais deste livro mais acessíveis *versus* correr o risco de oferecer definições muito simplificadas que podem levar os estudantes a pensarem que a simples memorização das definições significa que eles entenderam por completo o conteúdo.

Como sublinhado, fizemos amplas mudanças que permeiam todo o livro, mas também fizemos mudanças substanciais em capítulos específicos. São elas:

- Revisamos substancialmente o capítulo 3. Entre outras mudanças, alteramos a linguagem utilizada para os "quatro obstáculos causais" e adicionamos o que chamamos de "*scorecard* dos obstáculos causais", para ajudar no acompanhamento do progresso de nossas teorias à medida que nos movemos entre os vários estágios do teste de hipótese.

- O capítulo 4 foi alterado para tornar o exemplo utilizado ao longo do capítulo mais familiar a estudantes de graduação de ciência política – nominalmente, se a propaganda eleitoral afeta o comportamento eleitoral. Também expandimos a discussão sobre métodos experimentais, para apresentar mais exemplos de trabalhos aplicados e para incluir uma discussão sobre experimentos de campo (*field experiments*).

- Combinamos os capítulos 5 e 6 da edição anterior deste livro. Como muitos dos livros sobre metodologia, tínhamos escrito os capítulos da primeira edição sobre estes assuntos como se os estudantes fossem conceitualizar e, então, mensurar suas próprias variáveis. Embora isso possa ser verdade para alguns estudantes, esperamos que um número muito maior deles faça *download* dos dados utilizando a internet ou, de qualquer modo, que realizem suas pesquisas com dados não originalmente coletados por eles Escrevemos um novo capítulo 5 pensando nesses estudantes, combinando conceitos críticos sobre mensuração e estatística descritiva em um único capítulo cujo foco é conhecer os dados.

- A combinação dos capítulos 5 e 6 da edição anterior em um novo capítulo 5 nos permitiu abordar uma das maiores preocupações que ouvimos de professores – que o livro não abordava a análise de dados tanto quanto deveria. Os capítulos 7 a 11 da primeira edição se tornaram os capítulo 6 a 11 nesta segunda edição. Dividimos o antigo capítulo 11, que um leitor descreveu como o "monstro metodológico", em dois capítulos palatáveis, ambos com conteúdos novos. O novo capítulo 10 foca em uma série de desafios em termos de especificação de modelos e interpretação de modelos MQO, enquanto o novo capítulo 11 foca em modelos com variáveis dependentes *dummies* e dados de séries temporais.

- Retiramos elementos do antigo capítulo 12, que possuía o nome de "Modelo de regressão multivariado III: aplicações", e os inserimos nos capítulos 9 a 11 desta edição.

- O capítulo 12 é um capítulo inteiramente novo que ambiciosamente chamamos de "Juntando todas as partes para produzir uma pesquisa eficaz". O objetivo desse capítulo é dar seguimento ao capítulo 2, no qual damos alguns conselhos específicos sobre como utilizar todas as lições deste livro para escrever um artigo acadêmico original, tal como um trabalho de conclusão de curso ou um projeto de pesquisa independente. Estamos ansiosos por comentários de professores e estudantes sobre o que funciona e o que não funciona nesse capítulo.

AGRADECIMENTOS DA SEGUNDA EDIÇÃO

Tivemos uma quantidade tremenda de ajuda para escrever a primeira edição deste livro e uma ainda maior durante a preparação desta segunda edição.

Desde a publicação da primeira edição deste livro, temos desfrutado de um fluxo contínuo de comentários de colegas de todo o mundo. Gostaríamos de agradecer a todos os estudantes, membros de corpo docente e outros que tiveram tempo em seus calendários apertados para nos enviar perguntas, críticas, elogios e pensamentos gerais sobre a primeira edição. Embora tenhamos inevitavelmente esquecido alguns nomes, e peçamos desculpas àqueles que tenhamos esquecido de mencionar, gostaríamos de agradecer às seguintes pessoas pelos comentários à primeira edição: Rick Bairett, Lorena Barberia, Neal Beck, Dan Doherty, Sean Gailmard, Steve Haptonstahl, Jude Hays, Karen Long Jusko, Kerem Ozan Kalkan, Eric Lawrence, Suzie Linn, Cherie Maestas, Vince Mahler, Scott Moser, Harvey Palmer, Evan Parker-Stephen, Dave Peterson, John Transue, Jenifer Whitten-Woodring, Cameron Wimpy e Jason Wittenberg.

Como mencionamos nos agradecimentos da primeira edição, nunca teríamos escrito este livro sem o encorajamento de Ed Parsons e seus sábios conselhos. Assim, ficamos felizes por Ed, mas bastante nervosos por saber que ele está deixando a Cambridge University Press. Nosso novo editor, Robert Dreesen, tem sido incrivelmente prestativo e paciente conosco. Gostaríamos de agradecer a Robert por seus úteis conselhos e encorajamentos ao longo da preparação desta edição e sua ênfase na qualidade do manuscrito em detrimento de considerações sobre o tempo de preparação.

Este projeto não teria sido possível sem o amor e paciência de nossas famílias; Christine, Deb, Abigail e Elizabeth foram mais uma vez muito pacientes e nos apoiaram durante todo o processo – assim como Anna, o mais novo membro do time de apoio.

AGRADECIMENTOS DA PRIMEIRA EDIÇÃO

Uma parte inevitável da produção de um livro como este é a acumulação gigante de dívidas intelectuais. Temos estado sobrecarregados tanto pela qualidade quanto pela quantidade de ajuda que recebemos de nossos contatos profissionais (e mesmo pessoais) à medida que passávamos por cada um dos estágios de preparação deste manuscrito.

Este livro surge a partir de mais de vinte anos de experiência combinada de ensino na Brown University, na University of California, Los Angeles, na University of Essex, na University of Minnesota e na Texas A&M University. Apresentamos a maioria dos exemplos deste livro em inúmeras aulas antes de refiná-los até a forma atual. Assim, temos uma dívida com cada estudante que levantou a mão ou franziu a testa enquanto tentávamos explicar complicados processos do estudo científico da política.

Mais recentemente, este projeto surgiu de conversas separadas e céticas que cada um dos autores teve com Ed Parsons durante sua visita à Texas A&M, na primavera de 2006. Sem o perfeito equilíbrio entre encorajamento e sinceridade de Ed, este livro nunca teria início. Em cada um dos estágios do processo ele nos ajudou imensamente. Ele obteve três grupos de pareceristas soberbamente úteis e pareceu sempre saber o momento correto para entrar em contato enquanto trabalhávamos. Tem sido um tremendo prazer trabalhar com Ed neste livro.

Ao longo do processo de redação da obra, tivemos um fluxo constante de apoio, entendimento e paciência de Christine, Deb, Abigail e Elizabeth. Agradecemos por nos aturar durante os momentos mais loucos e por nos ajudar a manter as coisas em perspectiva enquanto trabalhávamos neste projeto.

Para ambos os autores, as linhas entre família, amigos e colegas profissionais são bastante borradas. Confiamos bastante em nossas redes em cada um dos estágios da produção deste livro. No início do processo de unificação deste manuscrito, recebemos os conselhos sábios de Jeff Gill sobre como escrever livros-textos para cientistas sociais e como lidar com cada uma das versões preliminares dos capítulos. Nossos pais, Lyman A. ("Bud") Kellstedt e David G. Whitten, forneceram suas perspectivas únicas e valiosas das versões preliminares do livro. Em separado, mas em conversas relacionadas, John Transue e Alan M. Brookhart se juntaram a nós em longos debates sobre a natureza de experimentos, quase experimentos e estudos observacionais. Outros colegas e amigos nos deram conselhos que melhoraram este livro: Harold Clarke, Geoffrey Evans, John Jackson, Marisa Kellam, Eric Lawrence, Christine Lipsmeyer, Evan Parker-Stephen, David Peterson, James Rogers, Randy Stevenson, Georg Vanberg, Rilla Whitten e Jenifer Whitten-Woodring.

Apesar de toda essa ajuda, somos totalmente responsáveis por qualquer deficiência que tenha persistido. Esperamos comentários de vocês sobre essas deficiências para que possamos tornar melhores as futuras edições deste livro.

Ao longo do processo de redação, estivemos conscientes de como nosso pensamento foi moldado pelos professores que tivemos nos nossos diferentes níveis de ensino. Estamos em dívida com eles de um modo difícil de explicar. Em particular, Guy Whitten agradece a todos pelos seus dias na University of Rochester: Larry M. Bartels, Richard Niemi, G. Bingham Powell, Lynda Powell, William H. Riker e David Weimer. Paul Kellstedt agradece: Al Reynolds e Bob Terbog, da Calvin College; Michael Lewis-Beck, Vicki Hesli e Jack Wright, da University of Iowa; e Jim Stimson e John Freeman, da University of Minnesota.

CAPÍTULO 1
O ESTUDO CIENTÍFICO DA POLÍTICA

RESUMO:

A maior parte dos estudantes de ciência política está interessada na substância da política, e não na sua metodologia. Iniciamos com a discussão dos objetivos deste livro e por que a abordagem científica da política é mais interessante e desejável do que a abordagem que utiliza apenas fatos políticos. Neste capítulo, apresentamos uma visão geral do que significa estudar política cientificamente. Começamos com uma introdução de como nos movemos de teorias causais para o conhecimento científico e como uma parte importante desse processo é pensar o mundo em termos de modelos nos quais conceitos de interesse se tornam variáveis que são causalmente ligadas por teorias. Então introduzimos os objetivos e os padrões da pesquisa em ciência política que serão as regras que teremos em mente no transcorrer dos capítulos. O capítulo termina com uma breve visão geral da estrutura do livro.

A dúvida é o começo, não o final, da sabedoria – provérbio chinês.

1.1 CIÊNCIA POLÍTICA?

"Qual partido você apoia?", "Quando você vai se candidatar?" Essas são questões que estudantes frequentemente escutam após anunciar que estão matriculados em cursos de ciência política. Embora muitos cientistas políticos se identifiquem avidamente com partidos e alguns concorram a cargos eleitorais ou deem conselhos a políticos eleitos, na maior parte do tempo esse não é o foco da ciência política moderna. Ciência política é o estudo científico do fenômeno político. Talvez, como você, uma grande quantidade de cientistas políticos tenha sido atraído pela disciplina durante a graduação graças a um interesse por uma questão específica ou um candidato. Embora, frequentemente, entremos na ciência política em razão das nossas paixões políticas, as pesquisas mais respeitadas em ciência política são conduzidas de maneira que é impossível saber as visões políticas pessoais do autor.

Muitas pessoas que se matriculam em um curso de pesquisa em ciência política se surpreendem ao descobrir o quanto de ciência e, em particular, de matemática estão envolvidas. Gostaríamos de encorajar os estudantes que estão nessa posição a permanecerem conosco – mesmo se a sua resposta a esse encorajamento for "mas estou matriculado nesta matéria apenas porque ela é um requisito para me graduar e nunca mais vou utilizar nenhuma dessas coisas". Mesmo se você nunca for utilizar um modelo de regressão após se graduar, aprender e ter contato com esses conteúdos pode ajudar você de diferentes e importantes modos. Assim, escrevemos este livro tendo em mente os três objetivos seguintes:

- *Para ajudar você a consumir pesquisas em ciência política em suas outras matérias.* Um dos sinais de que um campo de pesquisa está se tornando científico é o desenvolvimento de uma linguagem técnica comum ao campo. Objetivamos tornar a linguagem técnica da ciência política acessível a você.

- *Para ajudar você a se tornar um melhor consumidor de informação.* Em ciência política, assim como em muitas outras áreas científicas e no senso comum, afirmações que fazem relações causais são comuns. Esperamos que você seja capaz de avaliar criticamente tais afirmações.

- *Para iniciar você no caminho de se tornar um produtor de pesquisa científica.* Este é obviamente o mais ambicioso de nossos objetivos. Em nossas experiências de ensino, percebemos que, uma vez que estudantes céticos se tornam confortáveis com as ferramentas básicas da ciência política, o ceticismo se transforma em curiosidade e entusiasmo.

Para perceber o valor dessa abordagem, considere um jeito alternativo de aprender sobre política. Um no qual cursos de ciência política focariam "apenas os fatos" políticos. Nesse jeito alternativo, um curso, por exemplo, oferecido em 1995 sobre a União Europeia (UE) teria ensinado aos estudantes que a UE era formada por quinze nações que a governavam por meio de um arcabouço institucional específico, que possuía um conjunto particular de regras. Um problema óbvio dessa alternativa de cursos em que o único material é a listagem de fatos é que eles provavelmente seriam muito chatos. Contudo, um problema ainda maior é que o mundo político está em constante mudança. Em 2011, a UE era composta por 27 nações e possuía algumas novas instituições de governo e regras diferentes das de 1995. Estudantes que assistiram a cursos sobre a UE em 1995, restritos aos fatos, podem se sentir perdidos ao tentar entender a UE em 2011. Em contraste, uma abordagem teórica da política nos ajudaria a entender melhor por que as mudanças aconteceram e seus prováveis impactos na política da UE.

Neste capítulo, nós apresentamos uma visão geral do que significa estudar a política cientificamente. Iniciamos essa discussão com uma introdução sobre como passar da teoria causal para o conhecimento científico. Uma parte fundamental desse processo é pensar o mundo em termos de modelos, nos quais conceitos de interesse se tornam **variáveis**[1] que são causalmente ligadas pela teoria. Posteriormente, introduzimos os ob-

---

[1] Quando um novo termo importante for introduzido, este termo aparecerá em negrito. Apresentaremos, no final de cada capítulo, pequenas definições de cada um dos termos em negrito que foram introduzidos ao longo do capítulo. Nós discutimos o termo "variável" neste e em outros capítulos. Por agora, uma boa definição é que uma variável é uma grandeza definida que pode assumir dois ou mais valores. Um exemplo de variável é o comparecimento eleitoral; pesquisadores usualmente **mensuram** o comparecimento como o percentual de pessoas aptas a votar em uma região geográfica definida que efetivamente votou em uma eleição em particular.

jetivos e padrões da pesquisa em ciência política que teremos como regras no transcorrer desta obra. Concluímos o capítulo com uma breve visão geral da estrutura deste livro.

1.2 ABORDANDO CIENTIFICAMENTE A POLÍTICA: A BUSCA POR EXPLICAÇÕES CAUSAIS

Eu já disse, eu não sei se isso é viciante. Eu não sou médico. Eu não sou cientista.

Bob Dole, em uma conversa com Katie Couric sobre o tabaco durante a campanha presidencial americana de 1996.

A pergunta sobre "como é que sabemos o que sabemos" é, no seu cerne, uma questão filosófica. Cientistas são separados/aglomerados em diferentes disciplinas, que desenvolvem padrões para a avaliação de evidências. Uma parte central de ser um cientista e fazer uso da abordagem científica para estudar um fenômeno que interessa a você é sempre estar disposto a considerar novas evidências e, com base nessa nova evidência, mudar o que você pensava que *sabia* ser verdade. Essa disposição para sempre considerar novas evidências é contrabalanceada por uma abordagem rigorosa de avaliação de uma nova evidência que permeia a abordagem científica. Isso é, certamente, verdade para o modo como cientistas políticos abordam a política.

Então o que fazem os cientistas políticos e o que faz deles cientistas? Uma resposta simples para essa questão é que, como outros cientistas, cientistas políticos desenvolvem e testam teorias. Uma **teoria** é uma tentativa de conjecturar sobre as causas de um fenômeno de interesse. O desenvolvimento de teorias **causais** sobre o mundo político requer pensar em fenômenos familiares de modo novo. Assim, a construção de uma teoria é em parte arte e em parte ciência. Nós discutimos esse tópico com mais detalhes no capítulo 2, "A arte da construção de teorias".

Figura 1.1 – O caminho para o conhecimento científico.

Uma vez que a teoria tenha sido desenvolvida, como todos os cientistas, nós nos voltamos para o teste de nossa teoria. O primeiro passo para testar uma determinada teoria é recolocá-la/reapresentá-la como uma ou mais hipóteses testáveis. Uma **hipótese** é uma afirmação baseada em uma teoria sobre a relação que esperamos observar. Para toda hipótese existe uma **hipótese nula** correspondente. Uma hipótese nula também é uma afirmação baseada em uma teoria, mas ela trata sobre o que nós deveríamos observar se não existisse a relação entre uma variável independente e a variável dependente. O **teste de hipótese** é um processo em que cientistas avaliam sistematicamente as evidências coletadas para julgar se as evidências são favoráveis à sua hipótese ou à hipótese nula. O processo de estabelecimento do teste de hipótese envolve tanto o raciocínio lógico como um desenho criativo. No capítulo 3, "Avaliando relações causais", focamos a parte do processo que envolve o raciocínio lógico. No capítulo 4, "Desenho de pesquisa", focamos a parte de desenho do processo. Se uma hipótese sobrevive a um teste rigoroso, cientistas passam a confiar nela, em vez de confiar na hipótese nula, e, assim, eles também ganham confiança na teoria a partir da qual formularam suas hipóteses.

A Figura 1.1 apresenta um esquema estilizado de como passamos das teorias para as hipóteses e das hipóteses para o conhecimento científico[2]. No topo da figura, começamos com uma teoria causal para explicar nosso fenômeno de interesse. Então derivamos uma ou mais hipóteses sobre o que nossa teoria nos leva a esperar quando mensuramos nosso conceito de interesse (como previamente discutido, que chamamos de variáveis) no mundo real. No terceiro passo, conduzimos testes **empíricos** das nossas hipóteses[3]. Em seguida, pelos resultados do nosso teste de hipótese, avaliamos nossa teoria causal. À luz da avaliação da teoria, então, pensamos como e se devemos revisar o que consideramos ser o conhecimento científico sobre o fenômeno de interesse.

Uma parte-chave do processo científico é o ceticismo. Ao ouvir uma nova teoria, outros cientistas desafiarão a teoria e formularão mais testes. Embora esse processo possa se tornar um tanto combativo, ele é um componente necessário para o desenvolvimento do conhecimento científico. De fato, um componente fundamental desse conhecimento é que, mesmo que confiemos em uma determinada teoria, nos mantemos abertos à possibilidade de que ainda exista um teste que possa nos fornecer evidências que nos façam perder a confiança nela.

É importante sublinhar a natureza do teste que os cientistas executam. Um jeito de explicar isso é dizendo que cientistas não abordam evidências do mesmo modo que advogados. Advogados trabalham para um cliente em particular, advogam por um ponto de vista em particular (pela "culpa" ou "inocência") e, então, acumulam evidências com o propósito de provar seu caso para um juiz. O objetivo de *provar* um resultado desejado determina o modo como eles lidam com as evidências. Quando confrontados com uma evidência que é conflitante com o caso, advogados tentam

---

[2] Na prática, o desenvolvimento do conhecimento científico é frequentemente muito mais bagunçado do que esse diagrama sugere. Nós mostramos mais da complexidade desse processo nos próximos capítulos.

[3] Por "empírico" nós queremos dizer "baseado em observações do mundo real".

O estudo científico da política **31**

ignorá-la ou desacreditá-la. Quando confrontados com uma evidência que dá suporte ao caso, advogados tentam enfatizar sua aplicabilidade e qualidade. As abordagens científica e legal das evidências estão distantes de muitos modos. A confiança científica em uma teoria somente é alcançada quando hipóteses derivadas de uma determinada teoria superam duros testes. No começo de um processo, advogados desenvolvem uma estratégia que *prova* seus casos. Uma teoria científica nunca é *provada*, porque cientistas estão sempre dispostos a considerar novas evidências.

O procedimento de testar uma hipótese reflete quão duros os cientistas são com suas próprias teorias. Quando avaliam sistematicamente as evidências coletadas para julgar se elas favorecem a hipótese ou a hipótese nula correspondente, eles *sempre* tendem a ser favoráveis à hipótese nula. Técnicas estatísticas permitem aos cientistas fazerem afirmações probabilísticas sobre as evidências que coletaram. Você poderia pensar que, se as evidências são 50% favoráveis à hipótese e 50% contrárias, os cientistas tendem a favorecer a hipótese (derivada de sua teoria) em detrimento da hipótese nula. Na prática, no entanto, não é isso o que acontece. Mesmo quando a hipótese tem uma vantagem de 80-20 sobre a hipótese nula, a maioria dos cientistas ainda se mantém favorável à hipótese nula. Por quê? Porque cientistas estão muito preocupados com a possibilidade de rejeitar erroneamente a hipótese nula e, portanto, fazer afirmações que outros possam mostrar que estão erradas.

Uma vez que uma teoria tenha se estabilizado como parte do conhecimento científico em um campo de estudos, pesquisadores podem prosseguir a partir da fundação que essa teoria propicia. Thomas Kuhn escreveu sobre esse processo em seu famoso livro *A estrutura da revolução científica*. De acordo com Kuhn, os campos científicos passam por ciclos de acumulação do conhecimento baseados em um conjunto de pressupostos compartilhados e em teorias comumente aceitas sobre o modo como o mundo funciona. Juntos, esses pressupostos compartilhados e essas teorias aceitas formam o que nós chamamos de um **paradigma**. Uma vez que pesquisadores em um campo científico tenham aceitado amplamente um paradigma, eles podem perseguir questões técnicas que somente fazem sentido em razão de um trabalho já realizado. Esse estado em que a ciência é conduzida sobre um paradigma aceito é conhecido como **ciência normal**. Quando um grande problema é encontrado nos pressupostos e teorias aceitas em um determinado campo científico, esse campo passará por um período revolucionário, durante o qual novas teorias e pressupostos substituirão o antigo paradigma a fim de estabelecer um novo. Uma das mais famosas revoluções científicas ocorreu durante o século XVI, quando o campo da astronomia foi forçado a abandonar seu pressuposto de que a Terra era o centro do universo. Esse era um pressuposto que tinha influenciado teorias sobre a movimentação planetária por milhares de anos. No livro *Sobre as revoluções dos corpos celestes*, Nicolau Copérnico apresentou sua teoria de que o Sol era o centro do universo. Embora essa teoria radical tenha enfrentado muitos desafios, um crescente corpo de evidências convenceu os astrônomos de que Copérnico estava certo. Ao final dessa **mudança de paradigma**, pesquisadores desenvolveram novos pressupostos e teorias que estabeleceram um novo paradigma, e os campos de estudos afetados entraram em novos períodos de pesquisa científica normal.

Pode parecer difícil imaginar que o campo da ciência política tenha passado por alguma coisa que possa ser comparada com a experiência dos astrônomos no século XVI. De fato, Kuhn e outros acadêmicos que estudam a evolução dos campos de pesquisa científica possuem um vívido e contínuo debate sobre onde as ciências sociais, como a ciência política, estão em termos de desenvolvimento. Os mais céticos argumentam que a ciência política não é suficientemente madura para possuir um paradigma, muito menos uma mudança de paradigma. Se colocarmos de lado este, em alguma medida, debate esotérico sobre paradigmas e mudanças de paradigmas, podemos observar um importante exemplo da evolução do conhecimento científico sobre política no estudo da opinião pública nos Estados Unidos.

Nos anos 1940, o estudo da opinião pública por meio de *surveys* estava ainda no início. Anteriormente àquela época, cientistas políticos e sociólogos assumiam que os eleitores americanos eram profundamente influenciados pela campanha presidencial – e, em particular, pela propaganda eleitoral – em suas opiniões sobre os candidatos. Para melhor entender como esses processos funcionavam, uma equipe de pesquisadores da Universidade de Columbia preparou um estudo de opinião pública em profundidade no Condado de Erie, Ohio, durante a eleição presidencial de 1944. Durante o período de campanha, os pesquisadores entrevistaram múltiplas vezes os mesmos indivíduos. Para a surpresa dos pesquisadores, eles descobriram que os eleitores eram incrivelmente consistentes de uma entrevista para a outra em termos de intenção de voto. Em vez de serem influenciados por um evento particular da campanha, muitos dos eleitores entrevistados tinham decidido em quem iriam votar muito tempo antes de a campanha eleitoral começar. Os resultados do livro publicado por Paul Lazarsfeld, Bernard Berelson e Hazel Gaudet, intitulado *The People's Choice*, mudou o modo como acadêmicos pensam sobre a opinião pública e o comportamento político nos Estados Unidos. Se as campanhas políticas não eram centrais na escolha do voto, estudiosos foram forçados a se perguntar o que *era* fundamental para determinar como as pessoas votavam.

Em um primeiro momento, estudiosos foram céticos em relação aos resultados do estudo do Condado de Erie feito em 1944, mas, assim que as teorias políticas revisadas por Lazarsfeld *et al.* foram avaliadas em outros estudos, o campo da opinião pública passou por uma mudança que se assemelha muito com o que Thomas Kuhn chama de "mudança de paradigma". Na sequência desse achado, novas teorias foram desenvolvidas a fim de tentar explicar a origem dos longos e duradouros elos dos eleitores com os partidos políticos nos Estados Unidos. Um exemplo de um influente estudo conduzido durante essa mudança de paradigma é o seminal livro de Richard Niemi e Kent Jennings publicado em 1974, *The Political Character of Adolescence: The Influence of Families and Schools*. Como o título indica, Niemi e Jennings estudaram os elos entre crianças em idade escolar e partidos políticos. Sob o paradigma da opinião pública existente antes do estudo do Condado de Erie, esse estudo não faria muito sentido. Mas, uma vez que pesquisadores tinham encontrado que os elos partidários dos eleitores são bastante estáveis ao longo do tempo, estudá-los na infância, quando eles são formados, se tornou uma empreitada científica razoável. Você pode observar evidências desse paradigma em trabalhos atuais sobre identidade partidária e em debates sobre sua estabilidade.

1.3 PENSANDO SOBRE O MUNDO EM TERMOS DE VARIÁVEIS E EXPLICAÇÕES CAUSAIS

Então, como cientistas políticos desenvolvem teorias sobre política? Um elemento-chave desse procedimento é como eles organizam seus pensamentos sobre o mundo político em termos de conceitos que cientistas chamam de *variáveis* e de relações causais entre variáveis. Esse tipo de exercício mental é apenas um modo mais rigoroso de expressar ideias sobre política do que aqueles a que estamos acostumados no dia a dia. Devemos pensar em cada variável em termos de seus *nomes* e seus *valores*. O **nome de uma variável** é uma descrição do que essa variável é, e o **valor de uma variável** são os valores que uma variável pode assumir. Então, se estamos pensando sobre uma variável que reflete a idade de um indivíduo, nós podemos simplesmente atribuir como *nome* "Idade", e alguns dos valores que essa variável pode assumir podem ser anos, dias, ou até mesmo horas.

É mais fácil entender o processo de transformar conceitos em variáveis utilizando como exemplo uma teoria. Por exemplo, se pensarmos nas eleições presidenciais americanas, uma ideia comumente expressa é a de que o presidente atual se sai melhor quando a economia está relativamente saudável. Se nós refizermos essa afirmação nos termos de uma teoria de ciência política, o estado da economia se torna a **variável independente** e o resultado da eleição presidencial a **variável dependente**. Um modo de manter o linguajar direto de uma teoria é lembrando que o valor da variável "dependente" "depende" do valor da variável "independente". É bom lembrar que uma teoria é uma tentativa de conjecturar sobre as causas de algum fenômeno de interesse. Em outras palavras, uma teoria é uma conjectura de que a variável independente é causalmente relacionada com a variável dependente; de acordo com nossa teoria, uma mudança no valor da variável independente causa uma mudança no valor da variável dependente.

Este é um bom momento para você parar e tentar fazer suas próprias afirmações causais em termos de variáveis independentes e dependentes; tente completar os espaços em branco com algumas variáveis políticas:

_____ causa _____

Às vezes é mais fácil fazer proposições causais mais específicas em termos dos valores de variáveis que você tem em mente. Por exemplo,

um aumento em _____ causa uma diminuição em _____

ou um aumento em _____ causa um aumento em _____.

Uma vez aprendido o jeito de pensar sobre o mundo em termos de variáveis, você se tornará capaz de elaborar um número quase infinito de teorias causais. No capítulo 4, discutiremos longamente como desenhar uma pesquisa para avaliar afirmações causais teóricas, mas um modo de iniciar a avaliação de uma teoria em particular é pensar sobre uma explicação **causal** por trás dela. Uma explicação causal por detrás de uma teoria é a resposta para a pergunta "por que você pensa que esta variável independente está causalmente relacionada com esta variável dependente?". Se a resposta é razoável, então a teoria pode ser plausível. Ademais, se a resposta for original e o pensamento provocativo, você pode realmente obter algo. Retomemos agora nosso exemplo no qual o estado da economia é nossa variável independente e o resultado da eleição presidencial nossa variável dependente. A explicação causal para essa teoria é que acreditamos que o estado da economia está *relacionado de maneira causal* com o resultado da eleição presidencial *porque* eleitores responsabilizam o presidente pelo desempenho da economia nacional. Como resultado, quando o desempenho da economia é bom, mais eleitores votarão no presidente em exercício. Quando a performance da economia é ruim, pouco eleitores apoiarão o candidato incumbente. Se colocarmos isso nos termos do exercício de completar as lacunas, temos:

O desempenho da economia causa o resultado da eleição presidencial,

ou, mais especificamente, poderíamos escrever

a melhora do desempenho da economia causa
o aumento do número de votos do incumbente.

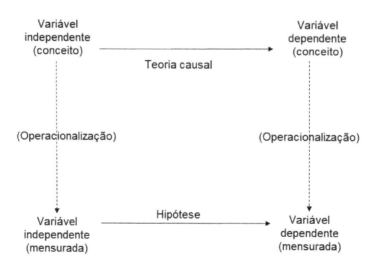

Figura 1.2 – Da teoria à hipótese.

Por agora, vamos nos referir a essa teoria, que tem sido amplamente testada e avançada por cientistas políticos, como "a teoria do voto econômico".

Para testar a teoria do voto econômico nas eleições presidenciais americanas, necessitamos derivar uma ou mais hipóteses testáveis. A Figura 1.2 apresenta um diagrama de relações entre uma teoria e uma de suas hipóteses. Na parte de cima do diagrama estão os componentes da teoria causal. Ao nos movermos da parte de cima

O estudo científico da política

do diagrama (Teoria causal) para a parte de baixo (Hipótese), estamos nos movendo de uma afirmação geral sobre como pensamos que o mundo funciona para uma afirmação mais específica sobre a relação que esperamos encontrar quando observamos o mundo real e mensuramos (**operacionalizamos**) nossas variáveis[4].

No nível da teoria, na parte de cima da Figura 1.2, nossas variáveis não precisam ser definidas explicitamente. No exemplo do voto econômico, a variável independente, denominada "Desempenho econômico", pode ser pensada como um conceito que varia de valores muito bons a muito ruins. A variável dependente, "Voto no incumbente" pode ser pensada como um conceito que varia de valores muito baixos a muito altos. Nossa teoria causal é que um melhor desempenho econômico causa um número maior de votos para o incumbente.

Por existirem muitos jeitos pelos quais podemos mensurar cada uma das variáveis, existem muitas hipóteses diferentes que nós podemos testar para descobrir quão bem nossa teoria lida com **dados** do mundo real. Podemos mensurar desempenho econômico a partir de uma variedade de modos. Essas medidas incluem inflação, desemprego, crescimento econômico real e muitas outras. Pode parecer que medir "Voto no incumbente" seja direto, mas ainda existem escolhas que precisamos fazer. Por exemplo, o que fazemos quando o presidente atual não está concorrendo? Ou o que fazemos quando um terceiro candidato está concorrendo? Mensuração (ou operacionalização) de conceitos é uma parte importante do processo científico. Nós discutiremos em detalhes esse tópico no capítulo 5, o qual é dedicado inteiramente à avaliação de diferentes formas de mensuração e variações nas variáveis. Por agora, imagine que estamos operacionalizando desempenho econômico com a variável que nós chamaremos de "Crescimento real *per capita* da economia no ano". Essa medida, que está disponível em fontes oficiais do governo dos Estados Unidos, mede a taxa de crescimento da economia *per capita* ajustado pela inflação de um ano (por isso o termo "real"). Os ajustes pela inflação e pela população (*per capita*) refletem uma importante parte da mensuração – queremos que as medidas de nossas variáveis sejam comparáveis entre os casos. Os valores para essa variável variam de valores negativos (para anos em que a economia não cresceu) a valores positivos (para anos em que a economia expandiu). Operacionalizamos nossa variável dependente com a variável que chamamos de "Percentual do voto recebido pelo partido do incumbente em relação ao maior partido votado". Essa variável assume valores baseados no percentual de votos, como reportado nos resultados oficiais, para o partido que ocupa a presidência no momento da eleição. Assim, varia de 0 a 100. A fim de tornar nossa variável dependente comparável entre casos, apenas os votos dos dois primeiros partidos foram considerados[5].

---

[4] Ao longo deste livro utilizaremos os temos "mensurar" e "operacionalizar" intercaladamente. É uma prática comum da literatura atual de ciência política utilizar o termo "operacionalizar".

[5] Se você está questionando se é sábio remover os votos dos candidatos de outros partidos, está pensando no sentido certo – todas as vezes em que ler sobre um processo de mensuração, você deve pensar sobre diferentes modos em que a variável poderia ter sido mensurada. E, em particular, deve focar as prováveis consequências de diferentes escolhas de mensuração nos resultados dos testes de hipótese. A avaliação de estratégias de mensuração é um importante tópico do capítulo 5.

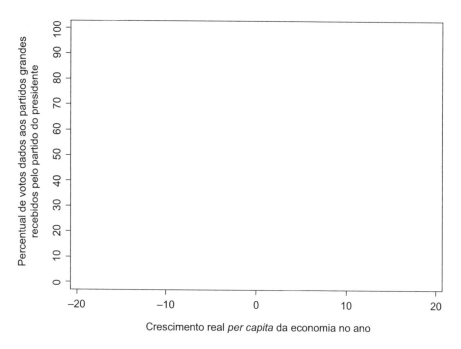

Figura 1.3 – O que você esperaria ver com base na teoria do voto econômico?

A Figura 1.3 mostra os eixos de um gráfico que poderíamos produzir se coletássemos essas duas variáveis. Poderíamos colocar cada uma das eleições presidenciais americanas no gráfico da Figura 1.3, identificando o ponto correspondente pelos valores das variáveis "Crescimento real *per capita* da economia no ano" (eixo horizontal, ou x) e "Percentual do votos recebidos pelo partido do presidente" (eixo vertical, ou y). Por exemplo, se esses valores fossem, respectivamente, 0 e 50, a posição para o ano da eleição seria exatamente o centro do gráfico. Com base em nossa teoria, o que esperaríamos ver se coletássemos essas medidas para todas as eleições? Lembre-se de que nossa teoria é de que um *desempenho econômico* melhor causa um *desempenho eleitoral* melhor do incumbente. E que podemos refazer essa teoria ao revés: um *desempenho econômico* ruim causa um *desempenho eleitoral* pior do incumbente. Então, o que isso nos leva a esperar se colocássemos dados do mundo real na Figura 1.3? Para responder a essa pergunta corretamente, é necessário ter certeza de que sabemos o que significa o gráfico. Se nos movemos da esquerda para a direita no eixo horizontal, chamado de "Crescimento real *per capita* da economia no ano", o que está acontecendo em termos do mundo real? Podemos ver, na extrema esquerda do eixo horizontal, o valor –20. Isso significaria que a economia dos Estados Unidos teria passado por uma redução de 20% no último ano, o que representaria um desempenho muito ruim (para dizer o mínimo). Ao nos movermos para a direita nesse eixo, cada ponto representa um melhor desempenho econômico, até o ponto em que observamos o valor de +20, indicando que a economia real teve um crescimento de 20% no último ano. O eixo vertical descreve os valores para a variável "Percentual dos votos dados aos partidos grandes recebidos pelo partido do presidente". Mover-se para cima nesse eixo representa um acréscimo no percentual de votos obtidos pelo partido, enquanto mover-se para baixo representa um decréscimo no percentual de votos.

Agora pense sobre esses dois eixos juntos em termos do que esperaríamos ver com base na teoria do voto econômico. Sempre devemos começar com nossa variável independente ao pensar dessa maneira. Isso porque nossa teoria afirma que o valor da variável independente exerce uma influência causal no valor da variável dependente. Então, se começamos com um valor muito baixo para *desempenho econômico*, digamos, 15 no eixo horizontal, o que nossa teoria nos leva a esperar em termos do valor para a variável *voto no incumbente*, a variável dependente? Esperaríamos que o valor da variável dependente fosse muito baixo. Esperar-se-ia, portanto, que esse caso se localizasse no canto inferior esquerdo da Figura 1.3. Agora imagine um caso no qual o desempenho econômico foi bastante bom, +15. Nessas circunstâncias, nossa teoria nos levaria a esperar que a vantagem percentual de votos do candidato da situação também fosse bastante elevada. Tal caso se localizaria no canto superior direito do nosso gráfico. A Figura 1.4 mostra esses dois casos hipotéticos no mesmo gráfico disponível na Figura 1.3. Se traçarmos uma linha entre esses dois pontos, essa linha teria uma inclinação para cima, indo do canto inferior esquerdo ao canto superior direito. Dizemos que esse tipo de linha possui uma inclinação positiva. Podemos, portanto, levantar a hipótese de que as variáveis chamadas "Crescimento da economia real no ano" e "Percentual do voto no partido do incumbente" terão uma **relação positiva**. Uma relação positiva é uma em que valores altos da variável independente tendem a coincidir com valores altos da variável dependente.

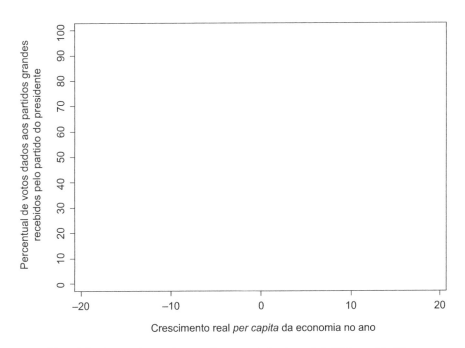

Figura 1.4 – O que você esperaria ver com base na teoria do voto econômico? Dois casos hipotéticos.

Agora, consideramos uma diferente operacionalização da nossa variável independente. Em vez de crescimento econômico, utilizaremos "Percentual de desemprego" como nossa operacionalização de desempenho econômico. Não mudamos nossa teoria, mas precisamos repensar nossa hipótese com essa nova mensuração ou operacionalização. O melhor modo de fazer isso é desenhando uma figura como a Figura 1.3, mas mudando a variável independente no eixo horizontal. Isso é o que temos na Figura 1.5. Quando nos movemos da esquerda para a direita no eixo horizontal da Figura 1.5, o percentual de membros da força de trabalho que estão desempregados aumenta. O que isso significa para o desempenho econômico? Aumentar o desemprego é geralmente considerado um desempenho econômico pior, enquanto diminuir o desemprego é considerado um desempenho econômico melhor. Baseado em nossa teoria, o que nós esperaríamos observar em termos de percentual de votos para o incumbente quando o desemprego é alto? E quando o desemprego é baixo?

A Figura 1.6 mostra esses dois casos hipotéticos no nosso gráfico de desemprego e voto no incumbente da Figura 1.5. O ponto no canto esquerdo superior representa o valor esperado por nós quando o desemprego é igual a zero. Sob essas circunstâncias, nossa teoria do voto econômico nos leva a esperar que o partido do incumbente se sairá muito bem. O ponto no canto inferior direito representa o percentual de votos que esperamos quando o desemprego é alto. Sob essas circunstâncias, nossa teoria do voto econômico nos leva a esperar que o partido do incumbente se sairá muito mal. Se traçarmos uma linha entre esses dois pontos, essa linha teria uma inclinação para baixo, do canto superior esquerdo para o canto inferior direito. Dizemos que essa linha tem uma inclinação negativa. Nós, portanto, podemos levantar a hipótese de que as variáveis "Percentual de desempregos" e "Voto no partido do incumbente" terão uma **relação negativa**. Uma relação negativa é aquela em que valores altos da variável independente tendem a coincidir com valores baixos da variável dependente.

Neste exemplo, temos observado que a mesma teoria pode nos levar a hipóteses de relações positivas e negativas. A teoria a ser testada, juntamente com a operacionalização das variáveis independente e dependente, determina a direção da relação hipotética. O melhor modo de traduzir nossas teorias em hipóteses é desenhando figuras como as Figuras 1.3 ou 1.5. O primeiro passo é nomear o eixo vertical com o nome da variável independente (como operacionalizada) e então nomear o início (esquerda) e o fim (direita) do eixo com os valores apropriados. O segundo passo do processo é nomear o eixo vertical com o nome da variável dependente e então nomear os valores extremos do eixo com os valores apropriados. Uma vez que os eixos e os valores maiores e menores estiverem adequadamente definidos, podemos determinar qual valor para nossa variável dependente deveríamos esperar se observássemos valores extremos para a nossa variável independente. E, uma vez que colocarmos os dois pontos em nossa figura, podemos dizer se a relação de nossa hipótese é positiva ou negativa.

Uma vez que tenhamos descoberto nosso relacionamento hipotético, podemos coletar dados de casos do mundo real e observar como esses dados refletem nossas expectativas de relação positiva ou negativa. Esse é um passo muito importante, que podemos cumprir facilmente no caso da teoria do voto econômico.

O estudo científico da política 39

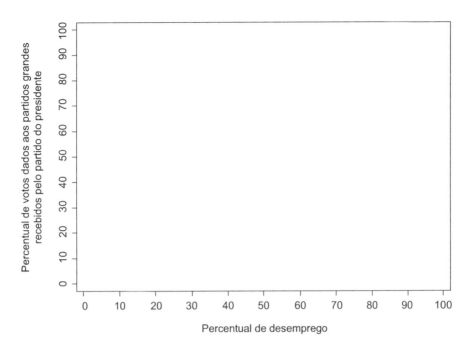

Figura 1.5 – O que você esperaria ver com base na teoria do voto econômico?

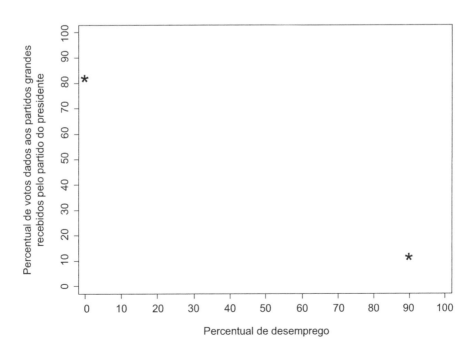

Figura 1.6 – O que você esperaria ver com base na teoria do voto econômico? Dois casos hipotéticos.

Depois que coletamos os dados sobre desempenho econômico e os resultados eleitorais, estamos, entretanto, a um longo caminho de confirmar que o desempenho econômico causa os resultados eleitorais.

Mesmo se um gráfico como o da Figura 1.3 apresentar uma evidência visual atraente, ainda devemos ser mais rigorosos. Os capítulos 7 a 11 focam o uso de estatísticas para avaliar hipóteses. A lógica básica de um teste de hipóteses é que avaliamos a probabilidade da relação que achamos não ser dada pelo acaso. Quanto mais forte é a evidência de que tal relação não se dá ao acaso, mais confiança teremos em nossa hipótese. Por outro lado, quanto mais forte é a evidência de que tal relação é dada pelo acaso, mais confiança teremos na hipótese nula correspondente. Isso, por sua vez, se reflete em nossa teoria.

Neste ponto, precisamos também ser cuidadosos sobre afirmações de que "confirmamos" nossa teoria, porque fenômenos sociais (como as eleições) são usualmente complexos e não podem ser explicados completamente por uma única variável independente. Pense um minuto ou dois sobre outras variáveis, excetuando as de desempenho econômico, que você acredita que possam estar relacionadas causalmente com os resultados das eleições presidenciais americanas. Se pensar em pelo menos uma, você está no caminho de pensar como um cientista político. Como em geral existem outras variáveis que importam, podemos continuar a pensar nossas teorias com duas variáveis por vez, mas precisamos restringir nossas expectativas para dar conta de outras variáveis. Utilizaremos os capítulos 3 e 4 para explorar essas importantes questões.

1.4 MODELOS DE POLÍTICA

Quando pensamos sobre o fenômeno que queremos entender como variável dependente e desenvolvemos teorias sobre as variáveis independentes que causalmente o influenciam, estamos construindo **modelos teóricos**. O cientista político James Rogers apresenta uma excelente analogia entre modelos e mapas para explicar como essas abstrações da realidade são úteis para nós quando estamos tentando entender o mundo político:

> O próprio irrealismo de um modelo, se adequadamente construído, é o que o torna útil. Os modelos desenvolvidos abaixo destinam-se a servir como um mapa de ruas de uma cidade. Se alguém compara um mapa à real topografia de uma cidade, certamente o que é representado no mapa é um retrato altamente irrealista de como a cidade realmente é. O mapa distorce completamente o que está *realmente* lá e deixa de fora inúmeros detalhes sobre áreas específicas. Mas é precisamente *porque* o mapa distorce a realidade – porque abstrai afastando-se de uma série de detalhes sobre o que está realmente lá – que ele é uma ferramenta útil. Um mapa que tenta descrever a totalidade dos detalhes de uma área específica seria confuso demais para ser útil na busca de uma localização específica

ou seria grande demais para ser convenientemente guardado (Rogers, 2006, p. 276, destaques do original).

O ponto essencial é que modelos são simplificações. Se eles são ou não úteis para nós depende do que estamos tentando alcançar com um determinado modelo. Um dos aspectos mais marcantes dos modelos é que eles frequentemente são mais úteis para nós quando são imprecisos do que quando são precisos. O processo de pensar sobre as falhas de um modelo para explicar um ou mais casos pode gerar novas teorias causais. Encontrar imprecisões, frequentemente, nos aponta a direção do progresso teórico frutífero.

1.5 REGRAS DO CAMINHO PARA O CONHECIMENTO CIENTÍFICO SOBRE POLÍTICA

Nos capítulos que seguem, focaremos as ferramentas específicas da pesquisa em ciência política. Ao fazermos isso, tente manter em mente nosso propósito maior – tentar avançar o estado do conhecimento científico sobre política. Como cientistas, temos algumas regras básicas que nunca devem ser desconsideradas quando pensamos:

- Desenvolva suas teorias causais.

- Não deixe que sua teoria seja movida apenas pelos dados.

- Considere apenas evidências empíricas.

- Evite afirmações normativas.

- Persiga tanto a generalização como a parcimônia.

1.5.1 DESENVOLVA SUAS TEORIAS CAUSAIS

A questão da causalidade e, especificamente, como identificamos relações causais é o tema do capítulo 3. Quando cientistas políticos desenvolvem teorias, é fundamental que eles sempre pensem nos termos do processo causal que move o fenômeno que os interessa. Para desenvolver um melhor entendimento do mundo político, é preciso pensar em termos de causas, e não na mera **covariação**. O termo covariação é usado para descrever uma situação em que duas variáveis variam juntas (ou **covariam**). Se imaginarmos duas variáveis, A e B, diríamos que A e B covariam se observássemos valores elevados de A e B simultaneamente. Também diríamos que A e B covariam se observássemos valores elevados de A e, geralmente, valores baixos de B ocorrendo de maneira simultânea[6]. É fácil assumir causalidade quando observamos uma covariação, mas é importante não cair nesse tipo de armadilha.

---

[6] **Correlação** é um termo bastante próximo. Por agora, utilizaremos de forma alternada esses dois termos. No capítulo 7, você verá que existem procedimentos estatísticos precisos para medir covariância e correlação que são próximos, mas que produzem resultados diferentes para os mesmos dados.

1.5.2 NÃO DEIXE QUE SUA TEORIA SEJA MOVIDA APENAS PELOS DADOS

Esta regra está intimamente ligada com a primeira. Um modo mais longo de formular essa regra é "tente desenvolver teorias antes de examinar os dados com os quais você irá testá-las". A importância dessa regra é mais bem ilustrada por um exemplo simples. Suponha que estamos observando a taxa mensal de homicídio (número de homicídios por mil habitantes) na cidade de Houston, Texas. Essa é nossa variável dependente, e queremos explicar por que ela é maior em alguns meses e menor em outros. Se utilizarmos quantas variáveis independente pudermos e simplesmente observarmos se elas possuem uma relação com nossa variável dependente, uma variável com que podemos encontrar uma covariação forte é a quantidade de dinheiro *per capita* gasto com sorvete. Se realizarmos alguma ginástica verbal, podemos desenvolver uma "teoria" sobre como o aumento de açúcar na corrente sanguínea das pessoas que tomam muito sorvete as leva a ter um comportamento assassino. Claro, se pensarmos um pouco mais, perceberemos que a venda de sorvetes e a taxa de homicídios crescem concomitantemente com o aumento da temperatura. Temos uma explicação plausível do porquê de temperatura e taxa de homicídios estarem causalmente relacionados? É bastante conhecido o fato de que as pessoas tendem a ficar mais nervosas quando a temperatura aumenta. As pessoas também passam mais tempo fora de casa quando o clima está quente. Esses dois fatos, combinados, podem produzir uma possível relação causal entre temperaturas e taxas de homicídio.

O que esse exemplo bastante simples ilustra é que não queremos que nossas teorias sejam inteiramente desenvolvidas com base na observação de dados empíricos. Gostamos de estar um pouco familiarizados com os padrões empíricos relacionados à nossa variável dependente para a qual estamos desenvolvendo teorias causais. Isso é normal; não seríamos capazes de desenvolver teorias sobre um fenômeno do qual não sabemos nada. Mas, quando desenvolvemos teorias, precisamos ser cautelosos em relação a quanto vamos nos deixar ser guiados pelo que vemos. Um dos melhores modos de fazer isso é pensar sobre o processo causal subjacente à medida que desenvolvemos nossa teoria e deixar isso ter mais influência em nossos pensamentos do que padrões que podemos ter observado. O capítulo 2 é totalmente dedicado a estratégias para desenvolver teorias. Uma dessas estratégias consiste em identificar uma variação interessante em nossa variável dependente. Embora essa estratégia para o desenvolvimento de teorias se baseie em dados, ela não deve ser feita sem pensar nos processos causais subjacentes.

1.5.3 CONSIDERE APENAS EVIDÊNCIAS EMPÍRICAS

Como previamente sublinhado, precisamos nos manter sempre abertos à possibilidade de que novas evidências possam diminuir nossa confiança em uma teoria estabelecida. Uma regra intimamente ligada a essa é que, como cientistas, queremos basear o que sabemos em evidências empíricas, que, como temos argumentado, são simplesmente "evidências baseadas em dados do mundo real". Uma forte argumentação lógica é um bom começo em favor de uma teoria, mas, antes de nos convencermos, precisamos observar resultados de testes de hipótese rigorosos[7].

1.5.4 EVITE AFIRMAÇÕES NORMATIVAS

Afirmações normativas são afirmações sobre como o mundo deveria ser. Enquanto políticos fazem e desfazem suas carreiras políticas com afirmações normativas, cientistas políticos precisam evitá-las a todo custo. Muitos cientistas políticos se importam com questões políticas pois possuem opiniões sobre como o mundo deveria ser. Isso não é um problema em si. Mas, quando preferências normativas sobre como o "mundo" deveria ser estruturado influenciam o trabalho científico, os resultados se tornam altamente problemáticos. O melhor modo de evitar tais problemas é conduzir a pesquisa e reportar seus resultados de tal maneira que seja impossível para o leitor dizer quais são as preferencias normativas do pesquisador.

Isso não significa que boas pesquisas em ciência política não possam ser utilizadas para mudar o mundo. Pelo contrário, avanços em nosso conhecimento científico sobre fenômenos permitem a decisores políticos realizarem mudanças de maneira mais efetiva. Por exemplo, se quisermos livrar o mundo das guerras (normativo), primeiro precisamos entender as dinâmicas sistemáticas do sistema internacional que produzem as guerras (empírico e causal). Se quisermos eliminar nos Estados Unidos o problema dos sem-teto (normativo), precisamos entender os caminhos que levam uma pessoa a se tornar um sem-teto e os que a retiram dessa situação (empírico e causal). Se quisermos ajudar nosso candidato favorito a vencer as eleições (normativo), precisamos entender quais características fazem as pessoas votarem da forma como votam (empírico e causal).

1.5.5 PERSIGA TANTO A GENERALIZAÇÃO COMO A PARCIMÔNIA

Nossa regra final é que devemos sempre perseguir generalização e parcimônia. Esses dois objetivos podem ser conflitantes. Por "generalização", queremos dizer que nossas teorias devem ser aplicadas à classe geral de fenômenos. Por exemplo, uma teoria que explica a causa de um fenômeno em apenas um país é menos útil do que uma

---

[7] Vale ressaltar que alguns cientistas políticos utilizam dados provenientes de experimentos para testar suas hipóteses. Existe um debate sobre esses tipos de dados serem, estritamente falando, empíricos ou não. Discutimos experimentos em ciência política e suas limitações no capítulo 4. Nos últimos anos, alguns cientistas políticos têm feito uso inteligente de dados simulados para ganhar poder argumentativo em seus fenômenos de interesse. Também é possível debater se esse tipo de dado é empírico ou não. Neste livro, não estamos interessados em contribuir para o debate sobre o que são dados empíricos ou não. Em vez disso, sugerimos que se considere sempre a qualidade dos dados utilizados para realizar os testes de hipótese quando avaliamos afirmações causais.

teoria que explica o mesmo fenômeno em múltiplos países. Adicionalmente, quanto mais simples e **parcimoniosa** uma teoria é, mais atraente ela se torna[8].

No mundo real, entretanto, frequentemente somos confrontados com *trade-offs* entre generalização e parcimônia. Isso ocorre porque, para fazer uma teoria se aplicar a um maior número de casos, nós precisamos adicionar ressalvas.

1.6 UMA RÁPIDA VISÃO DOS PRÓXIMOS CAPÍTULOS

Agora conhecemos as regras para o caminho científico. À medida que transcorrermos os próximos onze capítulos, você adquirirá um conjunto de ferramentas cada vez mais complicadas para desenvolver e testar teorias científicas sobre política. Portanto, é crucial que, a cada passo durante esse caminho, você mantenha essas regras em mente. O restante deste livro pode ser dividido em três diferentes seções. A primeira seção, que vai deste até o capítulo 4, é focada no desenvolvimento de teorias e desenhos de pesquisa para estudar relações causais sobre fenômenos políticos. No capítulo 2, "A arte da construção de teorias", discutimos um leque de estratégias para desenvolver teorias sobre fenômenos políticos. No capítulo 3, "Avaliando relações causais", apresentamos uma explicação detalhada da lógica da avaliação de afirmações causais sobre a relação de uma variável independente, que chamamos de X, e uma variável dependente, que chamamos de Y. No capítulo 4, "Desenho de pesquisa", discutimos estratégias de pesquisa que cientistas políticos usam para investigar relações causais.

Na segunda seção deste livro, expandimos as ferramentas básicas de que cientistas políticos precisam para testar suas teorias. No capítulo 5, "Conhecendo os seus dados: avaliando mensuração e variações", é apresentada uma discussão detalhada sobre como mensuramos (ou operacionalizamos) nossas variáveis, juntamente com uma introdução ao conjunto de ferramentas que podem ser utilizadas para sumarizar as características de uma variável. No capítulo 6, "Probabilidade e inferência estatística", são introduzidas noções básicas de teoria probabilística e da lógica do teste estatístico de hipótese. No capítulo 7, "Teste bivariado de hipótese", começamos a aplicar as lições do capítulo 6 a uma série de testes empíricos sobre as relações entre pares de variáveis.

Na terceira e última seção são introduzidos os conceitos fundamentais do modelo de regressão. No capítulo 8, "Modelo de regressão bivariado", é introduzido o modelo de regressão com duas variáveis como uma extensão dos conceitos apresentados no capítulo 7. No capítulo 9, "Modelo de regressão multivariado: o básico", introduzimos o modelo de regressão multivariado, com o qual pesquisadores são capazes de observar os efeitos de uma variável independente X em uma variável dependente Y, controlando pelos efeitos de outras variáveis independentes. No capítulo 10, "Especificações do

---

[8] O termo "parcimonioso" é frequentemente usado em um sentido relativo. Por exemplo, se estamos comparando duas teorias, a teoria que for mais simples será considerada mais parcimoniosa. Essa regra poderia ser reescrita como "perseguir generalização e simplicidade". Utilizamos as palavras "parcimônia" e "parcimonioso" porque elas são amplamente utilizadas para descrever teorias.

O estudo científico da política

modelo de regressão multivariado", e no capítulo 11, "Variáveis dependentes limitadas e séries de dados temporais", apresentamos uma discussão aprofundada e conselhos para alguns cenários comuns envolvendo regressões multivariadas. Por fim, no capítulo 12, "Juntando todas as partes para produzir uma pesquisa eficaz", discutimos como aplicar as lições aprendidas neste livro para começar a produzir uma pesquisa original.

CONCEITOS INTRODUZIDOS NESTE CAPÍTULO[9]

- Afirmação normativa – afirmação sobre como o mundo deveria ser.

- Causal – causalidade implícita. Um dos focos principais deste livro são teorias sobre relações "causais".

- Ciência normal – pesquisa científica conduzida por meio de um conjunto aceito e compartilhado de pressupostos e teorias de um paradigma.

- Correlação – medida estatística de covariação que sumariza a direção (positiva ou negativa) e a força de uma relação linear entre duas variáveis.

- Covariar (ou covariação) – quando duas variáveis variam juntas, diz-se que elas "covariam". O termo "covariação" é usado para descrever circunstâncias nas quais duas variáveis covariam.

- Dados – um conjunto de valores de variáveis para ao menos duas observações.

- Empírico – baseado na observação do mundo real.

- Hipótese – uma afirmação baseada em uma teoria sobre o que esperamos observar se nossa teoria for correta. Uma hipótese é uma afirmação mais explícita de uma teoria em termos da relação esperada entre uma mensuração da variável independente e uma mensuração da variável dependente.

- Hipótese nula – uma afirmação baseada na teoria sobre o que deveríamos observar se não existisse relação entre uma variável independente e uma variável dependente.

- Mensuração – processo pelo qual conceitos abstratos são transformados em observações do mundo real.

- Modelo teórico – a combinação das variáveis independentes, da variável dependente e das relações causais teoricamente existentes entre elas.

- Mudança de paradigma – quando novos achados desafiam a sabedoria convencional, até o momento em que o conjunto compartilhado de conceitos e teorias aceitos em um determinado campo científico é redefinido.

---

[9] Ao final de cada capítulo, apresentaremos pequenas definições de cada um dos termos em negrito que foram apresentados no capítulo. Essas pequenas definições têm o objetivo de ajudar você a ter uma compreensão inicial do termo quando este for introduzido. Uma compreensão completa desses conceitos só pode ser adquirida por meio da leitura completa do capítulo.

- Nome de uma variável – o nome usado para descrever uma variável em particular.

- Operacionalização – outra palavra para mensuração. Quando uma variável se move do nível do conceito em uma teoria para uma medida do mundo real visando ao teste de hipótese, ela foi operacionalizada.

- Paradigma – um conjunto compartilhado de conceitos e teorias aceitos em um determinado campo científico.

- Parcimonioso – sinônimo para simples ou sucinto.

- Relação negativa – valores altos de uma variável independente tendem a coincidir com valores baixos de uma variável dependente.

- Relação positiva – valores altos de uma variável independente tendem a coincidir com valores altos de uma variável dependente.

- Teoria – tentativa de conjecturar sobre as causas de algum fenômeno de interesse.

- Teste de hipótese – o ato de avaliar empiricamente evidências com o objetivo de determinar o nível de aceitação de uma hipótese diante de uma hipótese nula.

- Valor de uma variável – os valores que uma determinada variável pode assumir.

- Variável – uma quantidade definível que pode assumir dois ou mais valores.

- Variável dependente – uma variável cuja variação, ao menos em parte, teoriza-se ser causada por uma ou mais variáveis independentes.

- Variável independente – uma variável que é teorizada como a causa da variação de uma variável dependente.

EXERCÍCIOS

1. Escolha outro assunto de um curso em que foram mencionadas teorias científicas. De que modo a ciência política é similar e de que modo é diferente?

2. Pense sobre alguma coisa no mundo político que você gostaria de entender melhor. Tente pensar sobre isso como uma variável com valores altos e baixos. Essa é sua variável dependente no nível conceitual. Agora pense sobre o que poderia ser a causa de os valores da sua variável dependente serem altos ou baixos. Tente fazer isso para sua variável independente, também no nível conceitual. Escreva um parágrafo sobre essas duas variáveis e sua teoria sobre o porquê de elas estarem causalmente relacionadas.

3. Identifique alguma coisa no mundo que você gostaria de ver acontecer (normativo). Qual conhecimento científico (empírico e causal) ajudaria você a atingir esse objetivo?

4. A eleição presidencial de 1992, na qual o desafiante Bill Clinton venceu o incumbente George H. W. Bush, é frequentemente lembrada como a eleição do "É a economia, estúpido". Como podemos reescrever a afirmação causal subjacente

O estudo científico da política

à sabedoria comum presente na frase "Clinton venceu Bush por causa do desempenho ruim da economia" em termos teóricos mais gerais?

Para os exercícios 5 e 6, considere a seguinte passagem sobre o mundo: "Se você se importa com o sucesso econômico de um país, você deveria se importar com os direitos políticos das pessoas nesse determinado país". Em uma sociedade na qual pessoas possuem mais direitos políticos, as vítimas de práticas de corrupção trabalharão por meio do sistema para corrigir as coisas. Como resultado, países nos quais pessoas possuem mais direitos políticos possuirão níveis menores de corrupção. Em países em que existe menos corrupção, existirá mais investimento econômico e sucesso econômico.

5. Identifique ao menos duas afirmações causais feitas na passagem anterior. Para cada uma das afirmações, identifique quais são a variável independente e a variável dependente. Essas afirmações causais devem ser feitas nos termos de um dos tipos de frases disponíveis abaixo. A primeira lacuna deve ser preenchida com a variável independente, e a segunda, com a variável dependente.

   _____ causa _____

   Um aumento em _____ causa uma diminuição em _____

   Um aumento em _____ causa um aumento em _____

6. Desenhe um gráfico como o da Figura 1.3 para cada uma das afirmações causais que você identificou no exercício 5. Para cada um dos gráficos, faça o seguinte: comece com o lado esquerdo do eixo horizontal da figura. Este deve representar o valor mais baixo da sua variável independente. Qual é o valor esperado para sua variável dependente nesse caso? Coloque um ponto no gráfico nesse lugar esperado para representar sua variável dependente. Agora faça a mesma coisa para o caso em que a variável independente assume seu maior valor. Desenhe uma linha que conecta esses dois pontos e escreva algumas linhas para descrever o gráfico.

7. Encontre um artigo em uma revista de ciência política que contenha um modelo sobre política. Cite a passagem e o artigo e responda as seguintes perguntas:

   a) Qual é a variável dependente?

   b) Qual é uma das variáveis independentes?

   c) Qual é a teoria causal que conecta a variável independente à variável dependente?

   d) Essa teoria parece plausível?

8. Para cada uma das seguintes afirmações, identifique em quais, se em alguma, as regras do conhecimento científico foram violadas:

   a) Este estudo sobre a relação entre desenvolvimento econômico e o nível de autocracia é importante porque ditaduras são más e precisamos entender como nos livrar delas.

b) A crise econômica da Europa de 2012 causou a derrota de Nicolas Sarkozy na eleição presidencial subsequente?

c) É simplesmente lógico que pobreza causa crime.

d) Esta correlação corrobora a teoria de que clima ruim reduz o comparecimento eleitoral.

CAPÍTULO 2
A ARTE DA CONSTRUÇÃO DE TEORIAS

RESUMO:

Neste capítulo discutimos a arte de construir teorias. Infelizmente, não existe uma fórmula mágica ou um livro com códigos de como desenvolver boas teorias sobre política. Mas existem estratégias que ajudarão você a desenvolvê-las. Discutimos essas estratégias neste capítulo.

2.1 BOAS TEORIAS NASCEM DE UMA BOA ESTRATÉGIA DE CONSTRUÇÃO TEÓRICA

No capítulo 1, discutimos o papel das teorias no desenvolvimento do conhecimento científico. A partir essa discussão, ficou claro que uma "boa" teoria é aquela que, após passar por procedimentos rigorosos de avaliação, contribui para o conhecimento científico. Em outras palavras, uma boa teoria é aquela que muda o modo como pensamos sobre algum aspecto do mundo político. A partir da nossa discussão, também conhecemos as regras que devemos seguir para que nossas teorias sejam causais: que elas não devem ser movidas apenas pelos dados, que devem ser empíricas, que não devem ser normativas, e que devem ser gerais e parcimoniosas. Essa é uma tarefa difícil, e uma questão lógica que surge é: "Como se faz uma teoria assim?".

Infelizmente não existe uma resposta fácil, nem única. O que podemos oferecer é um conjunto de estratégias. "Estratégias?", você pode perguntar. Imagine que lhe foi atribuída a seguinte tarefa: "Vá lá fora e seja atingido por um raio"[1]. Não existe uma fórmula que mostrará o que você pode fazer para ser atingido por um raio, mas certamente existem ações que você pode tomar que tornarão isso mais provável. O primeiro passo é verificar a previsão do tempo e encontrar uma área onde está ocorrendo uma tempestade; se você for a essa área, aumentará a probabilidade de ser acertado por um raio. Seria ainda mais provável se você, uma vez na área da tempestade, subisse no topo de uma colina. Mas seria ainda mais provável se você carregasse um taco de golfe (feito de ferro) e, estando no topo da colina no meio da tempestade, levantasse o taco em direção ao céu. O ponto é que, embora não exista uma fórmula mágica para desenvolver uma boa teoria (ou para ser atingido por um raio), existem estratégias que você pode seguir para aumentar a probabilidade de que isso ocorra.

2.2 TEORIAS PROMISSORAS OFERECEM RESPOSTAS PARA PERGUNTAS DE PESQUISA INTERESSANTES

Na seção que se segue, discutimos uma série de estratégias para o desenvolvimento de teorias. Uma questão que podemos ter antes de começarmos o *tour* pelas estratégias de construção de teorias é: "Como saberei que tenho uma boa teoria?". Outro modo de fazer essa pergunta é questionando: "O que boas teorias fazem?". Sabemos, a partir do capítulo 1, que teorias são transformadas em testes de hipótese e que, quando apoiadas por testes empíricos, elas contribuem para o conhecimento científico sobre o que causa o quê. Então um lugar razoável para começar a responder a pergunta sobre como avaliar uma nova teoria é pensar sobre como essa teoria, se sustentada por testes empíricos, poderia contribuir para o conhecimento científico. Um dos principais modos pelo qual teorias são avaliadas é quanto às questões que elas respondem. Se a questão a ser respondida pela teoria é interessante e importante, essa teoria tem potencial.

A maioria das pesquisas influentes, de qualquer campo científico, pode ser destilada em uma afirmação de efeito sobre a questão à qual ela oferece uma resposta ou ao quebra-cabeça ao qual ela oferece uma solução. Considere, por exemplo, dentre os artigos publicados na *American Political Science Review* de 1945 a 2005, os dez artigos mais citados[2]. A Tabela 2.1 lista esses artigos juntamente com suas perguntas de pesquisa. Vale notar que, dos dez artigos, todos, exceto um, tem como seu principal motivador responder a uma pergunta ou solucionar um quebra-cabeça de interesse não só de cientistas políticos[3]. Isso nos fornece uma dica valiosa sobre o que devemos objetivar com nossas teorias. Também apresenta um modo útil de como avaliar qual-

---

[1] Nossos advogados nos pediram para deixar claro que esta é uma analogia ilustrativa e que não estamos, de modo algum, encorajando você a sair e ser atingido por um raio.

[2] Esta lista foi extraída de um artigo (Sigelman *et al.*, 2006) publicado por um editor de uma revista na qual reconhecidos pesquisadores e alguns dos autores citados refletem sobre a influência dos vinte artigos mais citados publicados na revista durante o período.

[3] O artigo de Beck e Katz, que é um dos artigos técnicos mais influentes da história da ciência política, é a exceção.

quer teoria que estejamos desenvolvendo. Se nossa teoria não se propõe a responder uma pergunta interessante, então ela provavelmente precisa ser retrabalhada. À medida que considerarmos diferentes estratégias para desenvolver teorias, retornaremos a essa ideia básica de responder a perguntas.

Tabela 2.1 – Perguntas de pesquisa dos dez artigos mais citados publicados pela *American Political Science Review*, 1945-2005.

Artigo	Pergunta de pesquisa
1) Bachrach e Baratz, 1962	Como o poder político é criado?
2) Hibbs, 1977	Como os interesses dos seus principais apoiadores afeta as políticas econômicas do governo?
3) Walker, 1969	Como inovações de governança se espalham pelos estados nos EUA?
4) Kramer, 1971	Como as condições econômicas afetam as eleições nacionais nos EUA?
5) Miller e Stokes, 1963	Como as atitudes das bases eleitorais influenciam o voto dos parlamentares nos EUA?
6) March e Olsen, 1984	Como as instituições moldam a política?
7) Lipset, 1959	Quais são as condições necessárias para democracias estáveis?
8) Beck e Katz, 1995	Quais modelos os pesquisadores devem utilizar quando possuem dados de séries temporais em painel?
9) Cameron, 1978	Por que o aumento da participação do governo na atividade econômica aumenta em algumas nações?
10) Deutsch, 1961	Como a mobilização social molda a política em países em desenvolvimento?

2.3 IDENTIFICANDO VARIAÇÕES INTERESSANTES

Um primeiro passo na construção de teorias é pensar sobre fenômenos que variam e focar em padrões gerais. Como teorias são desenhadas para explicar a variação em uma variável dependente, identificar alguma variação que é do seu interesse é um bom ponto de partida. No capítulo 4, apresentamos uma discussão sobre dois dos mais comuns desenhos de pesquisa – estudos transversais e de séries temporais – em detalhes. Por agora, é útil apresentar uma breve descrição de cada um dos tipos de variação que a variável dependente pode possuir. Isso deve ajudar a esclarecer os tipos de variação para quando você for pensar sobre potenciais ideias de pesquisa.

Quando pensamos sobre mensurar nossa variável dependente, a primeira coisa que precisamos fazer é identificar as dimensões temporal e espacial que gostaríamos de medir. A **dimensão temporal** identifica o ponto ou pontos no tempo em que gostaríamos de mensurar nossa variável. Dependendo do que estamos mensurando, medidas típicas de tempo utilizadas em dados de ciência política são: ano, trimestres, meses e semanas. A **dimensão espacial** identifica a unidade física que queremos mensurar. Existe uma extensa variação em termos de unidades espaciais utilizadas em dados de ciência política. Se estivermos observando dados de *survey*[4], a unidade espacial será o indivíduo que o respondeu (conhecido como respondente). Se estivermos observando dados sobre os governos estaduais nos EUA, a unidade espacial serão os cinquenta estados americanos. Dados de estudos em relações internacionais e política comparada frequentemente utilizam países como unidades espaciais. Ao longo deste livro, pensaremos sobre a mensuração de nossa variável dependente em que uma dessas dimensões estará estática (ou constante). Isso significa que as medidas para nossa variável dependente serão de um dos tipos: temporal ou transversal. Na **medida temporal**, a dimensão espacial é a mesma para todos os casos e a variável dependente assume o valor de unidades temporais. Por sua vez, na **medida transversal**, a dimensão temporal é a mesma para todos os casos e a variável dependente assume o valor de unidades espaciais. Embora seja possível mensurar a mesma variável ao longo das dimensões (temporal e transversal), recomendamos fortemente pensar em termos de variação em apenas uma dessas dimensões quando você estiver desenvolvendo sua teoria sobre as causas de uma variação[5]. A seguir apresentamos um exemplo de cada um dos tipos de variável dependente.

2.3.1 EXEMPLO DE MEDIDA TEMPORAL

Na Figura 2.1, observamos a média mensal do índice de aprovação do presidente americano de 1995 a 2005. Podemos dizer que esta variável está medida como uma série temporal, uma vez que a unidade espacial é a mesma (os Estados Unidos), mas possui múltiplos pontos no tempo (cada mês). Essa medida é comparável entre os casos; para cada mês, observamos o percentual de pessoas que disseram aprovar a administração presidencial. Uma vez que temos uma medida como essa, comparável entre casos, podemos começar a pensar sobre qual variável independente pode *causar* o nível da variável dependente ser alto ou baixo. Em outras palavras, procuramos por respostas para a seguinte pergunta de pesquisa: "O que faz com que a aprovação presidencial suba ou desça?".

Se um alarme disparou na sua cabeça em razão da violação de uma das regras estabelecidas no capítulo 1, parabéns – você está fazendo um bom trabalho. Nossa segunda regra é: "Não deixe que sua teoria seja determinada apenas pelos dados". Lembre-se que podemos reescrever essa regra nos seguintes termos: "Tente desenvolver teorias antes de examinar os dados que serão utilizados para os testes". Note, contudo, que neste exemplo estamos apenas examinando a variação de uma de nossas variáveis, no

---

[4] *Survey* é uma técnica de levantamento de dados a partir de questionários aplicados a uma amostra potencial de respondentes. [N.T.]

[5] Como mencionaremos no capítulo 4, eventualmente teorizamos sobre mais de uma variável independente como causa da variação de uma mesma variável dependente. Confinar a variação da variável dependente a uma única dimensão ajuda a tornar tratáveis as considerações sobre modelos multivariados.

caso, da dependente. Passaríamos a ter problemas se desenvolvêssemos uma teoria após termos observado um gráfico com os dados das variáveis que utilizaremos para testar nossa teoria. Se ainda parecer que estamos utilizando muito nossos dados antes de desenvolver nossa teoria, poderíamos desenvolver uma teoria sobre a aprovação do presidente americano usando a Figura 2.1, mas então testar a teoria com um conjunto diferente de dados que podem ou não conter os dados descritos nessa figura.

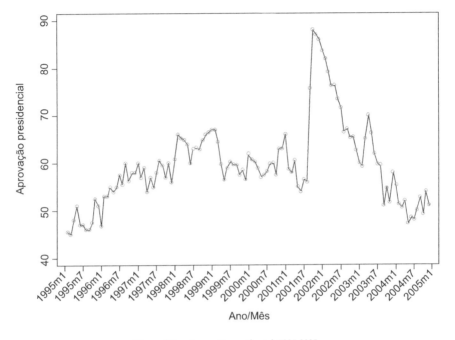

Figura 2.1 – Aprovação presidencial, 1995-2005.

2.3.2 EXEMPLO TRANSVERSAL

Na Figura 2.2, podemos observar o gasto militar em percentual do produto interno bruto (PIB) em 2005 para 22 países selecionados aleatoriamente. Podemos dizer que essa variável é medida transversalmente, porque ela varia entre unidades espaciais (países), mas não no tempo (a variável é medida para o ano de 2005 para cada um dos casos). Quando mensuramos variáveis por meio de unidades espaciais, como é o caso dessa variável, temos que ser cuidadosos ao escolher a medida apropriada para que ela seja comparável entre as unidades. Para melhor entender esse ponto, imagine que tenhamos mensurado nossa variável dependente como a quantidade de dinheiro que cada um dos países gasta com os militares. O problema nesse caso seria que a moeda de cada país – o *lek* albanês, o *taka* bengali e o peso chileno – não possuem o mesmo valor. Para tornar esses valores comparáveis entre os países, necessitamos saber a taxa de câmbio. Utilizando essa taxa, seríamos capazes de converter a quantidade absoluta de dinheiro que cada país gastou em uma medida comum. Poderíamos pensar essa medida em particular como uma operacionalização para o conceito de "poder militar" relativo. Seria uma variável dependente perfeitamente razoável para teorias sobre o que torna um país mais poderoso do que outro. Por que, você deve se perguntar, medir gasto militar como percentual do PIB? A resposta é que essa é a nossa tentativa de mensurar o percentual total do esforço orçamentário que cada um dos países dedica às suas forças armadas. Alguns países possuem economias maiores do que outros, e essa medida nos permite responder o quanto do total da atividade econômica do país é dedicada ao gasto militar. Com essa variação em mente, desenvolvemos uma teoria para responder à pergunta: "O que faz um país dedicar mais ou menos dos seus recursos econômicos disponíveis ao gasto militar?".

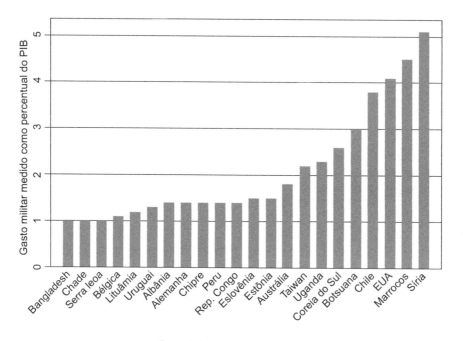

Figura 2.2 – Gasto militar em 2005.

2.4 APRENDENDO A USAR SEU CONHECIMENTO

Um dos problemas comuns que as pessoas têm quando tentam desenvolver uma teoria sobre um fenômeno de interesse é que elas não conseguem deixar de lado um determinado acontecimento político ou um determinado lugar que elas conhecem muito. É útil conhecer algumas especificidades sobre política, mas também é importante ser capaz de se distanciar das especificidades de um caso e pensar mais amplamente sobre as causas subjacentes do processo causal. Podemos utilizar uma analogia para sermos mais claros: é bom saber alguma coisa sobre árvores, mas queremos teorizar sobre a floresta. Lembre-se: uma das regras do processo científico é tentar fazer com que nossas teorias sejam gerais.

2.4.1 PASSANDO DE UM EVENTO ESPECÍFICO PARA TEORIAS MAIS GERAIS

Para um exemplo disso, reveja a Figura 2.1. Qual é a primeira coisa que a maioria das pessoas nota quando observa essa figura? Uma vez que elas tenham descoberto quais são as dimensões dos eixos da figura (taxa de aprovação do presidente americano ao longo do tempo), muitas das pessoas observarão os dados do inverno de 2001 e notarão que há um rápido aumento da aprovação presidencial após os ataques terroristas de 11 de setembro. Esse é um período da história recente sobre o qual muitas das pessoas possuem memórias detalhadas. Em particular, elas podem lembrar como a nação se reuniu em torno do então presidente Bush após os ataques. Poucas pessoas duvidariam da existência de uma ligação causal entre os ataques terroristas e o subsequente pico da aprovação presidencial.

Em um primeiro momento, esse incidente em particular pode parecer um evento único que não pode gerar *insights* para teorias gerais. Afinal de contas, ataques terroristas em solo americano são eventos raros, e ataques com a magnitude dos de 11 de setembro são ainda mais raros. O desafio para a mente científica quando temos muita confiança em uma relação causal em um incidente único é extrair o principal dos conceitos utilizados no que podemos chamar de experimentos mentais: como um ataque terrorista de menor proporção pode afetar a opinião pública? Como outros tipos de incidentes internacionais podem afetar a opinião pública? Achamos que ataques terroristas levariam a reações similares da opinião pública em outros países? Cada uma dessas questões é colocada em termos gerais, utilizando um evento específico como ponto de partida. As respostas para essas questões mais gerais podem nos levar a teorias gerais sobre o efeito causal de incidentes internacionais na opinião pública.

Em 1970, John Mueller partiu de incidentes internacionais específicos e suas influências na aprovação presidencial para chegar a uma teoria geral sobre quais são as causas do aumento (ou de incrementos de pequena duração) da aprovação presidencial[6]. Mueller desenvolveu uma teoria que sustenta que a aprovação presidencial teria um aumento de curto prazo sempre que ocorresse um conflito internacional. Ele pensou que isso aconteceria porque, em face de um conflito internacional, pessoas tenderiam a colocar de lado suas diferenças partidárias e outras críticas à administração presidencial, e apoiariam o presidente como o líder da nação. Mueller encontrou apoio substancial a sua hipótese a partir da análise da série temporal dos índices de aprovação presidencial, o que deu confiança à sua teoria sobre como a opinião pública se comporta.

2.4.2 CONHECIMENTO LOCAL, PENSAMENTO GLOBAL: PODEMOS ABANDONAR OS NOMES PRÓPRIOS?

Físicos não possuem teorias que se aplicam apenas à França, nem os cientistas políticos devem ter, ainda que muitos cientistas políticos escrevam artigos com um con-

---

[6] Ver Mueller (1973).

texto geográfico específico em mente. Entre estes últimos, os que possuem o maior impacto são aqueles que lidam com teorias gerais em que os nomes próprios[7] foram retirados. Um excelente exemplo é o trabalho de Michael Lewis-Beck intitulado "Who's the Chef". Como muitos dos observadores da política francesa, Lewis-Beck examinou um período pitoresco de 1986 a 1988 da história francesa, durante o qual o presidente foi o socialista François Mitterand e o primeiro-ministro o político de direita Jacques Chirac, do partido gaulês RPR. Essa combinação política gerava problemas quando os dois líderes compareciam a encontros internacionais reivindicando ser o representante legítimo da França. Essa situação levou a uma famosa foto dos líderes dos países do G7 que contém oito pessoas[8]. Embora muitas pessoas vejam a foto apenas como outra anedota inusitada sobre a imutável natureza da relação de poder entre presidentes e primeiros-ministros na Quinta República Francesa, Lewis-Beck partiu de tais eventos específicos para desenvolver e testar uma teoria geral sobre controle político e opinião pública.

A teoria de Lewis-Beck propunha que a mudança do controle político da economia causaria uma alteração na opinião pública em termos de quem era o responsável pela economia. Na França, durante o período de controle político unificado dos cargos de presidente e primeiro-ministro, o presidente é dominante e, assim, de acordo com a teoria de Lewis-Beck, deve ser responsabilizado pelos resultados econômicos. Todavia, durante períodos de controle dividido, a teoria de Lewis-Beck leva a esperar que o primeiro-ministro, em razão do controle da gestão econômica em tais períodos, deve ser responsabilizado pelo desempenho econômico. Por meio de uma análise cuidadosa dos dados sobre controle político e responsabilização[9] econômica, Lewis-Beck encontrou respaldo para sua teoria.

Embora os resultados desse estudo sejam importantes para o avanço do nosso entendimento da política francesa, a contribuição teórica feita por Lewis-Beck é muito maior porque ele a redigiu em termos gerais, e não com nomes próprios. Também podemos usar essa lógica para passarmos do entendimento de um evento específico para teorias gerais que explicam a variação em múltiplos eventos. Por exemplo, embora pudesse ser tentador pensar que toda eleição presidencial americana é um evento único – com candidatos diferentes (nomes próprios) e com circunstâncias históricas específicas –, uma boa teoria científica não explica apenas o resultado das eleições presidenciais de 2012, mas das eleições presidenciais americanas em geral. Isto é, em vez de perguntar "Por que Obama venceu Romney na eleição de 2012?", devemos perguntar "O que faz o partido do presidente vencer ou perder uma eleição presidencial nos EUA?" ou "O que faz com que candidatos do Partido Republicano se saiam melhor ou pior que candidatos do Partido Democrata nas eleições presidenciais americanas?".

---

[7] Por "nomes próprios" queremos dizer nomes de pessoas ou países específicos. Mas, como argumentaremos, logicamente, isso pode ser estendido para datas.

[8] O G7 – agora G8, com a inclusão da Rússia – é um encontro de cúpula anual dos líderes dos governos dos países mais poderosos do mundo.

[9] *Accountability.* [N.T.]

2.5 EXAMINE PESQUISAS ANTERIORES

É frequentemente útil, uma vez que você tenha identificado uma área que queria pesquisar, observar o que outros já fizeram que tenha relação à sua área de interesse. Como discutido no capítulo 1, parte do uso da abordagem científica consiste em ser cético sobre resultados de pesquisas, sejam elas suas ou de outros pesquisadores. Observando ceticamente a pesquisa dos outros, podemos desenvolver novas ideias de pesquisa e, assim, desenvolver novas teorias.

Sugerimos, portanto, que você observe pesquisas que lhe pareçam interessantes e que, quando for examiná-las, tenha a seguinte lista de perguntas em mente:

- Qual (se existir alguma) outra variável que os pesquisadores não abordaram causa a variável dependente?

- A teoria pode ser aplicada a outros lugares?

- Se acreditarmos nos achados, existem outras implicações?

- Como esta teoria pode funcionar em outros níveis de agregação (micro ⇔ macro)?

2.5.1 O QUE OS PESQUISADORES NÃO ABORDARAM?

Quando lemos o trabalho de outras pessoas, a primeira coisa que devemos fazer é desmontar a teoria ou as teorias em termos de variáveis dependente e independente que os autores argumentam ser causalmente relacionadas. Não podemos deixar de enfatizar a importância dessa tarefa. Entendemos que isso pode ser difícil para um estudante iniciante, mas essa tarefa vai se tornando mais fácil com a prática. Um bom modo de começar é observando tabelas ou gráficos em um artigo e se perguntando: "Qual é a variável dependente aqui?". Uma vez que tenhamos feito isso e identificado a variável independente-chave, devemos pensar se os argumentos causais dos pesquisadores parecem razoáveis (no capítulo 3, apresentaremos um processo detalhado de quatro passos para fazer isso). Também devemos ter o hábito de pensar em outras variáveis independentes que podem estar causalmente relacionadas com a mesma variável dependente. Por meio desse tipo de exercício mental, podemos chegar a novas teorias que vale a pena explorar.

2.5.2 PODE A TEORIA SER APLICADA A OUTROS LUGARES?

Quando estamos lendo a pesquisa empírica que outras pessoas conduziram, devemos ter certeza de que entendemos quais são os casos específicos que elas estão estudando durante o teste da teoria. Feito isso, devemos então proceder a um exercício mental no qual pensamos sobre o que poderíamos encontrar se testássemos a mesma teoria com outros casos. Ao fazer isso, provavelmente identificaremos alguns casos para os quais esperamos obter o mesmo resultado, assim como outros para os quais podemos ter diferentes expectativas. Claro que teríamos que executar nossa própria pesquisa empírica para saber se nossas especulações estão corretas, mas a replicação da pesquisa pode nos levar a interessantes achados. O desenvolvimento teórico mais útil ocorre quando podemos identificar padrões sistemáticos em tipos de casos que se adequarão e que não se adequarão à teoria estabelecida. Esses padrões sistemáticos são variáveis adicionais que podem determinar se uma teoria funcionará para um conjunto expandido de casos. Desse modo, podemos pensar sobre o desenvolvimento de novas teorias que incluirão a teoria original.

2.5.3 ACREDITANDO NOS ACHADOS, EXISTEM OUTRAS IMPLICAÇÕES?

Pesquisadores iniciantes frequentemente se acham intimidados quando leem considerações convincentes em pesquisas de estudiosos mais estabelecidos. Afinal, como devemos esperar produzir teorias inovadoras e encontrar apoio convincente dos resultados de extensos testes empíricos? Em vez de nos sentirmos intimidado por tais trabalhos, devemos aprender a vê-los como oportunidades – oportunidades de estender sua lógica e pensar sobre quais outras implicações podem ser retiradas. Se, por exemplo, um pesquisador tiver produzido uma teoria convincente sobre como os eleitores se comportam, podemos perguntar: "Como esta nova compreensão pode alterar o comportamento estratégico dos políticos que entendem que os eleitores se comportam dessa forma?".

Um dos melhores exemplos, em ciência política, da extensão de uma pesquisa vem do nosso exemplo do trabalho de John Mueller sobre aprovação presidencial. Como Mueller encontrou evidências convincentes do "efeito de união nacional"[10] em seu teste empírico, tornou-se possível a outros pesquisadores pensar nas consequências estratégicas desse fenômeno. Isao levou a um novo conjunto de pesquisas sobre um fenômeno chamado "uso diversionista da força" (Richard *et al.*, 1993). A ideia dessa linha de pesquisa é que políticos estratégicos conscientes de que conflitos internacionais temporariamente aumentam a aprovação presidencial escolherão gerar conflitos internacionais quando necessitam de um empurrão em sua aprovação.

2.5.4 COMO ESTA TEORIA PODE FUNCIONAR EM OUTROS NÍVEIS DE AGREGAÇÃO (MICRO ⇔ MACRO)?

Como último modo de utilizar a pesquisa de outros para gerar novas teorias, sugerimos considerar como uma teoria pode funcionar em diferentes níveis de agregação. Na pesquisa em ciência política, o menor nível de agregação é usualmente o do indivíduo em estudos de opinião pública. Como vimos na seção 2.5.3, quando encontramos uma tendência em termos de comportamento no nível do indivíduo, podemos desenvolver novos *insights* teóricos pensando sobre como políticos estratégicos podem

---

[10] Em inglês "rally round the flag effects" [N.T.]

tomar vantagem de tais tendências. Algumas vezes, é possível ter esses *insights* simplesmente mudando o nível de agregação. Como temos visto, cientistas políticos têm frequentemente estudado tendências na opinião pública por meio do exame de dados mensurados no nível nacional ao longo do tempo. Esse tipo de estudo é conhecido como estudo de macropolítica. Quando encontramos tendências na opinião pública no nível mais alto (macro) de agregação, um interessante exercício que também pode ser feito é o de pensar quais tipos (padrões) de comportamentos no nível individual ou "micro" estão guiando esses achados de nível agregado.

Um exemplo disso pode ser encontrado se retornarmos ao exemplo do "efeito de união nacional" e mudarmos o nível de agregação. Temos evidências de que, quando ocorrem conflitos internacionais, a opinião pública tende a ser mais positiva em relação ao presidente. Quais tipos de forças no nível individual podem estar movendo essa tendência observada no nível agregado? Pode ser que exista uma mudança uniforme nos sentimentos de todos os tipos de indivíduos para com o presidente. Também pode ser que essa mudança seja menos uniforme. Talvez pessoas que não gostam das posições do presidente sobre política doméstica estejam dispostas a deixá-las de lado em face de conflitos internacionais, enquanto a opinião das pessoas que já apoiam o presidente se mantém inalterada. Pensar sobre a dinâmica no nível individual que move observações no nível agregado pode ser uma fonte frutífera de novas teorias causais.

2.6 PENSE FORMALMENTE SOBRE AS CAUSAS QUE LEVAM À VARIAÇÃO DE UMA VARIÁVEL DEPENDENTE

Até o momento, discutimos como pensar o mundo político de um modo organizado e sistemático. Esperamos que você esteja começando a pensar sobre política em termos de variáveis independentes e dependentes e desenvolvendo teorias sobre as relações causais entre elas. As teorias que temos considerado até o momento foram elaboradas após um rigoroso processo de pensamento sobre o fenômeno que queremos explicar e a dedução de possíveis explicações causais. Uma extensão desse tipo de pensamento rigoroso é conhecida por "**teoria formal**" ou "**escolha racional**"[11]. Pesquisadores têm utilizado essa abordagem para desenvolver respostas para perguntas de pesquisas sobre como pessoas tomam decisões estratégicas. Colocando de outro modo, se a política é um jogo, como explicamos o modo como as pessoas jogam?

Para responder a essas perguntas, a abordagem da teoria formal para fenômenos das ciências sociais começa com um conjunto básico de pressupostos sobre o comportamento humano e, então, utiliza a teoria dos jogos e outras ferramentas matemá-

---

[11] Os termos "teoria formal" e "escolha racional" têm sido utilizados de maneira intercambiada para descrever aplicações da teoria dos jogos e outras ferramentas matemáticas formais utilizadas para lidar com o comportamento humano. Temos uma pequena preferência pelo termo "teoria formal", por ser um termo mais amplo para descrever a empreitada de utilizar essas ferramentas, enquanto "teoria racional" descreve o pressuposto mais crítico que essa abordagem assume.

ticas para construir modelos para fenômenos de interesse. Podemos sumarizar esses pressupostos a respeito do comportamento humano dizendo que teóricos formais assumem que todos os indivíduos são **maximizadores racionais de utilidade** – que eles tentam maximizar seu próprio interesse. Indivíduos são confrontados com uma variedade de escolhas em interações políticas que carregam diferentes consequências – algumas desejáveis, outras indesejáveis. Pensando sobre os incentivos enfrentados por indivíduos, usuários dessa abordagem começam com as fundações estratégicas da decisão enfrentada pelos indivíduos. Teóricos formais, então, deduzem expectativas teóricas sobre o que indivíduos farão dadas as suas preferências e sobre o ambiente estratégico no qual eles são confrontados.

Sabemos que isso soa como muita coisa a se fazer. Deixe-nos começar com um exemplo simples: se os seres humanos são autointeressados, então (por definição) membros de um legislativo são autointeressados. Esse pressuposto sugere que os membros elencarão a reeleição entre seus principais interesses. Por que isso? Porque, primeiro, e mais importante, um político precisa se manter no cargo se pretende alcançar seus objetivos políticos. Assim, a partir dessa dedução simples temos todo um conjunto de hipóteses sobre a organização e comportamento parlamentar[12].

Essa abordagem para o estudo da política é uma tentativa matemática rigorosa de pensar como seria estar no lugar de diferentes atores envolvidos em uma situação em que eles necessitam escolher como agir. Essencialmente, teoria formal é semelhante a falar que não devemos julgar uma pessoa até termos que lidar com as mesmas escolhas. Usamos as ferramentas da teoria formal para tentar nos colocar na posição de imaginar que estamos no lugar de outra pessoa e pensar sobre as diferentes escolhas que ele ou ela tiveram que fazer. Nas seções seguintes introduziremos as ferramentas básicas para fazer isso utilizando a abordagem da **utilidade esperada** e, então, apresentaremos um famoso exemplo de como pesquisadores utilizam essa abordagem para desenvolver teorias sobre como as pessoas votam.

2.6.1 UTILIDADE E UTILIDADE ESPERADA

Pense sobre a escolha que você fez ao decidir ler este capítulo. Quais são os benefícios esperados por você e quais são os custos que você espera ter? Um benefício pode ser que você está realmente curioso sobre como construímos teorias políticas. Outro benefício esperado pode ser que seu professor aplicará um teste sobre esse conteúdo e você espera conseguir se sair melhor lendo este livro. Também existem, sem dúvidas, custos ao ler este livro. O que mais você poderia estar fazendo com seu tempo? Esse é o modo como teóricos formais abordam o mundo.

Teóricos formais pensam o mundo em termos de resultados de um conjunto de decisões no nível individual em relação ao que fazer. Pensando sobre escolhas de ações individuais, esses teóricos colocam tudo em termos de **utilidade**. A utilidade para uma

---

[12] Ver Mayhew (1974) e Fiorina (1989)

A arte da construção de teorias

ação em particular é igual à soma de todos os benefícios menos a soma de todos os custos de uma ação. Se considerarmos uma ação Y, podemos sumarizar a utilidade de Y para um indivíduo i com a seguinte fórmula:

$$U_i(Y) = \sum B_i(Y) - \sum C_i(Y),$$

onde $U_i(Y)$ é a utilidade para um indivíduo i para a ação Y, $\sum B_i(Y)$ é a soma dos benefícios B_i para uma ação Y para o indivíduos i, e $\sum C_i(Y)$ é a soma dos custos C_i da ação Y para um indivíduo i. Quando escolhe entre um conjunto de ações possíveis (incluindo a decisão de não agir), um indivíduo racional escolherá a ação que maximiza sua utilidade. Colocando isso formalmente:

$$\text{dado um conjunto de escolhas } Y = Y_1, Y_2, Y_3, ..., Y_n,$$

$$\text{o indivíduo } i \text{ escolherá } Y_a \text{ tal que } U_i(Y_a) > U_i(Y_b) \forall b \neq a,$$

o que pode ser traduzido em, "dado um conjunto de ações de Y_1 até Y_n, o indivíduo i escolherá a ação (Y_a) tal que a utilidade para o indivíduo i para essa ação é maior que a utilidade i para qualquer ação (Y_b) para toda $(\forall)$ ação b não igual a a". Em termos mais diretos, podemos traduzir dizendo que o indivíduo escolhe a ação que ele considera melhor para si mesmo.

Nesse ponto, é razoável observar o mundo real ao redor e pensar sobre expectativas. Esse é realmente o modo como o mundo funciona? E o altruísmo? Durante o verão de 2006, o segundo homem mais rico do mundo, Warren Buffet, concordou em doar mais de 30 bilhões de dólares para a Fundação Bill e Melinda Gates. Poderia isso ser possivelmente um comportamento racional maximizador de utilidade? E homens-bomba? As respostas para essas perguntas mostram tanto flexibilidade quanto um problema potencial para o conceito de utilidade. Note que, na formulação precedente, existe sempre um subscrito i sob cada um dos componentes da utilidade, (U_i, B_i, C_i). Isso porque diferentes indivíduos possuem *diferentes* avaliações sobre benefícios (B_i) e custos (C_i) associadas a uma ação específica. Quando os críticos dessa abordagem dizem: "Como é possível que este seja um comportamento maximizador de utilidade?", os teóricos formais respondem: "Porque esse é apenas um indivíduo com uma estrutura de utilidade não usual".

Agora, pense nisso de outro modo. Criticar a teoria formal porque ela toma a preferência como "dada" – isto é, como predeterminada, em vez de baseada em pesquisa – nos parece fora de questão. Outras partes da ciência política podem e devem estudar a formação de preferências; pense sobre psicologia política e o estudo de opinião pública. O que a teoria formal faz, e faz bem, é dizer: "OK, dado que indivíduos têm suas preferências – independentemente de sua origem –, como essas preferências interagem com as oportunidades estratégicas e os incentivos para produzir resultados políticos?". O fato de a teoria formal entender essas preferências como dadas não significa que o processo de formação de preferências é desimportante. Apenas significa que a teoria formal serve para explicar uma parte diferente da realidade social.

De uma perspectiva científica, isso é bastante inquietante. Como discutido no capítulo 1, queremos construir conhecimento científico baseado na observação do mundo real. Como observamos a utilidade das pessoas? Embora possamos perguntar às pessoas o que elas gostam ou não, e mesmo suas percepções de benefícios e custos, nunca podemos verdadeiramente observar utilidade. Esse é, entretanto, um pressuposto relativamente robusto, e podemos produzir muito se estivermos dispostos a assumi-lo e prosseguirmos, sem deixar de ter consciência de seus potenciais problemas.

Outro aspecto potencialmente problemático do pressuposto do ator racional maximizador de utilidade que você tem que considerar é o pressuposto da **informação completa**. Em outras palavras, e se não soubermos exatamente quais são os custos e benefícios de uma ação específica? Na formulação precedente, estamos operando sob o pressuposto da informação completa, para o qual sabíamos exatamente quais seriam os custos, benefícios e, assim, a utilidade para cada ação possível. Quando relaxamos esse pressuposto, deslocamos nossa discussão da utilidade para utilidade esperada. Representamos essa mudança no pressuposto sobre informação colocando um "E" e colchetes no termo em que isso se aplica. Esse tipo de transformação é conhecido como "colocando expectativas" nas utilidades. Por exemplo, o termo $U_i(Y)$, que é lido como "a utilidade para o indivíduo 'i' para uma ação Y", se torna $E[U_i(Y)]$ quando consideramos que a **informação** é **incompleta**, que é lido como "a utilidade esperada para um indivíduo 'i' para uma ação Y". Então, retornando para o nosso pressuposto do ator racional, sob o pressuposto da informação incompleta, para uma ação individual Y,

$$E[U_i(Y)] = \sum E[B_i(Y)] - \sum E[C_i(Y)],$$

e um ator racional maximizará sua utilidade esperada da seguinte forma:

dado um conjunto de escolhas $Y = Y_1, Y_2, Y_3, ..., Y_n$,

o indivíduo i escolherá Y_a tal que $E[U_i(Y_a)] > E[U_i(Y_b)] \forall b \neq a$.

2.6.2 O ENIGMA DO COMPARECIMENTO ELEITORAL

Uma das mais antigas e duradouras aplicações da teoria formal para a política é conhecida como o "paradoxo do voto". William Riker e Peter Ordeshook apresentaram os argumentos centrais dessa aplicação no influente artigo de 1968 "A Theory of the Calculus of Voting", publicado na *American Political Science Review*. O artigo tinha como objetivo adicionar elementos em uma já acalorada discussão sobre a racionalidade do voto. Riker e Ordeshook apresentaram, em específico, uma teoria para responder a seguinte pergunta de pesquisa: "Por que as pessoas votam?". Na notação de Riker e Ordeshook (subscritos das equações adicionados por nós), a utilidade esperada de votar pode ser sumarizada como

$$R_i = (B_i P_i) - C_i,$$

onde R_i é a recompensa que um indivíduo recebe por votar, B_i é o benefício diferencial que um eleitor individual recebe "pelo sucesso do seu candidato preferido sobre seu candidato menos preferido" (Riker e Ordeshook, 1968, p. 25), P_i é a probabilidade de que o eleitor seja o voto decisivo e C_i é a soma dos custos em que se incorre por votar[13]. Se R_i é positivo, o indivíduo vota; caso contrário, ele se abstém[14].

Focaremos nossa exposição nos componentes do lado direito da fórmula, pensando sobre os valores prováveis que cada um dos termos da equação assume para um eleitor em uma eleição presidencial americana. É provável que o termo B_i seja maior que zero para a maioria dos eleitores na maior parte das eleições presidenciais. As razões para isso variam bastante, de preferências políticas a sentimentos intempestivos sobre os traços de caráter relativos aos diferentes candidatos. Note, entretanto, que o termo B_i é multiplicado pelo termo P_i. Mas qual é o provável valor de P_i? Muitos observadores argumentariam que o valor de P_i é extremamente baixo e efetivamente igual a zero para todos os eleitores na maior parte das eleições. No caso da eleição presidencial americana, para um voto ser decisivo, o eleitor deve viver em um estado no qual o resultado eleitoral seria um *empate* caso esse eleitor não votasse. E essa também deve ser uma eleição presidencial na qual os votos do estado no colégio eleitoral possam mudar o resultado[15]. Como P_i é efetivamente igual a zero, o termo inteiro $(B_i P_i)$ é igual a zero.

E os custos de votar (C_i)? Para todos os eleitores, votar consome tempo. Mesmo se o eleitor vive ao lado do local de votação, ele tem que andar até lá, talvez esperar na fila e depositar o voto. A já gasta frase "tempo é dinheiro" certamente se aplica a esse caso. O eleitor poderia estar trabalhando ou poderia estar fazendo outras coisas em vez de votar. Assim, fica claro que C_i é maior que zero. Se C_i é maior que zero e $(B_i P_i)$ é efetivamente igual a zero, então R_i deve ser negativo. Como, então, podemos explicar que milhões de pessoas votam nas eleições presidenciais americanas ou nas eleições de outros lugares do mundo? Essa é uma evidência de que as pessoas não são realmente racionais? Ou, talvez, uma evidência de que milhões de pessoas superestimam P_i? Influentes estudiosos de economia política, incluindo Anthony Downs e Gordon Tullock, apresentaram essas perguntas nos primeiros anos das análises que utilizam a teoria formal para estudar a política.

A resposta de Riker e Ordeshook foi que deve existir algum outro benefício em votar que não é capturado pelo termo $(B_i P_i)$. Segundo eles, a equação do voto deveria ser escrita como:

$$R_i = (B_i P_i) - C_i + D_i,$$

---

[13] Pela simplicidade do exemplo, consideremos uma eleição na qual existem apenas dois candidatos competindo. Adicionar mais candidatos torna o cálculo de B_i mais complicado, mas não muda o resultado básico do modelo.

[14] Seguimos a convenção de Riker e Ordeshook de utilizar pronomes masculinos.

[15] Nos Estados Unidos, cada um dos estados elege delegados que formam o colégio eleitoral, que, por sua vez, elege o presidente. [N.T.]

em que D_i é a satisfação que indivíduos sentem por participar do processo democrático, independentemente do impacto que sua participação tem no resultado final da eleição. Riker e Ordeshook argumentam que D_i pode ser composto por uma variedade de sentimentos sobre o sistema político, de cumprir os deveres como um cidadão a ter sua opinião considerada.

Pense na contribuição que Riker e Ordeshook deram para a ciência política e, mais amplamente, na contribuição da teoria formal à ciência política, nos seguintes termos: a teoria de Riker e Ordeshook nos leva a questionar por que um indivíduo votará. E, no entanto, empiricamente, observamos que em todas as eleições presidenciais recentes quase metade da população adulta votou[16]. A teoria formal ajuda a focar exatamente *por que* as pessoas se importam, em vez de afirmar, normativamente, que as pessoas *deveriam* se importar[17].

2.7 PENSANDO SOBRE INSTITUIÇÕES: AS REGRAS NORMALMENTE IMPORTAM

Nas seções anteriores pensamos sobre a elaboração de *insights* teóricos a partir de indivíduos e o seu cálculo de utilidade. Nesta seção, estendemos essa linha de pensamento para o desenvolvimento de teorias sobre como pessoas interagirão em situações políticas. Uma fonte particularmente rica para *insights* teóricos desse tipo vem do pensamento formal sobre arranjos institucionais e a influência que eles têm para moldar comportamentos políticos e resultados. Em outras palavras, pesquisadores têm desenvolvido teorias sobre política pensando a respeito das regras sob as quais o jogo político é jogado. Para entender completamente essas regras e seus impactos, precisamos pensar por meio de cenários contrafactuais, nos quais imaginamos como os resultados seriam alterados se existissem regras diferentes. Esse tipo de exercício pode levar a alguns *insights* teóricos valiosos. Nas seções seguintes, consideramos dois exemplos de pensamentos sobre o impacto das instituições.

2.7.1 REGRAS LEGISLATIVAS

O exame das regras do jogo político tem sido um campo frutífero para o desenvolvimento de *insights* para o estudo de legislativos e de outros órgãos governamentais

---

[16] O voto não é obrigatório nos Estados Unidos. [N.T.]

[17] É claro que Riker e Ordeshook não deram, em 1968, a palavra final sobre o assunto. De fato, o debate sobre a racionalidade do comparecimento eleitoral tem estado no centro do debate sobre a utilidade da teoria formal em geral. No livro de 1994 intitulado *Pathologies of Rational Choice Theory*, Donald Green e Ian Shapiro fizeram desse o ponto de partida em sua crítica ao papel que a teoria formal tem na ciência política. Uma das principais críticas de Green e Shapiro a essa parte da ciência política foi que os elos entre teoria formal e testes empíricos de hipóteses eram muito fracos. Em reação a essa e outras críticas, a *National Science Foundation* dos EUA lançou um novo programa intitulado "Implicações empíricas de modelos teóricos" (EITM), com o objetivo de fortalecer os elos entre a teoria formal e os testes empíricos de hipótese.

de tomada de decisão. Isso tem ocorrido tipicamente por meio do pensamento sobre a **ordenação das preferências** de atores relativas a como maximizar a utilidade esperada. Por exemplo, imagine um legislativo composto por três indivíduos: X, Y e Z[18]. A tarefa de X, Y e Z é escolher entre três alternativas A, B e C. A ordem de preferências, para esses três indivíduos racionais, é a seguinte:

$$X : ABC,$$
$$Y : BCA,$$
$$Z : CAB.$$

Um pressuposto adicional feito nesse tipo de raciocínio é que as preferências de atores racionais são **transitivas**. Isso significa que o indivíduo X prefere A a B e B a C, então, para que a preferência de X seja transitiva, ele ou ela deve preferir A a C. Por que esse é um pressuposto importante de se fazer? Considere a alternativa. E se X preferir A a B e B a C, mas C a A? Sob essas circunstâncias seria impossível discutir o que X quer de uma maneira significativa, porque a preferência de X seria um ciclo infinito. Em outras palavras, independentemente da escolha que X fizesse, sempre haveria outra opção que X preferiria. Sob essas circunstâncias, X não poderia fazer uma escolha racional.

Nesse cenário, qual seria a preferência do grupo? Essa não é uma pergunta fácil de responder. Se cada um deles votasse em sua primeira preferência, cada opção receberia um voto. Se esses três indivíduos votassem em pares de alternativas e de acordo com suas preferências, observariam os seguintes resultados:

$$A \ vs. \ B, X \ \& \ Z \ vs. \ Y, A \text{ vence;}$$
$$B \ vs. \ C, X \ \& \ Y \ vs. \ Z, B \text{ vence;}$$
$$C \ vs. \ A, Y \ \& \ Z \ vs. \ X, C \text{ vence.}$$

Qual dessas três alternativas é a que coletivamente o grupo prefere? Essa é uma pergunta impossível de responder, uma vez que a preferência do grupo é um ciclo composto pelas três alternativas. Outro modo de descrever as preferências do grupo é dizendo que elas são **intransitivas** (apesar do fato de que, como você pode observar, as preferências de cada um dos indivíduos são transitivas).

Esse resultado deve ser bastante inquietante para pessoas que estão preocupadas com a imparcialidade das eleições democráticas. Um dos objetivos mais citados das eleições é o de "deixar as pessoas falarem o que preferem". E, no entanto, como acabamos de ver, é possível que, mesmo quando todos os atores envolvidos são racionais, suas preferências coletivas podem ser não racionais. Sob tais circunstâncias, muitos

---

[18] Sabemos que, na prática, legislativos tendem a possuir um número maior de membros. Mas iniciar com esse tipo de legislativo em miniatura torna as considerações formais mais fáceis de serem feitas. Uma vez que tenhamos chegado às conclusões baseadas nos cálculos feitos nessa escala menor, é importante considerarmos se as conclusões a que chegamos se aplicam a cenários mais realísticos.

conceitos normativos concernentes ao papel das eleições simplesmente se esvaem. Esse resultado está no centro do teorema de Arrow, desenvolvido por Kenneth Arrow em 1951, no livro intitulado *Social Choice and Individual Values*. A maioria dos cientistas políticos ignorou o livro na época de sua publicação. A abordagem proposta no teorema de Arrow só passou a ser mais reconhecido pelos cientistas políticos quando a teoria formal se tornou mais popular na ciência política. Em 1982, William Riker popularizou o teorema de Arrow em seu livro *Liberalism Against Populism,* no qual apresentou uma versão mais acessível do teorema e reforçou por meio da exposição matemática um grande número de afirmações feitas por Arrow.

2.7.2 AS REGRAS IMPORTAM!

Continuando o nosso exemplo dos três indivíduos X, Y e Z com as preferências descritas anteriormente, imagine agora que esses três indivíduos escolherão entre pares de alternativas votando em dois turnos. No primeiro turno de votação, duas das alternativas competirão entre si. No segundo turno, a alternativa que venceu o primeiro turno competirá com a alternativa que não estava entre as opções no primeiro turno. A alternativa que vencer o segundo turno é considerada a escolha final.

Em nossa consideração inicial desse cenário, assumiremos que X, Y e Z votarão de acordo com suas preferências. O que acontecerá se X puder decidir a ordem em que as alternativas serão votadas? Sabemos que as preferências de X estão ordenadas da seguinte maneira: ABC. Pode X manipular a forma de votar a fim de que a opção A vença? E se X criar a seguinte regra (ordem de votação):

Primeiro turno: B *vs.* C;

Segundo turno: vencedor do primeiro turno *vs.* A.

O que aconteceria se a regra fosse essa? Sabemos que tanto X como Y preferem B a C, então B venceria o primeiro turno e competiria com A no segundo turno. Também sabemos que X e Z preferem A a B, então A venceria e o resultado seria o preferido de X.

Votações como essa ocorrem no mundo real? A resposta é: sim. Essa forma de votar entre alternativas é o modo como legislativos tipicamente conduzem seus processos de votação. Se pensarmos nos indivíduos X, Y e Z como membros de um legislativo, observaremos que quem controla a ordem de votação (as regras) tem um poder substancial. Para explorar mais essas questões, vamos examinar a situação do indivíduo Y. Lembre-se que as preferências de Y seguem a ordem BCA. Então Y ficaria particularmente infeliz sobre o resultado da votação seguindo as regras estabelecidas por X, porque o resultado é a opção que Y menos prefere. Mas lembre-se que, ainda no nosso exemplo inicial, assumimos que X, Y e Z votarão de acordo com suas preferências. Se relaxarmos esse pressuposto, o que Y pode fazer? No primeiro turno de votação, Y

poderia **votar estrategicamente** em C contra B[19]. Se tanto X quanto Z continuarem a votar (sinceramente) de acordo com suas preferências, então C vencerá o primeiro turno. Porque sabemos que tanto X como Z preferem C a A, C venceria o segundo turno e seria a alternativa escolhida. Sob essas circunstâncias, C ficaria mais contente com o resultado por preferir C a A.

Da perspectiva dos membros de um legislativo, é melhor controlar as regras do que votar estrategicamente tentando obter um melhor resultado. Quando legisladores tentam a reeleição, uma das táticas comuns de seus oponentes é apontar votações específicas nas quais o incumbente parece ter votado de modo contrário às preferências de seus eleitores. É razoável esperar que o legislador Y seja de um distrito com preferências similares às suas. Assim, ao votar estrategicamente por C contra B, Y foi capaz de obter um resultado melhor, mas criou uma oportunidade para que um oponente, durante o período eleitoral, dissesse aos eleitores que Y votou contra as preferências de seus eleitores.

Em *Congressmen in Committees*, clássico estudo de Richard Fenno sobre a House of Representatives[20] dos EUA, uma das descobertas foi que o Rules Committee[21] – juntamente com os Ways and Means Committee[22] e o Appropriations Committee[23]– era um dos mais solicitados pelos parlamentares. À primeira vista, faz sentido que os dois últimos comitês tenham proeminência, e de fato recebem muita atenção da mídia. Em contraste, o Comitê de Regras raramente recebe atenção da mídia. Os membros do Congresso certamente entendem e apreciam o fato de que as regras importam, e exercícios de pensamento teórico formal, como o precedente, nos ajudam a entender por que isso acontece.

2.8 EXTENSÕES

Esses exemplos representam apenas o começo do uso da teoria formal na ciência política. Nem sequer introduzimos dois dos mais importantes aspectos da teoria formal: modelos espaciais e teoria dos jogos, que estão além do escopo desta discussão. Espelhando as aplicações da microeconomia, cientistas políticos têm usado modelos espaciais para estudar fenômenos como a posição dos partidos no espectro ideológico (na economia, os modelos espaciais têm sido utilizados para o estudo da localização

---

[19] O conceito de "voto estratégico" é muitas vezes confuso. Para nossos propósitos, definimos um voto estratégico como um voto feito com um contexto estratégico em mente. Note que, para um indivíduo específico em uma circunstância específica, pode ser que a melhor decisão estratégica para ele seja votar em sua preferência. Votar estrategicamente torna-se particularmente interessante, entretanto, quando um contexto estratégico leva a um voto diferente do da preferência do indivíduo.

[20] House of Representatives é a câmara baixa do legislativo dos EUA. [N.T.]

[21] O Rules Committee controla o processo legislativo na House of representations. [N.T.]

[22] O Ways and Means Committee lida com assuntos ligados a tarifas e impostos. [N.T.]

[23] O Appropriations Committee é responsável por leis que atribuem recursos financeiros a órgãos do governo federal. [N.T.]

de empresas). Similarmente, a teoria dos jogos emprega uma sequência altamente estruturada de movimentos feitos por diferentes atores para mostrar como a utilidade de um ator em particular não depende apenas das suas escolhas, mas também das escolhas feitas pelos demais atores. É fácil observar indícios sobre como a teoria dos jogos funciona no exemplo anterior dos três atores e da votação em dois turnos: a melhor decisão para X no primeiro turno depende da alternativa que Y e Z escolherão apoiar, e vice-versa. A teoria dos jogos, portanto, joga luz sobre como escolhas estratégicas na política são interdependentes.

2.9 COMO SEI SE TENHO UMA "BOA" TEORIA?

Uma vez que você tenha passado por alguns ou todos os procedimentos sugeridos para construir uma teoria, uma questão razoável a se fazer é: "Como sei se tenho uma 'boa' teoria?". Infelizmente, não existe um modo único e sucinto para responder a essa pergunta. Pelo contrário, sugerimos que você responda a um conjunto de questões sobre sua teoria e considere honestamente suas respostas a esse conjunto de questões quando estiver tentando avaliar a qualidade geral da sua teoria. Como você notará, algumas dessas questões estão diretamente relacionadas às "regras do conhecimento científico" que desenvolvemos no capítulo 1:

- Sua teoria oferece uma resposta a uma questão de pesquisa interessante?

- Sua teoria é causal?

- Você pode testar sua teoria com dados que você ainda não observou?

- Quão geral é a sua teoria?

- Quão parcimoniosa é a sua teoria?

- Quão nova é a sua teoria?

- Quão não óbvia é a sua teoria?

2.9.1 SUA TEORIA OFERECE UMA RESPOSTA A UMA QUESTÃO DE PESQUISA INTERESSANTE?

Como discutimos no começo deste capítulo, teorias promissoras oferecem respostas a perguntas de pesquisa interessantes. Sempre que você formular uma teoria, é importante se questionar sobre qual é a pergunta de pesquisa para a qual você está oferecendo uma resposta. Se não puder dar uma resposta direta a essa questão, você provavelmente precisa repensar sua teoria. Uma questão relacionada, que você também deve fazer, é se alguém se importará se você encontrar apoio para sua teoria. Se a resposta a essa questão for "não", então provavelmente você também deve repensar sua teoria.

2.9.2 SUA TEORIA É CAUSAL?

Lembre-se de que nossa primeira regra do conhecimento científico sobre política é: "Faça teorias causais". Se sua resposta à questão "Sua teoria é causal?" for qualquer coisa diferente de "sim", então você precisa repensar sua teoria até que sua resposta seja um enfático "sim".

Como cientistas estudando política, queremos saber por que as coisas acontecem do modo como acontecem. Para tanto, não ficaremos satisfeitos com meras correlações e demandaremos explicações causais. Sabemos do capítulo 1 que um modo inicial de avaliar uma teoria específica é pensar sobre a explicação causal por detrás dela. Uma explicação causal de uma teoria é a resposta para a pergunta: "Por que você pensa que esta variável independente está causalmente relacionada com esta variável dependente?". Se a resposta for razoável, então você pode responder a essa questão com um "sim".

2.9.3 VOCÊ PODE TESTAR SUA TEORIA COM DADOS QUE AINDA NÃO OBSERVOU?

Nossa segunda regra do conhecimento científico é: "Não deixe que sua teoria seja movida apenas pelos dados", que podemos reescrever mais longamente como: "Tente desenvolver teorias antes de examinar os dados com os quais você fará seus testes". Se desenvolver sua teoria considerando um conjunto de dados empíricos, você precisa ser cauteloso para não observar todos os dados com os quais você pode testar a teoria. Essa pode ser uma área nebulosa, e somente você sabe se sua teoria é inteiramente movida pelos dados ou se você observou todos os dados que pode utilizar para testar sua teoria antes de desenvolvê-la.

2.9.4 QUÃO GERAL É A SUA TEORIA?

Podemos reescrever esta questão como: "Quão ampla é sua teoria?". Na medida em que sua teoria não é limitada a um período particular do tempo ou a uma unidade espacial específica, ela é mais geral. Respostas a essa questão variam em um contínuo. Apesar de uma teoria bastante específica não ser o fim do mundo, se todos as outras coisas forem iguais, uma teoria mais geral é mais desejável.

2.9.5 QUÃO PARCIMONIOSA É A SUA TEORIA?

Assim como a questão anterior, as respostas a essa questão variam em um contínuo. De fato, são frequentes as situações em que enfrentamos um *trade-off* entre parcimônia e generalidade. Em outras palavras, para fazer uma teoria mais geral, frequentemente temos que ser menos parcimoniosos, e para fazer uma teoria mais parcimoniosa, frequentemente temos que ser menos generalistas. O aspecto importante dessas duas características desejáveis de uma teoria é que devemos tê-las em mente quando avaliamos nossa teoria. Se pudermos fazer uma teoria mais geral ou mais parcimoniosa sem sacrifícios, então devemos fazê-la.

2.9.6 QUÃO NOVA É A SUA TEORIA?

À primeira vista, pode parecer que a resposta a essa questão é bastante direta. O problema é que não conhecemos, independentemente da área de pesquisa, todos os trabalhos que foram feitos antes do nosso trabalho. São frequentes os casos em que pensamos que nossa teoria é realmente nova e que, felizmente, não fomos capazes de encontrar um trabalho que propõe a mesma teoria para o mesmo fenômeno político. Mas, então, descobrimos uma teoria similar sobre um fenômeno relacionado ao nosso. Não existe uma resposta simples para essa questão. Em vez disso, normalmente, quem nos responde se nossa teoria é nova são nossos pares ao avaliar nosso trabalho.

2.9.7 QUÃO NÃO ÓBVIA É A SUA TEORIA?

Assim como para a questão "Quão nova é a sua teoria?", a questão "Quão não óbvia é a sua teoria?" é mais bem respondida por nossos pares acadêmicos. Se, quando apresentados à nossa teoria, eles são levados a pensar e dizer "Uau, eu nunca tinha pensando em algo assim, mas isso faz muito sentido!", então nos saímos muito bem.

Essas duas últimas questões ilustram uma parte importante do papel do desenvolvimento de teoria para qualquer ciência. Faz sentido pensar sobre teorias como produtos e campos científicos como mercados nos quais esses produtos são comprados e vendidos. Similarmente aos empreendedores em outros mercados, empreendedores científicos são bem-sucedidos na medida em que suas teorias (produtos) são novas e excitantes (não óbvios). Mas o que torna uma teoria "nova e excitante" depende muito mais do que vem antes de sua formulação.

2.10 CONCLUSÃO

Apresentamos neste capítulo uma série de diferentes estratégias para o desenvolvimento de teorias políticas. Cada uma dessas estratégias envolve algum tipo de exercício mental no qual organizamos e reorganizamos nosso conhecimento sobre o mundo político com a esperança de que isso nos leve a novas teorias causais. Temos certeza de que você tem notado que não existe uma fórmula simples para gerar uma nova teoria, e por isso entendemos, como colocamos no título deste capítulo, que o desenvolvimento de uma teoria é uma "arte". Desenvolvimentos teóricos nascem de muitos lugares, e estar criticamente imerso na literatura existente dedicada a um determinado fenômeno é um bom lugar para começar.

CONCEITOS INTRODUZIDOS NESTE CAPÍTULO

- Dimensão espacial – unidade física na qual uma variável é mensurada.

- Dimensão temporal – o ponto ou pontos no tempo nos quais uma variável é mensurada.

- Escolha racional – a aplicação da teoria dos jogos e de outras ferramentas matemáticas formais para entender o comportamento humano (também conhecido como "teoria formal").

- Informação completa – a situação na qual cada ator em um jogo conhece exatamente os custos e benefícios para cada um dos resultados.

- Informação incompleta – situação na qual cada ator em um jogo não conhece os benefícios e custos exatos para cada um dos possíveis resultados.

- Intransitivo – uma relação matemática ilógica. Por exemplo, apesar do fato de A ser maior que B e B maior que C, C é maior que A.

- Maximizadores racionais de utilidade – pressuposto sobre o comportamento humano que estipula que indivíduos tentarão maximizar seu interesse.

- Medida temporal – uma medida para a qual a dimensão espacial é a mesma para todos os casos e os casos representam múltiplos pontos no tempo.

- Medida transversal – uma medida para a qual a dimensão temporal é a mesma para todos os casos e os casos representam múltiplas unidades espaciais.

- Ordenação de preferências – *ranking* do resultado mais desejado ao menos desejado por um ator.

- Teoria formal – a aplicação da teoria dos jogos e de outras ferramentas matemáticas formais para entender o comportamento humano (também conhecido como "escolha racional").

- Transitivo – relação matemática lógica. Por exemplo, se A é maior que B e B é maior que C, então A é maior que C.

- Utilidade – resultado do cálculo igual à soma de todos os benefícios menos a soma de todos os custos de uma ação.

- Utilidade esperada – resultado do cálculo da soma de todos os benefícios esperados menos a soma de todos os custos esperados para uma ação. Neste cálculo, os benefícios e custos exatos não são conhecidos com certeza.

- Voto estratégico – um voto dado com um contexto estratégico em mente.

EXERCÍCIOS

1. A Tabela 2.2 contém os artigos mais citados da *American Political Science Review* (do 11º ao 20º colocado). Escolha um desses artigos e descubra qual é sua pergunta de pesquisa.

Tabela 2.2 – Lista do 11º ao 20º artigos mais citados na *American Political Science Review*, 1945-2005.

Autor(es)	Título do artigo
Riker e Ordeshook, 1968	"A Theory of the Calculus of Voting"
Shapley e Shubik, 1954	"A Method for Evaluating the Distribution of Power in a Committee System"
McClosky, 1964	"Consensus and Ideology in American Politics"
Miller, 1974	"Political Issues and Trust in Government: 1964-1970"
Axelrod, 1986	"An Evolutionary Approach to Norms"
Doyle, 1986	"Liberalism and World Politics"
Polsby, 1968	"The Institutionalization of the U.S. House of Representatives"
Inglehart, 1971	"The Silent Revolution in Europe: Intergenerational Change in Post-Industrial Societies"
Maoz e Russett, 1993	"Normative and Structural Causes of Democratic Peace, 1946-1986"
Tufte, 1975	"Determinants of the Outcome of Midterm Congressional Elections"

2. A Figura 2.3 mostra o crescimento da dívida do governo dos EUA como percentual do PIB de 1960 a 2011. Você consegue pensar em uma teoria para explicar a razão de observarmos valores altos e baixos nessa variável?

3. A Figura 2.4 mostra o percentual de membros de um parlamento nacional que são mulheres para vinte países aleatoriamente selecionados em 2004. Você consegue pensar em uma teoria para explicar a razão de observarmos valores altos e baixos nessa variável?

4. Pense sobre um evento político que é familiar para você e siga as instruções abaixo:

a) Escreva uma breve descrição do evento.

b) Qual é a sua explicação para esse evento acontecer do modo como acontece?

c) *Partindo do local para o global*: reformule a resposta ao item (b) na forma de uma teoria causal geral sem nomes próprios.

5. Encontre um artigo de ciência política que interesse a você e que seu professor aprove, e responda aos seguintes itens:

a) Qual é a principal variável dependente do artigo?

b) Qual é a principal variável independente do artigo?

c) Descreva brevemente a teoria causal que conecta as variáveis independente e dependente.

d) Você consegue pensar em outra variável independente que não é mencionada no artigo e pode estar causalmente relacionada à variável dependente? Explique brevemente por que essa variável pode estar causalmente relacionada à variável dependente.

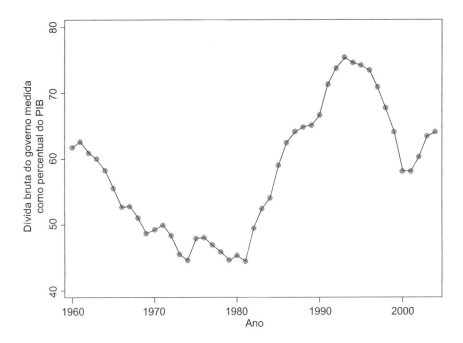

Figura 2.3 – Dívida bruta do governo dos Estados Unidos como percentual do PIB, 1960-2011.

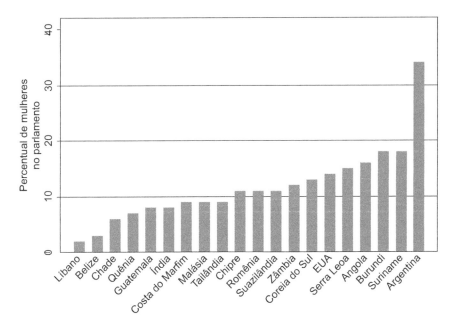

Figura 2.4 – Percentual de mulheres no parlamento, 2004.

6. Imagine que o modo como os membros da Casa dos Representantes dos EUA são eleitos tenha mudado do sistema distrital (em que cada distrito elege um represen-

tante) para um sistema de representação proporcional nacional no qual qualquer partido que obtiver ao menos 3% dos votos nacionais recebe a mesma proporção em cadeiras na Casa dos Representantes. Quantos e quais tipos de partidos você esperaria observar representados na Casa dos Representantes nesse caso? Quais teorias políticas você pode pensar a partir desse cenário hipotético?

7. *Aplicando a teoria formal a algo que você tem interesse.* Pense sobre algo no mundo político que você gostaria de entender melhor. Pense sobre as decisões individuais que importam para decidir o resultado desse fenômeno. Quais são os benefícios e custos esperados que devem ser avaliados pelo indivíduo que está tomando a decisão?

Para os exercícios 8 a 11, leia o artigo de Robert Putnam (1995) "Tuning In, Tuning Out: The Strange Disappearance of Social Capital in America".

8. Qual é a variável dependente do estudo de Putnam?

9. Em que outras possíveis causas para a variável dependente você pode pensar?

10. A teoria de Putnam pode ser aplicada para outros países? Por que sim ou por que não?

11. Se acreditarmos nos achados de Putnam, existem implicações adicionais?

CAPÍTULO 3
AVALIANDO RELAÇÕES CAUSAIS

RESUMO:

A ciência política moderna é constituída fundamentalmente ao redor da tentativa de estabelecer relações causais entre conceitos importantes. Esse processo raramente é simples e serve como base para quase todas as controvérsias científicas. Como sabemos, por exemplo, se o desenvolvimento econômico causa a democratização ou se a democratização causa o desenvolvimento econômico, ou os dois, ou nenhum? Falando mais diretamente, se desejamos avaliar se algum X causa (ou não) algum Y, precisamos superar quatro barreiras: (1) Existe algum mecanismo causal crível que conecta X a Y? (2) Podemos eliminar a possibilidade de Y causar X? (3) Existe alguma covariação entre X e Y? (4) Controlamos por todas as variáveis Z possíveis que podem causar uma relação espúria entre X e Y? Muitas pessoas, especialmente as da mídia, cometem erros ao achar que ultrapassar a terceira barreira – observar que X e Y covariam – é a mesma coisa que conseguir ultrapassar as quatro. Em suma, encontrar uma relação não é a mesma coisa que encontrar uma relação causal, e é na causalidade que estamos interessados como cientistas políticos.

> *Eu preferiria descobrir uma lei causal a ser o Rei da Pérsia.*
>
> Demócrito (citado por Pearl, 2000)

3.1 A CAUSALIDADE E A LINGUAGEM DO DIA A DIA

Como a maioria das ciências, a disciplina da ciência política é fundamentalmente constituída em torno da avaliação de afirmações causais. Nossas teorias – que podem estar certas ou erradas – tipicamente especificam que alguma variável independente causa alguma variável dependente. Então nos esforçamos para achar evidências empíricas apropriadas para avaliar o quanto uma teoria é ou não suportada. Mas como avaliamos afirmações causais? Neste e no próximo capítulo, discutimos alguns princípios que podemos utilizar para fazer isso. Focamos na lógica da causalidade e em uma série de critérios para estabelecer com alguma confiança em que grau uma conexão causal entre duas variáveis existe. Então, no capítulo 4, discutiremos os vários tipos de desenho de pesquisa que nos ajudam a investigar afirmações causais. Na medida em que buscamos respostas para perguntas sobre relações causais, devemos ter em mente as "regras para o conhecimento científico" estabelecidas no capítulo 1, em particular a advertência sobre considerar apenas evidências empíricas no caminho.

É importante reconhecer a distinção entre a natureza da maioria das teorias científicas e o modo como o mundo parece ser ordenado. A maioria de nossas teorias são descrições limitadas a descrições de relações entre uma única causa (a variável independente) e um único efeito (a variável dependente). Tais teorias, nesse sentido, são representações simplistas da realidade, mas devem ser necessariamente assim. De fato, como notamos no final do capítulo 1, teorias desse tipo são louváveis em um aspecto: elas são parcimoniosas, tais quais pedaços de informação digeríveis. Não podemos enfatizar fortemente o bastante que a maioria das nossas teorias sobre fenômenos sociais e políticos é **bivariada** – isto é, envolve apenas duas variáveis.

Mas a realidade social *não* é bivariada; ela é **multivariada**, no sentido de que qualquer variável dependente de interesse é causada por mais de um fator. ("Multivariada" significa simplesmente "muitas variáveis", o que quer dizer que envolve mais de duas variáveis.) Então, embora nossas teorias descrevam a relação proposta entre alguma causa e algum efeito, devemos ter sempre em nossas mentes que o fenômeno que estamos tentando explicar certamente possui outras possíveis causas. E, quando for o momento de desenharmos a pesquisa a fim de testar nossas ideias teóricas – tópico trabalhado no capítulo 4 –, temos que tentar explicar, ou "controlar para" essas outras causas. Caso contrário, nossas inferências causais sobre nossa teoria – de que X causa Y – podem muito bem estar erradas[1]. Neste capítulo, debruçamo-nos sobre alguns princípios práticos para avaliar se, de fato, algum X causa (ou não) Y. Estes critérios também são úteis para avaliar afirmações causais feitas por outros – sejam eles um jornalista, um candidato, um cientista político, um colega de classe, um amigo, ou qualquer outra pessoa.

Quase todo mundo, quase todo dia, usa a linguagem da causalidade – algumas vezes formalmente, mas na maior parte das vezes de maneira informal. Sempre que falamos de como um evento muda o curso de eventos subsequentes, invocamos o raciocínio causal. Mesmo a palavra "porque" implica que um processo causal está em operação[2]. Contudo, apesar da utilização generalizada das palavras "porque", "afeta", "impacta", "causa" e "cau-

---

[1] Ao longo deste livro, tanto no texto como nas figuras, utilizaremos setas como sinal para "causalidade". Por exemplo, o texto "X → Y" deve ser lido como "X causa Y". Frequentemente, especialmente nas figuras, essas setas terão pontos de interrogação em cima delas, indicando que a existência de uma conexão causal entre os conceitos é incerta.

[2] Esse uso dos termos foi trazido à nossa atenção por Brady (2002).

salidade", o significado dessas palavras não é exatamente claro. Filósofos da ciência têm realizado longos e vigorosos debates sobre formulações rivais de "causalidade"[3].

Embora nosso objetivo não seja nos aprofundarmos tanto nesse debate, existe um traço dessa discussão sobre causalidade que merece uma breve menção. A maioria dos debates sobre filosofia da ciência se origina do mundo das ciências físicas. A noção de causalidade que está no centro dessas disciplinas envolve, principalmente, **relações determinísticas** – isto é, relações em que, se uma causa ocorre, então o efeito ocorrerá *com certeza*. Em contrapartida, porém, o mundo das interações humanas consiste em **relações probabilísticas** – nesse sentido, um aumento em X está associado ao aumento (ou à diminuição) na probabilidade de Y ocorrer, mas essas probabilidades não são certezas. Enquanto leis da física, como as leis de Newton, são determinísticas – pense na lei da gravidade –, as ciências sociais (incluindo a ciência política) as semelham-se mais ao nexo de causalidade probabilísticas da teoria da seleção natural de Darwin, na qual mutações aleatórias tornam um organismo mais ou menos capaz de sobreviver e se reproduzir[4].

O que significa dizer, na ciência política, que nossas concepções de causalidade devem ser probabilísticas em sua natureza? Quando teorizamos, por exemplo, que o nível de riqueza de um indivíduo causa sua opinião sobre qual é política de tributação ótima, não queremos dizer que *toda* pessoa rica quererá impostos baixos e que *toda* pessoa pobre preferirá impostos altos. Considere o que aconteceria se encontrássemos uma única pessoa rica favorável a impostos altos ou uma única pessoa pobre favorável a impostos baixos. (Talvez você seja ou conheça tal pessoa.) Um caso sozinho não diminui a confiança em nossa teoria. Em vez de dizermos deterministicamente que "pessoas ricas preferirão impostos baixos e pessoas pobres preferirão impostos altos", dizemos que "pessoas ricas têm maior probabilidade de preferir impostos baixos e pessoas pobres têm maior probabilidade de preferir impostos altos". Nesse sentido, a relação é probabilística, não determinística.

Vejamos outro exemplo: estudiosos dos conflitos internacionais têm notado que existe uma relação estatística entre o tipo de regime de um país e a chance desse país entrar em guerra. Mais precisamente, em uma ampla série de estudos conhecida como literatura da "paz democrática", muitos pesquisadores têm notado que guerras têm menor probabilidade de ocorrer entre dois países que são democracias do que entre pares de países em que ao menos um é uma não democracia. Para ser perfeitamente claro: a literatura não sugere que democracias nunca entram em guerra, mas que democracias não combatem outras democracias. Uma variedade de mecanismos tem sido sugerida para explicar

---

[3] Você pode encontrar uma excelente amostra do vigor desses debates em um livro de 2003 escrito por David Edmonds e John Eidinow, chamado *Wittgenstein's Poker: The Story of a Ten Minute Argument Between Two Great Philosophers*.

[4] Todavia, durante a revisão de três tentativas proeminentes de elaboração sobre a natureza probabilística da causalidade na filosofia da ciência, o filósofo Wesley Salmon (1993, p. 137) notou que "Na vasta literatura filosófica sobre causalidade [noções de causalidade probabilística] são largamente ignoradas". Emprestamos de Brady (2004) essa útil comparação entre a natureza probabilística da ciência social e a teoria darwiniana da seleção natural.

essa correlação, mas o ponto aqui é que, se duas democracias começarem uma guerra entre si no próximo ano, seria um erro descartar a teoria. Uma teoria determinística diria que "democracias não entram em guerra entre si", mas uma teoria probabilística mais sensível diz que "é altamente improvável que democracias entrem em guerra entre si".

Na ciência política existirão sempre exceções, porque seres humanos não são robôs cujo comportamento sempre segue orientações preestabelecidas. Em outras ciências nas quais o objeto de estudo não possui livre-arbítrio, faz mais sentido falar em leis que descrevem comportamentos. Considere, por exemplo, o estudo das órbitas planetárias, em que cientistas podem predizer o movimento dos corpos celestes centenas de anos antes de este ocorrer. O mundo político, em contrapartida, é extremamente difícil de predizer. Como resultado, na maioria do tempo, estamos felizes por sermos capazes de fazer afirmações sobre relações causais probabilísticas.

O que tudo isso quer dizer, em resumo, é que a noção do que significa dizer que algo "causa" algo é uma questão que está longe de ser resolvida. Em face disso, os cientistas sociais devem abandonar a busca por conexões causais? De modo algum. O que isso significa é que devemos proceder com cuidado e com a mente sempre aberta, em vez de assumirmos um modo excessivamente rígido de pensar.

3.2 QUATRO OBSTÁCULOS NA ROTA PARA O ESTABELECIMENTO DE RELAÇÕES CAUSAIS

Se desejarmos investigar se alguma variável independente, que chamaremos de X, "causa" alguma variável dependente, que chamaremos de Y, quais procedimentos deveremos seguir antes que possamos expressar nosso grau de confiança se a relação causal existe ou não existe? Encontrar algum tipo de covariação (correlação) entre X e Y não é suficiente para uma conclusão desse tipo.

Estimulamos você a ter em mente que estabelecer relações causais entre variáveis não é de modo algum como caçar evidências com DNA, como ocorre nas séries criminais de televisão. A realidade social não apresenta respostas tão simples e diretas. Seguindo a discussão anterior sobre a natureza da causalidade, considere o que apresentaremos como diretrizes para o que constitui as "melhores práticas" da ciência política. Para qualquer teoria sobre uma relação causal entre X e Y, devemos cuidadosamente considerar as respostas paras as quatro questões abaixo:

1. Existe algum mecanismo causal crível que conecta X a Y?

2. Podemos eliminar a possibilidade de que Y pode causar X?

3. Existe covariação entre X e Y?

4. Controlamos por todas as **variáveis colineares** Z que podem tornar a associação entre X e Y **espúria**[5]?

---

[5] Uma "variável colinear" é simplesmente uma variável que é correlacionada com a variável independente e dependente e que de alguma forma altera a relação entre essas duas variáveis. "Espúria" significa "que não é o que aparenta ser" ou "falsa".

Avaliando relações causais

Primeiro, devemos considerar se é crível afirmar que *X pode* causar *Y*. Com efeito, esse obstáculo representa um esforço de responder às questões "como" e "por que" em relação à teorias causais. Para fazer isso, precisamos realizar um exercício mental no qual avaliamos os mecanismos de como *X* pode causar *Y*. Qual é o processo ou o mecanismo que, logicamente falando, sugere que *X* pode ser a causa de *Y*? Em outras palavras, o que especificamente faz com que ter mais (ou menos) de *X* aumente a probabilidade de ter mais (ou menos) de *Y*? Quanto mais estranhos forem esses mecanismos, menos confiantes estaremos em que nossas teorias conseguem superar esse primeiro obstáculo. Falhar em superar de maneira clara esse primeiro obstáculo é um problema sério; o resultado é que ou nossa teoria precisa ser abandonada totalmente, ou precisamos revisá-la após pensarmos cuidadosamente sobre os mecanismos subjacentes pelos quais ela funciona. É fundamental que procedamos para a segunda pergunta somente quando tivermos um "sim" como resposta à primeira questão.

Segundo, devemos perguntar se podemos eliminar a possibilidade de que *Y* pode causar *X*. Como você aprenderá da discussão sobre as várias estratégias para avaliar conexões causais no capítulo 4, isso coloca problemas mais espinhosos para algumas áreas da pesquisa em ciências sociais do que para outras. Ocasionalmente, esse obstáculo pode ser superado por meio da lógica. Por exemplo, quando consideramos se o gênero de uma pessoa (*X*) faz com que ele ou ela tenha atitudes específicas sobre a política de aborto (*Y*), fica óbvio que o cenário de causalidade reversa pode ser desconsiderado: as atitudes de uma pessoa sobre o aborto não "causam" que ela seja homem ou mulher. Se nossa teoria não consegue claramente superar esse obstáculo específico, a corrida não está perdida. Isto é, não precisamos abandonar nossa teoria. Sob essas circunstancias, devemos proceder para a próxima pergunta, sem deixar de ter em mente a possibilidade de que a nossa relação causal possa ser revertida.

Durante nossas considerações sobre os dois primeiros obstáculos para uma teoria causal, estivemos preocupados apenas com duas variáveis, *X* e *Y*. O terceiro obstáculo pode envolver uma terceira variável *Z* e o quarto obstáculo sempre a envolve. Frequentemente temos várias variáveis *Z*.

No terceiro obstáculo para uma teoria causal, devemos considerar se *X* e *Y* covariam (ou, em outros termos, se elas são correlacionadas ou associadas). Falando de maneira geral, para *X* causar *Y*, deve existir alguma forma mensurável de associação entre *X* e *Y*, por exemplo, "a maior presença de *X* está associada a uma maior presença de *Y*" ou "uma maior presença de *X* está associada a uma menor presença de *Y*". Demonstrar uma conexão bivariada simples é uma questão direta (cobriremos esse tópico nos capítulos 7 e 8). Claro, você pode estar familiarizado com o ditado "Correlação não prova causalidade". Concordamos totalmente com ele. Porém, é importante notar que correlação é normalmente um componente essencial para a causalidade. Mas é importante ser cuidadoso. É possível que exista uma relação causal entre *X* e *Y* mesmo se não existir uma associação bivariada entre *X* e *Y*. Assim, mesmo que falhemos em superar esse obstáculo, não devemos abandonar totalmente nossa afirmação causal. Pelo contrário, devemos considerar a possibilidade de que exista alguma variável colinear *Z* pela qual precisamos "controlar" antes de observar a relação entre *X* e *Y*.

Devemos prosseguir para o nosso quarto e final obstáculo, encontrando ou não uma relação entre X e Y.

Quarto, para estabelecer uma conexão causal entre X e Y, devemos enfrentar a realidade de que, como notamos no início deste capítulo, vivemos em um mundo no qual muitas das variáveis dependentes são causadas por mais de uma variável. Quais são os problemas que isso apresenta para as ciências sociais? Isso significa que, quando tentamos estabelecer se um X específico causa um Y específico, precisamos "controlar" efeitos das outras causas de Y (podemos chamar esses outros efeitos de Z). Se falharmos em controlar pelos efeitos de Z, é bastante provável que entendamos equivocadamente a relação entre X e Y e que façamos inferências erradas sobre X causar Y. Esse é o erro mais sério que um cientista social pode fazer. Se encontrarmos que X e Y são correlacionados, mas que, quando controlamos pelos efeitos de Z em X e Y, a associação entre X e Y desaparece, então a relação entre X e Y é considerada espúria.

3.2.1 CONSIDERANDO TUDO JUNTO – ADICIONANDO AS RESPOSTAS PARA NOSSAS QUATRO PERGUNTAS

Como acabamos de ver, o processo de avaliação de uma afirmação teórica de que X causa Y é complicado. Cada uma das quatro questões que introduzimos nesta seção pode ser difícil de ser respondida com clareza. Mas o desafio de avaliar uma afirmação de que X causa Y envolve a soma das respostas de todas as quatro perguntas. Só assim podemos determinar nossa confiança geral sobre X causar Y. Para entender isso, pense sobre a analogia que temos usado de chamar essas perguntas de "obstáculos". Em uma corrida de obstáculos, os corredores devem fazer o seu melhor para superar cada um deles enquanto correm em direção à linha de chegada. Ocasionalmente, mesmo os mais experientes irão derrubar um ou outro. Embora isso possa diminuir sua velocidade e sua chance de vitória, nem tudo está perdido. Se pensarmos em avaliar se uma teoria consegue superar os quatro obstáculos colocados pelas questões precedentes, não há dúvida de que nossa confiança aumentará quando formos capazes de responder às quatro perguntas de modo direto e sem reservas ("sim", "sim", "sim" e "sim"). Como descrevemos na introdução desta seção, falhar em superar o primeiro dos obstáculos deve nos fazer parar e repensar nossa teoria. Também devemos fazer isso se acharmos que nossa relação é espúria. Para o segundo e terceiro obstáculos, todavia, falhar em superá-los completamente não significa que devemos descartar nossa afirmação causal. A Figura 3.1 apresenta um sumário desse processo. Na próxima seção, apresentaremos todo o processo descrito na Figura 3.1 utilizando uma série de exemplos.

Conforme percorrermos este processo de responder às quatro perguntas, manteremos entre colchetes um *scoreboard* **dos obstáculos causais** como um atalho para sumarizar as respostas. Por agora, limitaremos nossas respostas a "s" para "sim", "n" para "não" e "?" para "talvez". Se uma teoria tiver superado os quatro obstáculos, seu *scoreboard* de resultados deverá conter $[s\ s\ s\ s]$ e a afirmação causal subjacente terá um forte apoio. Como descrevemos acima, esses obstáculos não possuem os mesmos impactos sobre nossa afirmação de causalidade. Então, por exemplo, uma afirmação causal que tiver o placar $[n\ s\ s\ s]$ poderia ser instantaneamente descartada. Mas uma afirmação que tiver um com $[s\ n\ s\ s]$ tem um nível razoável de evidências em seu favor.

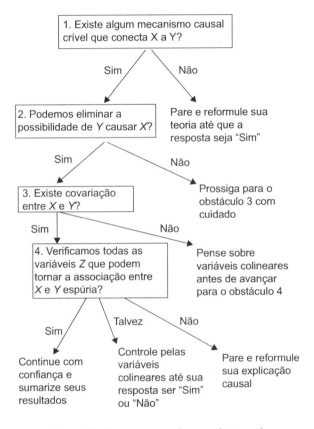

Figura 3.1 – O percurso para avaliar uma relação causal.

3.2.2 IDENTIFICAR AFIRMAÇÕES CAUSAIS É UMA ATIVIDADE MENTAL ESSENCIAL

Queremos enfatizar que a lógica apresentada anteriormente não se aplica meramente a exemplos de pesquisa em ciência política. Todas as vezes que você vir uma história nos jornais ou ouvir um discurso de um candidato a um cargo público, ou ler um artigo para uma aula de ciência política, quase sempre haverá uma afirmação causal embutida na história, no discurso ou no artigo. Algumas vezes essas afirmações causais estão explícitas, o que evita que você não as perceba. Porém, muito frequentemente, elas são difíceis de serem achadas, e, na maior parte do tempo, não porque o orador ou o escritor está tentando confundi-lo. O que queremos enfatizar é que localizar e identificar afirmações causais é uma habilidade mental. Isso não é natural para a maioria das pessoas, mas pode ser praticado.

No nosso dia a dia, somos frequentemente apresentados a afirmações causais de pessoas que nos tentam persuadir para que adotemos o ponto de vista delas. Advogar e tentar persuadir são obviamente componentes saudáveis de uma democracia saudável. O debate público, contudo, será ainda mais saudável quando cidadãos escrutinarem ativamente as afirmações com as quais são confrontados. Pegue, por exemplo, os debates na mídia sobre os méritos dos *private school choice programs*[6], que tem sido implementado em várias escolas. Entre os argumentos a favor de tais programas estão aqueles que afirmam que eles melhoraram o desempenho dos estudantes nos testes padronizados. Relatórios da mídia sobre os sucessos e os fracassos desse tipo de programa são bastante comuns. Por exemplo, observe como um artigo no *Washington Post* expõe o argumento de um artigo acadêmico sobre um programa:

> Estudantes afro-americanos no Distrito [de Columbia] e outras duas cidades melhoraram seu desempenho em comparação com seus colegas da escola pública após terem sido transferidos para escolas privadas com o auxílio de *vouchers*[7], de acordo com um novo estudo. O estudo mostra que os alunos transferidos para escolas privadas obtiveram resultados mais altos em seis pontos percentuais do que os que foram mantidos em escolas públicas na Cidade de Nova York, Dayton, Ohio e no Distrito. O maior efeito foi observado no Distrito, onde estudantes participantes do programa foram nove pontos percentuais melhores do que seus colegas de escolas públicas[8].

Observe a afirmação causal feita aqui: participar (ou não) de um programa de escolha de escola (X) faz com que o resultado de uma criança em um teste (Y) varie. Frequentemente, o leitor é apresentado a algum gráfico de barras que apoia o argumento. Ele é encorajado a pensar, às vezes sutilmente, que o diferente tamanho das barras representam diferentes médias para o resultado do teste de uma criança que participa do programa e outra da escola pública, significando que o programa é a causa dos melhores resultados das crianças do programa. Quando somos confrontados com esse tipo de informação, podemos ser tentados a pegar essa pequena evidência e concluir que existe uma relação causal. A principal lição que se deve aprender aqui é que essa é uma conclusão prematura.

Vamos ser claros: programas de escolha de escola podem, de fato, fazer com que estudantes se saiam melhor em testes padronizados. Nosso objetivo não é avançar nesse debate, mas mostrar como são necessárias habilidades cognitivas para avaliar as afirmações

---

[6] Nos Estados Unidos, programas que permitem que os pais tenham o direito de escolher como utilizar recursos fornecidos pelo Estado para financiar a educação de ensino fundamental e médio de seus filhos.

[7] Nos Estados Unidos, os participantes de tal programa recebem um comprovante (*voucher*) que pode ser utilizado para o pagamento da educação em escolas privadas com recursos públicos. [N.T.]

[8] Mathews, Jay. Scores Improve for D.C. Pupils With Vouchers. *Washington Post*, A1, 28 ago. 2000.

causais feitas pelos defensores e pelos críticos desses programas. Apresentar evidências de que estudantes que participam desses programas possuem melhores resultados do que estudantes que pertencem à escola pública é somente *uma peça* do quebra-cabeça causal – nominalmente, isso faz com que o terceiro obstáculo seja superado: existe covariação entre X e Y. Até o momento, em nossa avaliação, superamos apenas uma das barreiras. Nosso *scoreboard* de resultado é $[?\ ?\ s\ ?]$. Assim, antes de concluirmos que programas de escolha de escolas causam (ou não) o desempenho do estudante, precisamos submeter essa afirmação aos quatro obstáculos, não apenas ao terceiro deles.

Então vamos submeter a afirmação aos quatro obstáculos. Primeiro, existe um mecanismo que podemos usar para explicar como e por que frequentar um tipo de escola específico – pública ou privada paga por meio do programa – pode afetar o resultado de um estudante em um teste? Certamente. Muitas escolas privadas que participam desse tipo de programa têm turmas menores (entre outros benefícios), e turmas menores podem se traduzir em maior aprendizado e notas mais altas. *Portanto, a resposta para a primeira pergunta é "sim"* $[s\ ?\ s\ ?]$. Segundo, é possível que a relação causal ocorra no sentido contrário? Isto é, podemos eliminar a possibilidade de que os resultados dos testes façam com que uma pessoa participe ou não participe de um programa de escolha de escolas? Como os testes acontecem meses ou mesmo anos após a pessoa escolher a escola, não é possível que os resultados determinem a participação no programa. *Assim, a resposta para a segunda questão também é "sim"* $[s\ s\ s\ ?]$. Terceiro, existe uma correlação entre participar de um programa e os resultados em testes? O artigo citado acima observou que, nas três cidades consideradas, existe – estudantes participantes do programa possuem notas melhores em testes padronizados do que seus colegas de escolas públicas. *A resposta à terceira pergunta é, portanto, "sim"* $[s\ s\ s\ ?]$. Finalmente, controlamos por todas as variáveis colineares que podem fazer com que a associação entre a participação no programa e o resultado dos testes seja espúria? Lembre-se, uma potencial variável colinear é simplesmente uma variável que está relacionada à variável independente e que também é uma causa da variável dependente. Podemos pensar em algo que pode estar relacionado ao tipo de escola que uma criança frequenta e que também pode ser uma provável causa do desempenho da criança em um teste? Claro que podemos. A variável "envolvimento dos pais" é uma candidata natural a ser uma variável Z neste caso. Algumas crianças têm pais altamente envolvidos – pais que leem para elas, que as ajudam na lição de casa e que possuem um papel ativo na educação delas –, enquanto outras crianças possuem pais que não são tão envolvidos. Pais altamente envolvidos têm maior probabilidade de saber sobre a existência de programas de escolha de escola em suas cidades e de candidatar seus filhos a esses programas. (Então é praticamente certeza que Z está relacionado a X.) E pais altamente envolvidos também têm maior probabilidade de criar altas expectativas nos filhos e de incutir em seus filhos a percepção de que o sucesso na escola é importante, o que, tomado em conjunto, pode se traduzir em um melhor desempenho da criança nos testes padronizados. (Então Z deve ser a causa de Y.) A questão principal, então, se torna: o estudo em questão *controlou* por esses outros efeitos? Estamos um pouco adiantados no conteúdo neste momento, porque ainda não falamos sobre as estratégias que os pesquisadores utilizam para controlar pelo efeito de variáveis colineares potenciais. (Esse assunto é tratado no capítulo 4.) Mas esperamos que você possa observar por que controlar pelo efeito do envolvimento dos pais é tão importante nesta situação em particular (e em geral): se nossa comparação entre uma criança de uma escola do programa e uma criança de uma escola pública equivale, basicamente, a uma comparação entre uma criança com pais altamente envolvidos e uma com pais parcamente envolvidos, então se torna muito problemático concluir que a diferença entre o resultado dos alunos é *causado* pelo programa. Sem controlar pelo envolvimento dos pais (Z), em outras palavras, a relação entre o tipo de escola (X) e o resultado dos testes (Y) pode ser espúria. Então, até que vejamos evidências de que esse importante Z tenha sido utilizado como controle, a afirmação causal não terá passado pelos quatro obstáculos, nosso *scoreboard* de resultados é [$sssn$] e devemos suspeitar altamente dos achados do estudo. De modo mais informal, sem tal controle, a comparação entre esses resultados dos testes dos dois grupos é injusto, porque os grupos podem ser inicialmente diferentes. No artigo do *Washington Post* que mencionamos, o envolvimento dos pais é controlado, uma vez que os estudantes foram escolhidos para o programa de maneira aleatória. Apresentaremos apenas no capítulo 4 por que isso faz diferença, mas, acredite, faz.

O mesmo processo pode ser aplicado a uma ampla variedade de afirmações causais e perguntas com as quais nos deparamos no nosso dia a dia. Beber vinho tinto causa uma redução nas doenças cardíacas? Psicoterapia ajuda as pessoas com problemas emocionais e de relacionamento? Aumentar o gasto do governo estimula ou retarda o crescimento econômico? Em cada um desses casos e em muitos outros exemplos, podemos ser tentados a observar correlação entre duas variáveis e concluir que a relação é causal. É importante resistirmos a essa tentação e submetermos cada uma dessas afirmações aos critérios mais rigorosos que estamos sugerindo. Se pensarmos sobre nossa evidência nos termos do nosso *scoreboard* de resultados, o que temos é [$? ? s ?$]. Esse é um começo razoável para a avaliação de uma afirmação causal, mas é um lugar muito problemático para se encerrar e extrair conclusões definitivas. Pensando nos termos da superação dos quatro obstáculos, quando alguém nos apresenta uma afirmação causal que falha em superar cada um deles, nós naturalmente faremos perguntas adicionais e, quando fizermos isso, nos tornaremos consumidores de informações mais inteligentes na nossa vida cotidiana.

Uma parte importante de uma abordagem científica para o estudo da política é que sejamos céticos quanto às afirmações de outros estudiosos sobre relações causais. Antes de podermos avaliar a teoria causal, precisamos considerar quão bem as evidências disponíveis respondem a cada uma das quatro questões sobre X, Y e Z. Uma vez que tenhamos respondido cada uma das quatro questões, podemos pensar sobre o nível de confiança geral que temos na afirmação de que X causa Y.

3.2.3 QUAIS SÃO AS CONSEQUÊNCIAS DE FALHAR NO CONTROLE DE OUTRAS POSSÍVEIS CAUSAS?

Quando se trata de afirmações causais, como acabamos de observar, é no quarto obstáculo causal que frequentemente tropeçamos, e isso não acontece apenas na re-

Avaliando relações causais

tórica política e nas histórias apresentadas na mídia. Isso também é verdade para o escrutínio das pesquisas científicas. De fato, uma parte substancial dos desacordos entre acadêmicos tem origem no quarto obstáculo causal. A objeção mais frequente quando um acadêmico está avaliando o trabalho de outro acadêmico talvez seja que um pesquisador "falhou em controlar por" alguma causa potencialmente importante da variável dependente.

O que acontece quando falhamos em controlar por alguma outra causa plausível da nossa variável dependente de interesse? Essa resposta é bastante simples: significa que falhamos em superar o quarto obstáculo causal. *Enquanto existir um argumento razoável sobre como uma variável Z não controlada pode estar relacionada com X e Y, não podemos concluir com total confiança que X de fato causa Y.* Como o principal objetivo da ciência é estabelecer se existem relações causais entre variáveis, falhar em controlar por outras causas de Y é um problema potencialmente sério.

Um dos temas deste livro é que a análise estatística não deve ser desconectada das questões do desenho de pesquisa – como controlar por quantas causas da variável dependente forem possíveis. Quando discutirmos o modelo de regressão multivariado (nos capítulos 9, 10 e 11), que é a técnica estatística mais comum nas pesquisas de ciência política, a argumentação será centrada em aprender a controlar por outras causas da variável dependente. Veremos que uma falha do desenho de pesquisa, como falhar em controlar por todas as causas relevantes da variável dependente, possuem implicações estatísticas, e que as implicações são sempre ruins. Mantenha em mente que falhas do desenho de pesquisa produzem problemas na análise estatística. Por agora, o importante é que bons desenhos de pesquisa dão mais credibilidade à análise estatística, enquanto desenhos de pesquisa ruins fazem que seja difícil para qualquer análise estatística ser conclusiva sobre conexões causais.

3.3 POR QUE O ESTUDO DA CAUSALIDADE É TÃO IMPORTANTE? TRÊS EXEMPLOS DA CIÊNCIA POLÍTICA

Nossa ênfase nas conexões causais deve estar clara. Voltamo-nos agora a uma série de controvérsias correntes dentro da disciplina de ciência política para mostrar como o debate sobre causalidade está no centro das controvérsias que fazem você (e a maioria de nós) ter interesse em política.

3.3.1 SATISFAÇÃO COM A VIDA E A ESTABILIDADE DEMOCRÁTICA

Uma das controvérsias mais duradouras na ciência política é a relação entre *satisfação pública com a vida* e *a estabilidade das instituições democráticas*. Satisfação com a vida pode, obviamente, significar diferentes coisas, mas nesta discussão consideramos que ela varia ao longo de um contínuo, da alta insatisfação com a vida do dia a dia à alta satisfação. Qual é (se é que existe alguma) a conexão causal entre esses dois conceitos?

O cientista político Ronald Inglehart (1988) argumenta que a satisfação com a vida (*X*) *causa* a estabilidade de um sistema democrático (*Y*). Se pensarmos na primeira das nossas quatro questões sobre o estabelecimento de relações causais, podemos observar que existe um mecanismo causal crível que conecta *X* a *Y* – se as pessoas em um país democrático estão mais felizes com suas vidas, elas têm menor probabilidade de querer derrubar o governo. *A resposta para a primeira pergunta então é "sim"* [s ? ? ?]. Passando para a segunda pergunta: podemos eliminar a possibilidade da estabilidade democrática (*Y*) ser a causa da satisfação com a vida (*X*)? Não podemos. É bastante fácil apresentar um mecanismo causal que proponha que cidadãos de democracias estáveis têm maior probabilidade de estarem satisfeitos com suas vidas do que cidadãos de países com uma história de instabilidade e com governos não democráticos. *Portanto, a resposta* à *segunda pergunta é "não"* [s n ? ?]. Agora, nos debrucemos sobre a terceira questão. Utilizando uma quantidade impressionante de dados para uma ampla variedade de países desenvolvidos, Inglehart e seus colegas têm mostrado que existe, de fato, uma associação entre o nível médio da satisfação pública e a quantidade de anos ininterruptos de governo democrático. Isto é, países com médias altas de satisfação com a vida têm desfrutado de períodos ininterruptos mais longos de estabilidade democrática. Por outro lado, países com níveis menores de satisfação com a vida têm tido períodos menores de estabilidade democrática e um maior número de agitações revolucionárias. *A resposta* à *nossa terceira pergunta é, portanto, "sim"* [s n s ?]. No que diz respeito à quarta questão, é fácil imaginar uma miríade de outros fatores (*Zs*) que levam à estabilidade democrática, e se Inglehart tem feito um trabalho adequado em controlar por esses outros fatores é assunto de considerável debate acadêmico. *A resposta para essa quarta pergunta é "talvez"* [s n s ?]. A teoria de Inglehart responde satisfatoriamente às perguntas 1 e 3, mas sua resposta às perguntas 2 e 4 é que tem dado aos céticos razões substanciais para duvidar de sua afirmação causal.

3.3.2 RAÇA E PARTICIPAÇÃO POLÍTICA NOS ESTADOS UNIDOS

Participação política – o quanto cada cidadão se engaja em atividades políticas voluntárias, como votar, trabalhar em campanhas ou contribuir financeiramente – representa uma das facetas mais frequentes dos estudos de comportamento de massas, especialmente nos EUA. Isso ocorre por uma boa razão: a participação em sociedades democráticas é vista por alguns como uma medida da saúde de uma democracia. Após décadas de estudos sobre a variação das taxas de participação dos americanos, diversas características demográficas consistentemente se destacaram por estarem correlacionadas com a participação, incluindo a autoclassificação racial. *Surveys* têm constantemente mostrado que a participação de caucasianos na política é consideravelmente mais frequente do que a de latinos ou afro-americanos. Um *survey* de grande alcance, por exemplo, mostra que, durante um ciclo eleitoral típico, caucasianos participam de 2,22 "atos" – tais como votar, trabalhar em campanhas, fazer contribuição a campanhas, participar de protestos – enquanto as taxas de afro-americanos e de latinos são de 1,90 e 1,41 atividade (ver Verba *et al.*, 1993, Figura 1).

Avaliando relações causais

A relação entre a raça do indivíduo (X) e o quanto ele participa da política (Y) é causal? Antes de aceitarmos as evidências apresentadas como conclusivas da existência de uma relação *causal*, precisamos submeter essa afirmação aos quatro obstáculos causais. Existe um mecanismo razoável que responda "como" e "por que" participação política e raça estão conectadas? Pode existir uma razão para pensarmos isso. Afinal, por um longo período na história americana, algumas barreiras formais e muitas informais existiram proibindo ou desencorajando a participação de não caucasianos. Supor que podem ainda existir efeitos residuais dessas barreiras, mesmo décadas após sua erradicação, é inteiramente razoável. *A resposta à primeira pergunta é "sim"* $[s\ ?\ ?\ ?]$. Podemos eliminar a possibilidade de que a variação das taxas de participação cause a classificação racial do indivíduo? Obviamente que sim. *A resposta à nossa segunda pergunta é "sim"* $[s\ s\ ?\ ?]$. Existe correlação entre a raça do indivíduo e seu nível de participação nos EUA? Os dados citados acima sobre a participação em atos de caucasianos, afro-americanos e latinos claramente mostram que existe uma relação; caucasianos participam mais. *A resposta à nossa terceira pergunta é "sim"* $[s\ s\ s\ ?]$. Finalmente, controlamos por todas as possíveis variáveis colineares Z que são relacionadas com raça (X) e participação (Y) que podem fazer a relação ser espúria? Verba e seus colegas sugerem que pode existir apenas uma variável colinear: o *status* socioeconômico. Menos hoje do que no passado, o *status* socioeconômico (Z) pode ser apontado como uma causa da participação política (Y); pessoas ricas doam mais, se voluntariam mais etc. que sua contraparte menos rica. Uma vez que se controla pelo *status* socioeconômico, a relação entre raça e participação política desaparece por inteiro (ver Verba *et al.*, 1993, Tabela 8). Em resumo, a correlação que observamos entre raça e participação política é espúria (ou ilusória); não ocorre em função da raça, mas em função de disparidades de riqueza entre caucasianos e outras raças. Uma vez que controlamos por essas diferenças socioeconômicas, a conexão entre raça e participação some. *Portanto, a resposta para nossa quarta pergunta é "não"* $[s\ s\ s\ n]$. Nesse caso, o esforço feito para responder à quarta pergunta muda nossa resposta para a terceira. Mudamos de $[s\ s\ s\ ?]$ para $[s\ s\ n\ n]$. Esse é um dos modos importantes pelos quais nossas conclusões sobre relações podem mudar quando passamos de uma análise bivariada, na qual medimos a relação entre uma variável independente (X) e uma variável dependente (Y), para uma análise multivariada, na qual medimos a relação entre X e Y controlando por uma segunda variável independente (Z). Também é possível que muitas outras coisas aconteçam quando controlamos por Z. Por exemplo, também é possível que nossas respostas mudem de $[s\ s\ n\ n]$ para $[s\ s\ s\ s]$.

3.3.3 AVALIANDO SE O PROGRAMA HEAD START É EFETIVO

Na década de 1960, como parte da guerra à pobreza[9], o presidente Lyndon Johnson iniciou o programa Head Start para propiciar às crianças não economicamente

---

[9] Guerra à pobreza (*war on poverty*) foi uma série de iniciativas do presidente americano Lyndon Johnson (1963-1969) para combater a pobreza no país. [N.T.]

privilegiadas uma experiência de pré-escola que – o programa esperava – aumentaria as chances de crianças pobres serem bem-sucedidas uma vez que chegassem ao pré-primário e às demais séries. O programa claramente possuía boas intenções, mas, claro, apenas isso não o tornaria efetivo. Colocando de maneira simples: o programa funciona? Nesse caso, "funcionar" significa que o Head Start aumentaria as chances dos participantes do programa de ter um melhor resultado educacional do que os não participantes.

É tentador fazer a comparação simples dos resultados em testes padronizados de crianças que participaram do Head Start com aquelas que não participaram. Se os participantes do Head Start possuírem melhores notas, então – *voilà* – caso encerrado: o programa funciona. Caso contrário, então não funciona. Mas, como antes, precisamos nos manter focados nos quatro obstáculos causais. Primeiro, existe algum mecanismo causal crível que possa responder "como" e "por que" a participação no Head Start (X) e os resultados educacionais (Y) estão conectados? Sim, a teoria por detrás do programa é que a exposição ao ambiente pré-escolar que antecipa o ambiente escolar real ajuda a preparar a criança para o que ela encontrará no pré-primário e nos estágios posteriores. O Head Start, nesse sentido, pode ajudar a reduzir problemas de disciplina e preparar os estudantes para ler e contar, entre outras habilidades. *A resposta para nossa primeira pergunta é "sim"* $[s\ ?\ ?\ ?]$. Segundo, é possível que a relação causal seja inversa? Em outras palavras, podemos eliminar a possibilidade de que os resultados educacionais (Y) possam causar a participação no Head Start (X)? Como os testes são realizados anos após a participação no programa, então, sim. *A resposta para nossa segunda pergunta é "sim"* $[s\ s\ ?\ ?]$. Existe alguma associação entre a participação no programa e os resultados de aprendizados? Estudo após estudo têm mostrado que participantes do Head Start se saem melhor quando são testados, e que com menor frequência repetem uma série do que os que não tiveram uma experiência de pré-escola. Por exemplo, um estudo amplamente citado mostra que crianças do Head Start se saem melhor em testes de vocabulário adequados para crianças pequenas do que alunos que não frequentaram a pré-escola (Currie e Thomas, 1995). *A resposta à nossa terceira pergunta, portanto, é "sim"* $[s\ s\ s\ ?]$.

Como no caso dos exemplos dos programas escolares anteriormente mencionados, uma possível variável colinear é o envolvimento dos pais (Z). Pais altamente envolvidos (Z) têm maior probabilidade de buscar, ter conhecimento sobre, e inscrever seus filhos (X) em programas como o Head Start, que podem beneficiá-los. Pais menos envolvidos com a vida dos filhos têm menor probabilidade de beneficiá-los com as potenciais oportunidades criadas pelo Head Start. E, como antes, é provável que o alto envolvimento dos pais (Z) tenha efeitos positivos nos resultados educacionais dos filhos. A pergunta-chave, então, se torna: o envolvimento dos pais (Z) faz com que a relação entre o Head Start e os resultados educacionais futuros seja espúria? O estudo anteriormente mencionado de Currie e Thomas utiliza tanto controles estatísticos como controles no desenho de pesquisa para controlar pelo efeito dos pais e encontram que o efeito do Head Start sobrevive entre as crianças caucasianas, mas não entre as crianças afro-americanas (ver Tabela 4 da obra citada). Novamente, o termo "controles estatísticos" pode não ser tão claro quanto será posteriormente. Por ora,

Avaliando relações causais

é suficiente dizer que esses pesquisadores utilizaram todas as técnicas que estavam disponíveis para mostrar que o Head Start, de fato, produz um efeito positivo em algumas, mas não em todas as crianças. *A resposta à nossa quarta pergunta é um altamente qualificado "sim"* $[s\ s\ s]$.

3.4 ENCERRANDO

O aprendizado das habilidades cognitivas requeridas para avaliar afirmações causais requer prática. Elas são hábitos intelectuais que, como uma boa faca, ficam mais afiadas com o uso.

Como traduzir essas habilidades cognitivas em novos desenhos de pesquisa que buscam responder perguntas causais é o assunto do capítulo 4. Todos os "desenhos de pesquisa" que você aprenderá no próximo capítulo estão fortemente ligados aos problemas da avaliação de afirmações causais. À medida que prosseguimos, é essencial que você mantenha as lições deste capítulo em mente para tornar-se um melhor consumidor de informação, bem como para prosseguir no caminho de ser um produtor de pesquisas.

CONCEITOS INTRODUZIDOS NESTE CAPÍTULO

- Bivariado – que envolve apenas duas variáveis.

- Espúrio – que não é o que aparenta ser, ou falso.

- Multivariado – que envolve mais que duas variáveis.

- Relação determinística – se alguma causa ocorre, então o efeito acontecerá com certeza.

- Relação probabilística – o aumento de X está associado ao aumento (ou decréscimo) na probabilidade de Y ocorrer, mas essas probabilidades não são certezas.

- *Scoreboard* dos obstáculos causais – abreviação para sumarizar evidências sobre a possível relação causal entre uma variável independente e uma variável dependente.

- Variável colinear – uma variável que é correlacionada com a variável independente e a variável dependente e que de algum modo pode alterar a relação entre essas duas variáveis.

EXERCÍCIOS

1. Pense em uma aula de história na qual você aprendeu as "causas" de um evento histórico (por exemplo, a Grande Depressão, a Revolução Francesa ou a Primeira Guerra Mundial). Quão bem cada uma dessas afirmações causais se sai quan-

do você tenta responder a cada uma das quatro questões para o estabelecimento de relações causais?

2. Entre no *site* de um jornal de notícias. Na caixa de "pesquisa" do *site*, digite as palavras "pesquisa causal" (sem aspas). (Dica: talvez você também tenha que limitar o período temporal da busca, dependendo do *site* que você utilizar.) Nos resultados da pesquisa, encontre dois artigos que façam afirmações sobre relações causais. Faça uma breve sinopse da afirmação causal feita em cada um deles.

3. Imagine, para cada um dos seguintes exemplos, que algum pesquisador tenha achado o padrão de covariação entre X e Y que é descrito. Você consegue pensar em uma variável Z que pode fazer com que a relação entre X e Y seja espúria?

   a) Quanto mais bombeiros (X) atendem a um incêndio, maior é o dano que ocorre na propriedade (Y).

   b) Quando mais dinheiro é gasto por um congressista durante a campanha (X), menor é seu percentual de votos (Y).

   c) O aumento no consumo de café (X) reduz o risco de depressão entre as mulheres (Y).

   d) Quanto maior são os salários dos ministros presbiterianos (X), maior é o preço do rum em Havana (Y).

4. Escreva uma relação probabilística e uma determinística para descrever a relação em cada um dos seguintes pares de variáveis dependente e independente:

   a) A educação de uma pessoa (X) e o comparecimento eleitoral (Y).

   b) A saúde econômica de um país (X) e as revoluções políticas (Y).

   c) A altura de um candidato (X) e o resultado eleitoral (Y).

5. Dê uma olhada no livro de códigos do banco de dados "BES 2005 Subset" e escreva suas respostas para os seguintes itens:

   a) Desenvolva uma teoria causal sobre a relação entre uma variável independente (X) e uma variável dependente (Y) desse banco de dados. Existe um mecanismo causal crível que conecte X a (Y)? Explique sua resposta.

   b) Pode Y causar Y? Explique sua resposta.

   c) Por quais outras variáveis (Z) você gostaria de controlar nos testes de sua teoria?

6. Imagine afirmações causais para cada um dos *scoreboards* de resultados listados abaixo. Qual destas afirmações você avaliaria como a com maior suporte? Justifique sua resposta.

   a) $[snsn]$

   b) $[sssn]$

   c) $[?sss]$

7. O pesquisador *A* e o pesquisador *B* estão tendo um debate científico. Sobre o que eles estão argumentando se a discussão for focada no:

   a) obstáculo causal 1.

   b) obstáculo causal 2.

   c) obstáculo causal 3.

   d) obstáculo causal 4.

8. Encontre um artigo em um periódico de ciência política que contenha um modelo sobre política. Cite a referência completa e a passagem do artigo, e depois:

   a) Descreva brevemente a teoria causal que conecta as variáveis independente e dependente.

   b) Crie um *scoreboard* de resultados dos obstáculos causais para essa teoria e escreva uma explicação para cada uma das suas respostas às quatro perguntas causais.

CAPÍTULO 4
DESENHO DE PESQUISA

RESUMO:

Sendo nosso foco a causalidade, cabe perguntar: quais são as estratégias de pesquisa que cientistas políticos usam para investigar relações causais? De modo geral, o experimento com controle do pesquisador é a base para a pesquisa científica. Alguns cientistas políticos utilizam experimentos em seus trabalhos. Contudo, devido à natureza do objeto, a maioria dos cientistas políticos adota um dos dois tipos de desenhos de pesquisa "observacional" que visam imitar experimentos: o estudo observacional de corte transversal que estuda a variação entre unidades (como pessoas ou países) e o estudo observacional de corte temporal que permite examinar a variação de quantidades agregadas (como a popularidade presidencial) ao longo do tempo. O que é um "experimento" e por que ele é útil? Como estudos observacionais tentam imitar desenhos experimentais? Mais importante, quais são as forças e fraquezas de cada um desses três desenhos de pesquisa para estabelecer ou não a existência de uma relação causal entre dois conceitos? Isto é, como cada um nos ajuda a superar os quatro obstáculos causais identificados no capítulo 3? Semelhantemente, introduzimos questões concernentes à seleção de amostra de casos para estudos nos quais não somos capazes de analisar toda a população à qual nossa teoria se aplica. Esse é um assunto que terá um lugar de destaque em muitos dos capítulos subsequentes.

4.1   A COMPARAÇÃO COMO A CHAVE PARA ESTABELECER RELAÇÕES CAUSAIS

Até o momento, você aprendeu que cientistas políticos se preocupam com relações causais. Você aprendeu que a maioria dos fenômenos que estamos interessados em explicar possuem múltiplas causas, mas que nossa teoria tipicamente lida apenas com uma enquanto ignora as demais. Em alguns exemplos de pesquisas apresentados nos capítulos anteriores, pontuamos que a natureza multivariada do mundo pode nos fazer, em um primeiro momento, entender uma evidência de maneira enganosa. No exemplo sobre raça e participação política, em um primeiro momento parecia que a raça estava causalmente relacionada com as taxas de participação, com caucasianos participando mais do que outras raças. Mas, como argumentamos, esse primeiro olhar era bastante enganoso.

Por quê? Porque o que aparentava ser uma comparação direta entre três grupos (a taxa de participação entre caucasianos, latinos e afro-americanos) não era simples como parecia. Nossos diferentes grupos da variável X estavam longe de serem iguais em importantes fatores. Isto é, pessoas de diferentes grupos raciais (X) tinham diferentes *status* socioeconômicos (Z), o que estava correlacionado com raça (X) e também afetava o nível de participação (Y). Esse exemplo mostra que, por mais que comparações bivariadas possam parecer convincentes, elas provavelmente estão erradas.

As comparações estão no coração da ciência. Se estivermos avaliando uma teoria sobre a relação entre algum X e algum Y, nosso trabalho como cientistas é fazer tudo que for possível para termos certeza de que não existem outras influências (Z) interferindo nas comparações que utilizaremos para fazer nossas inferências sobre uma possível relação causal entre X e Y.

Os obstáculos à inferência causal que descrevemos no capítulo 3 são substanciais, mas não intransponíveis. Não sabemos, na realidade, se X causa Y. Podemos utilizar uma teoria que sugere que X, efetivamente, causa Y, mas teorias podem estar (e frequentemente estão) erradas ou incompletas. Então como cientistas em geral, e cientistas políticos em particular, testam se X causa Y? Existem várias estratégias, ou **desenhos de pesquisa**, que pesquisadores podem utilizar para testar teorias. O objetivo de todos os tipos de desenhos de pesquisa é nos ajudar a avaliar quão bem uma teoria se sai perante os quatro obstáculos causais – isto é, responder do modo mais conclusivo possível se X causa Y. Nas próximas duas seções, focamos duas das mais comuns e efetivas estratégias usadas por cientistas políticos: **experimentos** e **estudos observacionais**[1].

4.2 DESENHOS DE PESQUISA EXPERIMENTAIS

Suponha que você seja candidato a um cargo político e aparente estar no caminho certo. Seu orçamento de campanha tem dinheiro suficiente para o restante da campanha e você está decidindo se deve comprar algum espaço de propaganda na televisão para exibir um comercial que contraste o seu histórico com o do seu concorrente – um ato que alguns considerarão como uma propaganda negativa e de ataque ao oponente. O coordenador da campanha contratou uma empresa de relações públicas para

---

[1] Neste livro utilizaremos o termo "experimento" da mesma forma que os pesquisadores da área de saúde utilizam o termo "ensaio clínico aleatório".

trabalhar no comercial e mostrou o resultado para você em uma das reuniões de estratégia. Você gostou, mas quer saber a opinião da sua equipe e pergunta diretamente: "O comercial funcionará com o eleitorado?". No final, você tem duas opções: exibir o comercial de ataque ou não fazer nada.

Esperamos que você esteja se acostumando a detectar a questão causal embutida em um cenário como o supracitado. A exposição a uma propaganda com conteúdo negativo sobre um candidato (X) pode, ou não, afetar a probabilidade do eleitor votar no candidato-alvo da propaganda (Y). É importante salientar que a afirmação causal possui um componente direcional específico; isto é, a exposição a propagandas aumentará as chances de o eleitor escolher o candidato que fez a propaganda[2].

Como podemos avaliar tal afirmação causal? Os viciados em campanhas políticas estão provavelmente pensando que a campanha poderia realizar um grupo focal para observar como alguns eleitores reagem ao anúncio. Essa não é uma má ideia. Deixe-nos definir informalmente um grupo focal como um grupo de indivíduos selecionado que é exposto a uma ideia (como uma nova faca de cozinha ou uma propaganda eleitoral de TV), em que se tenta detectar a maneira como os indivíduos respondem à ideia. Porém, existe um problema com o grupo focal, especialmente no caso do anúncio de TV do candidato: o que os indivíduos teriam dito sobre o candidato caso eles *não* fossem expostos no anúncio? Não existe nada que possa ser usado para comparação.

É muito importante, e nem um pouco surpreendente, pensar que eleitores podem votar a favor ou contra você por uma variedade de razões (Zs) que não tem a ver com a exposição à propaganda – *status* socioeconômico, ideologia e afiliação partidária podem ser causas para um eleitor votar a favor de um candidato ou de outro. Portanto, como podemos estabelecer se, entre outras influências (Z), o anúncio (X) também faz com que os eleitores estejam mais propícios a votar em você (Y)?

Podemos fazer algo melhor que utilizar um grupo focal para estudar o problema? Qual seria uma abordagem mais científica? Como a introdução deste capítulo tenta mostrar, precisamos de algum tipo de comparação e queremos utilizar tal comparação para mensurar qualquer efeito potencial diferente que o anúncio tem sobre a chance de uma pessoa votar em você de forma isolada.

A abordagem-padrão para uma situação como essa nas ciências físicas e médicas é que necessitaríamos conduzir um experimento. Como a palavra "experimento" possui amplo uso na linguagem convencional, seu significado científico é frequentemente mal entendido. Um experimento *não* é simplesmente qualquer tipo de análise de natureza quantitativa; nem é exclusivamente algo que se realiza dentro de um laboratório por cientistas vestidos de jalecos brancos com proteções. Nossa definição de experimento é: *um experimento é um desenho de pesquisa no qual o pesquisador tem tanto o controle quanto a capacidade de atribuir randomicamente valores da variável independente aos participantes.*

---

[2] Existe uma substancial literatura na ciência política sobre o efeito que propagandas negativas têm tanto sobre o comparecimento eleitoral como sobre o voto. Para visões contrastantes sobre o efeito de propagandas negativas, ver Ansolabehere e Iyengar (1997), Wattenberg e Brian (1999) e Geer (2006).

Note os componentes gêmeos da definição do experimento: o pesquisador tem tanto o *controle* dos valores da variável independente – ou X, como temos chamado – quanto a *capacidade de atribuir randomicamente* esses valores aos participantes do experimento. Juntas, essas duas características formam uma definição completa de um experimento, o que significa que não existem outras características essenciais em um experimento além dessas duas.

O que significa dizer que um pesquisador tem o "controle" do valor da variável independente que os participantes recebem? Significa que os valores da variável independente que os participantes recebem *não são* determinados pelos participantes ou pela natureza. No nosso exemplo do anúncio de campanha de TV, esse requisito significa que não podemos comparar pessoas que, por escolha própria, já tenham sido expostas ao anúncio de TV (talvez porque sejam aficionadas de política e assistam a muitos programas de notícias na televisão, em que tais anúncios são bastante veiculados). Significa que nós, os pesquisadores, temos que decidir quais dos participantes de nosso experimento assistirão e quais não assistirão ao anúncio.

Mas a definição de um experimento tem outro componente essencial. Nós, os pesquisadores, devemos não apenas controlar o valor da nossa variável independente, mas *devemos também atribuir esses valores aos participantes randomicamente*. No nosso exemplo do anúncio de campanha, isso significa que devemos jogar uma moeda para cima, retirar um número de um chapéu, usar um gerador de números randômicos ou algum outro mecanismo desse tipo para dividir nossos participantes em um **grupo de tratamento** (os que assistirão ao anúncio negativo) e um **grupo de controle** (os que não assistirão ao anúncio, mas algo diferente do tratamento, que nas ciências médicas é chamado de um **placebo**).

Qual é o problema aqui? Por que a atribuição randômica dos indivíduos ao grupo de tratamento é importante? Quais benefícios científicos surgem da atribuição randômica de pessoas ao grupo de tratamento? Para ver por que isso é tão crucial, lembre-se que temos enfatizado que toda ciência se refere a comparações e que, também, todo fenômeno interessante que merece ser explorado (toda variável independente interessante) é causado por muitos fatores, não apenas um. A atribuição randômica do grupo de tratamento assegura que a comparação que fazemos entre o grupo de tratamento e o grupo de controle é tão pura quanto possível e que outras causas (Z) da variável dependente não poluirão a comparação. Ao, inicialmente, pegarmos um grupo de participantes e, então, separá-lo randomicamente em dois grupos, utilizando o lançamento de uma moeda como critério, o que estamos assegurando é que os participantes não serão sistematicamente diferentes uns dos outros. De fato, desde que o número de participantes seja razoavelmente grande, a atribuição aleatória de participantes ao grupo de tratamento assegura que os grupos, no seu todo, sejam *idênticos*. Se os dois grupos são idênticos, exceto pelo lançamento da moeda, então podemos ter certeza de que qualquer diferença que observarmos nos grupos deve se dar em razão da variável independente que atribuímos.

Retornando ao nosso exemplo da propaganda de uma campanha política. Um experimento sobre nosso novo anúncio envolveria encontrar um grupo de pessoas e,

Desenho de pesquisa   **97**

então, atribuir randomicamente se elas assistirão ao nosso novo anúncio ou algo não relacionado à campanha (como desenhos ou anúncios de serviços públicos). Estamos totalmente convencidos de que existem outras causas para o comportamento eleitoral e que nosso experimento não nega esses fatores. De fato, nosso experimento nada terá a dizer sobre essas outras causas. O que ele fará, e bem, é determinar se nosso anúncio tem um efeito positivo ou negativo, ou nenhum, sobre as preferências dos eleitores.

Agora contraste a comparação que resulta de um experimento com uma que emerge de um não experimento. Discutiremos desenhos de não experimentos na próxima seção. Suponha que não façamos um experimento; que façamos apenas o anúncio e então gastemos o dinheiro da nossa campanha conduzindo um *survey* para perguntar às pessoas se elas viram nosso anúncio e em quem elas planejam votar. Assumimos também que, no *survey*, utilizamos uma amostra aleatória dos cidadãos do distrito onde a eleição acontecerá. Se analisarmos os resultados do *survey* e descobrirmos que, como esperado, pessoas que disseram ter assistido ao anúncio estão mais propensas a votar em nós do que pessoas que não viram o anúncio, isso significa que o anúncio *causa* – viu a palavra novamente? – uma mudança na opinião das pessoas a nosso favor? Não. Por que não? Porque as pessoas que viram nosso anúncio e as pessoas que não assistiram podem ser *sistematicamente diferentes* uma das outras. O que isso significa? Significa que as pessoas que voluntariamente assistem mais política na TV são (obviamente) mais interessadas em política do que as que preferem assistir aos demais programas da TV. Nesse caso, o nível de interesse em política de uma pessoa pode ser uma importante variável Z. Interesse em política poderia muito bem estar associado com a probabilidade de uma pessoa votar em você. Isso significa que a simples comparação em um não experimento entre os que assistem e os que não assistem a um anúncio é potencialmente enganosa porque se deixa confundir por outros fatores, como o interesse em política. Então um maior apoio é resultado do anúncio ou do fato de que pessoas que assistem ao anúncio são pessoas com alto interesse em política?

Como esse particular desenho de pesquisa não experimental não responde a essa pergunta, não é claro que superamos o quarto obstáculo causal. É impossível saber se foi o anúncio que causou o apoio dos eleitores a você. Em um desenho não experimental como o descrito, por existirem outros fatores que influenciam o apoio a um candidato e, criticamente, por esses outros fatores também serem relacionados ao fato de as pessoas assistirem ou não à propaganda, é muito difícil dizer conclusivamente que a variável independente (exposição ao anúncio) causa a variável dependente (intensão de voto). A Figura 4.1 mostra isso graficamente.

É neste ponto que experimentos diferem drasticamente de qualquer outro tipo de desenho de pesquisa. O desenho de pesquisa experimental realiza, por meio da atribuição randômica ao grupo de tratamento, a descontaminação da comparação entre o tratamento e o grupo de controle removendo qualquer outra influência. Antes que qualquer estímulo (como o tratamento ou o placebo) seja administrado, todos os participantes pertencem ao mesmo grupo. Os pesquisadores os dividem utilizando algum fator randômico, como o lançamento de uma moeda para cima, e essa é a única coisa que divide os dois grupos.

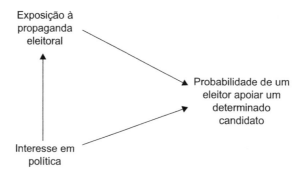

Figura 4.1 – Os possíveis efeitos de confusão do interesse político na relação entre exposição à propaganda eleitoral e intenção de voto.

Pense de outra forma. O modo como as variáveis colineares na Figura 4.1 são correlacionadas com a variável independente é altamente improvável em um experimento. Por quê? Porque se X é determinado aleatoriamente, como pelo lançamento de uma moeda, então (pela definição de randômico) é extremamente improvável que seja correlacionado com qualquer outra coisa (incluindo variáveis colineares Z). Quando pesquisadores controlam e atribuem os valores de X randomicamente, a comparação entre os diferentes grupos não será afetada pelo fato de que outros fatores certamente causam Y, a variável dependente. Em um experimento, então, como X é causado unicamente pela aleatoriedade, significa que podemos eliminar a conexão entre Z e X da Figura 4.1. E, recordando nossa definição de variável colinear, se Z não é correlacionada com X, ela não gera ruído na mensuração da relação entre X e Y.

Isso nos conecta à nossa discussão do capítulo 3 sobre como pesquisadores tentam superar os quatro obstáculos em seus esforços de estabelecer se algum X causa Y. Como veremos, experimentos não são o único método que ajudam pesquisadores a superar os quatro obstáculos causais, mas eles são os únicos capazes de realizar algumas importantes partes dessa tarefa. Considere cada um dos obstáculos por vez. Primeiro, devemos avaliar se existe um mecanismo causal crível antes de decidirmos realizar um experimento. É preciso observar que superar esse obstáculo não é nem mais fácil, nem mais difícil em experimentos do que em não experimentos. Ter um cenário causal crível que liga X a Y aumenta nossa confiança na teoria, não nos dados ou no desenho de pesquisa.

Segundo, em um experimento, é impossível para um Y causar X – o segundo obstáculo causal – por duas razões. Primeiro, a atribuição de X ocorre antes que Y seja mensurado, o que torna impossível para Y causar X. Mais importante, porém, como notado anteriormente, se X é gerado apenas pela aleatoriedade, então nada (incluindo Y) pode causá-lo. Então, na Figura 4.1, poderíamos eliminar qualquer possível causalidade reversa (Y causa X).

Terceiro, estabelecer se X e Y estão correlacionados é simples independentemente do tipo de desenho de pesquisa escolhido (como veremos no capítulo 7). E nosso quarto obstáculo causal? Controlamos por todas as variáveis colineares Z que podem

Desenho de pesquisa
99

tornar a associação entre X e Y espúria? Experimentos são desenhos de pesquisa mais adequados para nos ajudar a responder a essa questão de uma maneira definitiva. Um experimento não elimina, de modo algum, a possibilidade de uma variedade de outras variáveis (que podemos chamar de Z) também afetar Y (como também X). O que um experimento faz, por meio do processo de atribuição randômica ao grupo de tratamento, é equiparar o grupo de tratamento e o grupo de controle em todos os fatores possíveis. Em toda variável possível, se ela é ou não relacionada com X, com Y, com ambas ou com nenhuma, os grupos de tratamento e de controle devem, em teoria, ser idênticos. Isso faz a comparação entre dois valores de X limpa de qualquer possível variável Z, porque esperamos que os grupos sejam equivalentes para todos os valores de Z.

Notavelmente, a habilidade dos experimentos em controlar os efeitos de outras variáveis (Z) aplica-se a todas as possíveis variáveis colineares, mesmo quando os pesquisadores não estão conscientes delas. Deixe-nos apresentar um exemplo claramente absurdo. Vamos imaginar que, daqui a vinte anos, outro time de cientistas descubra que os lóbulos da orelha (grudados ou desgrudados) causam diferentes tipos de comportamento eleitoral. Isso ameaça a inferência a que chegamos a partir do nosso experimento com o anúncio de campanha? Não, nem um pouco. Por que não? Porque, estejamos conscientes disso ou não, nossa atribuição randômica dos participantes ao grupo de tratamento significa que, prestando atenção ou não a isso, esperaríamos que nossos grupos de tratamento e controle tivessem igual número de pessoas com lóbulos grudados e desgrudados. O elemento-chave do desenho de pesquisa experimental – a atribuição randômica aos indivíduos de diferentes valores de X, a variável independente – controla todos os Z no universo, estejamos ou não conscientes deles.

Em resumo, se pensamos nos nossos quatro obstáculos causais do capítulo anterior, toda preparação adequada de um experimento começa com o *scoreboard* $[?\ s\ ?\ s]$. A habilidade do desenho de pesquisa experimental de responder de maneira limpa e definitiva ao quarto obstáculo causal com um "sim" – controlamos por todas as variáveis colineares Z que podem fazer a associação entre X e Y espúria? – é uma vantagem massiva[3]. Tudo o que resta para o estabelecimento de uma relação causal é responder de maneira clara ao primeiro obstáculo – existe algum mecanismo crível que conecta X a Y? – e ao terceiro obstáculo –existe covariação entre X e Y? A dificuldade em superar o primeiro obstáculo é inalterável, mas o terceiro obstáculo é muito mais fácil de ser superado porque precisamos apenas fazer uma avaliação estatística da relação entre X e Y. Como veremos no capítulo 7, tais avaliações são bastante diretas, especialmente quando comparadas a testes estatísticos que envolvem controlar outras variáveis (Z).

Conjuntamente, isso tudo significa que experimentos trazem consigo uma confiança particularmente forte nas inferências causais feitas a partir de sua análise. Em linguagem

---

[3] Afinal, mesmo o mais bem desenhado e executado desenho de pesquisa não experimental deve manter aberta a possibilidade de que, em algum lugar, existe uma variável Z que não foi considerada e controlada.

científica, isso é chamado de **validade interna**. Se um desenho de pesquisa produz altos níveis de confiança em suas conclusões sobre causalidade, é dito que ele tem alta validade interna. Contrariamente, dizemos que desenhos de pesquisa que não permitem extrair conclusões definitivas sobre X causar Y possuem baixo grau de validade interna.

4.2.1 "ATRIBUIÇÃO RANDÔMICA" *VERSUS* "AMOSTRA ALEATÓRIA"

É fundamental que você não confunda o processo de atribuição randômica dos casos ao grupo de tratamento em um experimento com o processo de seleção aleatória de casos. Eles são totalmente diferentes e, de fato, a única coisa que possuem em comum é o princípio da aleatoriedade no nome do termo. São, contudo, frequentemente confundidos. **Atribuição randômica** aos grupos de tratamento e controle ocorre quando os participantes de um experimento são atribuídos randomicamente a diferentes valores de X, a variável dependente. É importante observar que essa definição não diz nada a respeito de como os indivíduos são selecionados para participar do experimento. Já a **amostra aleatória**, essencialmente, relaciona-se a como pesquisadores selecionam casos para os seus estudos – eles são selecionados aleatoriamente, o que significa que cada membro da **população** em questão tem a mesma probabilidade de ser selecionado. (Esse é um método comum de seleção em pesquisas de *survey*, por exemplo.)

Confundir esses dois conceitos críticos produzirá uma boa dose de confusão. Em particular, confundir amostra aleatória com atribuição randômica ao grupo de tratamento significará que a distinção entre experimentos e não experimentos terá se perdido, e essa diferença está entre as mais importantes de toda a ciência. Para entender como a ciência funciona, mantenha esses dois importantíssimos conceitos separados.

4.2.2 VARIEDADES DE EXPERIMENTOS E QUASE EXPERIMENTOS

Nem todos os experimentos acontecem em laboratórios com cientistas vestindo jalecos brancos. Alguns experimentos em ciências sociais são conduzidos utilizando *surveys* que usam amostras aleatórias (ver acima detalhes sobre a amostragem aleatória). Desde os anos 1990, tem ocorrido um crescente movimento no campo da pesquisa de *survey* – que tradicionalmente utiliza amostragem aleatória da população – de utilização de computadores no processo de entrevista para incluir a randomização experimental de variações das perguntas do *survey*, uma técnica chamada **experimento de *survey*.** Esses projetos tentam aproveitar os benefícios da atribuição aleatória ao grupo tratamento e, dessa forma, aumentar a validade interna e os benefícios da amostragem aleatória, aumentando a **validade externa**[4]. Experimentos de *survey* podem ser conduzidos por telefone ou pela internet (meio cada vez mais utilizado).

Outra configuração possível para um experimento é realizá-lo no mundo real. Um **experimento de campo** ocorre nas configurações naturais em que os indivíduos

---

4   Ver Piazza, Sniderman e Tetlock (1990) e Sniderman e Piazza (1993).

normalmente vivem suas vidas. A atribuição aleatória ao grupo de tratamento tem permitido aos pesquisadores em ciências sociais estudar indivíduos que inicialmente não poderiam ser estudados por meio de experimentos. Economistas têm, há muito tempo, buscado evidências sobre a efetividade (ou a falta dela) das políticas de desenvolvimento econômico. Por exemplo, subsídios do governo para fertilizantes (X) afetam o produto da agricultura (Y)? Com o objetivo de responder a essa pergunta, Duflo, Kremer e Robinson (2011) realizaram um experimento em uma região do oeste do Quênia no qual o subsídio de entrega gratuita de fertilizantes foi oferecido somente a alguns fazendeiros escolhidos randomicamente.

Experimentos de campo podem também acontecer no contexto de políticas públicas, algumas vezes com compreensíveis controvérsias. A decisão policial de prender ou não um homem acusado de violência doméstica (X) afeta a chance de casos de violência se repetirem no mesmo endereço nos meses subsequentes (Y)? Sherman e Berk (1984) conduziram um experimento de campo em Minneapolis, randomizando se o homem seria preso automaticamente (ou não) quando a polícia chegasse à casa.

Em algumas ocasiões, situações na natureza que não são propriamente definidas como experimentos – porque os valores de X não foram controlados e atribuídos pelo pesquisador – são, entretanto, semelhantes a experimentos em características-chave. Em um **experimento natural** – que, enfatizamos, não atende à nossa definição de experimento –, os valores da variável independente são naturalmente dados de maneira que pareça que uma verdadeira atribuição aleatória tenha ocorrido. Por exemplo, o tamanho de um grupo étnico dentro de uma população (X) afeta o conflito intergrupos ou a cooperação (Y)? Posner (2004) investigou por que os povos Chewa e Tumbuka são aliados na Zâmbia, mas adversários no Malaui. O autor desenhou a pesquisa dessa forma porque o tamanho da população dos grupos nos diferentes países tinha características da atribuição randômica, e a comparação foi feita *como se* o tamanho das respectivas populações fosse randomicamente atribuído pelo pesquisador, quando (obviamente) não era esse o caso.

4.2.3 EXISTEM LIMITAÇÕES AO DESENHO DE PESQUISA EXPERIMENTAL?

Experimentos, como vimos, têm a habilidade única de fazer cientistas sociais superarem os nossos quatro obstáculos para estabelecer se X causa Y. Mas isso não significa que eles não tenham desvantagens. Muitas dessas desvantagens estão relacionadas às diferenças entre as ciências física e médica, por um lado, e as ciências sociais, por outro. Agora discutiremos quatro desvantagens dos experimentos.

Primeiro, especialmente nas ciências sociais, nem toda variável independente (X) é controlável e sujeita a manipulação experimental. Suponha, por exemplo, que desejamos estudar os efeitos dos diferentes gêneros na participação política. Homens contribuem com mais dinheiro, votam mais, se voluntariam mais em campanhas do que mulheres? Existe uma variedade de modos não experimentais de estudar essa relação, mas é impossível manipular experimentalmente o gênero do indivíduo. Lembre-se que a definição de um experimento é que o pesquisador tenha controle, atribuindo randomicamente os valores da variável independente. Nesse caso, a causa presumível (a variável independente) é o gênero da pessoa. Comparado com drogas e placebos, a atribuição do gênero de um participante é um assunto inteiramente diferente. Essa manipulação é impossível. Pessoas que participam de um experimento são homens ou mulheres; não está entre as capacidades do experimento atribuir se um participante é homem ou mulher.

Isso é verdade em muitos e muitos exemplos de ciência política. Existe simplesmente uma miríade de problemas substantivos que são impossíveis de serem estudados de uma maneira experimental. Como a preferência partidária de um indivíduo (X) afeta sua opinião (Y)? Como a renda de uma pessoa (X) afeta o quanto ela contribui para campanhas (Y)? Como o nível de democratização de um país (X) afeta sua abertura para o comércio internacional (Y)? Como o nível de gasto militar na Índia (X) afeta o nível do gasto militar no Paquistão (Y), e vice-versa? Como a cobertura da mídia (X) de uma campanha eleitoral afeta as prioridades do eleitor (Y)? Ocupar uma cadeira no parlamento britânico (X) faz o parlamentar mais rico (Y)? Em cada um desses exemplos que intrigam os cientistas sociais, as variáveis independentes são simplesmente impossíveis de serem manipuladas experimentalmente. Cientistas sociais não podem "atribuir" a pessoas uma identificação partidária ou uma renda, "atribuir" a um país um nível de democratização ou de gasto militar, "atribuir" a especificidade de uma campanha com maior cobertura da mídia, ou "atribuir" diferentes ocupantes de cadeiras no parlamento. Essas variáveis simplesmente existem na natureza e não podemos controlar a exposição a elas e atribuir randomicamente diferentes valores para diferentes casos (isto é, pessoas ou países). E, no entanto, cientistas sociais se sentem compelidos a estudar esses fenômenos, o que significa que, nessas circunstâncias, devemos empregar um desenho não experimental de pesquisa.

Uma segunda desvantagem potencial do desenho de pesquisa experimental é que experimentos frequentemente sofrem por ter baixo grau de validade externa. Temos notado que uma das principais forças dos experimentos é que eles tipicamente possuem altos níveis de validade interna. Isto é, podemos estar bastante confiantes de que as conclusões sobre causalidade encontradas na análise não sofrem a influência de outras variáveis. Validade externa, neste sentido, é o outro lado da moeda; ela representa o grau em que podemos estar confiantes de que os resultados da nossa análise se aplicam não somente aos participantes do estudo, mas também a toda população.

Existem dois tipos de preocupações reais com respeito à validade externa. A primeira é a validade externa da amostra em si. Lembre-se que não existe nada na nossa definição de experimento que descreva como pesquisadores recrutam ou selecionam pessoas para participar de um experimento. Reiterando: *experimentos não requerem uma amostra que represente a população*. De fato, é extremamente raro que experimentos utilizem uma amostra da população. Em experimentos para teste de medicamentos, por exemplo, é comum o uso de anúncios em jornais ou em programas de rádio para convidar pessoas a participar, usualmente envolvendo alguma forma de compen-

Desenho de pesquisa   **103**

sação financeira. Claramente, pessoas que veem e respondem a anúncios como esses não conformam uma amostra aleatória da população de interesse, que tipicamente é formada por todos os potenciais usuários do remédio. Similarmente, quando professores "recrutam" pessoas de suas salas de aula (ou de colegas), os participantes não são uma seleção aleatória de nenhuma população[5]. O grupo de participantes, nesse caso, representa o que poderíamos chamar de **amostra de conveniência**, o que significa que esse é mais ou menos o grupo de pessoas que poderíamos implorar, coagir, seduzir ou convencer a participar.

Com uma amostra de conveniência, é simplesmente nebuloso generalizar os resultados de um experimento para uma população mais ampla, se é que existe um modo de fazê-lo. Como aprenderemos no capítulo 6, essa é uma questão crítica nas ciências sociais. Muitos experimentos fazem uso de tais amostras de conveniência, como em qualquer experimento único, sendo difícil saber se os resultados da análise são de alguma forma semelhantes aos que acharíamos em uma amostra diferente. Com desenhos de pesquisa experimentais, então, cientistas aprendem sobre como seus resultados se aplicam a amostras mais amplas por meio do processo de **replicação**, no qual pesquisadores implementam os mesmos procedimentos repetidamente de forma idêntica para observar se as relações se sustentam de um modo consistente.

Existe um segundo problema de validade externa com experimentos que é mais discreto, mas talvez tão importante quanto. Ele se relaciona ao problema da validade externa do estímulo. Continuando nosso exemplo de se anúncios de campanha afetam as intenções de voto, se conduzirmos um experimento para responder a essa questão, o que faríamos? Primeiro, necessitaríamos de uma amostra de voluntários. Lembre-se que ela não precisa ser aleatória. Segundo, dividiríamos os participantes em dois grupos a partir de um processo randômico: o experimental (que seria nosso grupo de tratamento) e o de controle. Então perguntaríamos aos indivíduos de ambos os grupos sua intenção de voto e faríamos a comparação entre os dois grupos. Do mesmo modo que podemos ter preocupações sobre a validade da nossa amostra, porque ela pode não ser representativa da população de interesse, devemos também nos preocupar com a validade externa do nosso estímulo. O que queremos dizer? O estímulo é a variável X. Neste caso, o estímulo consiste no ato de fazer os indivíduos assistirem a (diferentes) mensagens de vídeo. Quão semelhante é esse estímulo ao que uma pessoa experimenta em sua casa – isto é, em um ambiente mais natural? Em alguns pontos, ele é bastante diferente. Em nosso experimento hipotético, os indivíduos não escolhem a que assistem. A exposição ao anúncio é forçada (uma vez que os indivíduos aceitam participar). Em casa, pessoas que não desejam ser expostas a propagandas políticas podem facilmente as evitar se quiserem, simplesmente não assistindo a determinados programas ou canais, ou não assistindo à televisão, ou mudando de canal quando um anúncio político começa. Mas a comparação

---

[5]   Pense nisso por um momento. Experimentos com estudantes de graduação de psicologia ou ciência política não são uma amostra aleatória de indivíduos com idade entre 18 e 22 anos, ou mesmo uma amostra aleatória de estudantes de graduação, ou mesmo uma amostra aleatória de estudantes da sua faculdade ou universidade. Sua turma de psicologia é composta por indivíduos com mais interesse em ciências sociais do que em ciências físicas ou engenharia.

entre o nosso experimento hipotético é insensível a essa diferença fundamental entre o ambiente do experimento e o ambiente natural do indivíduo. Na medida em que um experimento cria um ambiente inteiramente artificial, podemos nos preocupar com os resultados que encontraríamos em um contexto mais próximo do real[6].

Desenhos de pesquisa experimentais, às vezes, podem ser confrontados com uma terceira desvantagem: nominalmente, que eles trazem dilemas éticos ao pesquisador. Questões éticas sobre o tratamento de participantes humanos ocorrem frequentemente com experimentos médicos. Se desejamos estudar experimentalmente os efeitos de diferentes tipos de tratamento do câncer sobre as chances de sobrevivência, isto requereria obter uma amostra de pacientes com câncer e então atribuir randomicamente aos pacientes diferentes regimes de tratamento. Isso não é tipicamente considerado uma prática médica aceitável. Em tais situações médicas de alto risco, a maioria dos indivíduos prefere tomar essa decisão em uma consulta com o médico, e não relegariam importantes decisões sobre o tratamento a um gerador de número aleatório.

Em experimentos de ciências sociais, questões éticas são menos frequentes, e tipicamente menos dramáticas, mas elas surgem em algumas ocasiões. Durante a revolução behaviorista na psicologia, durante os anos 1960, muitos experimentos famosos conduzidos nas universidades produziram debates éticos vigorosos. O psicólogo Stanley Milgram (1974) conduziu experimentos sobre quão facilmente ele poderia fazer indivíduos obedecerem a uma autoridade. Nesse caso, a variável dependente era a disposição de um participante a levar o que ele ou ela acreditava ser um choque de outro participante que era, na verdade, um empregado de Milgram. (O artifício foi que Milgram disse aos participantes que estava testando como reforços negativos – choques elétricos – afetavam o "aprendizado" de "estudantes".) A variável independente era em que grau Milgram transmitia seu *status* de autoridade. Em outras palavras, o X que Milgram manipulou foi em que grau ele se apresentou como autoridade que devia ser obedecida. Para alguns participantes, Milgram vestiu um jaleco branco de laboratório e informou que era um professor da Universidade de Yale. Para outros, ele se vestiu mais casualmente e não mencionou sua filiação institucional. A variável dependente, então, foi quão forte o (falso) choque seria antes de o indivíduo simplesmente se recusar a prosseguir. No extremo mais alto, o instrumento dava os "choques" a "450 volts". Os resultados do experimento foram fascinantes porque, para sua surpresa, Milgram descobriu que uma grande maioria de seus participantes estava disposta a administrar até mesmo os choque mais altos nos "aprendizes". Hoje em dia, os comitês de revistas científicas consideram tais experimentos antiéticos, porque esse tipo de experimento cria um grau elevado de estresse emocional entre os participantes reais.

Uma quarta desvantagem potencial dos desenhos de pesquisa experimentais é que, quando interpretamos os resultados de um experimento, algumas vezes cometemos

---

[6] Para uma discussão sobre a validade externa de experimentos utilizando *surveys* nacionais, ver Barabas e Jerit (2010). Para uma aplicação substantiva em que as questões de validade externa do estímulo são essenciais para determinar os resultados dos experimentos, ver Arceneaux e Johnson (2011). Ver também Morton e Williams (2010, p. 264), que se referem a esse problema como "validade ecológica".

Desenho de pesquisa

erros de ênfase. Se um experimento produz um achado de que algum X de fato causa Y, não significa que esse particular X é a causa mais proeminente de Y. Como temos enfatizado repetidamente, uma variedade de variáveis independentes pode ser causalmente relacionada com quaisquer variáveis dependentes interessantes nas ciências sociais. Desenhos de pesquisa experimentais frequentemente não nos ajudam a descobrir qual causa da variável dependente tem o maior efeito e quais outras possuem efeitos menores.

4.3 ESTUDOS OBSERVACIONAIS (EM DOIS SABORES)

Tomadas conjuntamente, as desvantagens dos experimentos significam que, para qualquer situação de pesquisa em ciência política, a implementação de um experimento frequentemente se prova impraticável e, algumas vezes, impossível. Como resultado, o método experimental não é o desenho de pesquisa utilizado mais comumente por cientistas políticos. Em alguns subcampos, como o da psicologia política – que, como o nome indica, estuda os fatores cognitivos e emocionais subjacentes à tomada de uma decisão política –, experimentos são bastante comuns. Eles têm se tornado mais comuns também no estudo da opinião pública e da competição eleitoral. Mas experimentos, para muitos pesquisadores, e por uma variedade de razões, se mantêm como uma ferramenta que não é aplicável a muitos dos fenômenos que buscamos estudar.

Isso significa que pesquisadores devem dar de ombros e abandonar a busca por conexões causais antes mesmo de começar? De modo algum. Mas quais são as opções que estudiosos têm quando não podem controlar a exposição de diferentes valores das variáveis independentes? Em tais casos, a única escolha é recolher dados do mundo como eles são e realizar comparações entre unidades individuais – como pessoas, partidos políticos ou países – ou entre uma quantidade **agregada** que varia ao longo do tempo. Esses dois exemplos representam duas das variantes mais comuns dos chamados estudos observacionais. Estes não são experimentos, mas buscam emulá-los. Eles são conhecidos como estudos observacionais porque, à diferença da natureza controlada e de certo modo artificial da maioria dos experimentos, nesses modelos de pesquisa, os pesquisadores simplesmente tomam a realidade como ela é e a "observam", na tentativa de descobrir conexões causais sem o benefício da atribuição randômica dos participantes ao grupo de tratamento. Em vez disso, diferentes valores da variável independente já existem no mundo, e o que cientistas fazem é observá-las e, então, avaliar suas afirmações teóricas por meio dos mesmos quatro obstáculos causais para descobrir se X causa Y.

Isso leva à definição de um estudo observacional: um estudo observacional é um desenho de pesquisa no qual o pesquisador *não* tem controle dos valores da variável independente, que ocorrem naturalmente. Todavia, é necessário que exista algum grau de variabilidade na variável independente entre os casos, assim como variação na variável dependente.

Como não existe atribuição randômica ao grupo de tratamento, como nos experimentos, alguns estudiosos afirmam que é impossível falar em causalidade em estudos observacionais e, portanto, se referem a eles algumas vezes como **estudos correlacionais**. Juntamente com a maioria dos cientistas políticos, não compartilhamos dessa visão. Certamente experimentos produzem um grau de confiança mais alto sobre relações causais do que estudos observacionais. Todavia, em estudos observacionais, se atenção suficiente é dada à análise de todas as outras possíveis causas da variável dependente sugeridas pela literatura corrente, então podemos fazer avaliações informadas com base na confiança que temos em que a variável independente causa a variável dependente.

Estudos observacionais, como essa discussão indica, enfrentam os mesmos quatro obstáculos causais que os experimentos. Lembre-se de que os obstáculos estão presentes em qualquer desenho de pesquisa. Então como, em estudos observacionais, superamos esses obstáculos? O primeiro obstáculo causal – existe um mecanismo crível que conecta X a Y? – é idêntico em experimentos e em estudos observacionais.

Em um estudo observacional, no entanto, superar o segundo obstáculo causal – podemos eliminar a possibilidade de que Y causa X? – pode algumas vezes ser problemático. Por exemplo, países com alto grau de desenvolvimento econômico (X) têm, como consequência, regimes democráticos mais estáveis (Y)? Cruzar o segundo obstáculo causal, nesse caso, é uma questão mais complicada. É totalmente plausível que ter um governo democrático mais estável faz com que a prosperidade econômica seja mais provável, o que é um cenário de causalidade reversa. Afinal, é mais provável que investidores se sintam mais confortáveis em arriscar em regimes democráticos do que nos autocráticos. Esses riscos, por sua vez, são mais prováveis de elevar a prosperidade econômica. É possível, claro, que X e Y se reforcem mutuamente – isto é, que X cause Y e Y cause X.

O terceiro obstáculo – existe covariação entre X e Y? – não é, como mencionamos, mais difícil em um estudo observacional do que em um experimento. (As técnicas para examinar se a relação entre duas variáveis são diretas, e você as conhecerá nos capítulos 7 e 8.) Mas, ao contrário de um desenho experimental, se falhamos em achar uma covariação entre X e Y em um desenho observacional, devemos proceder ao quarto obstáculo, porque a possibilidade de acharmos uma covariação entre X e Y se mantém uma vez que controlamos por uma variável Z.

A comparação mais frequente entre experimentos e estudos observacionais, porém, ocorre com respeito ao quarto obstáculo causal. A quase mágica que acontece em experimentos por causa da atribuição aleatória ao grupo de tratamento – que possibilita aos pesquisadores saberem que nenhum outro fator interfere na relação entre X e Y – não está presente em um estudo observacional. Então, em um estudo observacional, a comparação entre grupos com diferentes valores para a variável independente pode muito bem estar poluída por outros fatores, interferindo em nossa habilidade de fazer afirmações conclusivas sobre se X causa Y.

Dentro dos estudos observacionais existem dois tipos puros – **os estudos observacionais de corte transversal**, com foco na variação entre **unidades espaciais** em uma única **unidade temporal**, e os **estudos observacionais de séries temporais**, com foco

Desenho de pesquisa

na variação de uma única unidade espacial em múltiplas unidades de tempo. Existem, adicionalmente, desenhos híbridos, mas por uma questão de simplicidade focaremos os modelos puros[7]. Antes de entrarmos nos dois tipos de estudos observacionais, precisamos apresentar uma breve introdução aos dados observacionais.

4.3.1 *DATUM, DATA* E BANCO DE DADOS

A palavra *data* (dados) é uma das palavras gramaticalmente mais mal utilizadas da língua inglesa. Por quê? Porque a maioria das pessoas utiliza essa palavra como se estivesse no singular, quando ela está, na verdade, no plural. Todas as vezes que ler *the data is* ("os dados é"), você terá encontrado um erro gramatical. Quando descrevemos dados, a frase deve ser *the data are* ("os dados são"). Acostume-se a fazer isso: você agora é um dos soldados na cruzada pela utilização adequada dessa palavra, e essa será uma longa e difícil batalha.

A forma singular da palavra *data* (dados) é **datum** (dado). Juntos, uma coleção de *datum* (dado) produz *data* (dados) ou um **dataset** (conjunto de dados ou banco de dados). Definimos um conjunto de dados observacionais pelas variáveis que eles contêm e as unidades espaciais e temporais pelas quais eles são mensurados. Cientistas políticos utilizam dados mensurados por uma variedade de unidades espaciais. Por exemplo, em pesquisas de *survey*, a unidade espacial é o indivíduo que respondeu o *survey*. Em estudos comparados dos governos estaduais americanos, a unidade espacial são os estados dos Estados Unidos. Nas relações internacionais, a unidade espacial mais comum é o país. Unidades temporais mais comuns são meses, trimestres e anos. Também é comum se referir às unidades espacial e temporal que definem os conjuntos de dados como **dimensões do conjunto de dados**.

Os dois tipos mais comuns de conjunto de dados correspondem diretamente aos dois tipos de estudos observacionais que acabamos de introduzir. Por exemplo, a Tabela 4.1 apresenta um conjunto de dados no qual a unidade de tempo é o ano de 1972 e a unidade espacial são países. Esses dados podem ser usados para testar uma teoria que sustenta que o percentual de desemprego $(X) \rightarrow$ a dívida do governo medida como percentual do produto interno bruto (Y).

Estudos observacionais de séries temporais contêm medidas de X e Y ao longo do tempo para uma única unidade espacial. Por exemplo, a Tabela 4.2 expõe um conjunto de dados de série temporal na qual a unidade espacial é os Estados Unidos e a unidade de tempo são meses. Poderíamos utilizar esses dados para testar uma teoria em que a inflação $(X) \rightarrow$ a aprovação presidencial (Y). Com um conjunto de dados, pesquisadores analisam apenas aqueles dados que contêm valores mensurados tanto para a variável independente (X) quanto para a variável dependente (Y) a fim de determinar se o terceiro obstáculo causal é superado.

---

[7] As afirmações clássicas dos estudos observacionais apareceram em 1963 no trabalho seminal de Donald Campbell e Julian Stanley, *Experimental and Quasi-experimental Designs for Research.*

Tabela 4.1 – Exemplo de dados transversais.

País	Dívida do governo como percentual do PIB	Taxa de desemprego
Finlândia	6,6	2,6
Dinamarca	5,7	1,6
Estados Unidos	27,5	5,6
Espanha	13,9	3,2
Suécia	15,9	2,7
Bélgica	45,0	2,4
Japão	11,2	1,4
Nova Zelândia	44,6	0,5
Irlanda	63,8	5,9
Itália	42,5	4,7
Portugal	6,6	2,1
Noruega	28,1	1,7
Holanda	23,6	2,1
Alemanha	6,7	0,9
Canadá	26,9	6,3
Grécia	18,4	2,1
França	8,7	2,8
Suíça	8,2	0,0
Reino Unido	53,6	3,1
Austrália	23,8	2,6

Tabela 4.2 – Exemplo de dados de série temporal.

Mês	Aprovação presidencial	Inflação
2002.1	83,7	1,14
2002.2	82,0	1,14
2002.3	79,8	1,48
2002.4	76,2	1,64
2002.5	76,3	1,18
2002.6	73,4	1,07
2002.7	71,6	1,46
2002.8	66,5	1,80
2002.9	67,2	1,51
2002.10	65,3	2,03
2002.11	65,5	2,20
2002.12	62,8	2,38

4.3.2 ESTUDOS OBSERVACIONAIS TRANSVERSAIS

Como o nome indica, um estudo observacional transversal examina a realidade social transversalmente, focando a variação entre unidades espaciais individuais – novamente, como cidadãos, políticos eleitos, distritos eleitorais ou países – e a explicação da variação da variável dependente entre elas.

Por exemplo, qual é a conexão, se existir, entre as preferências dos eleitores de um distrito (X) e o comportamento do parlamentar em votações nominais (Y)? Em um estudo observacional transversal, a estratégia que um pesquisador perseguiria para responder a essa pergunta envolveria a comparação da preferência agregada dos eleitores de vários distritos (X) com o histórico de votações nominais dos parlamentares (Y). Uma análise como essa, claro, teria que ser observacional, em vez de experimental, porque esse X não é passível de ser manipulado experimentalmente. Uma análise pode ocorrer confinada a uma única legislatura, por um número variado de razões práticas (um fator complicador óbvio seria a inexistência de mudança de parlamentares).

Tenha em mente, claro, que estudos observacionais têm que superar os mesmos quatro obstáculos causais que os experimentos. E, como temos notado, estudos observacionais, diferentemente de experimentos com atribuição aleatória do grupo de tratamento, frequentemente têm dificuldades de superar o quarto obstáculo causal. Esse pode ser o caso em nosso exemplo. Assumindo que os outros três obstáculos foram superados, considere a possibilidade de que existem outras variáveis colineares que causam Y e que também são correlacionadas com X, o que faz a conexão X – Y espúria. (Você consegue pensar em algum destes fatores?) Como estudos observacionais transversais lidam com esse problema crítico? A resposta é que, na maioria dos casos, esse obstáculo pode ser superado por meio de uma série de controles estatísticos. Em particular, no começo do capítulo 9, você conhecerá a ferramenta mais comum nas ciências sociais para "controlar por" outras possíveis causas de Y, nominalmente o modelo de regressão múltiplo. O que você aprenderá é que a regressão múltipla pode possibilitar ao pesquisador observar como controlar, quando necessário, por outra variável (como Z) afeta a relação entre X e Y.

4.3.3 ESTUDOS OBSERVACIONAIS DE SÉRIES TEMPORAIS

A outra grande variante dos estudos observacionais é o estudo observacional de séries temporais, que tem, em seu núcleo, a comparação ao longo do tempo de uma única unidade espacial. Diferentemente da variação transversal, na qual a relação examinada é entre unidades individuais tipicamente em um único ponto do tempo, em estudos observacionais de séries temporais cientistas políticos tipicamente examinam a variação dentro de uma unidade espacial ao longo do tempo[8].

Por exemplo, como a mudança na cobertura da mídia sobre a economia (Y) afeta (se é que afeta) a preocupação pública sobre a economia (Y)?[9] Sendo um pouco mais

---

[8] As unidades espaciais analisadas em estudos de séries temporais são usualmente medidas de forma agregada.

[9] Ver Iyengar e Kinder (2010).

110　　　　　　　　　　　　　　　　　　*Fundamentos da Pesquisa em Ciência Política*

específico, quando a mídia passa mais tempo falando sobre problemas potenciais de inflação, o público se mostra mais preocupado com a inflação? E, quando a mídia gasta menos tempo falando de inflação, a preocupação do público com inflação se esvai? Podemos mensurar essas variáveis de modo agregado aproveitando sua variação ao longo do tempo. Por exemplo, quantas matérias sobre inflação foram apresentadas no noticiário noturno em um dado mês? É quase certeza que a quantidade não será a mesma em todos os meses. E quanto o público que assiste ao noticiário se preocupa (podemos captar essa informação por meio de pesquisas de opinião, por exemplo) com a inflação em um dado mês? Novamente, o percentual de pessoas que identificam inflação como um problema urgente, podemos afirmar com quase certeza, variará de um mês para outro.

Claro, assim como nos estudos transversais, os estudos observacionais de séries temporais requerem que nos foquemos muito no quarto obstáculo causal. Controlamos por todas as variáveis colineares (Z) que estão relacionadas à variação no volume da cobertura da imprensa sobre inflação (X) e sobre a preocupação do público com a inflação (Y)? (O terceiro exercício no final deste capítulo pedirá para você pensar sobre esse tópico.) Se pudermos identificar qualquer outra possível causa do porquê de, algumas vezes, o público estar mais preocupado com a inflação e, outras vezes, estar menos preocupado, então necessitaremos controlar por esses fatores na nossa análise.

4.3.4　A MAIOR DIFICULDADE COM ESTUDOS OBSERVACIONAIS

Apontamos que os desenhos de pesquisa experimentais possuem algumas desvantagens. Assim também ocorre com os estudos observacionais. Focaremos apenas em uma dessas desvantagens, mas é uma grande desvantagem. Como os exemplos anteriores demonstraram, quando precisamos controlar outras possíveis causas de Y para superar o quarto obstáculo causal, precisamos controlar por *todas elas*, não por apenas uma[10]. Mas como sabemos se controlamos por todas as possíveis causas de Y? Em muitos casos, não sabemos com certeza. Mas, claro, precisamos tentar controlar estatisticamente por todas as outras possíveis causas que pudermos. O que envolve considerar cuidadosamente pesquisas prévias sobre o assunto e coletar o máximo possível de dados sobre essas outras causas. Mas, em muitos casos, simplesmente não seremos capazes de fazer isso perfeitamente.

O que isso tudo significa é que, em nossa opinião, a análise observacional deve ser um pouco mais cautelosa em seus pronunciamentos sobre causalidade. De fato, se tivermos feito o melhor que pudermos para controlar por tantas causas de Y quanto possível, então a conclusão mais sensível a que podemos chegar, em muitos casos, é de que X causa Y. Mas, na prática, nossas conclusões raramente são definitivas e pesquisas subsequentes podem modificá-las. Sabemos que isso pode ser frustrante para a

---

[10]　Como poderemos observar no capítulo 9, tecnicamente, precisamos controlar apenas pelos fatores que podem afetar Y e que também são relacionados a X. Na prática, porém, essa é uma distinção muito difícil de ser feita.

Desenho de pesquisa

maioria dos estudantes que estão se familiarizando com a pesquisa em ciência política – e isso também pode ser frustrante para pesquisadores. Mas o fato de que respostas conclusivas são difíceis de obter deve apenas nos fazer trabalhar duro para identificar outras causas de Y. Uma importante parte de ser um cientista é que raramente podemos chegar a conclusões sobre causalidade; devemos manter aberta a possibilidade de que alguma variável previamente desconsiderada (Z) emergirá e tornará espúria a relação que previamente encontramos.

4.4 RESUMO

Para quase todo fenômeno de interesse de cientistas políticos existe mais de um desenho de pesquisa que eles podem implementar para responder a perguntas sobre relações causais. Antes de começar um projeto, pesquisadores precisam decidir entre utilizar um método experimental ou observacional; e, como é comum acontecer, se optarem pelo último eles devem decidir qual tipo de estudo observacional utilizar. E, algumas vezes, pesquisadores escolhem mais de um tipo de desenho de pesquisa.

Diferentes desenhos de pesquisa ajudam a iluminar diferentes perguntas. Quando queremos focar uma questão simples como a preferência do público por uma política governamental liberal ou conservadora, estudos transversais e de séries temporais são ambos úteis. Eles simplesmente respondem a diferentes tipos de questões substantivas. A abordagem transversal busca observar por que alguns indivíduos preferem políticas governamentais mais liberais e outros preferem políticas mais conservadoras. Essa é uma tarefa perfeitamente válida para cientistas políticos: o que faz com que algumas pessoas sejam liberais e outras sejam conservadoras? Considere agora a abordagem de um desenho de pesquisa com uma série temporal, que foca porquê de o público (como um todo, isto é, de maneira agregada) preferir uma política governamental mais liberal ou mais conservadora em diferentes pontos no tempo. Essa é uma questão simples. Nenhuma das abordagens é inerentemente melhor ou pior do que a outra. Ambas jogam luz em diferentes aspectos da realidade social. Qual desenho de pesquisa os pesquisadores devem escolher depende do tipo de pergunta que eles pretendem fazer e responder.

CONCEITOS INTRODUZIDOS NESTE CAPÍTULO

- Agregado – uma quantidade que é criada pela combinação de valores de muitos casos individuais.

- Amostra aleatória – um método de seleção de casos individuais para um estudo no qual cada membro de população de interesse tem a mesma probabilidade de ser selecionado.

- Amostra de conveniência – uma amostra de casos da população de interesse em que o mecanismo de seleção não é aleatório.

- Atribuição randômica – quando os participantes de um experimento são atribuídos randomicamente a um dos diferentes valores possíveis de X, a variável independente.

- *Dataset* (conjunto de dados) – sinônimo de *data* (dados). Uma coleção de valores de variável para ao menos duas observações.

- *Datum* (dado) – forma singular da palavra *data* (dados).

- Desenho de pesquisa – estratégias que um pesquisador emprega para fazer comparações com o objetivo de avaliar afirmações causais.

- Dimensões do conjunto de dados – unidades espaciais e temporais que definem um conjunto de dados.

- Estudo correlacional – sinônimo de "estudo observacional".

- Estudo observacional – desenho de pesquisa no qual o pesquisador não tem controle dos valores da variável independente, que ocorrem naturalmente; é necessário que exista um grau de variabilidade entre os casos na variável independente e na variável dependente.

- Estudo observacional de corte transversal – um desenho de pesquisa que foca a variação entre unidades espaciais em uma única unidade de tempo.

- Estudo observacional de série temporal – um desenho de pesquisa que foca a variação de uma única unidade espacial em múltiplas unidades de tempo.

- Experimento – desenho de pesquisa no qual o pesquisador controla e atribui randomicamente valores da variável independente aos participantes.

- Experimento de campo – um estudo experimental que ocorre em uma configuração natural na qual os indivíduos vivem suas vidas.

- Experimento de *survey* – uma técnica da pesquisa de *survey* em que o processo de entrevista inclui alguma randomização experimental no estímulo do *survey* (no que é perguntado).

- Experimento natural – situação na natureza que não é propriamente definida como experimento, mas em que os valores da variável independente surgem naturalmente de maneira a dar a impressão de que ocorreu uma verdadeira atribuição aleatória pelo pesquisador.

- Grupo de controle – em um experimento, o subgrupo de casos que não é exposto ao principal estímulo causal em investigação.

- Grupo de tratamento – em um experimento, o subconjunto de casos que é exposto ao principal estímulo causal em investigação.

- Placebo – em um experimento, um estímulo inócuo dado ao grupo de controle.

- População – o conjunto inteiro de casos para o qual nossa teoria se aplica.

- Replicação – um processo científico no qual pesquisadores implementam os mesmos procedimentos repetidamente de forma idêntica para observar se as relações se mantêm de modo consistente.

Desenho de pesquisa   **113**

- Unidade espacial – a unidade geográfica que forma a base para a observação. (unidade geográfica na qual os casos são mensurados)

- Unidade temporal – a unidade de tempo que forma a base para a observação (unidade temporal na qual os casos são mensurados).

- Validade externa – o grau em que podemos confiar que os resultados da nossa análise se aplicam não somente aos participantes e as circunstâncias do estudo, mas também à população amplamente dita.

- Validade interna – o grau de confiança do nosso estudo em que podemos afirmar que a variável independente causa a variável dependente.

EXERCÍCIOS

1. Considere as seguintes relações causais entre uma variável independente e uma variável dependente. Em cada um dos casos, seria realista um pesquisador conduzir um experimento para testar a teoria? Se sim, descreva brevemente como seria a atribuição randômica no experimento; se não, explique brevemente as razões.

   a) O nível de religiosidade de um indivíduo (X) e sua preferência por diferentes candidatos políticos (Y).

   b) Exposição a notícias políticas negativas (X) e apatia política (Y).

   c) Serviço militar (X) e atitudes em relação à política externa (Y).

   d) As características pessoais de um palestrante (X) e o poder de persuasão (Y).

2. Considere a relação entre o nível educacional (X) e o comparecimento eleitoral (Y). Como o desenho de pesquisa observacional de corte transversal difere do de série temporal?

3. Na seção sobre estudos observacionais de séries temporais, introduzimos a ideia de como a variação no nível de cobertura sobre a inflação (X) pode causar variação nas preocupações do público sobre a inflação (Y). Você consegue pensar em alguma variável Z relevante pela qual, estatisticamente, precisamos controlar em nossa análise para termos confiança de que a relação entre X e Y é causal?

4. Nos capítulo anterior (especificamente, na seção intitulada "Por que o estudo da causalidade é tão importante? Três exemplos da ciência política"), demos exemplos de problemas de pesquisa. Para cada um desses exemplos, identifique a(s) unidade(s) temporal(is) e espacial(is). Também relate se o estudo era um experimento, um estudo observacional de corte transversal ou um estudo observacional de série temporal.

5. A Tabela 4.1 apresenta dados para o teste de uma teoria utilizando um estudo observacional de corte transversal. Se a mesma teoria fosse testada com um estudo observacional de série temporal, como a tabela de dados se pareceria?

6. Compare os dois desenhos no teste da teoria anterior. Quais são as variáveis Z pelas quais você precisa controlar em cada uma das duas formas de estudos observacionais?

7. A Tabela 4.2 apresenta os dados para o teste de uma teoria utilizando um estudo observacional de série temporal. Se a mesma teoria fosse testada com um estudo observacional de corte transversal, como a tabela de dados seria?

8. Compare os dois desenhos no teste da teoria anterior. Quais são as variáveis Z pelas quais você precisa controlar em cada uma das duas formas de estudos observacionais?

9. Utilize a biblioteca da sua universidade ou o Google Acadêmico para acessar cada um dos artigos a seguir e determinar se o desenho de pesquisa utilizado em cada um deles é um experimento, um estudo observacional de corte transversal ou um estudo observacional de série temporal. (Observação: para ter acesso a esses artigos, talvez você necessite estar conectado à rede de computadores da sua universidade.)

   a) CLARKE, Harold D.; MISHLER, William; WHITELEY, Paul. Recapturing the Falklands: Models of Conservative Popularity, 1979–83. *British Journal of Political Science*, v. 20, n. 1, p. 63-81, 1990.

   b) GIBSON, James L.; CALDEIRA, Gregory A.; BAIRD, Vanessa A. On the Legitimacy of National High Courts. *American Political Science Review*, v. 92, n. 2, p. 343-358, 1998.

   c) DRUCKMAN, James N. The Implications of Framing Effects for Citizen Competence. *Political Behavior*, v. 23, n. 3, 2001.

CAPÍTULO 5

CONHECENDO OS SEUS DADOS: AVALIANDO MENSURAÇÃO E VARIAÇÕES

RESUMO:

Embora cientistas políticos se importem em descobrir relações causais entre conceitos, o que *realmente* examinam é a associação estatística entre variáveis. Portanto, é crítico que tenhamos um entendimento claro dos conceitos que nos importam e que os mensuremos de uma maneira válida e confiável. Neste capítulo, focamos duas tarefas críticas no processo de avaliação de teorias causais: mensuração e estatísticas descritivas. Conforme discutimos a importância da mensuração, usamos diversos exemplos da literatura de ciência política, por exemplo, o conceito de tolerância política. Sabemos que tolerância política e intolerância são uma coisa "real" – que existe em vários graus na mente e no coração das pessoas. Mas como as mensuramos? Quais são as implicações de uma má mensuração? Estatísticas e gráficos descritivos, que são o segundo foco deste capítulo, são o que parecem ser – ferramentas que descrevem variáveis. Essas ferramentas são valiosas porque podem sumarizar de maneira sucinta uma tremenda quantidade de informações. Neste capítulo, discutimos algumas das estatísticas e dos gráficos descritivos mais comumente utilizados, como devemos interpretá-los, como devemos utilizá-los e suas limitações.

Eu reconheço quando vejo. – Potter Stewart, juiz associado da Suprema Corte dos Estados Unidos, em uma tentativa de definir "obscenidade" em um parecer favorável no caso Jacobellis *vs.* Ohio (1964).

Estes vão até onze. – Nigel Tufnel (interpretado por Christopher Guest), ao descrever o botão de volume de seu amplificador no filme *Isto é Spinal Tap.*

5.1 CONHECENDO OS SEUS DADOS

Temos enfatizado o papel da teoria na ciência política. Isto é, que nos preocupamos com as relações causais entre conceitos que nos interessam como cientistas políticos. Neste ponto, esperamos que você esteja começando a desenvolver suas próprias teorias sobre política. Se essas teorias originais estiverem de acordo com as regras que estabelecemos no capítulo 1, elas serão causais, gerais e parcimoniosas. Podem ainda ser elegantes e inteligentes.

Mas, aqui, vale a pena parar e pensar sobre o que uma teoria realmente é e o que *não é*. Para nos ajudar nesse processo, dê uma olhada novamente na Figura 1.2. Uma teoria, como dissemos, é meramente uma conjectura sobre a possível relação causal entre dois ou mais conceitos. Como cientistas, devemos sempre resistir à tentação de ver nossas teorias como suportadas de alguma forma antes que tenhamos avaliado evidências do mundo real e até tenhamos feito tudo que podemos com as evidências empíricas para avaliar o quão bem nossa teoria se sai ao tentar superar os quatro obstáculos causais que identificamos no capítulo 3. Em outras palavras, não podemos avaliar uma teoria até termos passado por todos os processos descritos na Figura 1.2. A primeira parte deste capítulo lida com a operacionalização, ou o movimento das variáveis de um nível conceitual abstrato para um nível mensurável bastante real. Podemos conduzir testes de hipóteses e realizar avaliações razoáveis de nossas teorias somente após termos passado cuidadosamente por esse importante processo com todas as nossas variáveis.

Se nossas teorias são afirmações sobre relações *entre conceitos*, quando procuramos por evidências para testar nossas teorias, somos imediatamente confrontados com a realidade na qual, na verdade, não *observamos* esses conceitos. Muitos dos conceitos pelos quais nos interessamos na ciência política, como brevemente veremos, são inerentemente elusivos e francamente impossíveis de serem observados empiricamente de modo direto e, algumas vezes, incrivelmente difíceis de serem mensurados quantitativamente. Por essa razão, precisamos pensar muito cautelosamente sobre os dados que escolhemos para avaliar nossas teorias.

Até agora, temos visto muitos exemplos de dados, mas não temos discutido os processos de obtenção de dados e os colocado para trabalhar. Se pensarmos novamente na Figura 1.2, estamos agora no estágio no qual nos movemos do nível teórico-conceitual para o nível empírico-mensurado. Para cada conceito teórico, existem múltiplas estratégias de operacionalização ou mensuração. Como discutimos nos capítulos anteriores, uma das primeiras grandes decisões que alguém precisa tomar é se conduzirá um experimento ou alguma forma de teste observacional. Neste capítulo, assumimos que você tenha uma teoria e que conduzirá um teste observacional dela.

Um exercício útil, uma vez que você tenha desenvolvido uma teoria original, é desenhar uma versão da Figura 1.2 e pensar sobre qual seria a configuração ideal para o teste de sua teoria. Qual seria a melhor configuração, um desenho transversal ou de série temporal? Uma vez que você tenha respondido a essa pergunta e que tenha suas dimensões espacial e temporal ideais em mãos, qual seria a medida ideal para suas variáveis dependente e independente?

Tendo passado pelo exercício de pensar sobre os dados ideais, o primeiro instinto da maioria dos estudantes é coletar seus próprios dados e, talvez, até mesmo aplicar um *survey*[1]. Na nossa experiência, novos pesquisadores quase sempre subestimam as dificuldades e os custos (em termos de dinheiro e tempo) de coletar seus próprios dados. Assim, recomendamos *fortemente* que você procure por dados que estejam disponíveis para serem utilizados em suas pesquisas.

Para um cientista político, um dos grandes impactos das transformações pelas quais o mundo em que vivemos passou nos últimos tempos é que existe uma quase inesgotável fonte de dados disponível em sítios e em outros lugares de fácil acesso[2]. Umas poucas palavras de aviso, no entanto: não é porque os dados são facilmente acessíveis na internet que eles são perfeitamente adequados para as necessidades específicas do seu teste de hipótese.

O que segue no restante deste capítulo é um conjunto de considerações que você deve ter em mente e que o ajudarão a determinar se um conjunto particular de dados que você tenha encontrado é apropriado para o seus propósitos e a conhecer os dados uma vez que você os tenha aberto em um programa estatístico. Começamos com todos os tópicos importantes sobre mensuração de variável. Descrevemos os problemas da mensuração e a importância de mensurar os conceitos em que estamos interessados do modo mais preciso possível. Durante esse processo, você aprenderá algumas habilidades cognitivas para avaliar a estratégia de mensuração de artigos de outros pesquisadores, assim como aprenderá a avaliar a utilidade das medidas que você está considerando usar no teste de suas hipóteses.

Começamos a seção com a mensuração nas ciências sociais em geral. Focamos exemplos da economia e da psicologia, duas ciências sociais que possuem níveis de agregação diferentes para suas principais variáveis – na ciência política, temos uma gama completa de variáveis em termos de como elas devem ser mensuradas. Discutimos alguns conceitos fundamentais da mensuração e apresentamos alguns exemplos de pesquisas em ciência política. Ao longo da discussão desses conceitos fundamentais, focamos a mensuração de variáveis que assumem intervalos numéricos e nos sentimos confortáveis de tratar do modo como normalmente tratamos números. Perto do final do capítulo, quando discutimos o básico sobre como conhecer seus dados utilizando um *software* estatístico, discutiremos isso mais profundamente e focaremos alguns tipos de variáveis que podem assumir diferentes tipos de valores não numéricos.

5.2   A MENSURAÇÃO NAS CIÊNCIAS SOCIAIS: OS VÁRIOS DESAFIOS DE QUANTIFICAR A HUMANIDADE

Mensuração é um "problema" em todas as ciências – das ciências físicas, como a física e a química, às ciências sociais como economia, ciência política, psicologia e

---

[1]   Um *survey* é uma escolha particularmente complicada, porque, ao menos na maioria das universidades, você precisaria ter a aprovação do Comitê de Pesquisa com Seres Humanos.

[2]   Um dos recursos que é frequentemente negligenciado é a biblioteca da sua faculdade. Mesmo que bibliotecas pareçam coisas do passado, a biblioteca da sua faculdade pode ter comprado acesso a fontes de dados, e os bibliotecários muitas vezes são especialistas na localização de dados na internet.

as demais. Mas, nas ciências físicas, o problema da mensuração é frequentemente reduzido ao problema da instrumentalização, no qual cientistas desenvolvem protocolos bastante específicos para mensurar, por exemplo, a quantidade de gás liberado em uma reação química ou a quantidade de luz emitida por uma estrela. As ciências sociais, pelo contrário, são ciências novas e o consenso científico sobre como mensurar importantes conceitos é raro. Talvez mais crucial, porém, é o fato de que as ciências sociais lidam com uma dificuldade inerente ao seu objeto em suas previsões: os seres humanos.

O problema da mensuração existe em todas as ciências sociais. Seria errado, porém, dizer que esse é um problema equânime em todas as disciplinas das ciências sociais. Algumas disciplinas prestam comparativamente menos atenção aos problemas da mensuração, enquanto outras estão envolvidas em constantes controvérsias sobre mensuração e suas dificuldades.

Considere o objeto de muitas pesquisas em economia: dólares (ou euros, ou ienes, ou a moeda que você tiver). Se o conceito de interesse é "produto econômico" (ou "produto interno bruto"), que é comumente definido como o total da soma de todos os bens e serviços produzidos pelo trabalho e pela propriedade em um dado período de tempo, então é relativamente fácil obter uma observação empírica que seja consistente com o conceito de interesse[3].Tais medidas não serão controversas entre a maioria dos estudiosos. Contrariamente, uma vez que os economistas concordem sobre como mensurar o produto econômico, eles podem partir para um próximo (e mais interessante) passo do processo científico, a saber, descobrir quais forças *causam* maior ou menor crescimento do produto econômico. (É nesta parte que o acordo entre os economistas termina.)

Contudo, nem todo conceito em economia é mensurado de modo tão fácil. Muitos economistas estão preocupados com a pobreza: por que alguns indivíduos são pobres enquanto outros não? Quais são as forças que fazem a pobreza aumentar ou diminuir ao longo do tempo? A despeito do fato de sabermos que a pobreza é uma coisa real, mensurar quem é e quem não é pobre é um pouco complicado. O governo federal americano define o conceito de pobreza como "um conjunto de linhas de renda ajustado pelo tamanho do domicílio, a idade do chefe do domicílio e o número de crianças com idade abaixo de 18 anos"[4]. A intenção de definir linhas é a de descrever "níveis minimamente decentes de consumo"[5]. Porém, existem dificuldades em obter observações empíricas de pobreza. Entre elas, considere que a maioria das democracias ocidentais (incluindo os Estados Unidos) possui estados de bem-estar social que provêm transfe-

---

[3] Para detalhes sobre como o governo federal dos EUA mede o PIB, ver: <http://www.bea.gov>. [Para informações do Brasil, ver: <http://www.fazenda.gov.br/economia/pib>. (N.T.)]

[4] Ver: <www.census.gov/hhes/www/poverty.html>.

[5] Observe um problema logo de partida: o que é "minimamente decente"? Você suspeita que o que era qualificado como "minimamente decente" em 1950 ou 1985 poderia ser considerado "minimamente decente" hoje? Isso imediatamente leva a problemas de quão sensível é a comparação de taxas de pobreza do passado com as de hoje. Se o que é considerado como o mínimo decente continua a subir, então a comparação é, no pior caso, no mínimo problemática e sem sentido.

rência de renda – em forma de pagamento em dinheiro, vales para trocar por comida ou serviços subsidiados, como saúde – para seus cidadãos que estão abaixo de uma determinada linha de renda. Tais programas, claro, são desenhados para minimizar ou eliminar os problemas que afligem os pobres. Quando economistas buscam mensurar o nível de renda de uma pessoa para definir se ela é ou não pobre, eles devem utilizar a definição "pré-transferência" de renda ou a renda familiar *após* receber alguma das transferências do governo (ou seja uma definição "pós-transferência")? Qualquer uma das alternativas possui consequências negativas. Escolher a definição pré-transferência de renda nos dá uma medida de como o setor privado da economia está falhando. Por outro lado, uma definição pós-transferência nos dá uma medida de como os estados de bem-estar estão aquém do necessário e como as pessoas realmente vivem. Como a geração do *baby boom*[6] nos Estados Unidos continua a envelhecer, mais e mais pessoas estão se aposentado. Utilizando uma medida de pobreza pré-transferência significa que os pesquisadores não considerarão os pagamentos da aposentadoria – de longe, a maior fonte de transferência nos EUA – e, portanto, o índice de pobreza (pré-transferência) deve ter um crescimento contínuo nas próximas décadas, a despeito do desempenho geral da economia. Isso pode não ser a representação mais acurada do que chamamos de "pobreza" (Danziger e Gottschalk, 1983).

Se, devido à natureza do objeto, economistas raramente (ou ocasionalmente) têm obstáculos de mensuração, no extremo oposto do espectro está a disciplina de psicologia. O objeto da psicologia – o comportamento humano, a cognição e a emoção – é repleto de conceitos que são extremamente difíceis de mensurar. Considere alguns exemplos. Todos sabem que o conceito de "depressão" é uma coisa real; alguns indivíduos são depressivos e outros não. Alguns indivíduos que são depressivos hoje não serão depressivos com o passar do tempo, e alguns que não são depressivos hoje se tornarão depois. No entanto, como é possível avaliar cientificamente se uma pessoa é ou não depressiva?[7] Por que importa se medimos a depressão acuradamente? Lembre-se dos riscos científicos descritos no início deste capítulo: se não mensurarmos a depressão corretamente, como podemos saber se tratamentos como a terapia clínica ou a utilização de medicamentos antidepressivos são efetivos?[8] A psicologia lida com uma variedade de outros conceitos que são notoriamente escorregadios, como o foco clínico sobre "ansiedade" ou o foco sociopsicológico sobre conceitos como "estereótipos" ou "preconceito", que também são preocupações de cientistas políticos.

A ciência política, na nossa visão, está em algum lugar no meio entre os extremos da economia e da psicologia em termos de quão frequentemente encontramos pro-

---

[6] Geração nascida logo após o término da Segunda Guerra Mundial. [N.T.]

[7] Desde 1952, a American Psychiatric Press tem publicado a obra *Diagnostic and Statistical Manual of Mental Disorders*, atualmente em sua quinta edição (chamada DSM 5), que define o diagnóstico de depressão focando quatro conjuntos de sintomas que indicam depressão: humor, síndromes comportamentais (como o afastamento), sintomas cognitivos (como a inabilidade de se concentrar) e sintomas somáticos (como a insônia).

[8] De fato, a efetividade da "conversa" terapêutica é uma questão de alguma disputa entre psicólogos. Ver Married with Problems? Therapy May Not Help. *New York Times*, 19 abr. 2005.

blemas sérios de mensuração. Alguns subcampos da ciência política operam relativamente livres de problemas desse tipo. O estudo da economia política – que examina a relação entre economia e forças políticas, como política governamental, eleições e confiança do consumidor – é bem semelhante à economia, por razões óbvias. Outros subcampos encontram problemas de mensuração regularmente. O subcampo da psicologia política – que estuda o modo como cidadãos individuais interagem com o mundo político – compartilha muitos dos mesmos objetos da psicologia social e, por focar atitudes e sentimentos das pessoas, guarda muita semelhança com os problemas de mensuração da psicologia social.

Considere a seguinte lista de conceitos importantes na disciplina de ciência política e que possuem problemas de mensuração:

- *Ativismo judicial*: nos Estados Unidos, o papel do judiciário no processo de *policy-making* tem sido controverso. Alguns veem as cortes federais como protetoras de importantes liberdades civis, enquanto outros as veem como ameaças à democracia, em razão de os juízes não serem eleitos. Como é possível identificar um "juiz ativista" ou uma "decisão ativista"[9]?

- *Votações motivadas pela ideologia no Congresso*: em cada uma das sucessivas seções do Congresso dos Estados Unidos, comentadores frequentemente comparam o nível de liberalismo e conservadorismo do atual Congresso com os seus antecessores. Como podemos saber se o Congresso está se tornando mais ou menos liberal ao longo do tempo (Poole e Rosenthal, 1997)?

- *Legitimidade política*: como os analistas podem distinguir um governo "legítimo" de um "ilegítimo"? Um problema conceitual fundamental aqui é "como cidadãos avaliam a autoridade governamental" (Weatherford, 1992). A legitimidade pode ser objetivamente determinada ou é uma propriedade subjetiva inerentemente dos cidadãos? Alguns a veem positivamente, enquanto outros negativamente.

- *Sofisticação política*: alguns cidadãos conhecem mais sobre política e estão mais bem preparados para processar informações políticas do que outros cidadãos que conhecem pouco e se importam pouco com assuntos políticos. Como podemos distinguir cidadãos politicamente sofisticados dos não sofisticados? Ademais, como podemos dizer se o nível de sofisticação política de uma sociedade está aumentando ou diminuindo ao longo do tempo (Luskin, 1987)?

- *Capital social*: algumas sociedades são caracterizadas pelo alto nível relativo de interconectividade, com redes densas de relacionamentos que tornam a população coesa. Outras sociedades, em contraste, são caracterizadas pelo alto nível de isolamento e desconfiança. Como podemos mensurar o que cientistas sociais chamam de *capital social* de modo que nos possibilite comparar o nível de

---

[9] Neste caso em particular, poderia ocorrer até um desacordo sobre a definição conceitual de "ativista". O que um conservador ou um liberal consideraria como "ativista" poderia não gerar acordo algum. Para uma visão jornalística dessa questão, ver: Activist, Schmactivist. *New York Times*, 15 ago. 2004.

conectividade de uma sociedade com outra ou como o nível de conectividade varia em diferentes pontos do tempo (Putnam, 2000)?

Nas seções 5.4 e 5.5, descrevemos as controvérsias de mensuração que cercam outros dois importantes conceitos para a ciência política – democracia e tolerância política. Mas antes, na próxima seção, descrevemos alguns pontos fundamentais com os quais cientistas políticos precisam lidar quando mensuram seus conceitos de interesse.

5.3 PROBLEMAS NA MENSURAÇÃO DOS CONCEITOS DE INTERESSE

Podemos sumarizar os problemas da mensuração dos conceitos de interesse na preparação para o teste de hipótese da seguinte maneira: primeiramente, você precisa ter certeza de que tem clareza conceitual. Posteriormente, você precisa decidir um nível razoável de mensuração. Finalmente, assegure-se de que sua medida é válida e confiável. Após repetir esse processo com cada uma das variáveis de sua teoria, você estará pronto para testar suas hipóteses.

Infelizmente, não existe um mapa claro para seguir durante essas etapas com nossas variáveis. Algumas variáveis são bastante fáceis de serem mensuradas, enquanto outras, em razão da natureza do que estamos tentando mensurar, são mais elusivas. Como veremos, debates sobre questões de mensuração estão no centro de muitos dos interessantes campos de estudo da ciência política.

5.3.1 CLAREZA CONCEITUAL

O primeiro passo na mensuração de qualquer fenômeno de interesse de cientistas políticos é ter clareza do conceito que estamos tentando mensurar. Em alguns casos, como os discutidos a seguir, isso é uma tarefa extremamente reveladora e difícil. É preciso considerável disciplina de pensamento para definir precisamente os conceitos sobre os quais estamos teorizando. Até mesmo em alguns exemplos aparentemente fáceis isso é mais difícil do que pode parecer em um primeiro momento.

Considere um *survey* em que precisamos mensurar a *renda* de uma pessoa. Isso parece bastante simples. Uma vez que tenhamos a nossa amostra de adultos, por que não apenas perguntar aos entrevistados "Qual é a sua renda?" e oferecer uma escala de valores na qual os entrevistados possam se alocar? Qual poderia ser o problema com tal medida? Imagine um estudante universitário de 19 anos de idade cujos pais sejam muito ricos, mas que nunca tenha trabalhado, respondendo a tal pergunta. Qual é a renda dessa pessoa no último ano? Zero. Em tal circunstância, essa é a resposta verdadeira para a pergunta. Mas não é uma medida particularmente válida da renda. Provavelmente queremos uma medida de renda que reflita o fato de que os pais do estudante lhe dão uma boa quantidade de dinheiro que o ajuda a manter o luxo de não trabalhar enquanto estuda, como ocorre com muitos estudantes. Essa medida deveria colocar uma filha (ou filho) de pais ricos à frente de um estudante relativamente pobre, responsável por seu sustento e que trabalha quarenta horas por semana para pagar por seus estudos. Portanto, podemos reconsiderar nossa aparentemente simples pergunta e questionar: "Qual é a quantidade total de renda recebida por você e pelos outros adultos no seu domicílio no último ano contábil, incluindo todas as fontes de renda?". Essa medida coloca um filho que não trabalha de uma família rica mais bem posicionado do que um estudante de uma família menos rica. Essa é uma medida de "renda" que consideramos teoricamente mais útil para a maioria dos propósitos nas ciências sociais[10].

Neste momento, vale destacar que a *melhor* medida de renda – assim como de outros conceitos – depende de quais são nossos objetivos teóricos. A melhor medida de algo tão simples como a renda de um entrevistado depende do que pretendemos relacionar a essa medida em nosso teste de hipótese.

5.3.2 CONFIABILIDADE

Uma medida operacionalizada de um conceito é considerada confiável na medida em que é replicável e consistente; isto é, quando a aplicação das mesmas regras de mensuração para os mesmos casos ou observações produz resultados idênticos. Uma medida não confiável, pelo contrário, produz resultados inconsistentes para as mesmas observações. Por razões óbvias, todos os cientistas querem que suas medidas sejam confiáveis.

Talvez o exemplo mais simples para ajudar você a entender isso seja sua balança de banheiro. Digamos que você suba na balança uma manhã e que a balança mostre que seu peso é de 68 quilos. Você desce da balança e ela retorna para o zero. Mas você *não* confia na leitura da balança e pensa consigo mesmo: "Talvez se eu subir novamente na balança, ela possa me dar um número melhor". Esse é um teste de **confiabilidade**. Se você (imediatamente) subir na balança e ela mostrar agora 66 quilos, sua balança não é confiável, porque a mensuração do mesmo caso – seu corpo – produz resultados diferentes.

Levando o exemplo da sua balança de banheiro ao extremo, não podemos confundir variabilidade ao longo do tempo com falta de confiabilidade. Se você acordar uma semana depois e pesar 71 em vez de 68 não significa necessariamente que sua balança não é confiável (embora isso possa ser verdade). Talvez você tenha substituído a salada do almoço por batatas fritas nessa semana, e talvez você tenha se exercitado menos vigorosamente ou menos frequentemente.

Confiabilidade é frequentemente uma questão importante quando estudiosos precisam codificar eventos ou textos para análise quantitativa. Por exemplo, se um pesquisador estivesse tentando codificar textos de cobertura da mídia favoráveis ou

---

[10] Os mesmos problemas podem surgir quando tentamos mensurar a renda de pessoas aposentados que não têm mais participação na força de trabalho.

Conhecendo os seus dados: avaliando mensuração e variações   **123**

contrários a um candidato, ele desenvolveria algumas regras específicas de codificação para aplicar ao texto – com efeito, para contar certas referências como "pró" ou "contra" o candidato. Suponha que, para a codificação, o pesquisador empregue um grupo de estudantes para codificar o texto – uma prática bastante comum na pesquisa sobre política. Um conjunto *confiável* de regras de codificação implicaria que, quando um dos estudantes o aplicasse ao texto, os resultados fossem os mesmos que os obtidos por outro estudante que os tenha aplicado no mesmo texto. Um conjunto *não confiável* de regras implicaria o oposto, nominalmente, que, quando dois codificadores diferentes tentassem aplicar as mesmas regras à mesma notícia, eles chegariam a conclusões diferentes[11]. As mesmas questões surgem quando se codificam coisas como eventos utilizando a cobertura dos jornais[12].

5.3.3 VIÉS DE MENSURAÇÃO E CONFIABILIDADE

Uma das preocupações que acompanham qualquer técnica de mensuração é o **viés de mensuração**, que consiste na subestimação ou na sobre-estimação de modo sistemático dos valores para uma variável. Embora o viés de mensuração seja um problema sério para qualquer um que queira saber o "verdadeiro" valor das variáveis para um caso particular, ele é um problema bem menos sério do que você pode pensar quando o propósito é o teste de teorias. Para melhor entender isso, imagine que você tenha que escolher entre duas diferentes operacionalizações para a mesma variável. A operacionalização *A* é enviesada, mas confiável, e a operacionalização *B* não possui viés, mas não é confiável. Para os propósitos do teste de teoria, preferimos a enviesada mas confiável operacionalização *A*!

Você estará mais bem preparado para entender o porquê dessa escolha uma vez que tenha entendido como o teste estatístico de hipótese funciona no capítulo 7 e nos seguintes. Por agora, porém, tenha em mente que, quando testamos nossas teorias, estamos buscando padrões gerais entre duas variáveis. Por exemplo, com valores *altos* de *X* tendemos a observar valores *altos* de *Y*, ou com valores *altos* de *X* tendemos observar valores *baixos* de *Y*? Se a mensuração de *X* é enviesada para mais, o mesmo padrão geral será visível na associação com *Y*. Mas, se a mensuração de *X* é não confiável, a relação subjacente entre *X* e *Y* se torna obscura.

5.3.4 VALIDADE

A característica mais importante de uma medida é sua validade. Uma medida válida representa acuradamente o conceito que supostamente mede, enquanto uma medi-

---

[11] Claro, é possível que um *protocolo de codificação* seja perfeitamente confiável, mas os *codificadores em si* não o sejam.

[12] Existe uma variedade de ferramentas para testar a confiabilidade, muitas das quais estão além do escopo dessa discussão.

da inválida mede algo diferente do que originalmente pretendido. Parece que estamos andando em círculos, nós sabemos.

Talvez seja útil pensar sobre alguns importantes conceitos que são exemplos espinhosos de mensuração nas ciências sociais para entender o papel da validade. Tanto na psicologia como na ciência política, o estudo do *preconceito* tem sido particularmente importante. Entre indivíduos, o nível de preconceito pode variar de quase nenhum até altos níveis. Mensurar o preconceito é importante na psicologia social para que possamos tentar determinar quais fatores fazem com que algumas pessoas sejam preconceituosas e outras não. Na ciência política, em particular, frequentemente estamos interessados nas consequências atitudinais e comportamentais do preconceito. Dado que não existe um soro da verdade, como podemos obter uma medida quantitativa de preconceito capaz de nos dizer quem possui uma grande quantidade, quem possui algum e quem não possui preconceitos? Seria bastante fácil perguntar às pessoas se elas são preconceituosas ou não. Por exemplo, poderíamos perguntar: "Com respeito às pessoas de raças ou etnia diferente da sua, você diria que é extremamente, um pouco ou nem um pouco preconceituoso?". Mas, com isso, teríamos razões óbvias para duvidar da **validade** das respostas – ou seja, de que essa medida reflete acuradamente o nível real de preconceito.

Existem vários modos para verificar a validade de uma medida, embora seja crítico notar que todas elas são teóricas e sujeitas a altos graus de desacordo. Infelizmente, não existe uma fórmula simples para checar a validade de uma mensuração em uma escala de zero a cem. De fato, dependemos de uma série de meios sobrepostos para determinar a validade da medida. Primeiro, e mais simples, podemos examinar a **validade de face**. Quando examinamos uma estratégia de mensuração, podemos primeiro perguntar se, em sua superfície (ou face), a medida parece ou não mensurar o que se propõe a mensurar. Essa é a validade de face. Segundo, e um pouco mais avançado, podemos escrutinar a **validade de conteúdo** de uma medida. Qual é o conceito a ser medido? Quais são todos os elementos essenciais desse conceito e as suas características que o definem? Você excluiu todas as outras coisas que não pertencem a ele? Por exemplo, o conceito de democracia certamente contém o elemento "eleições", mas também deve incorporar mais do que meras eleições, porque estas ocorrem em lugares como a Coreia do Norte, que sabemos que não é democrática. O que mais deve conter uma medida válida de democracia? Basicamente, validade de conteúdo é um processo rigoroso que força o pesquisador a ter uma lista de todos os elementos críticos que definem o conceito que desejamos mensurar. Finalmente, podemos examinar a **validade de constructo** de uma medida: o grau em que é relacionada a outras medidas com as quais a teoria requer que ela esteja relacionada. Isto é, se temos uma teoria que conecta democratização e desenvolvimento econômico, então uma medida de democracia que é relacionada a uma medida de desenvolvimento econômico (como nossa teoria propõe) serve, simultaneamente, para confirmar a teoria e para validar nossa medida de democracia. Claro, uma dificuldade dessa abordagem acontece quando a associação esperada não se faz presente. Isso acontece por que nossa medida de democracia é inválida ou por que a teoria está equivocada? Não existe uma resposta conclusiva para essa pergunta.

5.3.5 A RELAÇÃO ENTRE VALIDADE E CONFIABILIDADE

Qual é a conexão entre validade e confiabilidade? É possível ter uma medida válida, mas não confiável? E é possível ter uma medida confiável mas inválida? Com respeito à segunda pergunta, existe algum debate científico; alguns acreditam que é possível ter uma medida confiável, mas inválida. Na nossa visão, isso é possível em termos abstratos. Mas como estamos interessados em mensurar conceitos com o interesse de avaliar teorias causais, acreditamos que, em termos práticos, qualquer medida concebível que seja confiável mas inválida não será útil na avaliação de teorias causais.

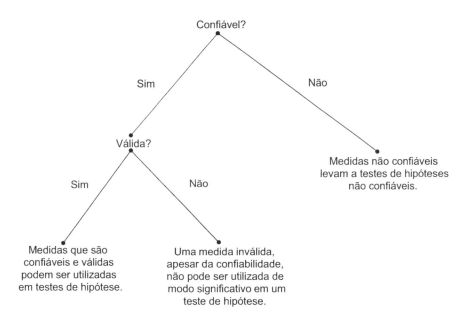

Figura 5.1 – Confiabilidade, validade e teste de hipóteses.

Similarmente, é teoricamente possível ter medidas válidas mas não confiáveis. Mas essas medidas também serão problemáticas para a avaliação de teorias causais, porque não teremos confiança nos testes de hipótese que conduzimos. Na Figura 5.1 apresentamos a relação entre validade e confiabilidade; podemos ver que, se uma medida não é confiável, há pouco sentido em avaliar sua validade. Uma vez que tenhamos estabelecido que uma medida é confiável, podemos avaliar sua validade, e somente medidas válidas e confiáveis são úteis para a avaliação de teorias causais.

5.4 CONTROVÉRSIA 1: MENSURANDO DEMOCRACIA

Embora tenhamos a tendência de pensar que democracia é similar à gravidez – isto é, um país é ou *não é* democrático da mesma forma que uma mulher *está* ou *não está* grávida –, refletindo um pouco mais sobre o assunto, você provavelmente pensará que a democracia é mais bem entendida como um *contínuo*[13]. Isto é, podem existir vários graus em que um governo é democrático. Adicionalmente, dentro de democracias, alguns países são mais democráticos que outros, e um país pode se tornar mais ou menos democrático com o passar do tempo.

Mas definir um contínuo que varia de democrático a totalitário não é nada fácil. Podemos ser tentados a recorrer à definição de Potter Stewart: "Eu reconheço quando vejo". Claro que, como cientistas políticos, esta não é uma opção. Temos que começar nos perguntando: o que queremos dizer com democracia? Quais são os elementos centrais que fazem um governo ser mais ou menos democrático? O filósofo político Robert Dahl (1971) persuasivamente argumentou que existem dois conceitos fundamentais atribuídos a democracia: "contestação" e "participação". Isto é, de acordo com Dahl, democracias têm eleições competitivas para a escolha de líderes e amplas e inclusivas regras para participação.

Diversos grupos de cientistas políticos têm tentado mensurar democracia sistematicamente nas últimas décadas[14]. A mais conhecida – embora não signifique que seja universalmente aceita – dessas medidas é a do projeto Polity IV[15]. O projeto mensura democracia por meios de *scores* anuais que variam de –10 (fortemente autocrático) a +10 (fortemente democrático) para cada um dos países do mundo de 1800 a 2004[16]. Na operacionalização desses pesquisadores, a democracia possui quatro componentes:

1. Regras para o recrutamento do Executivo.

2. Competividade do recrutamento do Executivo.

3. Abertura do recrutamento do Executivo.

4. Limites ao chefe do Executivo.

Para cada uma dessas dimensões, especialistas atribuem aos países uma posição em uma escala. Por exemplo, para o primeiro critério, "regras para o recrutamento do Executivo", os valores possíveis são os seguintes:

- +3 = Competição regular entre grupos reconhecidos.

- +2 = Competição de transição.

- +1 = Competição entre facções ou restrita.

- 0 = Sem competição.

---

[13] Essa posição, porém, é controversa dentro da ciência política. Para uma interessante discussão sobre se pesquisadores devem mensurar democracia como um conceito binário ou contínuo, ver Elkins (2000).

[14] Para um revisão e comparação útil dessas várias medidas, ver Munck e Verkuilen (2002).

[15] O *site* do projeto, no qual é possível ter acesso a uma vasta quantidade de especificidades dos países ao longo do tempo, é: <http://www.cidcm.umd.edu/inscr/polity>.

[16] Eles apresentam os *scores* em duas escalas separadas de 10 pontos, uma para democracias e outra para autocracias. O *score* do Polity para um dado país é dado pelo valor do *score* da escala democrática menos o *score* da escala autocrática; assim, um país que recebesse 10 na escala democrática e 0 na escala autocrática teria um *score* de 10 na escala Polity para um dado ano.

Países que possuem eleições regulares entre grupos que são mais do que rivais étnicos receberão *scores* altos. Por procedimentos similares, estudiosos associados ao projeto definem *scores* para as outras dimensões que compõem a escala de democracia.

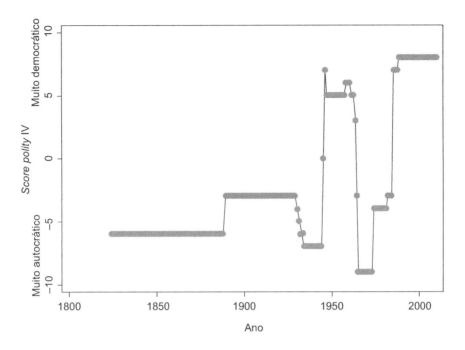

Figura 5.2 – *Score* do Polity IV para o Brasil.

A Figura 5.2 apresenta o *score* de Polity para o Brasil de 1824 até 2010[17]. Lembre-se que *scores* mais altos significam que, nesse ponto, o Brasil era mais democrático e que *scores* mais baixos significam que o Brasil era mais autocrático. Como você pode observar, existe uma enorme **variação** na experiência democrática brasileira desde sua declaração de independência de Portugal em 1822. Se fizermos uma comparação grosseira desses *scores* com a história política brasileira, podemos ter uma avaliação da validade de face do Polity como medida de democracia. Após declarar independência de Portugal, o Brasil foi uma monarquia constitucional comandada por um imperador. Após um golpe em 1889, o Brasil se tornou uma república, mas bastante controlada pelas elites de dois estados dominantes. Como podemos observar, essa mudança de regime resultou em um movimento do *score* de Polity de −6 para −3. A partir de 1930, o Brasil passou por uma série de golpes e contragolpes. Estudiosos desse período (como Skidmore, 2009) geralmente concordam que o governo nacional se tornou cada vez mais autocrático durante o período. O *score* de Polity reflete esse movimento. Em 1945, após outro golpe militar, um governo relativamente democrático foi constituído. Esse regime durou até meados da década de 1960, quando outro período de

---

[17] Fonte: <http://www.systemicpeace.org/inscr/inscr.htm>.

instabilidade teve fim com o estabelecimento de uma ditadura militar. Esse período é amplamente reconhecido como o de maior repressão política na história do Brasil independente. Em 1974, notamos uma pequena alteração no *score*. Nesse ano, o governo militar permitiu o uso da televisão durante as eleições e outras atividades de campanha que foram aproveitadas pela oposição para conseguir um resultado expressivo. A eleição de um presidente civil em 1985 marca o começo do atual período democrático brasileiro. Cada um desses grandes movimentos da história política brasileira é refletido no *score* de Polity. Então, por meio dessa avaliação geral, podemos dizer que o *score* de Polity possui validade de face.

A medida de Polity é rica em detalhes históricos, como fica óbvio a partir da Figura 5.2. As regras de codificação são transparentes e claras e a quantidade de informação bruta para compor o *score* de um país para qualquer ano é impressionante. Contudo, ainda é justo criticar o Polity por incluir apenas parte da definição de democracia de Dahl. A medida de Polity contém valiosas informações sobre o que Dahl chama de "contestação" – se um país tem uma contestação ampla para decidir sua liderança. Mas a medida é muito menos rica quando o objetivo é aferir o nível do país no que Dahl chamou de "participação" – o grau em que os cidadãos participam nos processos e atividades políticas. Isso pode ser compreensível, em parte, por causa do impressionante escopo temporal do estudo. Afinal, em 1800 (ano em que a série do Polity começa), poucos países tinham uma participação eleitoral ampla. Desde o final da Segunda Guerra Mundial, a participação democrática ampla tem se espalhado rapidamente pelo globo. Mas, se o mundo tem se tornado um lugar mais democrático, nossas medidas de democracia devem incorporar a realidade. Como a medida de Polity inclui uma parte ("contestação") do que significa, conceitualmente, ser democrático, mas ignora a outra parte ("participação"), podemos dizer que falta validade de conteúdo à medida. A medida do Polity IV, apesar de suas consideráveis vantagens, não contempla totalmente o que significa, conceitualmente, ser mais ou menos democrático.

Esse problema é bem ilustrado a partir do exame do *score* de Polity para os Estados Unidos. A Figura 5.3 apresenta o *score* de Polity para o período de 1800-2010. O consistente *score* 10 para quase todos os anos após a fundação da república – exceto durante a Guerra Civil, quando o presidente Lincoln suspendeu o direito de *habeas corpus* – ocultar o fato de que os EUA, em muitos aspectos importantes, têm se tornado um país mais democrático ao longo de sua história, particularmente na dimensão não capturada pela medida de Polity. Mesmo considerando algo bastante básico para a participação democrática, como o direito de voto, observamos que os Estados Unidos foram se tornando mais democráticos ao longo de sua história. A escravidão limitava a participação de afro-americanos de muitas formas, incluindo votar, e as leis Jim Crow mantiveram essas proibições nos estados do Sul por quase um século após o final da Guerra Civil. As mulheres também não teriam permissão para votar até que a 19º emenda à Constituição fosse ratificada em 1920. Seria difícil argumentar que essas mudanças não tornaram os Estados Unidos mais democráticos, mas obviamente elas não estão refletidas na Figura 5.3. Isso não equivale a dizer que a medida de Polity é inútil, mas que lhe falta validade de conteúdo, porque um dos componentes fundamentais da democracia – participação – não está presente nela.

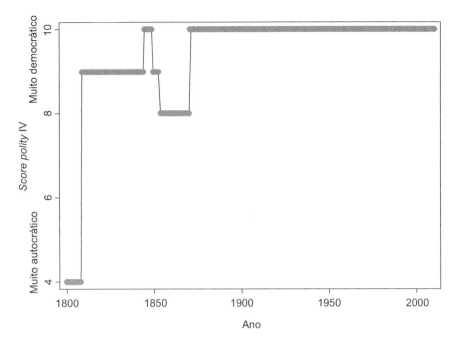

Figura 5.3 – Score do Polity IV para os Estados Unidos.

5.5 CONTROVÉRSIA 2: MENSURANDO TOLERÂNCIA POLÍTICA

Sabemos que existe um contínuo em que, de um lado, estão indivíduos extremamente "tolerantes" e, de outro, estão indivíduos extremamente "intolerantes". Em outras palavras, tolerância política e intolerância, no nível conceitual, são coisas reais. Alguns indivíduos são mais tolerantes e outros são menos. É fácil imaginar por que cientistas políticos se interessam por tolerância política e intolerância. Existem fatores sistemáticos que causam que algumas pessoas sejam tolerantes e outras intolerantes?

Mensurar tolerância política, por outro lado, está longe de ser fácil. Tolerância não é como colesterol, que depende de um simples teste de sangue para sabermos o quanto é bom e o quanto é ruim. A abordagem inocente para mensurar tolerância política – conduzir um *survey* e perguntar diretamente para as pessoas: "Você é tolerante ou intolerante?" – parece boba logo de partida. Qualquer pergunta de *survey* certamente produziria altas taxas de "tolerância", porque presumidamente poucas pessoas – mesmo pessoas intolerantes – se acham intolerantes. Mesmo no caso de pessoas que são conscientes da sua intolerância, é improvável que admitam esse fato a um entrevistador. Dada essa situação, como cientistas políticos lidam com esse problema?

Durante a década de 1950, quando o crescimento do socialismo soviético representava a maior ameaça à América, Samuel Stouffer (1955) conduziu uma série de *surveys* de opinião para mensurar como pessoas reagiam à "ameaça vermelha". Ele perguntou a amostras nacionais nos Estados Unidos se elas estariam dispostas a estender certas garantias civis – como poder lecionar em uma escola pública, garantir que os telefonemas não fossem grampeados, e outras – a certos grupos impopulares como comunistas, socialistas e ateus. Ele verificou que uma grande parte das pessoas, a partir dessas medidas, eram intolerantes; elas não estavam dispostas a garantir essas liberdades civis a membros desses grupos. A quantidade precisa de intolerância variava, dependendo do grupo-alvo e da atividade mencionada nos cenários, mas a intolerância era substancial – ao menos 70% dos entrevistados deram respostas intolerantes. Stouffer encontrou que o melhor preditor do nível de intolerância de um indivíduo era o nível de educação formal dele ou dela; pessoas com maior grau educacional emergiam como mais tolerantes, e pessoas com menor nível educacional, como menos tolerantes. Na década de 1970, quando a ameaça vermelha tinha diminuído um pouco, um novo grupo de pesquisadores fez as mesmas perguntas a uma nova de amostra de americanos. Eles encontraram que os níveis de intolerância tinham diminuído consideravelmente no passar dos vinte anos – de um cenário em que a intolerância excedia 60% para a maioria das questões perguntadas, para um de 50% –, levando alguns a especular que a intolerância política minguara.

Contudo, no final da década de 1970, um grupo diferente de pesquisadores liderado pelo cientista político John Sullivan questionou a validade das medidas de Stouffer e, portanto, suas conclusões. O conceito de tolerância política, escreveram Sullivan, Pierson e Marcus (1979), "pressupõe oposição". Isto é, a não ser que o respondente do *survey* ativamente se oponha a comunistas, socialistas e ateus, a questão de intolerância ou tolerância simplesmente não surge. Por exemplo, considere perguntar tais questões sobre os ateus. Um ateu que concorda que se permita a ateus ensinar em escolas públicas é politicamente tolerante? Sullivan e seus colegas pensam que não.

Os autores propuseram um novo conjunto de questões para *surveys* que eram, em sua visão, mais consistentes com um entendimento conceitual de tolerância. Se, como eles definiram, tolerância pressupõe oposição, então pesquisadores precisam *descobrir* a quem o respondente do *survey* se opõe; *presumir* que os respondentes se opõem a um grupo em particular não é uma boa ideia. Eles identificaram uma variedade de grupos politicamente ativos no momento – incluindo grupos racistas, pró e antiaborto e mesmo o Exército Simbionês de Libertação – e perguntaram aos entrevistados de qual deles eles mais desgostavam. Fizeram essa pergunta juntamente com outras muito semelhantes às de Souffer, mas somente para *os grupos dos quais os próprios respondentes* disseram não gostar, em vez dos que Stouffer tinha listado outrora.

Entre outros achados, dois chamaram atenção. Primeiro, os níveis de intolerância foram bastante altos: 66% dos americanos estavam dispostos a proibir que membros dos grupos que eles mais desgostavam se reunissem, e 71% estavam dispostos a ter um governo que banisse totalmente esse grupo. Segundo, sob essa nova conceituação e mensuração de tolerância, os autores encontraram que a percepção individual da natureza da ameaça do grupo-alvo, e não o nível de educação, era o preditor primário da intolerância. Em outras palavras, indivíduos que consideram seu grupo-alvo como particularmente ameaçador foram os mais intolerantes, enquanto os que achavam o grupo pouco ameaçador foram mais tolerantes. A conclusão dos autores, portanto, foi que a educação não tinha nenhum efeito direto na tolerância. Nesse sentido, mensurar um importante conceito de um modo diferente produziu achados substantivos bastante diferentes sobre causas e efeitos[18].

É importante que você observe a conexão com a validade da mensuração. Sullivan e seus colegas argumentaram que as perguntas do *survey* de Stouffer não eram medidas válidas para tolerância porque não eram acuradas para capturar o que significa, em termos abstratos, ser intolerante (especificamente, faltava o componente da oposição). A criação de medidas de tolerância e intolerância que melhor espelharam o conceito de interesse produziu achados significativamente diferentes sobre a persistência da intolerância, assim como sobre os fatores que fazem um indivíduo ser tolerante ou intolerante.

5.6 AS MENSURAÇÕES RUINS TÊM CONSEQUÊNCIAS?

O que acontece quando falhamos em mensurar conceitos-chave de nossas teorias de modo que eles sejam tanto válidos como confiáveis? Retorne à Figura 1.2, que destaca a distinção entre conceitos abstratos de interesse teórico e as variáveis que observamos no mundo real. Se as variáveis que observamos no mundo real não fazem um bom trabalho em espelhar os conceitos abstratos, então isso afeta nossa habilidade de avaliar conclusivamente o suporte empírico de uma teoria. Isto é, como sabemos se nossa teoria tem respaldo se fizemos um trabalho ruim ao mensurar os conceitos--chave que observamos? Se nossa análise empírica é baseada em medidas que não capturam a essência dos conceitos abstratos de nossas teorias, então é improvável que tenhamos alguma confiança nos nossos achados.

5.7 CONHECENDO SEUS DADOS ESTATISTICAMENTE

Até o momento, discutimos detalhes sobre a mensuração de variáveis. A mensuração de variáveis envolve muito esforço e reflexão. Mas, uma vez que o pesquisador tenha coletado os dados e ficado familiarizado e satisfeito com a forma pela qual as variáveis foram mensuradas, é importante que ele tenha uma boa ideia dos tipos de valores que elas assumem antes de passar para o teste de conexões causais entre duas ou mais variáveis. Quais são os valores "típicos" de uma variável? Quão agrupados (ou dispersos) são os valores da variável?

Antes de prosseguir para o teste das relações teorizadas entre duas ou mais variáveis, é essencial entender as propriedades e características de cada uma das variáveis. Para colocar isso de modo diferente, queremos aprender algo sobre como os valores de cada variável "se parecem". Como realizamos isso? Uma possibilidade é listar todos os valores observados de uma variável mensurada. Por exemplo, a seguir são expostos os percentuais de votos para os candidatos do partido que ocupava a presidência durante

---

[18] Ver Gibson (1992).

as eleições presidenciais americanas de 1880 a 2008[19]: 50,22; 49,846; 50,414; 48,268; 47,76; 53,171; 60,006; 54,483; 54,708; 51,682; 36,119; 58,244; 58,82; 40,841; 62,458; 54,999; 53,774; 52,37; 44,595; 57,764; 49,913; 61,344; 49,596; 61,789; 48,948; 44,697; 59,17; 53,902; 46,545; 54,736; 50,265; 51,2; 46,311. Podemos observar a partir desse exemplo que, ao menos que tenhamos um número baixo de observações, a listagem de observações é difícil de ser interpretada – se não temos a menor ideia do padrão geral da floresta, nos perdemos no meio das árvores. Por essa razão, utilizamos estatísticas e gráficos descritivos para pegar uma grande quantidade de informações e reduzi-la a pequenos pedaços que sumarizam a informação.

Estatísticas e gráficos descritivos são ferramentas úteis para ajudar pesquisadores a conhecer seus dados antes de passar a testes de hipóteses. Eles também são úteis, algumas vezes, quando escrevemos sobre a pesquisa de outra pessoa. A apresentação de estatísticas e gráficos descritivos na versão final do seu trabalho é uma decisão que deve ser tomada caso a caso. É, contudo, cientificamente importante que essa informação esteja disponível aos consumidores da sua pesquisa de alguma forma[20].

Uma das principais formas de distinguir variáveis é pela **métrica de mensuração**. A métrica de mensuração de uma variável é o tipo de valores que essa variável assume. Discutiremos isso em detalhe na próxima seção, quando descreveremos os três diferentes tipos de variáveis. Então explicaremos que, apesar da natureza imperfeita das distinções entre esses três tipos de variáveis, somos forçados a escolher entre duas grandes classificações de variáveis – categórica e contínua – quando as classificamos. O restante deste capítulo discute estratégias para descrever **variáveis contínuas** e categóricas.

5.8 O QUE É A MÉTRICA DE MENSURAÇÃO DE UMA VARIÁVEL?

Não existem regras rígidas e rápidas para descrever variáveis, mas um ponto de partida importante envolve a métrica de mensuração de cada variável. Lembre-se do capítulo 1, em que pensamos em cada variável em termos dos seus valores e seus nomes. O nome é uma descrição da variável – por exemplo, "gênero do respondente" – e seu valor são as denominações nos quais as variáveis ocorrem – por exemplo, "homem" ou "mulher". Para o tratamento na maioria das análises estatísticas, somos forçados a dividir nossas variáveis em dois tipos, de acordo com a métrica em que seus valores ocorrem: categóricas ou contínuas. Na verdade, variáveis podem ter ao menos três tipos diferentes de métricas e existem muitas variáveis que não se encaixam ordenadamente em apenas uma dessas classificações. Para ajudá-lo a entender melhor cada

---

[19] Esta medida é construída de modo que seja comparável ao longo do tempo. Embora partidos menores e candidatos independentes tenham ocasionalmente participado de eleições, focamos apenas os votos dos dois maiores partidos. E, como queremos testar a teoria do voto econômico, queremos ter uma medida de apoio ao incumbente. Em eleições em que o presidente atual não está concorrendo à reeleição, ainda existe um partido que será avaliado por ser responsável pelo desempenho econômico.

[20] Muitos pesquisadores apresentarão essas informações em um apêndice, a não ser que exista algo particularmente digno de nota sobre as características de uma ou mais variáveis.

Conhecendo os seus dados: avaliando mensuração e variações

um desses tipos de variáveis, apresentaremos em cada um deles um exemplo. Todos os exemplos que utilizamos nesta descrição inicial são provenientes de pesquisas de *survey*, mas os princípios básicos das métricas de mensuração são as mesmas independentemente do tipo de dado analisado.

5.8.1 VARIÁVEIS CATEGÓRICAS

Variáveis categóricas são variáveis em que os casos assumem valores que são iguais ou diferentes aos valores de outros casos, mas dos quais não podemos fazer qualquer distinção ordinal universal entre eles. Se considerássemos uma variável que tenha o nome "identificação religiosa", alguns valores dessa variável seriam "católico", "muçulmano", "não religioso", entre outros. Embora esses valores sejam claramente diferentes uns dos outros, não podemos fazer uma ordenação universal com eles. Em outras palavras, com variáveis categóricas como essa, não é possível ranquear as categorias do menor valor para o maior: por exemplo, o valor "muçulmano" não é nem maior, nem menor do que o "não religioso" (e assim por diante). Em vez disso, sabemos que os casos que possuem o mesmo valor são iguais e os que possuem valores diferentes são diferentes. O termo "categórica" sintetiza a essência desse tipo de variável; podemos colocar casos individuais em categorias baseadas em seus valores, mas não podemos ranquear ou ordenar esses valores de outra forma.

5.8.2 VARIÁVEIS ORDINAIS

Como as variáveis categóricas, as **variáveis ordinais** também são variáveis para as quais os casos assumem valores que são iguais ou diferentes aos de outros casos. A distinção entre variáveis categóricas e ordinais é que *podemos* fazer uma ordenação universal que distinga os casos quando a variável é ordinal. Por exemplo, considere a variável nomeada "situação financeira familiar no passado", que tem sido comumente utilizada como variável independente em estudos sobre o voto econômico no nível do indivíduo. No National Election Study (NES) de 2004, pesquisadores criaram essa variável perguntando, primeiramente, aos entrevistados a seguinte questão: "Estamos interessados em saber como as pessoas estão financeiramente hoje em dia. Você diria que você (e sua família que vive com você) está melhor ou pior do que estava um ano atrás?". Pesquisadores então perguntam aos entrevistados que responderam "melhor" ou "pior": "Muito [melhor/pior] ou um pouco [melhor/pior]?". A variável era então codificada como:

1. Muito melhor

2. Um pouco melhor

3. A mesma coisa

4. Um pouco pior

5. Muito pior

É bastante claro que essa variável é ordinal porque, à medida que vamos do começo ao final da lista, nos movemos de avaliações mais positivas a mais negativas de como os indivíduos (e as famílias com quem eles vivem) estavam financeiramente no último ano.

Outro exemplo é a variável denominada "identificação partidária". No NES de 2004, pesquisadores criaram essa variável a partir das respostas dos entrevistados para a seguinte pergunta: "De um modo geral, você usualmente se considera republicano, democrata, independente ou outro?"[21].

1. Republicano

2. Independente

3. Democrata

Se todos os casos que assumem o valor "independente" representarem indivíduos cuja visão política esteja em algum ponto entre "republicano" e "democrata", podemos chamar a variável "identificação partidária" de ordinal. Se esse não for o caso, então ela é uma variável categórica.

5.8.3 VARIÁVEIS CONTÍNUAS

Uma importante característica que as variáveis ordinais *não* possuem é uma **diferença de unidade constante**. Uma variável possui diferença de unidade constante se o aumento de uma unidade no valor da variável *sempre* significar a mesma coisa. Se retornarmos para os exemplos da seção anterior, podemos ranquear as cinco categorias da variável "situação financeira familiar no passado" de 1 para a melhor situação até 5 para a pior situação. Mas não nos sentimos muito confiantes em trabalhar com esses valores como normalmente trabalhamos com números. Em outras palavras, podemos dizer que a diferença entre "um pouco pior" e "a mesma coisa" $(4-3)$ é a mesma que entre "muito pior" e "um pouco pior" $(5-4)$? E que a diferença entre "muito pior" e "a mesma coisa" $(5-3)$ é o dobro da entre "um pouco pior" e "muito melhor" $(2-1)$? Se a resposta para essas duas perguntas for "sim", então a variável "situação financeira familiar no passado" é contínua.

Se fizermos a mesma pergunta sobre a "identificação partidária", devemos ser um pouco céticos. Podemos ranquear as três categorias de "identificação partidária", mas

---

[21] Quase todos os entrevistados se colocam em uma das três primeiras categorias. Por exemplo, em 2004, 1.128 dos 1.212 respondentes (93,1%) do NES realizado pós-eleição afirmaram ser republicanos, democratas ou independentes. Para os nossos propósitos, ignoraremos as respostas "outro". Note que pesquisadores usualmente apresentam a identificação partidária a partir de uma escala de sete pontos que varia de "republicano convicto" a "democrata convicto" baseada em uma série de perguntas feitas aos entrevistados para melhor caracterizar suas posições.

não podemos, com grande confiança, afirmar que "republicano" tem valor igual a 1, "independente" tem valor igual a 2 e "democrata" tem valor igual a 3 e trabalhar com esses valores do mesmo modo como tipicamente trabalhamos com números. Não podemos dizer que a diferença entre um "Independente" e um "Republicano" $(2-1)$ é a mesma que a diferença entre um "democrata" e um "independente" $(3-2)$ – apesar do fato de que $3-2$ e $2-1=1$. Certamente, não podemos dizer que a diferença entre um "democrata" e um "republicano" $(3-1)$ é o dobro da diferença entre um "independente" e um "republicano" $(2-1)$, apesar do fato de 2 ser o dobro de 1.

Podemos dizer que a métrica na qual mensuramos uma variável tem diferença de unidade constante se um aumento de uma unidade no valor de uma variável indica a mesma quantidade de mudança entre *todos os valores* da variável. Variáveis contínuas são variáveis que possuem diferença de unidade constante [22]. Imagine, por exemplo, uma variável com o nome "idade em anos". O aumento de uma unidade nessa variável *sempre* indica um indivíduo um ano mais velho; isso é verdade quando estamos falando tanto sobre um caso com valor igual a 21 quanto sobre um caso com valor igual a 55.

5.8.4 TIPOS DE VARIÁVEIS E ANÁLISE ESTATÍSTICA

Como vimos nas seções anteriores, nem sempre variáveis se encaixam perfeitamente em uma das três categorias. Quando passamos para a análise estatística, devemos decidir entre tratar nossa variável como uma variável categórica ou como uma variável contínua. Para algumas variáveis, essa é uma escolha bastante simples. Contudo, para outras, é uma escolha muito difícil. Se tratarmos uma variável ordinal como se fosse categórica, estamos agindo como se soubéssemos menos sobre os valores dessa variável do que realmente sabemos. De outro lado, tratar uma variável ordinal como se fosse uma variável contínua significa que estamos assumindo que ela possui diferença de unidade constante. De qualquer forma, é crítico que tenhamos consciência das nossas decisões. Podemos sempre repetir nossa análise utilizando um diferente pressuposto e observar quão robustos são nossos achados.

Com tudo isso em mente, apresentamos discussões separadas do processo de descrição da variação de uma variável categórica e uma variável contínua. Uma variação de uma variável é a distribuição de valores que a variável assume entre os casos para os quais foi mensurada. É importante que tenhamos um forte conhecimento da variação de cada uma de nossas variáveis antes de traduzir nossa teoria em hipóteses, verificar se existe covariação entre duas variáveis (terceiro obstáculo causal do capítulo 3) e pensar se pode existir uma terceira variável que possa fazer que a covariação observada entre nossa variável independente e dependente seja espúria (quarto obstáculo).

---

[22] Algumas vezes podemos chamar esse tipo de variável de "variável intervalar". Uma distinção adicional que você encontrará para variáveis contínuas é se elas tiverem um valor zero substancialmente significativo. Usualmente descrevemos variáveis que possuem essa característica como "variáveis-razão" (ou "proporção").

Como acabamos de delinear, estatísticas e gráficos descritivos são úteis para sumarizar a variação para variáveis individuais. Outro modo pelo qual descrevemos distribuições de variáveis é por meio de medidas de **tendência central**. Medidas de tendência central nos dizem os valores típicos encontrados no centro da distribuição de uma variável.

5.9 DESCREVENDO VARIÁVEIS CATEGÓRICAS

Com variáveis categóricas, podemos entender a frequência com que cada um dos valores da variável ocorre em nossos dados. O modo mais simplista para fazermos isso é produzir uma tabela de frequência na qual os valores da nossa variável são expostos em uma coluna e a frequência em que eles ocorrem (em número absoluto de casos e/ou em termos percentuais) em outra(s) coluna(s). A Tabela 5.1 mostra um exemplo desse tipo de tabela para a variável "identificação religiosa" do *survey* NES conduzido durante as eleições nacionais nos Estados Unidos em 2004.

Tabela 5.1 – Frequência para a identificação religiosa segundo o NES de 2004.

Categoria	Número de casos	Percentual
Protestante	672	56,14
Católico	292	24,39
Judeu	35	2,92
Outro	17	1,42
Nenhum	181	15,12
Total	1197	99,9

A única medida de tendência central apropriada para dados categóricos é a **moda**, definida como o valor que ocorre com maior frequência. Na Tabela 5.1, a moda da distribuição é o valor "protestante", porque existem mais protestantes do que membros de qualquer outra categoria.

Um modo comum com que pessoas não habituadas com estatística apresentam dados de frequência é por meio de um gráfico de setores, tal qual na Figura 5.4. Gráficos de setores são um dos modos que temos para visualizar o percentual de casos de uma determinada categoria. Muitos estatísticos são contrários ao uso desse tipo de gráfico e recomendam fortemente o uso do gráfico de barras. O gráfico de barras, como o da Figura 5.5, é outro modo que temos para ilustrar a frequência de variáveis categóricas. Vale ressaltar, contudo, que a informação que podemos extrair desses dois tipos de gráfico é apresentada de maneira clara e precisa nas colunas de frequência e percentuais da Tabela 5.1.

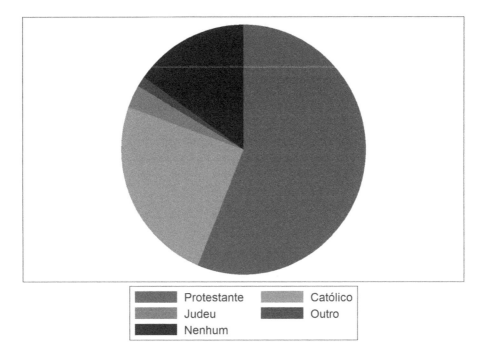

Figura 5.4 – Gráfico de setores da identificação religiosa, NES 2004.

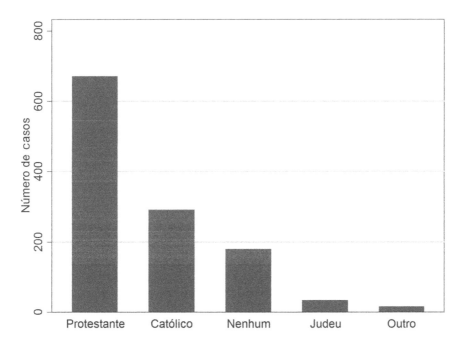

Figura 5.5 – Gráfico de barras da identificação religiosa, NES 2004.

5.10 DESCREVENDO VARIÁVEIS CONTÍNUAS

As estatísticas e os gráficos para descrever variáveis contínuas são consideravelmente mais complicados do que os para variáveis categóricas. Isso ocorre porque variáveis contínuas são matematicamente mais complexas do que variáveis categóricas. Com variáveis contínuas, queremos saber a tendência central e a amplitude ou variação dos valores ao redor da tendência central. Com variáveis contínuas, também queremos estar conscientes dos **valores discrepantes**[23]. Valores discrepantes são casos para os quais os valores de uma variável são extremamente altos ou baixos em comparação com o resto dos valores da variável. Quando encontramos um valor discrepante, queremos ter certeza de que o caso não é produto de algum tipo de erro.

A maioria dos *softwares* estatísticos possui um comando que calcula uma bateria de estatísticas descritivas para variáveis contínuas. A Figura 5.6 mostra o produto do comando *summarize* do Stata com a opção *detail* para a variável "percentual de votos recebidos pelo partido do incumbente nas eleições presidenciais americanas" entre os anos de 1876 e 2006. Nas estatísticas do lado esquerdo (primeiras três colunas da esquerda), estão o que chamamos de **estatísticas de ordenamento** e, no lado direito, (duas colunas do lado direito) as conhecidas como **estatísticas de momento**. Embora ambos os tipos sejam utilizados para descrever a variação de variáveis contínuas, eles fazem isso de modos ligeiramente diferentes e, portanto, juntos, são bastante úteis para fornecer um quadro completo da variação de uma única variável.

```
. summarize inc_vote, det

                              inc_vote

           Percentiles      Smallest
    1%        36.148          36.148
    5%        40.851          40.851
   10%        44.842          44.71      Obs                34
   25%        48.516          44.842     Sum of Wgt.        34

   50%        51.4575                    Mean          51.94718
                             Largest     Std. Dev.     5.956539
   75%        54.983          60.006
   90%        60.006          61.203     Variance      35.48036
   95%        61.791          61.791     Skewness     -.3065283
   99%        62.226          62.226     Kurtosis      3.100499
```

Figura 5.6 – Exemplo do produto do comando *summarize* do Stata com a opção *detail*.

5.10.1 ESTATÍSTICAS DE ORDENAMENTO

O cálculo das estatísticas de ordenamento começa com a ordenação dos valores de uma variável contínua do menor para o maior, seguida pela identificação de conjunturas cruciais ao longo do caminho. Uma vez que temos os casos ordenados, o ponto do meio da nossa contagem de casos é conhecido como caso mediano. Lembre-se

---

[23] NT: No original, outliers.

que anteriormente, no capítulo, definimos a variável na Figura 5.6 como o percentual de votos populares recebidos pelo candidato do partido que ocupava a presidência durante uma eleição presidencial nos Estados Unidos entre os anos de 1876 e 2006. Para simplificar a exposição, chamaremos essa variável de "voto do incumbente" a partir deste momento. Para calcular as estatísticas de ordenamento para essa variável, precisamos primeiro ordenar os casos do menor valor observado para o maior. Essa ordem é exposta na Tabela 5.2. Com estatísticas de ordenamento, mensuramos a tendência central como o **valor mediano** da variável. O valor mediano é o valor do caso que está exatamente no centro dos nossos casos quando os ranqueamos do menor valor observado ao maior. Quando temos um número par de casos, como temos na Tabela 5.2, calculamos a média utilizando os dois valores mais próximos do centro para obter o valor mediano (em nosso exemplo, calculamos a mediana como $\frac{51,233+51,682}{2} = 51,4575$). Esse valor também é conhecido como o valor da variável no ponto de 50% da ordenação. De modo similar, podemos obter o valor da variável em qualquer outro percentual do ranking no qual temos interesse. Outros pontos do *ranking* que frequentemente são de interesse são os de 25% e de 75%, que também são conhecidos como primeiro e terceiro quartis da distribuição. A diferença entre o valor da variável no ponto de 25% (primeiro quartil) e 75% (terceiro quartil) é conhecida por "intervalo interquartis" ou "IIQ" da variável. Em nosso exemplo, o valor no ponto de 25% é 48,516 e o valor no ponto de 75% é 54,983. Isso faz o IIQ = 54,983 – 48,516 = 6,467. Em termos de estatística de ordenamento, o valor mediano para uma variável é uma medida da sua tendência central, enquanto o IIQ é uma medida de **dispersão**, ou amplitude, dos valores.

Com as estatísticas de ordenamento, também queremos observar os valores maiores e menores para identificar valores discrepantes. Lembre-se que definimos valor discrepante no começo desta seção como "casos para os quais os valores de uma variável são extremamente altos ou baixos em comparação com o resto dos valores da variável". Se observarmos os maiores valores na Tabela 5.2, podemos ver que não existem casos que realmente se adequam a essa descrição. Embora certamente existam alguns valores que são maiores que a mediana e o valor na posição de 75%, eles não são "extremamente" maiores que o restante dos valores. Pelo contrário, parece haver um crescimento progressivo do valor da posição de 75% até o valor mais elevado. A história no outro extremo dos valores da Tabela 5.2 é um pouco diferente. O valor de 36,148 em 1920 parece se encaixar na nossa definição de um valor discrepante. O valor 40,851 em 1932 também é um caso que fica na fronteira. Sempre que observarmos valores discrepantes, devemos checar se mensuramos os valores desses casos de modo acurado. Algumas vezes, verificamos que os valores discrepantes são resultado de erros que cometemos ao coletar os dados. No nosso exemplo, uma checagem do nosso conjunto de dados revela que o caso discrepante acontece em 1920, quando o partido do candidato incumbente recebeu apenas 36,148% dos votos. Uma checagem adicional dos nossos dados indica que esse é, de fato, o valor correto para a variável em 1920[24].

---

[24] Uma questão óbvia é: "Por que o valor de 1920 é tão baixo?". Essa foi a primeira eleição presidencial após o fim da Primeira Guerra Mundial, durante um período em que ocorreu muita perturbação econômica e política. Por sua vez, a eleição em 1932 ocorreu bem no início de uma grande desaceleração econômica conhecida como a "grande depressão", então faz sentido que o partido do presidente em exercício tenha recebido uma porcentagem de votos relativamente mais baixa nessa eleição.

Tabela 5.2 – Valores da votação do incumbente ordenados do menor para o maior.

Posição	Ano	Valor
1	1920	36,148
2	1932	40,851
3	1952	44,71
4	1980	44,842
5	2008	46,311
6	1992	46,379
7	1896	47,76
8	1892	48,268
9	1876	48,516
10	1976	48,951
11	1968	49,425
12	1884	49,846
13	1960	49,913
14	1880	50,22
15	2000	50,262
16	1888	50,414
17	2004	51,233
18	1916	51,682
19	1948	52,319
20	1900	53,171
21	1944	53,778
22	1988	53,832
23	1908	54,483
24	1912	54,708
25	1996	54,737
26	1940	54,983
27	1956	57,094
28	1924	58,263
29	1928	58,756
30	1984	59,123
31	1904	60,006
32	1964	61,203
33	1972	61,791
34	1936	62,226

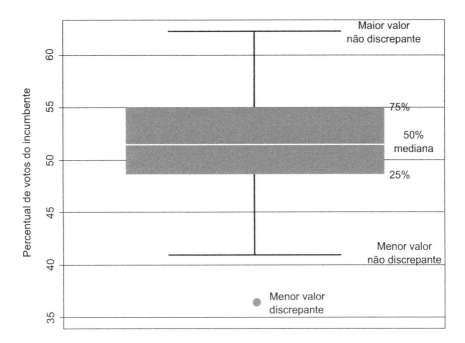

Figura 5.7 — *Box-plot* do percentual de votação do partido incumbente para a presidência, 1876-2008.

A Figura 5.7 apresenta um gráfico *box-plot*[25] das estatísticas de *ranking* para nossa variável de voto presidencial. Esse gráfico mostra a distribuição da variável ao longo da dimensão vertical. Se começarmos pelo centro da caixa na Figura 5.7, temos o valor mediano (ou o ponto de 50%) da nossa variável representado como a linha no centro da caixa. Os dois extremos da caixa mostram os valores do primeiro percentil (posição de 25%) e do terceiro percentil (posição de 75%) da nossa variável. As linhas nos extremos do lado externo da caixa representam os valores mais alto e mais baixo de nossa variável, excetuando valores discrepantes. Cada programa de estatística tem suas próprias regras para lidar com valores discrepantes, portanto é importante saber se nosso *box-plot* é ou não configurado para exibir os valores discrepantes. Essas configurações usualmente são ajustáveis no *software* estatístico. O cálculo para definir se um caso é considerado como um valor discrepante em um *box-plot* é bastante direto. O cálculo começa com o valor do IIQ para a variável. Definimos um caso como um valor discrepante se o valor dele for superior ao valor do terceiro percentil em uma vez e meia o valor do IIQ ou menor que o primeiro percentil em uma vez e meia o valor do IIQ. Para a Figura 5.7, fizemos um gráfico que apresenta os valores discrepantes, e podemos observar um valor na parte inferior do nosso gráfico. Como sabemos pela Tabela 5.2, esse é o valor da eleição de 1920, em que o candidato do partido do presidente em exercício recebeu 36,148% dos votos.

---

[25] *Box-plot* em português é também conhecido pela expressão "caixa de bigode". [N.T.]

5.10.2 ESTATÍSTICA DE MOMENTO

Estatísticas de momento de uma variável são um conjunto de estatísticas que descrevem a tendência central para uma variável e a distribuição dos valores ao redor dela. A mais familiar dessas estatísticas é conhecida como o **valor médio** para a variável. Para uma variável Y, a média é descrita e calculada por

$$\bar{Y} = \frac{\sum_{i=1}^{n} Y_i}{n},$$

em que $\bar{Y}$, conhecido como "Y-barra", indica a média de Y, que é a soma de todos os valores de Y para todos os casos de Y, Y_i, dividido pelo número total dos casos, n[26]. Embora a média ou o valor médio sejam familiares para todos, nem todos estão familiarizados com duas características da média que tornam essa medida particularmente atrativa. A primeira é conhecida como "**propriedade da soma zero**":

$$\sum_{i=1}^{n} (Y_i - \bar{Y}) = 0,$$

que significa que a soma das diferenças de cada valor Y, Y_i, e o valor médio de Y, $\bar{Y}$, é igual a zero. A segunda característica desejável do valor médio é conhecida como "**propriedade dos mínimos quadrados**":

$$\sum_{i=1}^{n} (Y_i - \bar{Y})^2 < \sum_{i=1}^{n} (Y_i - c)^2 \, \forall c \neq \bar{Y},$$

que significa que a soma dos quadrados da diferença entre cada valor Y, Y_i, e o valor da média de Y, $\bar{Y}$, é menor que a soma dos quadrados da diferença entre cada valor Y, Y_i, e algum valor c, para todo $(\forall)$ c's não igual a $(\neq)\bar{Y}$. Por causa dessas duas propriedades, a média também é conhecida como o **valor esperado** da variável. Pense nisso do seguinte modo: se alguém lhe pedisse um palpite para o valor de um caso individual oferecendo como informação apenas o valor médio, baseado nessas duas propriedades da média, o valor médio seria o melhor palpite.

A próxima estatística de momento para uma variável é a **variância**. Representamos a variância e a calculamos por:

$$\mathrm{var}(Y) = \mathrm{var}_Y = s_Y^2 = \frac{\sum_{i=1}^{n} (Y_i - \bar{Y})^2}{n-1},$$

que significa que a variância de Y é igual à soma dos quadrados das diferenças de cada valor Y, Y_i, e sua média dividida pelo número de casos menos um[27]. Observando

---

[26] Para entender uma fórmula como essa, é útil ler cada um dos termos da fórmula e traduzi-los em palavras, como fizemos aqui.

[27] O "menos um" nessa equação é um ajuste feito para considerar o número de "graus de liberdade" com o qual esse cálculo foi feito. Discutiremos o conceito de graus de liberdade no capítulo 7.

essa fórmula, o que aconteceria se não tivéssemos variação alguma em Y ($Y_i = \bar{Y} \forall i$)? Nesse caso, a variância seria igual a zero. Quando casos individuais estão mais e mais distantes em relação à média, o resultado desse cálculo aumenta. A lógica da variância é, portanto, que ela transmite a amplitude dos dados ao redor da média. Uma medida mais intuitiva da variância é o **desvio-padrão:**

$$\text{sd}(Y) = \text{sd}_Y = \text{s}_Y = \sqrt{\text{var}(Y)} = \sqrt{\frac{\sum_{i=1}^{n}(Y_i - \bar{Y})^2}{n-1}}.$$

Grosseiramente falando, o desvio-padrão é a média das diferenças entre os valores de Y (Y_i) e a média de Y ($\bar{Y}$). À primeira vista, isso pode não ser aparente. Mas o ponto importante para entender sobre essa fórmula é que elevamos ao quadrado cada diferença da média e então tiramos a raiz quadrada do resultado dos desvios quadrados para evitar que os valores positivos e negativos dos desvios cancelem uns aos outros[28].

A variância e o desvio-padrão nos dão um resumo numérico da distribuição dos casos ao redor do valor médio de uma variável[29]. Também podemos descrever as distribuições visualmente. A ideia de descrever visualmente distribuições consiste em produzir um gráfico com duas dimensões, no qual o eixo horizontal (eixo x) apresenta os valores da variável, e a dimensão vertical (eixo y), a frequência relativa dos casos. Um dos modos mais populares para apresentar a distribuição de uma variável é o **histograma**, como o da Figura 5.8.

Um problema com histogramas é que nós (ou o programa de computador que estamos utilizando) devemos escolher quantos blocos são expostos no nosso histograma. Mudar o número de blocos em um histograma pode mudar nossa impressão da distribuição da nossa variável. A Figura 5.9 mostra a mesma variável que apresentamos na Figura 5.8 com dois e, então, dez blocos. Embora tenham sido gerados com os mesmos dados, os gráficos da Figura 5.9 são bastante diferentes um do outro.

Outra opção é o **gráfico *kernel* de densidade**, como o da Figura 5.10, que é baseado no cálculo da densidade dos casos ao longo dos valores.

---

[28] Um método alternativo que produziria resultados bastante similares a esse seria calcular o valor médio do valor absoluto de cada diferença da média: $\left(\dfrac{\sum_{i=1}^{n} |Y_i - \bar{Y}|}{n} \right)$.

[29] A **obliquidade** (*skewness*) e a **curtose** (*kurtosis*) de uma variável transmitem aspectos adicionais da distribuição de uma variável. O cálculo da obliquidade indica a assimetria da distribuição ao redor da média. Se os dados são simetricamente distribuídos ao redor da média, então essa estatística será igual a zero. Se a obliquidade é negativa, isso indica que existem mais valores abaixo da média do que acima; se a obliquidade é positiva, isso indica que existem mais valores acima da média do que abaixo. A curtose indica o achatamento da distribuição estatística. Uma curtose positiva indica uma distribuição bastante afunilada ou uma concentração de valores próximos à média; enquanto valores negativos da curtose indicam uma distribuição achatada ou mais casos distantes do valor médio. Como discutiremos no capítulo 6, a obliquidade e a curtose são medidas que possuem valor zero para a distribuição normal.

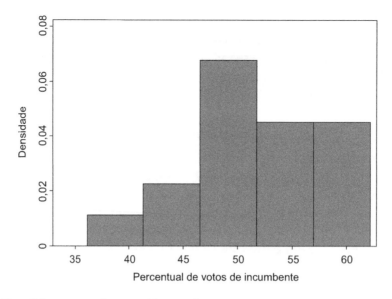

Figura 5.8 – Histograma do percentual de votação do partido incumbente para a presidência, 1876-2008.

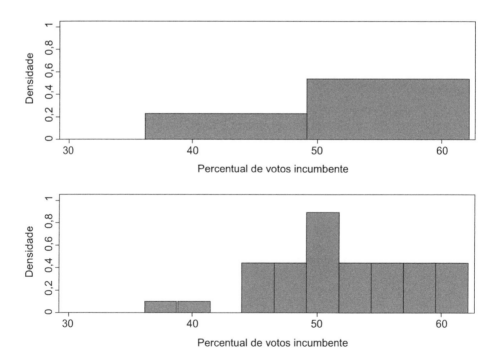

Figura 5.9 – Histogramas do percentual de votação do partido incumbente para a presidência, 1876-2008, descritos com dois e dez blocos.

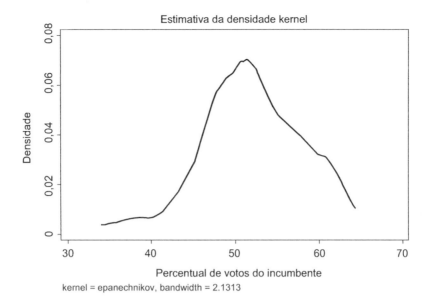

Figura 5.10 – Gráfico de densidade *kernel* do percentual de votação do partido incumbente para a presidência, 1876-2008.

5.11 LIMITAÇÕES DAS ESTATÍSTICAS DESCRITIVAS E DOS GRÁFICOS

As ferramentas que apresentamos nas últimas três seções deste capítulo são úteis para propiciar uma primeira visão dos dados para uma variável. Observar os dados com essas ferramentas ajudará você a conhecer melhor seus dados e cometer poucos erros no longo prazo. É importante, contudo, notar que não podemos testar teorias causais com uma única variável. Afinal, como temos notado, uma teoria é uma tentativa de afirmação sobre uma possível relação causal entre duas variáveis. Não é porque discutimos como descrever uma única variável que começamos a discutir como fazer testes apropriados de teorias causais.

5.12 CONCLUSÕES

O modo como mensuramos nossos conceitos importa. Como foi possível observar nos exemplos precedentes, diferentes estratégias de mensuração podem produzir (e, algumas vezes, de fato produzem) diferentes conclusões sobre relações causais.

Um dos pontos que deve ser guardado deste capítulo é que a mensuração não pode ocorrer em um vácuo teórico. O *propósito teórico* do empreendimento acadêmico deve informar o processo de como mensuramos o que mensuramos. Por exemplo, lembre-se da nossa discussão anterior sobre os vários modos de medir pobreza. O modo como mensuramos esse conceito depende de qual é o nosso objetivo. Em um processo de mensuração da pobreza, se nosso objetivo teórico é avaliar a efetividade de diferentes políticas de combate à pobreza, teríamos uma forma de mensuração diferente do que estudiosos cujo objetivo teórico é estudar como ser pobre influencia as atitudes políticas de uma pessoa. No primeiro caso, daríamos ênfase em uma medida de pobreza pré-transferências, enquanto, no último caso, uma medida pós-transferências seria mais apropriada.

Outros pontos importantes que discutimos ao longo do capítulo ressaltam a necessidade de se ter clareza conceitual, confiabilidade e validade das medidas. Verificamos que alguns conceitos, como democracia e tolerância política, necessitam ser cuidadosamente mensurados para que tenhamos maior confiança em nossos resultados e afirmações. Adicionalmente, apresentamos como estatísticas descritivas podem ser utilizadas para conhecermos as variáveis que utilizamos em nossas pesquisas.

CONCEITOS INTRODUZIDOS NESTE CAPÍTULO

- Confiabilidade – a extensão na qual a aplicação das mesmas regras de mensuração para o mesmo caso ou observação produzirá resultados idênticos.

- Curtose – uma medida estatística que indica o achatamento da distribuição estatística para uma única variável.

- Desvio-padrão – uma medida estatística da dispersão de uma variável ao redor da sua média.

- Diferença de unidade constante – uma variável tem diferenças de unidade igual se o aumento de uma unidade no valor dessa variável significa sempre a mesma coisa.

- Dispersão – a extensão ou alcance de valores de uma variável.

- Estatísticas de momento – um grupo de estatísticas utilizado para descrever a variação de uma variável contínua com base em cálculos numéricos.

- Estatísticas de ordenamento – um grupo de estatísticas utilizado para descrever a variação de uma variável contínua com base na ordenação das observações do menor para o maior valor.

- Gráfico *kernel* de densidade – uma descrição visual da distribuição de uma única variável baseada no cálculo da densidade dos casos ao longo da variação dos valores.

- Histograma – uma descrição visual da distribuição de uma única variável que é representada por gráfico de duas dimensões em que a dimensão horizontal (eixo x) exibe os valores da variável, e a dimensão vertical (eixo y), a frequência relativa dos casos.

- Métrica de mensuração – tipo de valor que uma variável assume.

- Moda – o valor mais frequente de uma variável.

- Obliquidade – uma medida estatística que indica a simetria da distribuição ao redor da média.

- Propriedade dos mínimos quadrados – uma propriedade do valor médio de uma única variável Y, na qual a soma dos quadrados da diferença entre cada valor Y, Y_i, e o valor médio de Y, $\overline{Y}$, é menor que a soma dos quadrados das diferenças entre cada valor Y, Y_i, e algum valor c, para todo ($\forall$) c's não igual a ($\neq$)$\overline{Y}$.

- Propriedade da soma zero – uma propriedade do valor médio de variável Y, que significa que a soma das diferenças entre cada valor Y, Y_i, e o valor da média de Y, $\overline{Y}$, é igual a zero.

- Tendência central – valores típicos para uma variável no centro de sua distribuição.

- Validade – o grau com o qual uma medida representa acuradamente o conceito que supostamente mede.

- Validade de constructo – o grau no qual a medida é relacionada a outra medida com a qual a teoria afirma que ela é relacionada.

- Validade de conteúdo – o grau no qual uma medida contém todos os elementos críticos que, como grupo, definem o conceito que queremos medir.

- Validade de face – se uma medida parece (ou não), em sua face, estar mensurando o que se propõe a mensurar.

- Valor discrepante – um caso para o qual o valor da variável é extremamente alto ou baixo em relação ao resto dos valores da variável.

- Valor esperado – um sinônimo para média.

- Valor mediano – o valor do caso que está exatamente no centro da distribuição dos nossos casos quando ordenamos os valores de uma única variável do seu menor para o maior valor observado.

- Valor médio – média aritmética de uma variável que é igual à soma de todos os valores Y para todos os casos individuais de Y, Y_i, dividida pelo número total de casos.

- Variação – a distribuição que os valores de uma variável assumem ao longo dos casos para os quais ela foi mensurada.

- Variância – uma medida estatística de dispersão de uma variável ao redor de sua média.

- Variáveis categóricas – variáveis para as quais os casos possuem valores que são diferentes ou iguais aos valores para os outros casos, mas para as quais não é possível fazer uma ordenação universal que distinga os valores.

- Variável contínua – uma variável cuja métrica tem diferença de unidade constante, em que o aumento de uma unidade em um valor de uma variável indica a mesma quantidade de mudança em todo o espectro de valores da variável.

- Variável ordinal – uma variável para a qual podemos fazer um ordenamento universal para seus valores, mas cuja métrica não possui diferenças de unidades iguais.

148   *Fundamentos da Pesquisa em Ciência Política*

- Viés de mensuração – a sobrenotificação ou subnotificação sistemática dos valores para uma variável.

EXERCÍCIOS

1. Suponha que um pesquisador desejasse mensurar os esforços do governo federal para tornar a educação dos cidadãos uma prioridade. O pesquisador propôs calcular o orçamento do governo para a educação como percentual do PIB total e utilizar essa medida para verificar o comprometimento do governo com a educação. Em termos de validade, quais são os pontos fortes e fracos dessa medida?

2. Suponha que um pesquisador desejasse mensurar a cobertura na mídia na campanha de um candidato a um cargo político e, portanto, criasse um conjunto de regras para codificar palavras que apareceram em artigos de jornais como "a favor" ou "contra" o candidato. Em vez de contratar estudantes para implementar as regras de codificação, o pesquisador utilizou um computador para codificar o texto, por meio da contagem da frequência de certas palavras em uma série de artigos. Uma estratégia de mensuração como essa seria confiável? Por quê?

3. Para cada um dos seguintes conceitos, identifique se eles sofreriam de prováveis problemas de viés de mensuração, invalidade, não confiabilidade ou nenhum dos mencionados. Explique suas respostas.

    a) A mensuração do conceito de aprovação do presidente a partir do uso de resultados das respostas de entrevistados em um *survey* sobre se eles aprovam ou desaprovam o desempenho do presidente.

    b) A mensuração do conceito de corrupção política como o percentual de políticos em um país em um determinado ano que foram condenados por práticas corruptas.

    c) A mensuração do conceito de democracia em cada país do mundo a partir da leitura da constituição, observando se nela há a afirmação de que o país é "democrático".

Tabela 5.3 – Renda média dos cinquenta estados americanos, 2004-2005.

Estado	Valor	Posição	Valor
Alabama	37,502	Montana	36,202
Alaska	56,398	Nebraska	46,587
Arizona	45,279	Nevada	48,496
Arkansas	36,406	New Hampshire	57,85
California	51,312	New Jersey	60,246
Colorado	51,518	New Mexico	39,916
Connecticut	56,889	New York	46,659

Estado	Valor	Posição	Valor
Delaware	50,445	North Carolina	41,82
Florida	42,44	North Dakota	41,362
Georgia	44,14	Ohio	44,349
Hawaii	58,854	Oklahoma	39,292
Idaho	45,009	Oregon	43,262
Illinois	48,008	Pennsylvania	45,941
Indiana	43,091	Rhode Island	49,511
Iowa	45,671	South Carolina	40,107
Kansas	42,233	South Dakota	42,816
Kentucky	36,75	Tennessee	39,376
Louisiana	37,442	Texas	42,102
Maine	43,317	Utah	53,693
Maryland	59,762	Vermont	49,808
Massachusetts	54,888	Virginia	52,383
Michigan	44,801	Washington	51,119
Minesota	56,098	West Virginia	35,467
Mississippi	34,396	Wisconsin	45,956
Missouri	43,266	Wyoming	45,817

Fonte: <http://www.census.gov/hhes/www/income/income05/statemhi2.html>. Acesso em: 11 jan. 2007.

4. Faça o *download* de um livro de códigos de um banco de dados de ciência política pelo qual você tenha interesse.

   a) Descreva o banco de dados e o propósito para o qual ele foi montado.

   b) Quais são as dimensões física e temporal do banco de dados?

   Leia os detalhes sobre como uma das variáveis que interessaram a você foi codificada e responda às seguintes perguntas:

   c) Esse parece um método confiável de operacionalização dessa variável? Como a confiabilidade dessa operacionalização pode ser melhorada?

   d) Avalie os vários elementos de validade para essa variável. Como a validade dessa operacionalização pode ser melhorada?

5. Se você ainda não fez o exercício 5 do capítulo 3, faça-o agora. Para a teoria que você desenvolveu, avalie o processo de mensuração das variáveis independente e dependente. Escreva sobre a confiabilidade e os vários aspectos da validade para cada uma das medidas. Você pode pensar em um melhor modo para operacionalizar essas variáveis para o teste de sua teoria?

6. *Coletando e descrevendo uma variável categórica.* Encontre dados para uma variável categórica pela qual você tenha interesse. Prepare um arquivo com os

dados de modo que possa ser lido por um programa de estatística. Produza uma tabela de frequência e descreva o que você observa.

7. *Coletando e descrevendo uma variável contínua.* Encontre dados para uma variável contínua pela qual você tenha interesse. Prepare um arquivo com os dados de modo que possa ser lido em um *software* estatístico. Produza uma tabela com estatísticas descritivas e um histograma ou um gráfico *kernel* de densidade. Descreva o que você encontrou após realizar esse procedimento.

8. Na Tabela 5.1, por que seria problemático calcular o valor médio da variável "identificação religiosa"?

9. *Da formulação matemática à afirmação textual.* Escreva uma sentença que sintetize o que cada uma das seguintes equações quer dizer:

a) $Y = 3 \forall X_i = 2$;

b) $Y_{total} = \Sigma_{i=1}^{n} Y_i = n\overline{Y}$

10. *Calculando médias e desvios-padrão.* A Tabela 5.3 contém a mediana da renda para cada um dos cinquenta estados americanos para os anos de 2004 e 2005. Qual é a média dessa distribuição e qual é o seu desvio-padrão? Escreva todos os cálculos.

CAPÍTULO 6
PROBABILIDADE E INFERÊNCIA ESTATÍSTICA

RESUMO:

Pesquisadores aspiram a tirar conclusões sobre a população inteira de casos relevantes para uma determinada pergunta de pesquisa. Contudo, na maioria das vezes, eles possuem dados para apenas uma amostra da população. Neste capítulo, apresentamos os fundamentos para fazer inferências sobre uma população enquanto observamos apenas uma amostra. Para fazer isso, nos baseamos na teoria probabilística, que introduzimos neste capítulo com extensas referências a exemplos. Concluímos o capítulo com um exemplo conhecido dos estudantes de ciência política – nominalmente, os erros a mais e a menos das pesquisas de aprovação presidencial e como eles ilustram os princípios da construção de pontes entre amostras e a população de interesse subjacente.

Como nos atrevemos a falar de leis do acaso? Não é o acaso a antítese de toda lei? – Bertrand Russel.

6.1 POPULAÇÕES E AMOSTRAS

No capítulo 5, aprendemos como mensurar nossos conceitos de interesse e como usar estatísticas descritivas para sumarizar grandes quantidades de informação sobre uma única variável. Em particular, você descobriu como caracterizar uma distribuição a partir de medidas de tendência central (como a média ou a mediana) e de medidas de dispersão (como o desvio-padrão ou o IIQ). Você pode implementar essas formulações, por exemplo, para caracterizar a renda nos Estados Unidos ou as notas de uma prova que seu professor tenha acabado de divulgar.

Mas agora é o momento de estabelecer uma distinção crítica entre dois tipos de bancos de dados que cientistas sociais podem utilizar. O primeiro tipo de dado é o da **população** – isto é, os dados para todos os casos possivelmente relevantes. Um exemplo de dado populacional que pode surgir na sua cabeça em um primeiro momento é o do Censo americano, que consiste em uma tentativa do governo dos Estados Unidos de garantir a coleta de alguns dados sobre toda a população americana uma vez a cada dez anos[1]. Apesar de existirem bancos que almejam ter todos os casos da população relevante, é relativamente raro que cientistas sociais façam uso de dados pertencentes a toda a população[2].

O segundo tipo de dados consiste em uma **amostra**. Em razão da proliferação de pesquisas de opinião pública, muitos de vocês podem assumir que a palavra "amostra" implica uma "**amostra aleatória**"[3]. Mas este não é o caso. Pesquisadores podem produzir uma amostra por meio da aleatoriedade – isto é, cada membro da população tem uma probabilidade igual de ser selecionado para a amostra. Porém, as amostras podem também ser não aleatórias; quando isso ocorre, as denominamos de amostra de conveniência.

A vasta maioria das análises conduzidas por cientistas sociais são feitas com dados amostrais, não com dados populacionais. Por que fazer essa distinção? Embora a maioria esmagadora dos bancos de dados em ciências sociais seja composta de amostras, não de populações, é crítico observar que não estamos interessados nas propriedades da amostra *per se*; estamos interessados na amostra apenas na medida em que ela nos ajuda a entender uma população subjacente. Com efeito, tentamos construir pontes entre o que sabemos sobre uma amostra e o que acreditamos, probabilisticamente, ser verdade sobre a população. Esse processo é chamado de **inferência estatística**, porque utilizamos o que *sabemos* ser verdade sobre uma coisa (a amostra) para *inferir* o que é provável que seja verdade sobre outra coisa (a população).

Existem implicações sobre o uso de dados amostrais para aprender sobre populações. A primeira, e mais direta, é que esse processo de inferência estatística envolve, por definição, algum grau de incerteza. Essa noção é relativamente direta: sempre que

---

[1] O *site* do Censo americano é: <http://www.census.gov> . [Para o Censo do Brasil, ver: <http://censo2010.ibge.gov.br/> (N.T.)]

[2] Apesar disso, tentamos fazer inferências sobre alguma população de interesse, e está nas mãos do pesquisador definir explicitamente qual é essa população de interesse. Algumas vezes, como no caso do Censo dos Estados Unidos, a população relevante – todos os residentes nos Estados Unidos – é fácil de entender. Outras vezes, a definição da amostra é um pouco menos óbvia. Considere, por exemplo, um *survey* pré-eleição, no qual o pesquisador precisa decidir se a população de interesse são todos os adultos, ou os prováveis eleitores, ou algum outro grupo.

[3] Quando discutimos o desenho de pesquisa no capítulo 4, distinguimos entre, de um lado, a noção de atribuição randômica ao grupo de tratamento dos experimentos e, de outro lado, a amostra aleatória. Consulte o capítulo 4 se precisar relembrar essa diferença.

Probabilidade e inferência estatística   **153**

desejarmos apresentar alguma coisa geral nos baseando em algo específico, teremos algum grau de incerteza. Neste capítulo, discutimos esse processo de inferência estatística, incluindo as ferramentas que cientistas sociais usam para aprender sobre a população pela qual estão interessados por meio da utilização de dados amostrais. Nosso primeiro passo nesse processo é discutir os princípios básicos da teoria probabilística, que, por sua vez, forma a base para toda a inferência estatística.

6.2 NOÇÕES BÁSICAS DE TEORIA PROBABILÍSTICA

Deixe-nos começar com um exemplo.

Suponha que você pegue uma fronha de travesseiro vazia e que, sem que ninguém veja, você meticulosamente separe 550 pequenas bolinhas azuis e 450 pequenas bolinhas vermelhas e as coloque dentro da fronha (totalizando mil bolinhas). Você torce a abertura da fronha algumas vezes para fechá-la e então a chacoalha para misturar as bolinhas. A seguir, você pede para que um amigo coloque a mão dentro da fronha e retire – sem olhar – cem bolinhas e então conte quantas são vermelhas e quantas são azuis.

Obviamente, seu amigo sabe que está retirando apenas uma pequena amostra de bolinhas da população que está dentro da fronha. E, por você ter chacoalhado a fronha e o proibido de olhar dentro da fronha enquanto ele selecionava as cem bolinhas, a seleção representa (mais ou menos) uma amostra aleatória da população. Seu amigo não sabe quantas das bolinhas que estão dentro da fronha são vermelhas e quantas são azuis. Ele apenas sabe quantas bolinhas vermelhas e azuis observou a partir da amostra que retirou da fronha.

Logo após retirar as bolinhas, você pede que ele conte o número de bolinhas azuis e vermelhas. Imaginemos que o resultado seja 46 vermelhas e 54 azuis. Uma vez que ele tenha feito isso, você faz a seguinte pergunta: baseado na sua contagem, qual é o melhor palpite para o percentual de bolinhas vermelhas e de azuis na fronha? O único modo de seu amigo saber com certeza o número é retirando-as da fronha e contando as mil bolinhas. Porém, você não está pedindo ao seu amigo um palpite sem nenhuma informação. Afinal, ele tem alguma informação e pode utilizá-la para formular um palpite melhor do que simplesmente escolher um número entre 0% e 100%.

A partir dos resultados da amostra, ele palpita que 46% das bolinhas que estão dentro da fronha são vermelhas e 54% são azuis. (Reflita um pouco sobre o palpite do seu amigo: embora você saiba que ele está errado, esse é o melhor palpite que ele poderia ter dado considerando o que ele observou, certo?

Antes de informá-lo sobre a resposta correta, você permite que ele recoloque as cem bolinhas de volta à fronha e as misture com as demais bolinhas e pede para que ele repita o processo: ele, novamente, retira cem novas bolinhas e conta o número de vermelhas e azuis. Dessa vez, ele retirou 43 bolinhas vermelhas e 57 azuis.

Você pergunta se ele gostaria de mudar o palpite e, baseado nas novas informações e no cálculo rápido de uma média, ele revisa o palpite e diz que acha que 44,5% das bolinhas são vermelhas e 55,5% são azuis. (Ele dá esse palpite a partir da média simples de 46% das bolinhas vermelhas da primeira amostra e 43% das bolinhas da segunda amostra.)

As leis da probabilidade são úteis de muitos modos – no cálculo de chances em apostas, por exemplo –, mas, no exemplo acima, elas são úteis pois possibilitam que, a partir de uma determina informação sobre uma característica de uma amostra observada dos dados, possamos tentar generalizar a informação para a população subjacente e não observada. As amostras observadas acima são as duas amostras de cem casos que seu amigo retirou da fronha. A população subjacente é representada pelas mil bolinhas na fronha.

Claramente, o exemplo acima possui limitações. Em especial, no exemplo, você sabe as características reais da população – existem 450 bolinhas vermelhas e 550 bolinhas azuis. Na realidade social, não existe conhecimento comparável do valor das verdadeiras características de uma população subjacente.

Agora passamos a algumas definições.

Um **evento** é o resultado de uma observação aleatória. Dois ou mais eventos podem ser chamados de **eventos independentes** se a realização de um dos eventos não afeta a realização dos demais. Por exemplo, o lançamento de dois dados representa eventos independentes, porque o lançamento do primeiro dado não afeta o resultado do lançamento do segundo.

A probabilidade possui algumas propriedades fundamentais. Primeiro, todos os eventos possuem alguma probabilidade de ocorrer e essa chance varia de 0 a 1. Uma probabilidade de valor 0 significa que o evento é impossível, e uma probabilidade com valor igual a 1 significa que o evento acontecerá com absoluta certeza. Por exemplo, se lançarmos dois dados honestos e somarmos as faces voltadas para cima, a probabilidade da soma das faces ser igual a 13 é 0, uma vez que o valor mais alto possível é 12.

Segundo, a soma de todos os eventos possíveis deve ser exatamente 1. Ou seja, sempre que fazemos uma observação aleatória de um conjunto de eventos possíveis, devemos observar um desses eventos. Por exemplo, se você jogar uma moeda para cima, a probabilidade de o resultado ser cara é de $1/2$, a probabilidade de ser coroa é de $1/2$ $1/2$ e a probabilidade de ser cara ou coroa é de 1, porque $1/2 + 1/2 = 1$.

Terceiro, se (mas somente se!) dois eventos forem independentes, então a probabilidade de esses dois eventos ocorrerem é igual ao produto das chances individuais. Então, se você tem uma moeda não viciada e lançá-la três vezes – tenha em mente que cada lançamento é um evento independente –, a chance de o resultado dos três lançamentos ser igual a coroa é de $1/2 \times 1/2 \times 1/2 = 1/8$.

Obviamente, muitos dos eventos nos quais estamos interessados não são independentes. E, nessas circunstâncias, regras de probabilidade mais complexas, que estão além do escopo dessa discussão, são requeridas.

Por que a probabilidade é relevante para a investigação científica e, em particular, para a ciência política? Por algumas razões. Primeiro, porque cientistas políticos trabalham tipicamente com dados amostrais (e não populacionais), as regras da probabilidade nos dizem como podemos generalizar da nossa amostra para a população mais ampla. Segundo, e de maneira relacionada, as regras da probabilidade são a chave para identificar quais relações são "estatisticamente significantes" (um conceito que definiremos no próximo capítulo). Colocando de modo diferente, utilizamos a teoria probabilística para decidir se os padrões de relações que observamos em uma amostra podem ter acontecido apenas em razão do acaso.

6.3 APRENDENDO SOBRE A POPULAÇÃO A PARTIR DE UMA AMOSTRA: O TEOREMA DO LIMITE CENTRAL

As razões pelas quais cientistas sociais utilizam dados amostrais em vez de dados populacionais – apesar do fato de nos interessarmos pelos resultados na população em vez de na amostra – são fáceis de entender. Considere uma campanha eleitoral na qual a mídia, o público e os políticos envolvidos querem saber quais são os candidatos preferidos do público e quão preferidos eles são. Em tais circunstâncias, é prático conduzir um censo? Claro que não. A população adulta dos Estados Unidos é de aproximadamente 200 milhões de pessoas; chega ser um eufemismo dizer que não podemos entrevistar cada um desses indivíduos. Simplesmente não temos tempo nem dinheiro para fazer isso. Essa é uma das razões pelas quais o governo dos Estados Unidos conduz um **censo** apenas uma vez a cada dez anos[4].

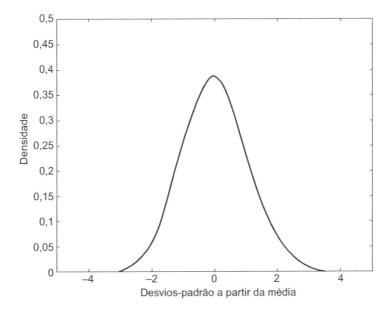

Figura 6.1 – Distribuição de probabilidade normal.

---

[4] Você pode não estar consciente de que, embora o governo federal conduza somente um censo a cada dez anos, ele conduz *surveys* amostrais com grande frequência na tentativa de mensurar características populacionais, tais como atividade econômica. [No Brasil, o governo federal conduz os Censos Demográficos a cada dez anos e, nos demais anos, realiza a Pesquisa Nacional de Amostra por Domicílio (PNAD) (N.T.).]

Obviamente, todos que estão familiarizados com as pesquisas de opinião sabem que estudiosos e organizações da mídia conduzem rotineiramente *surveys* com amostras da população americana e utilizam os resultados para generalizar sobre a população como um todo. Quando refletimos sobre isso, parece um pouco audacioso imaginar que você pode entrevistar talvez menos que mil pessoas e então utilizar os resultados dessas entrevistas para generalizar sobre as crenças e opiniões de 200 milhões. Como isso é possível?

A resposta recai em um resultado fundamental da estatística chamado **teorema do limite central**, que um estatístico holandês chamado Henk Tijms (2004) define como "o soberano não oficial da teoria probabilística". Antes de mergulharmos na demonstração do teorema e como ele se aplica às pesquisas em ciência sociais, precisamos explorar uma das mais úteis distribuições probabilísticas da estatística, a **distribuição normal**.

6.3.1 A DISTRIBUIÇÃO NORMAL

Dizer que uma distribuição é "normal" *não* significa dizer que ela é "típica" ou "desejável" ou "boa". Uma distribuição que não é "normal" não é algo estranho, como uma distribuição "desviante" ou "anormal". Também é importante enfatizar que distribuições normais não são necessariamente comuns no mundo real. Porém, como veremos, elas são incrivelmente úteis no mundo da estatística.

A distribuição normal é frequentemente chamada de "curva em formato de sino" na linguagem comum. Na Figura 6.1 temos a curva normal e suas diversas propriedades. Primeiro, ela é simétrica em torno da sua média[5], de tal modo que a moda, a mediana e a média são iguais. Segundo, a distribuição normal possui áreas abaixo da curva com distâncias específicas definidas a partir da média. Começando da média e adicionando um desvio-padrão para cada uma das direções, temos uma cobertura de 68% de toda a área abaixo da curva. Adicionando mais um desvio-padrão em cada uma das direções, passamos a ter 95% do total da área[6]. Adicionando um terceiro desvio-padrão em cada direção, temos 99% da área total da curva capturada. Essa característica é comumente conhecida como **regra do 68-95-99** e é exemplificada na Figura 6.2. Você deve ter em mente que essa é uma característica especial da distribuição normal e não se aplica a nenhuma outra forma de distribuição. O que a distribuição normal e a regra do 68-95-99 têm a ver com o processo de aprendizado sobre as características da população a partir de uma amostra?

A distribuição das observações reais de uma amostra – chamada de **distribuição de frequências**, que representa a frequência de cada valor de uma determinada variável – de qualquer variável pode ou não ter o formato da curva normal.

---

[5] De modo equivalente, mas um pouco mais formalmente, podemos caracterizar a distribuição por sua média e variância (ou desvio-padrão) – o que implica que suas obliquidade e curtose são iguais a zero.

[6] Para termos exatamente 95% da área abaixo da curva, precisaríamos de 1,96 desvio-padrão, e não dois desvios-padrão em cada uma das direções a partir da média. Todavia, a regra de dois desvios é considerada uma regra de bolso para muitos dos cálculos estatísticos.

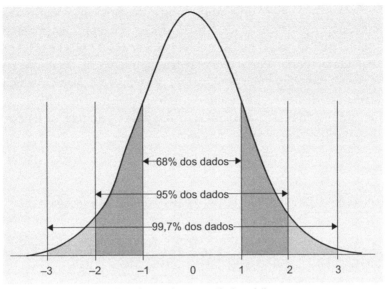

Figura 6.2 – A regra do 68-95-99.

Considere a distribuição de seicentos lançamentos de um dado (honesto) de seis faces, apresentada na Figura 6.3. Note que há algo na figura um pouco estranho: a frequência da distribuição de modo algum se assemelha a uma distribuição normal[7]. Se lançarmos um dado de seis faces honesto seiscentas vezes, quantas vezes devemos observar resultados iguais a 1, 2 etc.? Na média, cem vezes cada, certo? Isto é *bastante próximo* do que observamos na Figura 6.3, mas apenas bastante próximo. Apenas em razão do acaso, temos, por exemplo, um pouco mais de resultados 1 e um pouco menos de resultados 6.

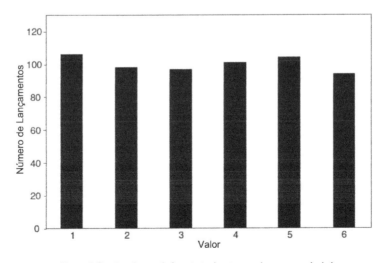

Figura 6.3 – Distribuição de frequência de seiscentos lançamentos de dado.

---

[7] De fato, a distribuição é bastante semelhante a uma distribuição uniforme ou achatada.

O que podemos dizer sobre uma amostra de seiscentos lançamentos de um dado? Mais ao ponto, o que podemos dizer, a partir desses seiscentos lançamentos, sobre a população subjacente de todos os lançamentos de dados de seis faces? Antes de responder à segunda pergunta, que requererá alguma inferência, deixe-nos responder à primeira, que podemos responder com certeza. Podemos calcular a média do resultado dos lançamentos de um modo simples, como aprendemos no capítulo 5: somando todos os "eventos" – isto é, os 1, 2 e demais – e dividindo pelo total de lançamentos, no caso, 600. Isso nos levará ao seguinte cálculo:

$$\overline{Y} = \frac{\sum_{i=1}^{n} Y_i}{n}$$

$$= \frac{\sum (1 \times 106) + (2 \times 98) + (3 \times 97) + (4 \times 101) + (5 \times 104) + (6 \times 94)}{600} = 3,47.$$

Seguindo a fórmula da média, para os nossos seiscentos lançamentos do dado, no numerador devemos somar todos os 1 (os 106 deles), todos os 2 (os 98 deles) e assim por diante, e então dividir por 600 para produzir nosso resultado de 3,47.

Podemos calcular o desvio-padrão dessa distribuição pela fórmula:

$$s_Y = \sqrt{\frac{\sum_{i=1}^{n} (Y_i - \overline{Y})^2}{n-1}} = \sqrt{\frac{1753,40}{599}} = 1,71.$$

Observando o numerador da fórmula do desvio-padrão que aprendemos no capítulo 5, observamos que $\sum (Y_i - \overline{Y})^2$ indica que, para cada observação (1, 2, 3, 4, 5 ou 6), subtraímos o valor da média (3,47), então elevamos ao quadrado a diferença, somamos todas as 600 diferenças da média elevadas ao quadrado, que produz o numerador 1.753,40 abaixo do sinal de raiz quadrada. Dividimos esse valor por 599 (isto é, $n-1$), então tiramos a raiz quadrada e temos como resultado o desvio-padrão de 1,71.

Como pontuamos, a média da amostra é de 3,47, mas qual deveria ser a média esperada? Se realizássemos exatamente cem lançamentos com cada um dos lados do dado como resultado, a média esperada seria 3,50, então a média de nossa amostra é um pouco menor do que a que esperaríamos obter. Novamente, podemos observar que nossos lançamentos possuem "muitos" 1 e uns "poucos" 6, assim a nossa média ser um pouco menor que 3,50 faz sentido.

O que aconteceria, contudo, se lançássemos o mesmo dado outras seiscentas vezes? Qual seria a média obtida a partir desses lançamentos? Obviamente, não podemos afirmar com certeza. Talvez conseguíssemos outra amostra com média de 3,47, ou talvez ela fosse um pouco maior que 3,50, ou talvez a média fosse exatamente 3,50, Suponha que lançamos o dado seiscentas vezes, não uma, nem duas, mas um número infinito de vezes. Sejamos claros: *não estamos dizendo para supor um número infinito de lançamento dos dados*, mas que os *seiscentos lançamentos sejam repetidos infinitas vezes*. Essa é uma distinção crítica. Imaginamos que estamos coletando uma amostra de seiscentos lançamentos, não uma, mas um número infinito de vezes. Podemos chamar essa hipotética distribuição das médias amostrais de **distribuição amostral.** Ela

Probabilidade e inferência estatística

é hipotética porque cientistas quase nunca podem coletar mais de uma amostra para uma população subjacente em um determinado ponto do tempo.

Se seguirmos esse procedimento, podemos obter a média das amostras e as expor graficamente. Algumas estariam acima de 3,50, outras abaixo e algumas seriam exatamente 3,50. Porém, é nesse ponto que temos o resultado-chave: a distribuição amostral terá distribuição normal, embora a distribuição de frequência subjacente, claramente, não seja normal.

Esse é o *insight* do teorema do limite central. Se pudéssemos imaginar um número infinito de amostras aleatórias e plotássemos a média de cada uma dessas amostras aleatórias em um gráfico, essas médias amostrais seriam normalmente distribuídas. Adicionalmente, a média da distribuição amostral seria igual à média da verdadeira população. O desvio-padrão da distribuição amostral é dado por

$$\sigma_{\bar{Y}} = \frac{s_Y}{\sqrt{n}},$$

em que n é o tamanho da amostra. O desvio-padrão da distribuição amostral da média das amostras, que é conhecido como **erro-padrão da média** (ou "erro-padrão"), é simplesmente igual ao desvio-padrão da amostra dividido pela raiz quadrada do tamanho da amostra. No nosso exemplo anterior do lançamento de dados, nosso erro-padrão da média é dado por

$$\sigma_{\bar{Y}} = \frac{1,71}{\sqrt{600}} = 0,07.$$

Lembre-se que nosso objetivo aqui é aprender sobre a população subjacente utilizando o que temos certeza que sabemos sobre a amostra. Sabemos que a média da nossa amostra de seiscentos lançamentos é 3,47 e seu desvio-padrão de 1,71. Dessas características, podemos imaginar que, se fizermos infinitas vezes o lançamento do dado seiscentas vezes, o resultado da distribuição amostral teria um desvio-padrão de 0,07. Nossa melhor aproximação da média da população é 3,47, porque esse é o resultado gerado pela nossa amostra[8]. Mas sabemos que nossa amostra de seiscentos lançamentos pode ser ligeiramente diferente da média verdadeira da população, podendo ser tanto um pouco maior quanto um pouco menor. O que podemos fazer, portanto, é usar nosso conhecimento de que a distribuição amostral é normal e invocar a regra do 68-95-99 para criar um **intervalo de confiança** sobre a provável localização da média da população.

Como fazemos isso? Primeiro, escolhemos o grau de confiança que queremos ter em nossa estimativa. Embora possamos escolher qualquer grau de confiança entre 0 e 100, cientistas sociais tradicionalmente escolhem o intervalo de confiança 95%. Se seguirmos esse padrão – e por nossa distribuição amostral ser normal –, começaría-

---

[8] Alguns podem imaginar que nosso melhor palpite deveria ser 3,50, porque, em teoria, um dado honesto deve produzir tal resultado.

mos com nossa média (3,47) e nos moveríamos dois erros-padrão da média em cada uma das direções para produzir o intervalo no qual, com 95% de confiança, se encontra a média da população. Por que dois erros-padrão? Porque com dois erros-padrão temos uma área de 95% abaixo da curva. Novamente, para termos precisamente 95% de confiança abaixo da curva, moveríamos 1,96 e não dois erros-padrão em cada direção. Mas a regra de bolso de usar dois erros-padrão é uma prática comum. Em outras palavras,

$$\bar{Y} \pm 2 \times \sigma_{\bar{Y}} = 3,47 \pm (2 \times 0,07) = 3,47 \pm 0,14 \ .$$

Isso significa, para nossa amostra, que temos 95% de confiança de que a média da população de nosso lançamento de dados está em algum lugar no intervalo entre 3,33 e 3,61.

É possível que estejamos errados e que a média da população esteja fora do intervalo? Sim, e ainda sabemos *quão* provável é que ela esteja fora do intervalo. Existem 2,5% de chance de que a média da população seja menor que 3,33 e 2,5% de chance de que a média da população seja maior que 3,61, em um total de 5% de chance de que a média da população não esteja no intervalo de 3,33 a 3,61. Por diversas razões, é possível que queiramos ter mais confiança em nossa estimação. Digamos que, em vez de termos 95% de confiança, gostaríamos de ter 99% de confiança em nossas estimativas. Nesse caso, simplesmente nos moveríamos *três* (em vez de dois) erros-padrão em cada uma das direções a partir da média da nossa amostra (3,47), gerando um intervalo de 3,26-3,68.

Ao longo deste exemplo temos sido ajudados pelo fato de sabermos as características subjacentes ao processo de geração dos dados (um dado honesto). No mundo real, cientistas sociais quase nunca possuem essa vantagem. Na próxima seção, apresentamos um exemplo em que não a temos.

6.4 EXEMPLO: TAXAS DE APROVAÇÃO PRESIDENCIAL

Entre 20 e 24 de junho de 2012, a NBC News e o *Wall Street Journal* promoveram um *survey* em que mil americanos foram selecionados aleatoriamente para responder a perguntas sobre suas crenças políticas. Entre as questões, estava uma que pretendia capturar a opinião do entrevistado sobre o desempenho do presidente em exercício:

De maneira geral, você aprova ou desaprova o trabalho que Barack Obama está fazendo como presidente?

Essa é uma pergunta amplamente conhecida e utilizada há mais de meio século por quase todas as organizações de pesquisa[9]. Em junho de 2012, 47% da amostra aprovava o trabalho que Obama estava fazendo, 48% desaprovavam e 5% não tinham certeza sobre como avaliar o trabalho do presidente[10].

---

[9] Evidentemente, a única diferença é o nome do presidente em exercício.

[10] A fonte do *survey* é: <http://www.pollingreport.com/obama_job2.htm>. Acesso em: 11 jul. 2012.

Probabilidade e inferência estatística

Essas organizações midiáticas, claramente, não estão interessadas na opinião desses mil americanos que compõem a amostra, exceto na medida em que ela diz algo sobre a população adulta como um todo. É possível utilizar as respostas desses mil entrevistados para fazer exatamente isso utilizando a lógica do teorema do limite central e as ferramentas previamente descritas.

Para reiterar, temos certeza de que conhecemos as propriedades da nossa amostra aleatória de mil pessoas. Se considerarmos que as 470 respostas de aprovação são equivalentes a 1 e as 530 respostas remanescentes são equivalentes a 0, então podemos calcular a média da nossa amostra, $\overline{Y}$, por[11]:

$$\overline{Y} = \frac{\sum_{i=1}^{n} Y_i}{n} = \frac{\sum (470 \times 1) + (530 \times 0)}{1.000} = 0,47 \ .$$

Calculamos o desvio-padrão da média, s_Y, do seguinte modo:

$$s_Y = \sqrt{\frac{\sum_{i=1}^{n}(Y_i - \overline{Y})^2}{n-1}} = \sqrt{\frac{470(1-0,47)^2 + 530(0-0,47)^2}{1.000-1}}$$

$$= \sqrt{\frac{249,1}{999}} = 0,50.$$

Mas o que podemos dizer sobre a população como um todo? Obviamente, à diferença da média da amostra, não temos certeza sobre o valor da média da população. Mas se imaginarmos que, em vez de uma amostra de mil respondentes, temos um infinito número de amostras de mil pessoas, então o teorema do limite central nos diz que as médias dessas amostras seriam distribuídas normalmente. Nosso melhor palpite para a média da população, claro, é 0,47, porque essa é a média de nossa amostra. O erro-padrão da média é dado por

$$\sigma_{\overline{Y}} = \frac{0,50}{\sqrt{1.000}} = 0,016,$$

que consiste em uma medida de incerteza sobre a média da população. Se utilizarmos nossa regra de bolso e calcularmos o intervalo de 95% de confiança adicionando dois erros-padrão para cada lado a partir do valor da média da amostra, teremos o seguinte intervalo:

$$\overline{Y} \pm 2 \times \sigma_{\overline{Y}} = 0,47 \pm (2 \times 0,016) = 0,47 \pm 0,032 \ ,$$

ou entre 0,438 e 0,502, que traduz em um intervalo de 95% de confiança que o valor da média da aprovação de Obama na população está entre 43,8% e 50,2%.

---

[11] Existem diferentes modos para lidar matematicamente com os 5% de respostas "sem certeza". Nesse caso, como estamos interessados em calcular a taxa de "aprovação", é razoável juntar as respostas de desaprovação e de incerteza. É muito importante comunicar exatamente o que estamos fazendo à nossa audiência quando tomamos uma decisão desse tipo, para que nosso trabalho possa ser avaliado de maneira correta.

É daqui que os sinais de "±" que sempre vemos nas pesquisas de opinião surgem[12]. O melhor palpite da média da população é o valor da média da amostra mais ou menos dois erros-padrão. Então os dados que costumamos observar com os sinais de "±" são, normalmente, construídos com intervalos de 95% de confiança.

6.4.1 QUE TIPO DE AMOSTRA ERA?

Se você ler o exemplo anterior com atenção, notará que descrevemos a pesquisa da NBC-*Wall Street Journal* como uma amostra aleatória de mil indivíduos. Isso significa que eles usaram algum mecanismo (como a discagem aleatória de número de telefone) para assegurar que todos os membros da população tivessem igual probabilidade de serem selecionados para o *survey*. É preciso reiterar a importância de usar amostras aleatórias. O teorema do limite central *somente* se aplica a amostras selecionadas aleatoriamente. Com amostras de conveniência não podemos invocar o teorema do limite central para construir uma distribuição amostral e criar um intervalo de confiança.

Esta lição é crucial: uma amostra de conveniência selecionada de modo não aleatório pouco ajuda na tarefa de estabelecer um elo entre a amostra e a população que queremos estudar. Isso produz vários tipos de implicações das "pesquisas" que organizações midiáticas realizam em seus *sites*. O que tais "*surveys*" dizem sobre a população como um todo? Como a amostra deles claramente não é uma seleção aleatória da população subjacente, a resposta é "nada".

Existe uma lição relacionada a esta. O exemplo anterior representa uma conexão direta entre uma amostra (as mil pessoas do *survey*) e a população (todos os adultos nos Estados Unidos). Frequentemente a conexão entre a amostra e a população é menos direta. Considere, por exemplo, o exame das votações nominais em um legislativo em um determinado ano. Assumindo que seja bastante fácil coletar todas as votações nominais para cada um dos parlamentares (que consiste em nossa amostra), somos confrontados com uma pergunta ligeiramente desconcertante: qual é a nossa população de interesse? A resposta não é óbvia e nem todos os cientistas sociais concordariam com ela. Alguns podem dizer que os dados não representam uma amostra, mas uma população, porque o banco de dados contém os votos de todos os parlamentares. Outros podem argumentar que ela é uma amostra de um ano de trabalho no legislativo desse a sua criação. Outros, ainda, poderiam dizer que a amostra é um dos eventos possíveis de um infinito número de legislativos que poderiam ser observados nesse ano em particular. É suficiente dizer que, neste exemplo, não existe um consenso científico claro do que constituiria a "amostra" e o que constituiria a "população".

6.4.2 UMA NOTA SOBRE OS EFEITOS DO TAMANHO DA AMOSTRA

Como a fórmula do intervalo de confiança indica, quanto menor o erro-padrão, mais "estreito" nosso intervalo de confiança será; quanto maior o erro-padrão, mais

---

[12] Na prática, a maioria das empresas de pesquisa possuem seus próprios ajustes adicionais para realizar esses cálculos, mas eles começam sempre com essa lógica básica.

Probabilidade e inferência estatística
163

"alargado" nosso intervalo de confiança será. Se estivermos interessados em estimar valores populacionais, nos baseando em nossas amostras, com a maior precisão possível, então é desejável ter um intervalo de confiança mais estreito do que alargado.

Como podemos conseguir isso? Pela fórmula do erro-padrão da média fica claro, utilizando álgebra simples, que podemos obter valores menores para o erro-padrão de duas formas: com um numerador menor ou um denominador maior. Como obter um numerador menor – o desvio-padrão da amostra – não é algo que podemos fazer na prática, podemos considerar se é possível ter um denominador maior – isto é, aumentar o tamanho da amostra.

Amostras grandes reduzirão o tamanho dos erros-padrão e amostras menores aumentarão o tamanho dos erros-padrão. Esperamos que isso seja intuitivo para você. Se tivermos uma amostra grande, então deve ser mais fácil realizar inferências sobre a população de interesse; amostras menores, por sua vez, devem produzir menos confiança sobre a estimativa populacional.

Em nosso exemplo anterior, se em vez de uma amostra de mil pessoas tivéssemos uma amostra muito maior – digamos 2.500 pessoas –, nossos erros-padrão seriam dados por

$$\sigma_{\bar{Y}} = \frac{0,50}{\sqrt{2.500}} = 0,010,$$

que consiste em menos de dois terços do tamanho do nosso erro-padrão real de 0,016. Você pode ver matematicamente que adicionar dois erros-padrão de 0,010 em cada uma das direções a partir da média produz um intervalo de confiança mais estreito do que dois erros-padrão de 0,016. Mas note que o custo da redução de 1,2% em cada uma das direções do nosso intervalo de confiança é de quase mais 1.500 respondentes e que, em muitos casos, essa redução do erro não compensará nem pelo tempo, nem pelos custos financeiros envolvidos na obtenção de entrevistas adicionais.

Considere o caso oposto. Se, em vez de mil entrevistados, nossa amostra fosse composta por apenas quatrocentos, nosso erro-padrão seria:

$$\sigma_{\bar{Y}} = \frac{0,50}{\sqrt{400}} = 0,025 ,$$

que, quando multiplicado por dois para produzir o intervalo de confiança de 95%, nos levaria a uma soma 0,05 (ou 5%) em cada direção.

Poderíamos ser completamente tolos e selecionar uma amostra aleatória de apenas 64 pessoas se quiséssemos. Isso geraria um intervalo de confiança bastante alargado. O erro-padrão seria

$$\sigma_{\bar{Y}} = \frac{0,50}{\sqrt{64}} = 0,062 ,$$

que, quando multiplicado por dois para produzir o intervalo de confiança de 95%, nos levaria a uma soma de robusto 0,124 (ou 12,4%) em cada direção. Nessas circunstâncias, diríamos que a aprovação de Obama pela população era de 47%, mas, com o intervalo de confiança de 95%, poderia estar entre 34,6% e 59,4%. Esse intervalo seria muito amplo para informar qualquer coisa sobre a aprovação do presidente.

Em suma, a resposta para a pergunta: "Quão grande minha amostra precisa ser?" é outra pergunta: "Quão estreito você quer que seu intervalo de confiança seja?".

6.5 OLHANDO ADIANTE: EXAMINANDO RELAÇÕES ENTRE VARIÁVEIS

Façamos um balanço por um momento. Neste livro, temos enfatizado que a pesquisa em ciência política envolve a avaliação de explicações causais, o que implica o exame de relações entre duas ou mais variáveis. Porém, neste capítulo, tudo que fizemos foi falar sobre o processo de inferência estatística com uma única variável. Esse foi um desvio necessário, porque tínhamos que ensinar a você a lógica da inferência estatística – isto é, como utilizamos amostras para aprender algo sobre uma população subjacente.

No capítulo 7, você aprenderá três diferentes modos de fazer testes empíricos bivariados. Examinaremos relações entre duas variáveis, tipicamente em uma amostra, e então faremos avaliações sobre a chance dessas relações existirem na população. A lógica é idêntica à que você acabou de aprender; meramente estendemos o que apresentamos neste capítulo para a análise da relação entre duas variáveis. Por fim, no capítulo 8, você aprenderá outro modo de conduzir testes de hipóteses envolvendo duas variáveis – o modelo de regressão bivariado.

CONCEITOS INTRODUZIDOS NESTE CAPÍTULO

- Amostra – um subconjunto de casos de uma população de interesse.
- Amostra aleatória – uma amostra em que cada um dos membros da população subjacente possui igual chance de ser selecionado.
- Censo – uma pesquisa com toda a população.
- Distribuição amostral – distribuição hipotética das médias das amostras.
- Distribuição de frequência – uma distribuição dos valores reais de uma amostra.
- Distribuição normal – uma distribuição estatística com forma de sino que pode ser caracterizada inteiramente pela sua média e seu desvio-padrão.
- Erro-padrão da média – o desvio-padrão da distribuição amostral das médias das amostras.
- Evento – um resultado de uma observação aleatória.
- Eventos independentes – dois ou mais eventos em que a realização de um evento não afeta a realização do outro.

Probabilidade e inferência estatística

- Inferência estatística – o processo de utilizar o que sabemos sobre uma amostra para fazer afirmações probabilísticas sobre uma população mais ampla.

- Intervalo de confiança – uma afirmação probabilística sobre quão provável é o valor de uma característica da população baseada nas observações de uma amostra.

- População – dados para todos os possíveis casos relevantes.

- Regra do 68-95-99 – característica útil da distribuição normal que estabelece que, ao nos movermos 1, 2 e 3 desvios-padrão em cada direção a partir da média, teremos uma cobertura de 68%, 95% e 99% da área abaixo da curva normal.

- Teorema do limite central – resultado fundamental da estatística que indica que, se alguém coletasse um número infinito de amostras aleatórias e plotasse os resultados das médias das amostras, essas médias seriam normalmente distribuídas ao redor da verdadeira média da população.

EXERCÍCIOS

1. Vá ao *site* http://www.pollingreport.com e encontre uma estatística que interesse a você. Tenha a certeza de clicar na opção *full details*, quando disponível, para saber o tamanho da amostra que respondeu a esse item no *survey*. Então calcule os intervalos de confiança de 95% e 99% do valor populacional da estatística que você encontrou. Mostre todos os seus cálculos, imprima a página do *site* e entregue-a junto com o exercício[13].

2. Considerando o mesmo item do *survey* que você escolheu na pergunta anterior, o que aconteceria com o intervalo de confiança se o tamanho da amostra fosse reduzido pela metade? E o que aconteceria se ele dobrasse? Suponha que o desvio-padrão da amostra não se altera. Mostre todos os cálculos.

3. Amostras maiores são sempre melhores do que amostras menores? Explique sua resposta.

4. Volte à Tabela 5.2, que mostra o percentual de voto do partido do incumbente nas eleições presidenciais nos Estados Unidos. Calcule o erro-padrão da média para essa distribuição e, então, construa um intervalo de confiança de 95% para a média da população. Mostre todos os cálculos. O que o intervalo de confiança de 95% nos diz sobre esse caso específico?

5. Se obtivermos uma amostra representativa da população dos EUA de mil entrevistados para uma pergunta específica de um *survey* e obtivermos uma margem de confiança de 95%, quantos entrevistados seriam necessários para você obter o mesmo intervalo para a população de Maine, assumindo que a distribuição da resposta é a mesma para ambas as populações?

---

[13] Para dados de pesquisas de opinião pública no Brasil, conferir: <http://pollingdata.com.br/ ou http://www.ibope.com.br/pt-br/conhecimento/relatoriospesquisas/Paginas/default.aspx>. [N.T.]

CAPÍTULO 7
TESTE BIVARIADO
DE HIPÓTESE

RESUMO:

Uma vez que tenhamos preparado o teste de hipótese e coletado os dados, como avaliamos o que encontramos? Neste capítulo, discutimos as técnicas básicas utilizadas para fazer inferências estatísticas sobre a relação entre duas variáveis. Lidamos com o tópico frequentemente mal compreendido da "significância estatística" – focando tanto o que ela é como o que ela não é – e com a natureza da incerteza estatística. Apresentamos três estratégias utilizadas para examinar a relação entre duas variáveis: análise tabular, testes de médias e coeficientes de correlação. (Apresenta uma quarta técnica, análise de regressão bivariada, no capítulo 8.)

7.1 TESTE BIVARIADO DE HIPÓTESE E O ESTABELECIMENTO DE RELAÇÕES CAUSAIS

Nos capítulos anteriores, introduzimos os conceitos fundamentais do teste de hipótese. Neste capítulo, discutiremos as técnicas básicas do teste de hipótese a partir de três exemplos de testes bivariados. É importante notar que, embora esses tipos de análise tenham sido utilizados como as principais formas de testar hipóteses em revistas acadêmicas até os anos 1970, eles são raramente utilizados como os *principais* meios para testar hipóteses nas revistas acadêmicas hoje em dia[1]. Isso acontece porque essas técnicas são boas apenas para nos ajudar a observar o primeiro princípio do estabelecimento de relações causais. Nominalmente, os testes bivariados de hipótese nos ajudam a responder à pergunta: "X é relacionado a Y?". Por definição – "bivariado" significa "duas variáveis" –, esses testes não podem nos ajudar com a importante pergunta "Controlamos por todas as variáveis colineares Z que podem fazer com que a relação observada entre X e Y seja espúria?".

Apesar das limitações, as técnicas descritas neste capítulo são importantes pontos de partida para entender a lógica subjacente ao teste estatístico de hipótese. Nas seções seguintes, discutiremos como escolher qual teste bivariado realizar e, então, apresentaremos uma discussão detalhada dos três tipos. Ao longo deste capítulo, tente manter em mente o principal propósito deste exercício: estamos tentando aplicar as lições dos capítulos anteriores aos dados do mundo real. A seguir utilizaremos ferramentas mais apropriadas e sofisticadas, mas as lições aprendidas neste capítulo serão cruciais para o entendimento de métodos mais avançados. Colocando de modo simples, estamos tentando iniciar nossa caminhada no complicado mundo do teste de hipótese com dados do mundo real. Uma vez que tenhamos aprendido a caminhar, começaremos a trabalhar em entender como correr.

7.2 ESCOLHENDO O TESTE BIVARIADO DE HIPÓTESE MAIS ADEQUADO

Como discutimos nos capítulos anteriores, especialmente nos capítulos 5 e 6, pesquisadores tomam algumas importantes decisões antes de testar suas hipóteses. Uma vez que tenham coletado os dados e decidido conduzir um teste bivariado de hipótese, eles precisam considerar a natureza das suas variáveis dependente e independente do modelo. Como discutido no capítulo 5, podemos classificar variáveis em termos dos tipos de valores que elas assumem. A Tabela 7.1 apresenta quatro diferentes cenários para o teste de hipótese bivariado; cada um é mais apropriado dependendo do tipo de variável dependente e de variável independente. Para cada caso, listamos um ou mais tipos de teste bivariado de hipótese. Nos casos em que descrevemos as variáveis dependente e independente como categóricas, usamos uma forma de análise conhecida como **análise tabular** para testar nossas hipóteses. Quando nossa variável dependente é contínua e a variável independente é categórica, usamos o **teste de diferença de médias**. Quando a variável independente é contínua e a variável dependente é categórica, analistas tipicamente utilizam modelos *probit* ou *logit* (esses tipos de modelos esta-

---

[1] Por definição, os pesquisadores, ao conduzirem testes bivariados de hipótese, fazem um de dois pressupostos sobre o mundo. Ou assumem que não existem variáveis causalmente relacionadas com a variável dependente em questão além da variável explicativa sendo utilizada ou que, se existem variáveis omitidas, elas não são relacionadas à variável independente do modelo. Falaremos muito mais sobre variáveis independentes omitidas em modelos causais no capítulo 9. Por agora tenha em mente que, como temos discutido nos capítulos anteriores, esses pressupostos são raramente adotados quando estamos descrevendo o mundo político.

Teste bivariado de hipótese **169**

tísticos são discutidos no capítulo 11). Finalmente, quando as variáveis dependente e independente são contínuas, usamos neste capítulo o **coeficiente de correlação** e, como discutiremos no capítulo 8, o modelo de regressão bivariado.

Tabela 7.1 – Tipos de variáveis e testes bivariados de hipótese mais adequados.

		Tipo da variável independente	
		Categórica	Contínua
Tipo da variável dependente	Categórica	*Análise tabular*	Probit/Logit (cap. 11)
	Contínua	*Diferença de médias*	*Coeficiente de correlação;* modelo bivariado de regressão (cap. 8)

Nota: os testes em itálico são discutidos neste capítulo.

7.3 TODOS OS CAMINHOS LEVAM AO *P*

Um elemento comum no amplo leque de testes estatísticos de hipótese é o valor-p (o p significa "probabilidade"). Esse valor, que varia entre 0 e 1, é a coisa mais próxima do limite final que temos em estatística. Mas ele é mal compreendido e mal utilizado. Nesta seção, discutiremos a lógica básica do valor-p e o relacionaremos à discussão do capítulo 6 sobre o uso de dados amostrais para fazer inferências sobre uma população subjacente.

7.3.1 A LÓGICA DOS VALORES-*P*

Se pensarmos novamente nos quatro princípios para o estabelecimento de relações causais que discutimos no capítulo 3, o terceiro obstáculo era dado pela pergunta "Existe covariação entre X e Y?". Para responder a essa pergunta, precisamos aplicar critérios aos dados do mundo real para determinar se é possível existir uma relação entre nossas duas variáveis, a variável independente X e a variável dependente Y. Os testes listados na Tabela 7.1 são comumente aceitos como possíveis testes para cada uma das combinações dos tipos de variáveis que temos. Em cada um desses testes, seguimos uma mesma lógica: comparamos a real relação entre X e Y nos nossos dados amostrais com o que esperaríamos encontrar se X e Y *não fossem* relacionados na população subjacente. Quanto *mais diferente* a relação empírica observada for do que esperaríamos encontrar se *não* houvesse uma relação, mais confiantes ficamos em que X e Y estão relacionados na população. A lógica dessa inferência para a população a partir da amostra é a mesma que usamos no capítulo 6 para fazer inferências sobre a média da população a partir dos dados da amostra.

A estatística que é comumente associada a esse tipo de exercício lógico é o **valor-p**. O valor-p, que varia entre 0 e 1, é a probabilidade de observarmos a relação que verificamos nos dados amostrais por acaso. Em outras palavras, o valor-p nos diz a probabilidade de encontrarmos a relação observada entre duas variáveis em nossa amostra se não existisse relação entre elas na população não observada. Assim, quanto menor o valor-p, maior é a confiança que temos que *existe* uma relação sistemática entre as duas variáveis para as quais estimamos o valor-p.

Uma característica comum entre a maioria das técnicas estatísticas é que, para uma determinada relação, quanto maior a base de dados que utilizamos para mensurar a relação, menor será nosso valor-p. Isso é consistente com as lições do capítulo 6 sobre o tamanho da amostra: quanto maior o tamanho da amostra, mais confiança podemos ter em que nossa amostra representará mais acuradamente a população[2] (ver seção 6.4.2).

7.3.2 AS LIMITAÇÕES DO VALOR-*P*

Embora os valores-p sejam indicadores poderosos de se duas variáveis são ou não relacionadas, eles também são limitados. Nesta seção revisamos algumas dessas limitações. Adicionalmente, é importante que você entenda o que um valor-p não é: a lógica do valor-p não é reversiva. Em outras palavras, $p = 0,001$ não significa que existe 0,999 de chance de que algo ocorra sistematicamente. Também é importante que você entenda que, embora o valor-p nos diga algo sobre a confiança que podemos ter na relação entre duas variáveis, ele não nos diz se a relação é causal.

Adicionalmente, pode parecer tentador assumir que, quando um valor-p é próximo de zero, ele indica que a relação entre X e Y é muito *forte*. Isso não é necessariamente verdade (embora possa ser). Como notamos previamente, valores-p representam nosso grau de confiança na existência da relação que detectamos na população subjacente. Então devemos naturalmente esperar com o aumento da nossa amostra valores-p menores. Mas amostras grandes sozinhas não tornam o relacionamento magicamente forte; elas *aumentam* nossa confiança de que a relação observada em nossa amostra acuradamente representa a população subjacente. Vimos um tipo de relação similar no capítulo 6 quando calculamos os erros-padrão. Porque o número de casos é o denominador da fórmula de erro-padrão, um aumento no número de casos leva a um erro-padrão menor e a um intervalo de confiança mais estreito para nossa inferência sobre a população.

Outra limitação dos valores-p é que eles não refletem diretamente a qualidade do processo de mensuração das nossas variáveis. Assim, se estamos mais confiantes em nossa mensuração, devemos estar mais confiantes no nosso valor-p. O outro lado disso é que, se não estamos tão confiantes no processo de mensuração de uma ou das nossas duas variáveis, devemos ter menos confiança em nosso valor-p.

Finalmente, devemos ter em mente que os valores-p são sempre baseados no pressuposto de que selecionamos aleatoriamente nossa amostra da população. Matematicamente, isso é expresso por

---

[2] Adicionalmente, quanto menor o tamanho da amostra, mais provável é que tenhamos resultados que não são representativos da população.

$$p_i = P \forall i \, .$$

Isto se traduz em "a probabilidade de um caso individual de nossa população pertencer a nossa amostra, p_i, é igual a P para todos os casos i". Se esse pressuposto for válido, teremos uma verdadeira amostra aleatória. Como essa é uma exigência que quase nunca é alcançada, devemos considerar esse fato em nossa avaliação do valor-p. Quanto mais distantes estivermos de uma verdadeira amostra aleatória, menos confiança devemos ter em nosso valor-p.

7.3.3 DOS VALORES-P À SIGNIFICÂNCIA ESTATÍSTICA

Como sublinhamos na seção anterior, valores-p mais baixos aumentam nossa confiança de que de fato exista uma relação entre duas variáveis. Um modo comum de se referir a tal situação é afirmar que a relação entre as duas variáveis é uma **relação estatisticamente significante**. Embora esse tipo de afirmação soe como uma afirmação autorizada, ela é sempre uma afirmação que deve ser colocada em perspectiva. Em outras palavras, uma declaração de significância estatística depende de outros tantos fatores. Um desses fatores é o conjunto de pressupostos da seção anterior. A "significância estatística" é alcançada somente na medida em que os pressupostos subjacentes ao cálculo do valor-p sejam mantidos. Adicionalmente, existe uma variedade de diferentes padrões para definir qual é um valor-p estatisticamente significante. Muitos cientistas sociais usam como padrão o valor-p de 0,05. Se p é menor que 0,05, eles consideram uma relação estatisticamente significante. Outros usam um padrão mais restrito de 0,01 ou um padrão mais relaxado de 0,1[3].

Nunca é demais enfatizar que encontrar que X e Y têm uma relação estatisticamente significante *não* significa necessariamente que a relação entre X e Y é forte ou, principalmente, que a relação é causal. Para avaliar se uma relação é forte ou não, precisamos utilizar nosso conhecimento substantivo sobre o que significa uma quantidade determinada de mudança no valor de Y. Discutiremos a avaliação da força das relações em detalhe no capítulo 9. Para avaliar se uma relação é causal, precisamos examinar quão bem nossa teoria se sai em termos de superar os quatro obstáculos causais do capítulo 3.

7.3.4 A HIPÓTESE NULA E OS VALORES-P

No capítulo 1, introduzimos o conceito de hipótese nula. Nossa definição foi "uma hipótese nula é também uma afirmação baseada na teoria, mas sobre o que esperaríamos observar se nossa teoria for incorreta". Assim, seguindo a lógica previamente sublinhada, se nossa hipótese derivada da teoria é que existe covariação entre X e Y, então a hipótese nula correspondente é que não existe covariação entre X e Y. Nesse

---

[3]   Mais recentemente, tem ocorrido uma tendência de reportar o valor-p estimado e deixar os leitores fazerem suas próprias avaliações sobre a significância estatística.

contexto, outra interpretação do valor-p é que ele transmite o nível de confiança com o qual podemos rejeitar a hipótese nula.

7.4 TRÊS TESTES BIVARIADOS DE HIPÓTESE

Agora passaremos à apresentação de três exemplos específicos de testes bivariados de hipóteses. Em cada um dos casos, testamos se existe uma relação entre X e Y. Fazemos isso com dados amostrais e, então, baseando-nos no que achamos, produzimos inferências sobre a população subjacente.

7.4.1 EXEMPLO 1: ANÁLISE TABULAR

A apresentação tabular de dados para duas variáveis ainda é amplamente utilizada. Na literatura de ciência política mais recente, estudiosos a têm utilizado como uma primeira etapa antes de fazer uma análise mais aprofundada com uma análise multivariada. Vale notar neste ponto que, nas tabelas, na maioria das vezes a variável dependente é exposta nas linhas, enquanto a variável independente é exposta nas colunas. Todas as vezes que você observar uma tabela, é muito importante gastar algum tempo para garantir que você entendeu o que ela quer transmitir. Podemos dividir esse processo em três partes:

1. Descubra qual variável está definida nas linhas e nas colunas da tabela.

2. Descubra o que as células individuais representam. Algumas vezes elas serão o número de casos que acontecem em uma determina linha e coluna; outras vezes os valores das células serão proporções (variando de 0 a 1) ou percentuais (variando de 0 a 100). Se esse for o caso, é crítico que você descubra se o pesquisador calculou os percentuais ou proporções para a tabela ou para cada linha ou coluna.

3. Descubra quais padrões gerais (se existirem) você observa na tabela.

Tabela 7.2 – Residências com filiação sindical e voto na eleição presidencial americana de 2008.

Candidato	De uma residência não sindicalizada	De uma residência sindicalizada	Total
McCain	47,1	33,4	45,0
Obama	52,9	66,6	55,0
Total	100,0	100,0	100,0

Nota: todos os dados representam o percentual das colunas.

A Tabela 7.2 nos proporciona uma boa oportunidade para exemplificar esses três pontos. Nessa tabela estamos testando a teoria de que ser filiado a um sindicato faz

Teste bivariado de hipótese 173

com que as pessoas estejam mais favoráveis a apoiar candidatos da esquerda[4]. Podemos dizer, a partir do título da tabela e dos cabeçalhos das colunas e das linhas, que essa tabela compara os votos de pessoas de uma residência com filiação sindical com os de pessoas de residências sem filiação sindical na eleição presidencial americana de 2008. Podemos usar a informação da tabela para testar a hipótese de que eleitores de residências sindicais estão mais favoráveis a apoiar Barack Obama, o candidato presidencial do partido democrata[5]. Como primeiro passo na leitura dessa tabela, determinamos que as colunas indicam os valores da variável independente (se o indivíduo é ou não de uma residência sindicalista) e que as linhas indicam valores da variável dependente (voto presidencial). O segundo passo é bastante direto; a tabela contém uma nota de rodapé que nos diz que as "células informam os percentuais das colunas". Esse é o formato mais fácil para prosseguir ao passo 3, porque o percentual das colunas corresponde à comparação que queremos fazer. Queremos comparar o voto presidencial das pessoas oriundas de uma residência sindicalista com o das pessoas que não são oriundas de residências sindicalistas. O padrão é bastante claro: pessoas de residências sindicalistas apoiam esmagadoramente Obama (66,6 para Obama e 33,4 para McCain), enquanto pessoas de famílias não sindicalistas são marginalmente favoráveis a Obama (52,9 para Obama e 47,1 para McCain). Se pensarmos em termos de variáveis independente (X) e dependente (Y), a comparação que temos que fazer é entre a distribuição da variável dependente (Y = voto presidencial) e os valores da variável independente (X = tipo de residência).

Tabela 7.3 – Gênero e voto na eleição presidencial americana de 2008: cenário hipotético.

Candidato	Homem	Mulher	Total da linha
McCain	?	?	45,0
Obama	?	?	55,0
Total da coluna	100,0	100,0	100,0

Nota: todos os dados representam o percentual das colunas.

Na Tabela 7.2, seguimos a convenção de colocar os valores da variável independente nas colunas e da variável dependente nas linhas. Então, tornamos a comparação entre as colunas simples ao colocar como valor das células o percentual da coluna. Aderir a essas normas é uma atitude sábia, porque elas facilitam a comparação que queremos fazer e porque esse é um modo como muitos leitores esperam encontrar a informação.

---

[4] Gaste um tempo para avaliar essa teoria nos termos dos dois primeiros obstáculos causais que discutimos no capítulo 3. O mecanismo causal é que candidatos de esquerda tendem a apoiar políticas que sejam valorizadas pelos sindicatos. Ele é crível? E quanto ao segundo obstáculo? Podemos eliminar a possibilidade de que apoiar um candidato de esquerda torna mais provável que alguém seja filiado a um sindicato?

[5] O que você pensa sobre a operacionalização dessas duas variáveis? Quão bem isso se sai diante do conteúdo discutido no capítulo 5?

Em nosso próximo exemplo acompanharemos passo a passo o teste da hipótese de que o gênero (X) está relacionado ao voto (Y) nas eleições presidenciais americanas. Para testar a hipótese sobre gênero e voto presidencial, utilizamos os dados do National Annenberg Election Survey (NAES) conduzido em 2008. Este é um conjunto de dados apropriado para o teste desta hipótese porque é proveniente de uma amostra selecionada aleatoriamente da população subjacente de interesse (americanos adultos). Antes de observarmos os resultados obtidos a partir dos dados, pense brevemente sobre a mensuração das variáveis de interesse e o que esperaríamos achar se não existisse uma relação entre as duas variáveis.

A Tabela 7.3 apresenta informações parciais sobre um exemplo hipotético em que sabemos que 45% da nossa amostra de entrevistados disse ter votado em John McCain e 55% dos entrevistados disseram ter votado em Barack Obama. Mas, como os pontos de interrogação nessa tabela indicam, não conhecemos a divisão de votos entre os gêneros. Considere o que esperaríamos observar, caso não exista uma relação entre gênero e voto presidencial em 2008, dado o que sabemos a partir da Tabela 7.3. Em outras palavras, quais valores devem substituir os pontos de interrogação na Tabela 7.3, caso não exista uma relação entre nossas variáveis independente (X) e dependente (Y)?

Tabela 7.4 – Gênero e voto na eleição presidencial americana de 2008: expectativas para o cenário hipotético caso não houvesse relação entre gênero e preferência.

Candidato	Homem	Mulher	Total da linha
McCain	45,0	45,0	45,0
Obama	55,0	55,0	55,0
Total da coluna	100,0	100,0	100,0

Nota: todos os dados representam o percentual das colunas.

Se não existe uma relação entre gênero e voto presidencial, então devemos esperar não observar nenhuma grande diferença no modo em que homens e mulheres votaram por John McCain e Barack Obama. Como sabemos que 45% dos nossos casos votaram em McCain e 55% em Obama, o que podemos esperar observar para homens e mulheres? Devemos esperar observar a mesma proporção de homens e de mulheres votando por cada candidato. Em outras palavras, devemos esperar que os pontos de interrogação fossem substituídos com os valores da Tabela 7.4. Essa tabela expõe os valores esperados para as células para a hipótese nula de que não existe relação entre gênero e voto presidencial.

Tabela 7.5 – Gênero e voto na eleição presidencial americana de 2008.

Candidato	Homem	Mulher	Total da linha
McCain	?	?	1.434
Obama	?	?	1.755
Total da coluna	1.379	1.810	3.189

Nota: os dados representam o número de respondentes.

Teste bivariado de hipótese

A Tabela 7.5 mostra o número total de respondentes que se encaixam em cada uma das colunas e linhas. Se fizermos os cálculos, podemos observar que o número na coluna à extrema direita da Tabela 7.5 é equivalente ao percentual da Tabela 7.3. Podemos agora combinar a informação da Tabela 7.5 com nossas expectativas da Tabela 7.4 para calcular o número de respondentes que esperamos observar em cada uma das células se gênero e voto presidencial não forem relacionados. Mostramos esses cálculos na Tabela 7.6. Na Tabela 7.7, observamos o número real de respondentes de cada uma das quatro células.

Finalmente, na Tabela 7.8, comparamos o número de casos observados (O) com o número de casos que esperaríamos observar (E) se não existisse relação entre nossas variáveis dependente e independente.

Tabela 7.6 – Gênero e voto na eleição presidencial americana de 2008: calculando os valores esperados das células caso não haja relação entre gênero e preferência.

Candidato	Homem	Mulher
McCain	(45% de 1379) = 0,45 x 1379 = 620,55	(45% de 1810) = 0,45 x 1810 = 814,5
Obama	(55% de 1379) = 0,55 x 1379 = 758,45	(55% de 1810) = 0,55 x 1810 = 995,5

Nota: os dados representam o valor esperado se essas duas variáveis não forem relacionadas.

Tabela 7.7 – Gênero e voto na eleição presidencial americana de 2008.

Candidato	Homem	Mulher	Total da linha
McCain	682	752	1434
Obama	697	1058	1755
Total da coluna	1379	1810	3189

Nota: os dados representam o número de respondentes.

Tabela 7.8 – Gênero e voto na eleição presidencial americana de 2008.

Candidato	Homem	Mulher
McCain	$O = 682$; $E = 620,55$	$O = 752$; $E = 814,5$
Obama	$O = 697$; $E = 758,45$	$O = 1058$; $E = 995,5$

Nota: dados representam o número observado (O); o número esperado se não existisse relação (E).

Podemos observar um padrão. Entre os homens, a proporção observada de votos para Obama é menor do que a que esperaríamos se não existisse relação entre as duas variáveis. Também, entre os homens, a proporção de votos para McCain é maior do que a que esperaríamos se não existisse relação. Para as mulheres o padrão é invertido – a proporção de votos para Obama (McCain) é maior (menor) do que a que esperaríamos se não existisse relação entre gênero e voto na eleição presidencial dos Estados Unidos. O padrão dessas diferenças segue a linha da teoria de que mulheres apoiam mais os candidatos do partido democrata do que os homens. Embora essas diferenças estejam presentes, ainda não determinamos se elas são suficientes para que tenhamos maior confiança em nossa teoria. Em outras palavras, queremos saber se essas diferenças são ou não estatisticamente significantes.

Para responder a essa pergunta, usamos o **teste qui-quadrado (χ^2) de associação**. Karl Pearson originalmente desenvolveu esse teste quando estava testando teorias sobre a influência da hereditariedade e dos estímulos comportamentais no desenvolvimento humano no começo do século XX. A fórmula do qui-quadrado é dada por

$$x^2 = \sum \frac{(O-E)^2}{E}.$$

O sinal de soma na fórmula significa que somamos cada uma das células da tabela; então, para uma tabela 2×2, somamos as quatro células. Se pensarmos sobre a contribuição individual de uma célula nessa fórmula, podemos observar a lógica subjacente ao teste x^2. Se o valor observado, O, é exatamente igual ao valor esperado, E, então não existe relação entre as variáveis e a contribuição dessa célula será igual a zero (porque $O - E$ seria igual a zero). Assim, se todos os valores observados fossem exatamente iguais aos valores esperados, portanto, se não existisse relação entre as duas variáveis, então $x^2 = 0$. Quanto mais os valores de O diferem dos valores de E, maior é o valor de x^2. Porque o numerador do lado direito da fórmula do x^2 ($O - E$) é elevado ao quadrado, qualquer diferença entre O e E contribuirá positivamente para o valor geral x^2.

Abaixo podemos observar os cálculos do x^2 para os valores da Tabela 7.8:

$$\begin{aligned}
x^2 &= \sum \frac{(O-E)^2}{E} \\
&= \frac{(682-620,55)^2}{620,55} + \frac{(752-814,5)^2}{814,5} + \frac{(697-758,45)^2}{758,45} + \frac{(1.058-999,5)^2}{999,5} \\
&= \frac{3.776,1}{620,55} + \frac{3.906,25}{814,5} + \frac{3.776,1}{758,45} + \frac{3.906,25}{999,5} \\
&= 6,09 + 4,8 + 4,98 + 3,92 = 19,79.
\end{aligned}$$

Então o valor do nosso x^2 para nossos dados é 19,79. O que fazemos com isso? Comparamos o valor da nossa estatística, 19,79, com algum valor-padrão predeterminado, chamado **valor crítico**, de x^2. Se nosso valor é maior do que o valor crítico, então

Teste bivariado de hipótese | **177**

concluímos que existe relação entre as duas variáveis; e, se o valor calculado é menor que o valor crítico, não podemos chegar a essa conclusão.

Como obtemos esse valor crítico? Primeiro, precisamos de uma informação conhecida como **graus de liberdade** (gl) para o nosso teste[6]. Nesse caso, o cálculo dos graus de liberdade é bastante simples: gl=$(r-1)(c-1)$, em que r é o número de linhas da tabela e c é o número de colunas da tabela. No nosso exemplo da Tabela 7.8, existem duas linhas e duas colunas, então $(2-1)(2-1)=1$.

Você pode encontrar uma tabela com os valores críticos de x^2 no Apêndice A. Se adotarmos o valor-p padrão de 0,05, observamos que o valor crítico do x^2 para gl=1 é 3,841. Portanto, um x^2 com valor calculado de 19,79 está muito acima do valor mínimo requerido para obter um valor-p de 0,05. De fato, observando a tabela dos valores críticos, podemos ver que nossa estatística excede o valor crítico necessário para um valor-p de 0,001.

Até este momento, conseguimos estabelecer que a relação entre nossas duas variáveis atende aos padrões de significância estatística convencionalmente aceitos (isto é, p < 0,05). Embora esse resultado seja favorável à nossa hipótese, ainda não estabelecemos uma relação causal entre gênero e voto presidencial. Para observar isso, pense novamente nos quatro obstáculos para estabelecer uma relação causal que discutimos no capítulo 3. Até agora, claramente superamos o terceiro obstáculo, por meio da demonstração de que X (gênero) e Y (voto) covariam. A partir do que sabemos sobre política, podemos facilmente superar o primeiro obstáculo, "Existe um mecanismo crível que conecta X a Y?". Pode ser mais posível que mulheres votem em candidatos como Obama, porque, entre outras coisas, elas dependem mais da rede de segurança social do Estado de bem-estar social do que os homens. Se examinarmos o segundo obstáculo, "Podemos eliminar a possibilidade de Y ser a causa de X?", podemos facilmente observar que superamos esse obstáculo a partir da lógica. Sabemos com confiança que uma mudança na preferência de voto não leva a mudança do gênero da pessoa. Encontramos o percalço mais sério na rota do estabelecimento da causalidade quando encontramos o quarto obstáculo, "Controlamos por todas as variáveis colineares Z que podem tornar a associação entre X e Y espúria?". Infelizmente, nossa resposta aqui é que não sabemos ainda. De fato, com análises bivariadas, não podemos saber se alguma variável Z é relevante, porque, por definição, existem apenas duas variáveis na análise. Então, até que tenhamos evidências de que as variáveis Z foram controladas, nosso *scoreboard* dos obstáculos causais é $[s\ s\ s\ n]$.

7.4.2 EXEMPLO 2: DIFERENÇA DE MÉDIAS

No nosso segundo exemplo, examinamos uma situação na qual temos uma variável dependente contínua e uma variável independente categórica. Nesse tipo de teste bivariado de hipótese, observamos se as médias são diferentes para os diferentes valores

---

[6] Definimos graus de liberdade na próxima seção.

da variável independente. Seguimos a lógica básica do teste de hipótese: comparamos nossos dados do mundo real com o que esperaríamos encontrar se não existisse relação entre nossas variáveis dependente e independente. Usamos médias das amostras e os desvios-padrão para fazer inferências sobre a população não observada.

A teoria que utilizamos como exemplo nesta seção vem dos estudos sobre governos parlamentaristas. Quando cientistas políticos estudam fenômenos entre diferentes formas de governo, uma distinção fundamental que eles fazem entre os tipos de democracias é se o regime é parlamentarista ou não. Um regime democrático é chamado de "parlamentarista" quando a câmara baixa do Legislativo é o ramo mais poderoso no governo e seleciona diretamente o chefe do governo[7]. Uma das características mais interessantes da maioria dos regimes parlamentaristas é que a câmara baixa pode remover o governo do poder por meio do voto de confiança. Como resultado, cientistas políticos têm tido muito interesse nos determinantes de quão longo são os governos parlamentaristas quando existe a possibilidade do voto de confiança.

Um fator importante que diferencia as democracias parlamentaristas é se o partido ou os partidos que estão no governo ocupam a maioria dos assentos no Legislativo[8]. Por definição, a oposição pode derrotar um governo minoritário e retirá-lo do poder por ele não controlar a maioria das cadeiras no Legislativo. Assim, uma teoria bastante razoável sobre a duração dos governos em parlamentarismos é que governos de maioria durarão mais do que governos de minoria.

Podemos passar da teoria para um teste de hipótese utilizando o banco de dados produzido por Michael D. McDonald e Silvia M. Mendes intitulado *Governments, 1950-1995*. Os dados dos autores cobrem governos de 21 países ocidentais. A fim de tornar os dados comparáveis, limitaremos a amostra aos governos formados após uma eleição[9]. Nossa variável independente, "tipo de governo", assume dois valores:

---

[7] Uma parte importante do desenho de pesquisa é determinar quais casos são cobertos pela nossa teoria. Neste caso, nossa teoria, que apresentaremos brevemente, se aplicará apenas a democracias parlamentaristas. Como exemplo, considere se os Estados Unidos e o Reino Unido se adequam a essa descrição no início de 2007. Em 2007, o chefe de governo nos Estados Unidos era o presidente George W. Bush, que foi eleito por meio da eleição presidencial, e não pela câmara baixa. Portanto, os Estados Unidos em 2007 não se adequam a nossa teoria. Para o Reino Unido, pode ser tentador em um primeiro momento apontar a rainha Elizabeth II como a chefe de governo. Mas, se considerarmos que reis e rainhas ingleses têm tido um papel praticamente cerimonial na política do Reino Unido, devemos considerar como chefe de governo o primeiro-ministro, Tony Blair, que foi eleito pela câmara baixa do Legislativo, a House of Commons. Se, adicionalmente, considerarmos os poderes da Câmara dos Comuns comparados relativamente com os dos demais ramos do governo no início de 2007, veremos que o Reino Unido se adequa ao nosso critério de governo parlamentarista.

[8] Pesquisadores geralmente definem um partido como pertencente ao governo se ao menos um dos seus membros ocupa um posto no gabinete (ministérios). Por sua vez, partidos que não estão no governo são da oposição.

[9] Também temos que limitar nossa análise aos casos em que os governos possuem um limite legal máximo de quatro anos para permanecer no poder antes de convocar novas eleições. Essa limitação significa que, estritamente falando, só somos capazes de fazer inferências sobre a população de casos que se adequam a esse critério.

"governo de maioria" ou "governo de minoria". Nossa variável dependente, "duração do governo", é uma variável contínua que mensura o número de dias que cada governo durou. Embora essa variável tenha uma variação hipotética de um dia a 1.461 dias, os dados reais variam de 31 em 1953 para o governo italiano a 1.749 dias para o governo holandês entre o final da década de 1980 e o começo da de 1990.

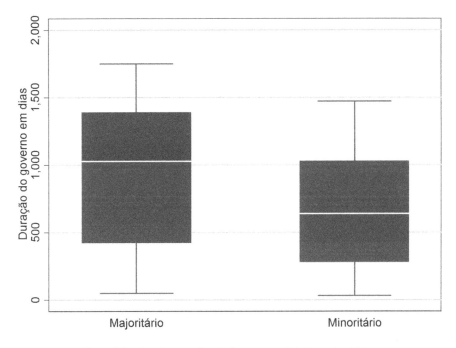

Figura 7.1 – *Box-plot* para a duração de governos majoritários e minoritários.

Para termos uma ideia melhor dos dados que estamos comparando, podemos utilizar dois gráficos que introduzimos no capítulo 5 para visualizar a distribuição de variáveis contínuas. A Figura 7.1 apresenta o gráfico *box-plot* para a duração de governos majoritários e minoritários e a Figura 7.2 apresenta o gráfico de densidade *kernel* para a duração de governos majoritários e minoritários. Observamos nesses dois gráficos que governos de maioria parecem durar muito mais do que governos de minoria.

Para definir se as diferenças observadas nesses dois gráficos são estatisticamente significantes, podemos utilizar o teste de diferença de médias. Nesse teste comparamos o que observamos nos dois gráficos com o que esperaríamos encontrar se não existisse relação entre o tipo de governo e a duração do governo. Se não existisse nenhuma relação entre as duas variáveis, então a duração dos dois tipos de governo seria proveniente da mesma distribuição subjacente. Se esse fosse o caso, a média e o valor médio da duração do governo seriam iguais para governos de minoria e de maioria.

Para testar a hipótese de que essas médias são provenientes da mesma distribuição subjacente, utilizamos outro teste desenvolvido por Karl Pearson para esse propósito.

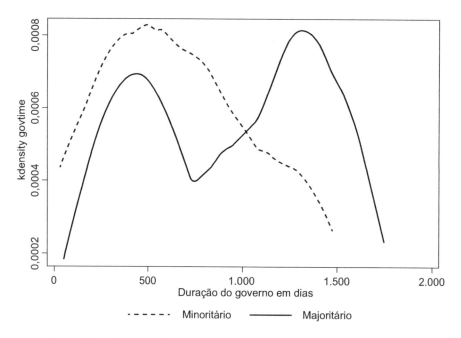

Figura 7.2 – Gráfico de densidade *kernel* para a duração de governos majoritários e minoritários.

Esse teste estatístico é conhecido como teste-*t* porque utiliza a distribuição *t*. A fórmula para este teste em particular é

$$t = \frac{\bar{Y}_1 - \bar{Y}_2}{\text{se}(\bar{Y}_1 - \bar{Y}_2)},$$

em que $\bar{Y}_1$ é a média da nossa variável dependente para o primeiro valor da variável independente e $\bar{Y}_2$ é a média da variável dependente para o segundo valor da variável independente. Podemos observar a partir dessa fórmula que quanto maior a diferença entre o valor da média da variável dependente entre os dois valores da variável independente, maior será o valor de *t*.

No capítulo 6, introduzimos a noção de erro-padrão, que consiste em uma medida de incerteza sobre uma estimação estatística. A lógica básica é que quanto maior for o erro-padrão, mais incerteza (ou menos confiança) teremos na nossa habilidade de fazer afirmações precisas. Similarmente, quanto menor for o erro-padrão, maior é a nossa confiança sobre nossa habilidade de fazer afirmações precisas.

Para melhor entender a contribuição das partes de cima e de baixo do cálculo de *t* para a diferença de médias, observe novamente as Figuras 7.1 e 7.2. Quanto mais distantes forem as duas médias e menos dispersas as distribuições (mensuradas pelo desvio-padrão s_1 e s_2), maior nossa confiança de que $\bar{Y}_1$ e $\bar{Y}_2$ são diferentes entre si.

Teste bivariado de hipótese **181**

Tabela 7.9 – Tipo de governo e duração do governo.

Tipo de governo	Número de observações	Duração média	Desvio-padrão
Maioria	124	930,5	466,1
Minoria	53	674,4	421,4
Combinado	177	853,8	467,1

A Tabela 7.9 apresenta as estatísticas descritivas para a duração do governo por tipo de governo. A partir dos valores expostos na tabela, podemos calcular a estatística do teste-t para nosso teste de hipótese. O erro-padrão das diferenças entre as duas médias ($\overline{Y}_1$ e $\overline{Y}_2$), $se(\overline{Y}_1 - \overline{Y}_2)$, é calculado com a seguinte fórmula:

$$se(\overline{Y}_1 - \overline{Y}_2) = \sqrt{\left(\frac{(n_1-1)s_1^2 + (n_2-1)s_2^2}{n_1+n_2-2}\right)} \times \sqrt{\left(\frac{1}{n_1} + \frac{1}{n_2}\right)},$$

em que n_1 e n_2 são o tamanho das amostras e s_1^2 e s_2^2 são a variância das amostras. Se nomearmos o número de dias no governo para governos majoritários Y_1 e o número de dias no governo para governos minoritários Y_2, então podemos calcular o erro-padrão como

$$se(\overline{Y}_1 - \overline{Y}_2) = \sqrt{\left(\frac{(124-1)(466,1)\dagger + (53-1)(421,4)\dagger}{124+77-2}\right)} \times \sqrt{\left(\frac{1}{124} + \frac{1}{53}\right)}$$

$se(\overline{Y}_1 - \overline{Y}_2) = 74,39$.

Agora que temos o erro-padrão, podemos calcular a estatística-t:

$$t = \frac{\overline{Y}_1 - \overline{Y}_2}{se(\overline{Y}_1 - \overline{Y}_2)} = \frac{930,5 - 674,4}{74,39} = \frac{256,1}{74,39} = 3,44 .$$

Uma vez calculada a estatística-t, precisamos de mais uma informação antes de obter nosso valor-p. No caso, precisamos dos graus de liberdade (gl). Os graus de liberdade refletem a ideia básica de que ganharemos confiança no padrão observado à medida que a quantidade de dados em que esse padrão é baseado cresce. Em outras palavras, à medida que o tamanho da nossa amostra aumenta, nos tornamos mais confiantes sobre nossa habilidade de afirmar coisas sobre a população subjacente. Se formos ao Apêndice B, no qual temos os valores críticos para a estatística-t, podemos observar essa lógica. Essa tabela também segue a mesma lógica básica da tabela do x^2. Nas colunas da tabela estão definidos os valores-p que queremos obter, e, para conseguir tal valor-p, necessitamos obter um valor t determinado. As linhas da tabela-t indicam os graus de liberdade. À medida que os graus de liberdade aumentam, a estatística-t necessária diminui. Calculamos os graus de liberdade para uma estatística-t de diferença de médias baseada na soma da amostra total menos dois. Assim, nosso grau de liberdade é

$$n_1 + n_2 - 2 = 124 + 53 - 2 = 175 .$$

Desde o valor-p, podemos observar nas linhas onde gl=100 e verificar o valor-t mínimo necessário para alcançar cada um dos valores p^{10}. Na segunda coluna da tabela-t, podemos observar que, para ter um valor-p de 0,10 (que existe 10%, ou 1 em 10, de chance de observarmos essa relação na nossa amostra de modo aleatório, se não existir relação entre X e Y na população subjacente), devemos ter uma estatística-t maior ou igual a 1,29. Dado que $3,44 > 1,29$, podemos proceder para a próxima coluna de $p = 0,05$ e ver que 3,44 também é maior que 1,66. De fato, se formos até o final da linha para $gl = 100$, podemos observar que nossa estatística-t é maior que 3,174, que é o valor-t necessário para ter p=0,001 (que significa que existe 0,1%, ou 1 em 1000, de chance de observamos essa relação na nossa amostra aleatoriamente, caso não exista relação entre X e Y na população subjacente). Isso indica que temos bastante confiança de que superamos o terceiro obstáculo causal na nossa avaliação da teoria de que existe uma relação entre governos de maioria e a duração do governo.

7.4.3 EXEMPLO 3: COEFICIENTE DE CORRELAÇÃO

No nosso último exemplo de teste bivariado de hipótese, observamos a situação em que nossas variáveis independente e dependente são contínuas. Testamos a hipótese de que existe uma relação positiva entre o crescimento da economia e o desempenho do partido do presidente em exercício nas eleições presidenciais americanas.

No capítulo 5, discutimos a variação (ou variância) de uma única variável e, no capítulo 1, introduzimos o conceito de covariação. Nos três exemplos que apresentamos até agora, encontramos que existe covariação entre pertencer a uma residência sindicalista e o voto presidencial, gênero e voto presidencial e tipo de governo e duração do governo. Todos esses exemplos utilizaram ao menos uma variável categórica. Quando nossas variáveis independente e dependente são contínuas, podemos facilmente perceber a covariação por meio da análise visual utilizando gráficos. Considere a Figura 7.3, que expõe um gráfico de dispersão do voto no partido do incumbente e o crescimento econômico. Gráficos de dispersão são úteis para uma visualização inicial da relação entre duas variáveis contínuas. Sempre que examinar um gráfico de dispersão, você deve descobrir o que são os eixos e, então, o que cada um dos pontos representa. Nesses gráficos, a variável dependente (neste caso, o voto no partido do presidente em exercício) deve ser exposta no eixo vertical, enquanto a variável independente (neste caso, o crescimento econômico) deve ser exposta no eixo horizontal. Cada ponto no gráfico de dispersão representa o valor para duas variáveis para um determinado caso. Então, na Figura 7.3, estamos olhando para os valores do voto no partido do incumbente e do crescimento econômico para cada um dos anos em que houve uma eleição presidencial nos Estados Unidos e em que os dados estão disponíveis para as duas variáveis.

---

[10] Embora nosso grau de liberdade seja igual a 175, utilizamos a linha de gl=100 para ter uma ideia grosseira do valor-p. Com um *software* estatístico, podemos calcular o valor exato de p.

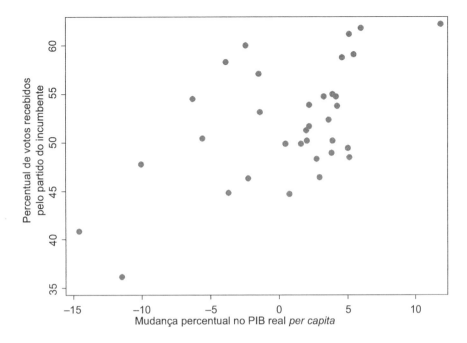

Figura 7.3 – Gráfico de dispersão da mudança no PIB e voto no partido do incumbente.

Quando observamos esse gráfico, queremos avaliar se existe ou não um padrão. Como nossa teoria é que nossa variável independente causa a variável dependente, devemos nos mover da esquerda para a direita no eixo horizontal (que representa o aumento nos valores da variável independente) e ver se existe um aumento ou um decréscimo correspondente nos valores da variável dependente. No caso da Figura 7.3, ao nos movermos da esquerda para a direita, de maneira geral observamos um padrão de aumento dos valores no eixo vertical. Isso indica que, como esperado pela nossa hipótese, quando a economia vai bem (valores mais à direita no eixo horizontal), também há uma chance maior de observar um aumento no percentual de votos para o partido do incumbente nas eleições presidenciais americanas (valores maiores no eixo vertical).

A **covariância** é um modo estatístico de resumir um padrão de associação geral (ou a falta dele) entre duas variáveis contínuas. A fórmula da covariância para duas variáveis X e Y é

$$\text{cov}_{XY} = \frac{\sum_{i=1}^{n}(X_i - \bar{X})(Y_i - \bar{Y})}{n}.$$

Para entender melhor a intuição por detrás da fórmula da covariância, é útil pensar em termos de valores relativos dos casos individuais em relação à média de $X(\bar{X})$ e a média de $Y(\bar{Y})$. Se um caso individual tiver valor para a variável independente maior do que a média de $X(X_i - \bar{X} > 0)$ e o valor para a variável dependente maior que a média de $Y(Y_i - \bar{Y} > 0)$, a contribuição desse caso ao numerador da equação da covariância será positiva. Se um caso individual tiver um valor para a variável independente menor do que a média de $X(X_i - \overline{X} < 0)$ e um valor para a variável dependente menor que a média de $Y(Y_i - \overline{Y} < 0)$, a contribuição desse caso ao numerador da equação da covariância também será positiva, porque a multiplicação de dois números negativos gera um produto positivo. Se um caso tem uma combinação de um valor maior do que a média e outro menor do que a média, sua contribuição ao numerador na fórmula da covariância será negativa, porque a multiplicação de um número positivo por um número negativo gera um produto negativo. A Figura 7.4 ilustra isso; observamos o mesmo gráfico para as variáveis "crescimento econômico" *versus* "voto no candidato do partido do incumbente", mas adicionamos linhas que mostram o valor médio de cada variável. Em cada um desses quadrantes, podemos observar a contribuição dos casos ao numerador. Se um gráfico contém a maioria dos casos nos quadrantes superior direito e inferior esquerdo, a covariância tende a ser positiva. Por outro lado, se um gráfico contém a maioria dos casos nos quadrantes superior esquerdo e inferior direito, a covariância tende a ser negativa. Se um gráfico contém um número balanceado de casos nos quatro quadrantes, a covariância será próxima de zero, porque os valores positivos e negativos cancelarão uns aos outros. Quando a covariância entre as duas variáveis é positiva, descrevemos a situação como relação positiva entre as variáveis, e quando a covariação entre as duas variáveis é negativa, descrevemos a situação como uma relação negativa.

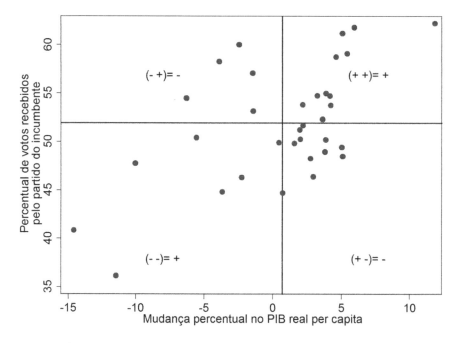

Figura 7.4 – Gráfico de dispersão da mudança no PIB e voto no partido do incumbente com quadrantes de média delimitada.

A Tabela 7.10 apresenta o cálculo para cada ano na fórmula da covariância para os dados que apresentamos na Figura 7.4. Para cada ano, começamos com o cálculo da diferença entre cada X e $\overline{X}$ e a diferença de cada Y e $\overline{Y}$. Se começarmos com o ano de 1876, podemos observar que o valor para crescimento (X_{1876}) foi 5,11 e o valor para voto (Y_{1876}) foi 48,516. O valor para crescimento é maior do que a média e o valor para votos é menor do que a média, $X_{1876} - \bar{X} = 5,11 - 0,7025294 = 4,407471$ e $Y_{1876} - \bar{Y} = 48,516 - 51,94718 = -3,431181$. Na Figura 7.4, o ponto que representa 1876 está no quadrante inferior direito. Quando multiplicamos esses dois desvios da média, temos $(X_{1876} - \bar{X})(Y_{1876} - \bar{Y}) = -15,12283$.

Tabela 7.10 – Contribuição individual de cada ano eleitoral ao cálculo da covariância.

Ano	Crescimento X_i	Voto (Y_i)	$X_i - \bar{X}$	$Y_i - \bar{Y}$	$(X_i - \bar{X})(Y_i - \bar{Y})$
1876	5,11	48,516	4,407471	−3,43118	−15,1228
1880	3,879	50,22	3,176471	−1,72718	−5,48633
1884	1,589	49,846	0,886471	−2,10118	−1,86263
1888	−5,553	50,414	−6,25553	−1,53318	9,590831
1892	2,763	48,268	2,060471	−3,67918	−7,58083
1896	−10,024	47,76	−10,7265	−4,18718	44,91387
1900	−1,425	53,171	−2,12753	1,223824	−2,60372
1904	−2,421	60,006	−3,12353	8,058824	−25,172
1908	−6,281	54,483	−6,98353	2,535824	−17,709
1912	4,164	54,708	3,461471	2,760824	9,556509
1916	2,229	51,682	1,526471	−0,26518	−0,40478
1920	−11,463	36,148	−12,1655	−15,7992	192,2053
1924	−3,872	58,263	−4,57453	6,315824	−28,8919
1928	4,623	58,756	3,920471	6,808824	26,69379
1932	−14,586	40,851	−15,2885	−11,0962	169,6442
1936	11,836	62,226	11,13347	10,27882	114,439
1940	3,901	54,983	3,198471	3,035824	9,709992
1944	4,233	53,778	3,530471	1,830824	6,463669
1948	3,638	52,319	2,935471	0,371824	1,091477
1952	0,726	44,71	0,023471	−7,23718	−0,16986
1956	−1,451	57,094	−2,15353	5,146824	−11,0838
1960	0,455	49,913	−0,24753	−2,03418	0,503519
1964	5,087	61,203	4,384471	9,255824	40,58189
1968	5,049	49,425	4,346471	−2,52218	−10,9626
1972	5,949	61,791	5,246471	9,843824	51,64533
1976	3,806	48,951	3,103471	−2,99618	−9,29855
1980	−3,659	44,842	−4,36153	−7,10518	30,98944
1984	5,424	59,123	4,721471	7,175824	33,88044
1988	2,21	53,832	1,507471	1,884824	2,841316
1992	2,949	46,379	2,246471	−5,56818	−12,5087
1996	3,258	54,737	2,555471	2,789824	7,129312
2000	2,014	50,262	1,311471	−1,68518	−2,21006
2004	1,989	51,233	1,286471	−0,71418	−0,91877

Repetimos esse mesmo cálculo para todos os casos (cada ano de eleição presidencial). Cada caso negativo como esse contribui para que a relação geral entre X e Y seja negativa, enquanto cada resultado positivo contribui para que a relação geral entre X e Y seja positiva. A soma para todos os 34 anos em que ocorreram eleições na Tabela 7.10 é 616,59088, indicando que os valores positivos superam os valores negativos. Quando dividimos esse valor por 34, temos a covariância da amostra, que é igual a 18,6846. Isso nos informa que temos uma relação positiva, mas não nos informa o quanto podemos confiar que essa relação não é diferente de uma que observaríamos se nossas variáveis independente e dependente não fossem relacionadas na nossa população subjacente de interesse. Para sabermos isso, utilizamos um terceiro teste desenvolvido por Karl Pearson, o coeficiente de correlação de Pearson. Também conhecido como **r de Pearson**, ele é dado por

$$r = \frac{\mathrm{cov}_{XY}}{\sqrt{\mathrm{var}_X \, \mathrm{var}_Y}} \, .$$

A Tabela 7.11 é uma tabela de covariância. Em uma tabela de covariância, as células da diagonal principal (do canto superior esquerdo para o canto inferior direto) são as células para as quais as colunas e as linhas se referem à mesma variável. Neste caso, a célula é a variância para a referida variável. Cada uma das células fora da diagonal principal expõe a covariância de um par de variáveis. Em tabelas de covariância, as células acima da diagonal principal são frequentemente deixadas em branco, porque os valores dessas células espelham os valores das células correspondentes abaixo da diagonal principal. Por exemplo, na Tabela 7.11, a covariância entre crescimento e voto é a mesma que a covariância entre voto e crescimento, então a célula no canto superior direito dessa tabela é deixada em branco.

Tabela 7.11 – Covariância para crescimento econômico e voto presidencial no candidato do partido incumbente, 1880-2004

	Voto	Crescimento
Voto	35,4804	
Crescimento	18,6846	29,8997

Utilizando os dados da Tabela 7.11, podemos calcular o coeficiente de correlação:

$$r = \frac{\mathrm{cov}_{XY}}{\sqrt{\mathrm{var}_X \, \mathrm{var}_Y}},$$

$$r = \frac{18,6846}{\sqrt{35,4804 \times 29,8997}},$$

$$r = \frac{18,6846}{\sqrt{1060,853316}},$$

$$r = \frac{18,6846}{32,57074325},$$

$$r = 0,57366207.$$

Existem alguns pontos que merecem ser destacados a respeito do coeficiente de correlação. Se todos os pontos de um gráfico se alinharem perfeitamente com uma inclinação positiva, o coeficiente de correlação será igual a 1. Se todos os pontos estiverem perfeitamente alinhados com uma inclinação negativa, o coeficiente será igual a −1. Em qualquer outro caso, o valor do coeficiente ficará entre +1 e −1. Essa padronização do coeficiente de correlação é um útil aperfeiçoamento em relação à covariância. Adicionalmente, podemos calcular a estatística-t para um coeficiente de correlação por:

$$t_r = \frac{r\sqrt{n-2}}{\sqrt{1-r^2}},$$

com $n-2$ graus de liberdade, onde n é o número de casos. Temos, nesse caso, que nosso grau de liberdade é igual a $34-2=32$.

Para o nosso exemplo,

$$t_r = \frac{r\sqrt{n-2}}{\sqrt{1-r^2}},$$

$$t_r = \frac{0,57366207\sqrt{34-2}}{\sqrt{1-(0,57366207)^2}},$$

$$t_r = \frac{0,57366207 \times 5,656854249}{\sqrt{1-(0,329088171)}},$$

$$t_r = \frac{3,245122719}{\sqrt{0,670911829}},$$

$$t_r = \frac{3,245122719}{0,819092076},$$

$$t_r = 3,961853391.$$

Com o gl igual a 34 $(n=34)$ menos dois, ou 32, podemos consultar a tabela-t no Apêndice B. Observando a linha para $gl=30$, podemos observar que nossa estatística-t de 3,96 é maior até mesmo que o valor crítico para valor-p igual a 0,001 (que é 3,385). Isso nos informa que a probabilidade de essa relação ocorrer devido ao acaso é menor que 0,001, ou 1 em 1.000. Quando estimamos nosso coeficiente de correlação com um *software* estatístico, temos um valor-p mais preciso de 0,0004. Assim, podemos ter bastante confiança em que a covariação entre crescimento econômico e voto no candidato do partido do presidente em exercício existe e que nossa teoria supera com sucesso o nosso terceiro obstáculo causal[11].

---

[11] O primeiro obstáculo causal é facilmente superado se voltarmos à discussão sobre a teoria do voto econômico dos capítulos anteriores. O segundo obstáculo causal também é superado com facilidade a partir da lógica, pensando sobre o momento em que cada variável é mensurada. Como o crescimento econômico é mensurado antes da eleição, é difícil imaginar que Y causa X.

7.5 CONCLUSÃO

Introduzimos três métodos para conduzir testes bivariados de hipótese – a análise tabular, o teste de diferença de médias e o coeficiente de correlação. Cada um dos testes é mais apropriado para uma dada situação, dependendo da métrica de mensuração das nossas variáveis dependente e independente. A Tabela 7.1 deve servir como uma referência útil para você nesse sentido.

Ainda não introduzimos o último método de conduzir testes bivariados de hipótese considerados neste livro, nominalmente a análise de regressão bivariada. Esse é o tópico do nosso próximo capítulo e servirá como o ponto de partida para a regressão múltipla (que discutiremos no capítulo 9).

CONCEITOS INTRODUZIDOS NESTE CAPÍTULO

- Análise tabular – tipo de teste bivariado de hipótese que é apropriado para duas variáveis categóricas.

- Coeficiente de correlação – medida de associação linear entre duas variáveis contínuas.

- Covariância – medida estatística não padronizada que sumariza o padrão geral de associação (ou a falta dela) entre duas variáveis

- Graus de liberdade – número de informações que temos além do mínimo necessário para se fazer uma inferência em um caso específico.

- r de Pearson – coeficiente de correlação normalmente empregado.

- Relação estatisticamente significante – resultado, com base nos dados observados, de que a relação entre duas variáveis não ocorre aleatoriamente e, portanto, de que ela existe na população mais ampla.

- Teste de diferença de médias – método de teste bivariado de hipótese que é apropriado para uma variável independente categórica e uma variável dependente contínua.

- Teste qui-quadrado (χ^2) de associação – teste estatístico para uma relação entre duas variáveis categóricas.

- Valor crítico – padrão predeterminado para um teste estatístico com o qual comparamos nosso valor calculado. Se o valor calculado é maior que o valor crítico, então concluímos que existe uma relação entre as duas variáveis; se o valor calculado é menor do que o valor crítico, não podemos tirar tal conclusão.

- Valor-p – a probabilidade de observarmos uma relação que ocorre aleatoriamente.

EXERCÍCIOS

1. Indique a forma de teste bivariado apropriada para as seguintes perguntas de pesquisa:

   a) Você deseja testar a teoria de que ser mulher acarreta menores salários.

   b) Você deseja testar a teoria de que o percentual de graduados na faculdade é positivamente relacionado com o comparecimento às urnas.

   c) Você deseja testar a teoria de que indivíduos com renda alta têm maior probabilidade de votar.

2. Explique por que cada uma das seguintes afirmações é verdadeira ou falsa:

   a) Um *software* de computador deu um valor-p de 0,000, então sei que minha teoria foi verificada.

   b) Um *software* de computador deu um valor-p de 0,01, então sei que encontrei uma relação bastante forte.

   c) Um *software* de computador deu um valor-p de 0,07, então sei que tal relação ocorre em razão do acaso.

   d) Um *software* de computador deu um valor-p de 0,50, então sei que existe somente 50% de chance de essa relação ser sistemática.

VALORES MORAIS - O ABISMO TRANSATLÂNTICO					
Q1 – Com que frequência você vai à igreja?					
	Grã-Bretanha			Estados Unidos	
	Todos os eleitores	Eleitores trabalhistas	Eleitores conservadores	Eleitores liberais-democratas	Eleitores de Bush	Eleitores de Kerry
Mais de uma vez por semana	2%	2%	3%	1%	63%	35%
Uma vez por semana	10%	10%	13%	7%	58%	41%
Uma vez por mês	5%	6%	4%	6%	50%	50%
Algumas vezes por ano	36%	36%	38%	40%	44%	55%
Nunca	47%	46%	43%	44%	34%	64%
Q2 – Qual das opções abaixo representa de modo mais acurado sua posição do que a lei deveria dizer sobre o aborto?					
Sempre legal: direito absoluto de escolha	38%	45%	34%	46%	24%	74%

	Grã-Bretanha				Estados Unidos	
	Todos os eleitores	Eleitores trabalhistas	Eleitores conservadores	Eleitores liberais-democratas	Eleitores de Bush	Eleitores de Kerry
Quase sempre legal: algumas restrições	36%	35%	40%	32%	37%	62%
Quase sempre ilegal: somente em circunstâncias excepcionais	19%	14%	18%	17%	72%	27%
Sempre ilegal	4%	4%	3%	3%	77%	22%
Q3 – Qual das opções abaixo representa de modo mais acurado sua posição sobre como deveriam ser as leis quanto a casamentos de pessoas do mesmo sexo?						
O casamento deve ser legalizado	28%	33%	18%	31%	22%	77%
A união civil deve ser legalizada, mas não o casamento	37%	37%	39%	47%	51%	48%
Nunca reconhecer legalmente casais do mesmo sexo	29%	23%	39%	20%	69%	30%

Fontes: para a Grã-Bretanha, pesquisa Populus para a *The Times* (5-7 nov.); para os Estados Unidos, pesquisas conduzidas pelo National Election Poll (2 nov.)

Figura 7.5 – O que há de errado com essa tabela?

3. Observe a Figura 7.5. Qual é a variável dependente? Qual é a variável independente? O que essa tabela nos diz sobre política?

4. O que torna a Figura 7.5 tão confusa?

5. Conduza uma análise tabular a partir da informação apresentada na seguinte discussão sobre um resultado de uma pesquisa hipotética: "Realizamos um *survey* com oitocentos entrevistados que tinham maior probabilidade de serem eleitores do partido democrata em seu estado. Entre esses entrevistados, 45% eram favoráveis a Obama, enquanto 55%, a Clinton. Quando dividimos os entrevistados a partir da mediana da idade (40 anos), encontramos algumas nítidas diferenças: entre a metade mais nova da amostra, encontramos que 72,2% eram favoráveis a Obama ser nomeado candidato do partido democrata e, entre a metade mais velha dos entrevistados, encontramos um apoio de 68,2% a Clinton".

Teste bivariado de hipótese

6. Para o exemplo do exercício 5, teste a teoria de que a idade está relacionada à preferência sobre qual candidato democrata deve ser indicado.

7. Muitas pessoas nos Estados Unidos pensam que o escândalo do Watergate em 1972 causou uma grande mudança na forma como os cidadãos americanos veem políticos incumbentes. Use os dados da Tabela 7.12 para produzir um teste de diferença de médias da hipótese nula de que o índice de reeleição média é igual para o período antes e o período depois do escândalo do Watergate. Em razão do momento no tempo em que as eleições e o escândalo aconteceram, a eleição de 1972 deve ser codificada como pré-escândalo. Faça esse teste para a Câmara e para o Senado. Mostre todos os cálculos.

Tabela 7.12 – Taxas de reeleição dos incumbentes nas eleições para o Congresso nos Estados Unidos, 1964-2006.

Ano	Câmara	Senado
1964	87	85
1966	88	88
1968	97	71
1970	85	77
1972	94	74
1974	88	85
1976	96	64
1978	94	60
1980	91	55
1982	90	93
1984	95	90
1986	98	75
1988	98	85
1990	96	96
1992	88	83
1994	90	92
1996	94	91
1998	98	90
2000	98	79
2002	96	86
2004	98	96
2006	94	79

8. Utilizando o banco de dados "BES2005 Subset", produza uma tabela que mostre a combinação dos valores para as variáveis "LabourVote" (Y) e "IraqWarApprovalDich" (X). Leia a descrição dessas duas variáveis e escreva o que essa tabe-

la nos diz sobre a política no Reino Unido em 2005. Calcule o teste de hipótese χ^2 para essas duas variáveis. Escreva o que essa análise diz sobre a política no Reino Unido em 2005.

9. Utilizando o banco de dados "BES2005 Subset", teste a hipótese de que os valores para a variável "BlairFeelings" (Y) são diferentes entre os valores da variável "IraqWarApprovalDich" (X). Leia a descrição dessas duas variáveis e escreva o que essa tabela nos diz sobre a política no Reino Unido em 2005.

10. Utilizando o banco de dados "BES2005 Subset", produza um gráfico de dispersão para os valores das variáveis "BlairFeelings" (Y) e "SelfLR" (X). Calcule o coeficiente de correlação e o valor-p para a hipótese de que essas duas variáveis estão relacionadas. Leia a descrição dessas duas variáveis e escreva o que essa tabela nos diz sobre a política no Reino Unido em 2005.

CAPÍTULO 8
MODELO DE REGRESSÃO BIVARIADO

RESUMO:

Modelos de regressão fazem o trabalho pesado dos analistas de dados em vários campos das ciências sociais. Iniciamos o capítulo com uma discussão do ajuste de uma reta em um gráfico de dispersão, então passamos para a discussão das inferências adicionais que podem ser feitas quando passamos do coeficiente de correlação para o modelo de regressão com duas variáveis. Também discutimos medidas de ajuste e a natureza do teste de hipótese e da significância estatística nos modelos de regressão. Ao longo deste capítulo, apresentamos importantes conceitos em texto, fórmulas matemáticas e ilustrações gráficas. Este capítulo conclui com uma discussão sobre os pressupostos do modelo de regressão e os requisitos matemáticos mínimos para sua estimação.

8.1 REGRESSÃO BIVARIADA

No capítulo 7, introduzimos três diferentes testes de hipótese bivariados. Neste capítulo adicionamos um quarto, a regressão bivariada. Esse é um importante passo inicial para o modelo de regressão múltiplo – tópico do capítulo 9 –, que consiste em "controlar por" outra variável (Z) quando examinamos a relação entre nossa variável independente de interesse (X) e nossa variável dependente (Y). É crucial desenvolver um entendimento aprofundado da regressão bivariada antes de passarmos para a regressão múltipla. Nas seções que seguem, começamos com uma visão geral do modelo de regressão bivariado, no qual ajustamos uma reta a partir dos nossos dados em um gráfico de dispersão. Então discutimos as incertezas associadas a essa reta e como utilizamos várias medidas dessa incerteza para fazer inferências sobre a população subjacente.

8.2 AJUSTANDO UMA LINHA: POPULAÇÃO – AMOSTRA

A ideia básica da regressão bivariada é que ajustamos a "melhor" reta para o gráfico de dispersão dos nossos dados. Essa reta, que é definida pela sua inclinação e seu intercepto-y, serve como um **modelo estatístico** da realidade. Nesse sentido, a regressão bivariada é bastante diferente das três técnicas de testes de hipótese que introduzimos no capítulo 7; embora essas técnicas permitam o teste de hipótese, elas não produzem um modelo estatístico. Você talvez se lembre, do seu curso de geometria no colégio, que a fórmula para uma reta é expressa por

$$Y = mX + b,$$

em que b é o intercepto-y e m é a inclinação – frequentemente referido como o componente de "aumento e crescimento" da fórmula da linha. Para um aumento de uma unidade em X, m é a quantidade correspondente de aumento em Y (ou redução em Y, se m é negativo). Juntos, esses dois elementos (m e b) são descritos como **parâmetros**[1] da reta. Você talvez se lembre de exercícios de matemática do colegial no qual lhe eram fornecidos os valores de m e b e pediam para que você desenhasse a reta resultante em um gráfico. Isso exemplifica que uma vez que conhecemos esses dois parâmetros da reta, podemos desenhar a linha para qualquer valor que assuma X assuma[2].

Em um modelo de regressão bivariado, representamos o parâmetro do intercepto-y pela letra grega alpha (α) e o da inclinação pela letra grega beta (β)[3]. Como prenunciado por todas as outras discussões sobre variáveis, Y é a variável dependente e X é a variável independente. Nossa teoria sobre a população subjacente na qual estamos interessados é expressa no **modelo de regressão populacional**:

$$Y_i = \alpha + \beta X_i + u_i.$$

Note que nesse modelo existe um componente adicional, u_i, que não corresponde ao que estamos acostumados a observar na fórmula da reta de nossas aulas de geometria. Esse é o termo **estocástico** ou componente "randômico" da nossa variável dependente. Temos esse termo porque não esperamos que todos os pontos dos nossos dados se alinhem perfeitamente em uma reta. Isso se relaciona diretamente a nossa discussão nos capítulos anteriores sobre a natureza probabilística (em oposição a determinística) das teorias causais sobre fenômenos políticos. Estamos, afinal, tentando

---

[1] Na descrição de uma reta, os parâmetros (m e b, neste caso) são fixos, enquanto as variáveis (X e Y) variam.

[2] Se isso não é familiar para você, ou se deseja meramente refrescar sua memória, você pode fazer o exercício 1 no final deste capítulo antes de continuar a ler.

[3] Diferentes livros sobre regressão utilizam notações ligeiramente diferentes, portanto é importante não assumir que todos os livros utilizam a mesma notação.

Modelo de regressão bivariado

explicar processos que envolvem o comportamento humano. Como o ser humano é complexo, certamente haverá uma grande quantidade de ruído aleatório em nossas medidas sobre seu comportamento. Assim, pensamos sobre os valores da nossa variável dependente Y_i como a combinação de um componente sistemático, $\alpha + \beta X_i$ e de um componente estocástico, u_i.

Como temos discutido, raramente trabalhamos com dados populacionais. Em vez disso, utilizamos dados amostrais para fazer inferências sobre uma população subjacente de nosso interesse. Em nosso modelo de regressão bivariado, utilizamos informações sobre o **modelo de regressão amostral** para fazer inferências sobre o modelo de regressão populacional não observado. Para distinguir entre esses dois modelos, colocamos acentos circunflexos ($\check{}$) acima dos termos do modelo de regressão amostral que estimam os termos para um modelo de regressão populacional não observado. Como eles possuem acentos, definimos $\check{\alpha}$ e $\check{\beta}$ como **parâmetros estimados**. Esses termos são nossos melhores palpites dos parâmetros populacionais não observados α e β.

$$\text{Modelo de regressão amostral: } Y_i = \check{\alpha} + \check{\beta} X_i + \check{u}_i.$$

Note que, em nosso modelo de regressão amostral, α, β e u_i possuem acentos, mas Y_i e X_i não. Isso ocorre uma vez que Y_i e X_i são valores de casos da população que estão na nossa amostra. Desse modo, Y_i e X_i são valores mensurados, em vez de estimados, e os utilizamos para estimar os valores de α, β e u_i. Os valores que definem a linha são os componentes estimados sistemáticos de Y. Para cada valor Y_i, utilizamos $\check{\alpha}$ e $\check{\beta}$ para calcular o valor predito de Y_i, que chamamos de $\check{Y}_i$, em que:

$$\check{Y}_i = \check{\alpha} + \check{\beta} X_i.$$

Essa fórmula também pode ser reescrita em termos de expectativas

$$E(Y \mid X_i) = \check{Y}_i + \check{\alpha} + \check{\beta} X_i,$$

que significa que o valor esperado de Y para dado Y_i (ou $\check{Y}_i$) é igual a nossa fórmula para a reta da regressão bivariada. Podemos, portanto, dizer que cada Y_i tem um componente sistemático estimado, $\check{Y}_i$, e um componente estocástico estimado, $\check{u}_i$. Assim, podemos escrever nosso modelo como

$$Y_i = \check{Y}_i + \check{u}_i,$$

e podemos reescrever essa fórmula em termos de $\check{u}_i$ para melhor entender o componente estocástico estimado:

$$\breve{u}_i = Y_i - \breve{Y}_i.$$

Dessa fórmula, conseguimos observar que o componente estocástico estimado ($\breve{u}_i$) é igual à diferença entre o valor real da variável dependente (Y_i) e o valor da variável dependente predito pelo nosso modelo de regressão bivariado. O componente estocástico estimado também é conhecido como **resíduo**. "Resíduo" é outra palavra para "sobra", e é um termo apropriado, porque $\breve{u}_i$ é o resto de Y_i após termos desenhado a reta definida por $\breve{Y}_i = \breve{\alpha} + \beta X_i$. Outro modo de se referir a $\breve{u}_i$ é pela fórmula $\breve{u}_i = Y_i - \breve{Y}_i$, que é chamada de **termo de erro da amostra**. Porque $\breve{u}_i$ é uma estimativa de u_i, um modo correspondente de se referir a u_i é chamá-lo de **termo de erro da população**.

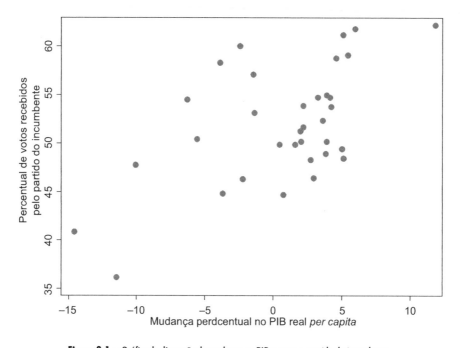

Figura 8.1 – Gráfico de dispersão da mudança no PIB e voto no partido do incumbente.

8.3 QUAL LINHA SE AJUSTA MELHOR? ESTIMANDO A RETA DE REGRESSÃO

Considere o gráfico de dispersão da Figura 8.1. Nossa tarefa é traçar uma linha reta[4] que descreva a relação entre nossa variável independente X e nossa variável dependente Y. Como desenhamos essa reta? Claramente, queremos desenhar uma reta que passe o mais próximo possível dos nossos casos no gráfico de dispersão. Como

---

[4] Por "linha reta" queremos dizer uma linha com um uma única inclinação que não mude quando nos movemos da esquerda para a direita no nosso gráfico.

os dados possuem um padrão geral do canto inferior esquerdo para o canto superior direito, sabemos que a inclinação da nossa reta será positiva.

Na Figura 8.2, desenhamos três retas com inclinações positivas – nomeadas A, B e C – no gráfico de dispersão para os dados de crescimento e voto e escrevemos os parâmetros da fórmula correspondente a cada reta no lado direito do gráfico. Então, como decidimos qual reta "melhor" se ajusta aos dados que estamos observando no nosso gráfico de dispersão dos valores de X_i e Y_i? Como estamos interessados em explicar nossa variável dependente, queremos que os valores residuais $\breve{u}_i$, os quais são distâncias verticais entre cada Y_i e o correspondente $\breve{Y}_i$, sejam os menores possíveis. Mas como essas distâncias verticais apresentam valores positivos e negativos, não podemos somente somá-los para cada linha e termos um bom ajuste entre cada linha e nossos dados[5].

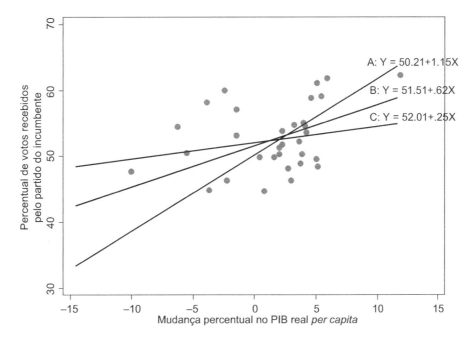

Figura 8.2 – Três retas possíveis.

Então precisamos de um método que avalie o ajuste de cada uma das retas em que os resíduos positivos e negativos não cancelem uns aos outros. Uma possibilidade é somar o valor absoluto total dos resíduos para cada uma das linhas:

$$\sum_{i=1}^{n}|\breve{u}_i|.$$

---

[5] Inicialmente, poderíamos pensar que gostaríamos de minimizar a soma dos resíduos. Mas a linha que minimiza a soma dos resíduos é, na verdade, uma linha reta paralela ao eixo *x*. Tal linha não nos ajuda a explicar a relação entre *X* e *Y*.

Outra possibilidade é somar todos os resíduos elevados ao quadrado para cada uma das linhas:

$$\sum_{i=1}^{n} \breve{u}_i \dagger.$$

Seja qual for a nossa escolha, queremos escolher a reta que tenha o menor valor total. A Tabela 8.1 apresenta esses cálculos para as três retas da Figura 8.2.

Tabela 8.1 – Medidas dos resíduos totais para três retas diferentes.

Linha	Fórmula paramétrica	$\sum_{i=1}^{n} [\breve{u}_i]$	$\sum_{i=1}^{n} \breve{u}_i^2$
A	$Y = 50,21 + 1,15X_i$	149,91	1086,95
B	$Y = 51,51 + 0,62X_i$	137,60	785,56
C	$Y = 52,01 + 0,21X_i$	146,50	926,16

Nos dois cálculos, podemos observar que a reta B é a que melhor se ajusta aos dados. Embora o cálculo utilizando o valor absoluto seja tão válido quanto o que emprega o valor da soma dos resíduos levado ao quadrado, estatísticos tendem a preferir o último (ambos os métodos identificam a mesma reta como a "melhor"). Assim, traçamos uma reta que minimiza a soma dos resíduos ao quadrado $\sum_{i=1}^{n} \breve{u}_i^2$. Esse método de estimação de parâmetros da regressão é conhecido por regressão dos **mínimos quadrados ordinários (MQO)**. Para uma regressão MQO bivariada, as fórmulas para a estimação dos parâmetros de uma reta que satisfazem esse critério são[6]

$$\breve{\beta} = \frac{\sum_{i=1}^{n}(X_i - \overline{X})(Y_i - \overline{Y})}{\sum_{i=1}^{n}(X_i - \overline{X})^2},$$

$$\alpha = \overline{Y} - \breve{\beta}\overline{X}.$$

Se examinarmos a fórmula para o $\breve{\beta}$, podemos observar que o numerador é o mesmo que o numerador para o cálculo da covariância entre X e Y. Assim, a lógica de como cada um dos casos contribui nessa fórmula, como exposta na Figura 8.2, é a mesma. O denominador na fórmula para o $\breve{\beta}$ é a soma dos desvios dos valores de X_i em relação à média de $X(\overline{X})$ elevada ao quadrado. Assim, para uma dada covariância entre X e Y, quanto maior (menor) for a dispersão de X, menor (maior) será o parâmetro de inclinação da reta de regressão.

Uma das propriedades matemáticas da regressão dos MQO é que a reta produzida pelos parâmetros estimados perpassa os valores das médias de X e Y. Isso torna a es-

---

[6] As fórmulas para estimação dos parâmetros do MQO são obtidas a partir da definição que o valor da soma dos resíduos ao quadrado é igual a zero e do uso de cálculo diferencial para a solução dos valores de $\breve{\beta}$ e α.

timação de $\breve{\alpha}$ bastante simples. Se começarmos no ponto definido pelo valor médio de X e o valor médio de Y e então utilizarmos o parâmetro de inclinação estimado ($\hat{\beta}$) para desenhar uma reta, o valor de X em que Y é igual a zero é o $\breve{\alpha}$. A Figura 8.3 mostra a reta da regressão MQO em um gráfico de dispersão. Podemos observar a partir desse gráfico que a reta da regressão MQO passa pelo ponto em que a linha que descreve o valor médio de X encontra a linha que descreve o valor médio de Y.

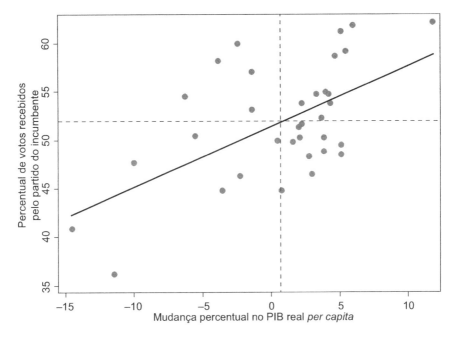

Figura 8.3 — Linha de regressão MQO em gráfico de dispersão com quadrantes de média delimitados.

Utilizando os dados apresentados na Tabela 7.10 na nossa fórmula, calculamos $\breve{\alpha} = 51,51$ e $\hat{\beta} = 0,62$, fazendo nossa fórmula da reta de regressão igual a $Y = 51,51 + 0,62X$. Para pensar o que isso nos diz sobre a política, primeiro é preciso lembrar que Y é o percentual de votos recebido pelo candidato do partido do presidente em exercício e que X é o crescimento real *per capita* do PIB. Então, se nossa medida de crescimento é igual a zero, esperaríamos que o partido do presidente em exercício obtivesse 51,51% dos votos. Se o crescimento não for igual a zero, multiplicamos o valor do crescimento por 0,62 e adicionamos (ou subtraímos, se o crescimento for negativo) o resultado de 51,51 para obter nosso melhor palpite para o valor da variável "voto". Caminhar para a direita ou para a esquerda ao longo da reta de regressão para nossa amostra na Figura 8.3 significa que estamos aumentando ou diminuindo o valor da variável "crescimento". Para cada movimento para direita-esquerda, observamos um aumento ou decréscimo no valor esperado para o percentual de votos do partido do incumbente. Se retornarmos a lógica de conceber a inclinação como um movimento de aumento e crescimento, nosso parâmetro estimado de inclinação responde à pergunta de qual é a mudança esperada em Y quando observamos o aumento de uma unidade em X. Em outras palavras, espera-se que o aumento de uma unidade em nossa variável independente, "crescimento", leve a um aumento de 0,62 na nossa variável dependente, "voto no partido do incumbente"[7].

Podemos afirmar a partir da Figura 8.3 que existem pontos que ficam acima e abaixo da nossa reta de regressão. Portanto, sabemos que nosso modelo não se ajusta perfeitamente ao mundo real. Na próxima seção, discutiremos uma série de inferências que podemos fazer sobre a incerteza associada ao modelo de regressão da nossa amostra.

8.4 MENSURANDO NOSSA INCERTEZA SOBRE A RETA DA REGRESSÃO DE MQO

Como vimos nos capítulos 6 e 7, inferências sobre a população subjacente feitas a partir de dados de *survey* possuem diferentes graus de incerteza. No capítulo 7, discutimos o papel do valor-p para expressar essa incerteza. Em um modelo de regressão de MQO, temos diferentes modos para mensurar nossa incerteza. Discutimos essas medidas, primeiramente, em termos do ajuste geral entre X e Y e, então, discutimos a incerteza sobre os parâmetros individuais (nossa incerteza sobre os parâmetros individuais é utilizada para testar nossas hipóteses). Ao longo desta discussão, utilizaremos nosso exemplo da reta de regressão ajustada para os dados das eleições presidenciais americanas que empregamos para testar a teoria do voto econômico. Os resultados numéricos desse modelo produzidos pelo *software* estatístico Stata estão expostos na Figura 8.4. Esses resultados numéricos podem ser particionados em três áreas separadas. A tabela no canto superior esquerdo da Figura 8.4 nos fornece as medidas de variação do nosso modelo. O conjunto de estatísticas listadas no canto superior direito da Figura 8.4 nos dá um conjunto de estatísticas de resumo sobre o modelo como um todo. Ao longo da parte inferior da Figura 8.4 temos uma tabela de estatísticas sobre os parâmetros estimados do modelo. O nome da variável dependente, "VOTE", é exposto no topo dessa tabela. Abaixo, temos os nomes das nossas variáveis independentes, "GROWTH" e "_cons", que é a abreviatura de *constant* [constante] (outro nome para o intercepto-y), também conhecido como $\hat{\alpha}$. À direita na tabela da parte inferior da Figura 8.4, observamos que a próxima coluna tem o nome "Coef.", que é a abreviatura para *coefficient* [coeficiente], outro nome para o parâmetro estimado de inclinação. Nessa coluna, observamos os valores de $\hat{\beta}$ e $\hat{\alpha}$, que são 0,62 e 51,51 quando arredondamos os resultados para a segunda casa decimal[8].

---

[7] Tome cuidado para não inverter as variáveis independente e dependente na descrição dos resultados. Não é correto interpretar os resultados afirmando que "para cada 0,62 ponto de mudança na taxa de crescimento da economia dos Estados Unidos, devemos esperar observar, na média, o aumento de 1% no percentual de votos de um candidato do partido do presidente em exercício". Certifique-se de que você consegue observar a diferença entre essas descrições.

[8] A escolha de quantas casas decimais deve ser feita com base no valor da variável dependente. Neste caso, como nossa variável dependente é o percentual de votos, escolhemos a segunda cada decimal. Cientistas políticos usualmente não consideram resultados eleitorais além das duas primeiras casas decimais.

Modelo de regressão bivariado   **201**

```
. reg VOTE GROWTH

      Source │       SS         df        MS                  Number of obs =        34
─────────────┼──────────────────────────────                 F(  1,   32) =     15.70
       Model │   385.31241       1    385.312461              Prob > F      =    0.0004
    Residual │  785.539343      32    24.5481045              R-squared     =    0.3291
─────────────┼──────────────────────────────                 Adj R-squared =    0.3081
       Total │   1170.8518      33    35.4803577              Root MSE      =    4.9546


        VOTE │     Coef.    Std. Err.       t      p>|t|      [95% Conf. Interval]
─────────────┼────────────────────────────────────────────────────────────────
      GROWTH │   .6249078    .1577315     3.96     0.000      .3036193     .941963
       _cons │   51.50816    .8569026    60.11     0.000      49.76271    53.25361
```

Figura 8.4 – Resultados do Stata para o modelo de regressão bivariada VOTE $= \alpha + \beta \times$ GROWTH.

8.4.1 QUALIDADE DO AJUSTE – RAIZ DO ERRO QUADRÁTICO MÉDIO (*ROOT MEAN-SQUARED ERROR*)

Medidas da qualidade geral do ajuste entre um modelo de regressão e a variável dependente são chamadas de medidas de qualidade de ajuste. Uma das medidas mais intuitivas (apesar do nome) é a raiz do erro quadrático médio (*root mean-squared error – root MSE*). Essa estatística é algumas vezes referida como o erro-padrão do modelo de regressão. Ela proporciona uma medida da precisão média do modelo utilizando a mesma métrica da variável dependente. Essa estatística ("*Root MSE*" na Figura 8.4) é calculada por:

$$root \ MSE = \sqrt{\frac{\sum_{i=1}^{n} \breve{u}_i^2}{n}} \ .$$

Na fórmula, os valores são elevados ao quadrado e depois é feita a raiz quadrada da quantidade para lidar com o fato de que alguns dos resíduos serão positivos (pontos para os quais Y_i está acima da reta de regressão) e alguns serão negativos (pontos para os quais Y_i está abaixo da reta de regressão). Uma vez que tenhamos feito isso, podemos observar que essa estatística é basicamente a distância média entre os pontos que representam nossos dados e a reta de regressão.

Para os resultados numéricos descritos na Figura 8.4, podemos observar que o root MSE para nosso modelo bivariado do voto no partido do incumbente é de 4,95. Esse valor é encontrado na sexta linha da coluna de resultados do lado direito da Figura 8.4. Ele indica que, na média, a variação dos valores preditos de nosso modelo é de 4,95 pontos percentuais em relação aos votos ganhos pelo partido do incumbente. Vale enfatizar que o *root MSE* sempre é expresso na métrica em que a variável dependente está mensurada. A única razão para esse valor corresponder a um percentual é porque a nossa variável dependente é o percentual de votos.

8.4.2 QUALIDADE DO AJUSTE: R^2

Outro indicador de qualidade de ajuste é a **estatística R-quadrado** (tipicamente escrita como R^2). A estatística R^2 varia entre 0 e 1 e indica a proporção da variação da variável dependente que é explicada pelo modelo. A ideia básica da estatística R^2 é mostrada na Figura 8.5, que consiste em um diagrama de Venn que descreve a variação em X e Y, assim como a covariação entre X e Y. A ideia por trás desse diagrama é que descrevemos a variação de cada variável com um círculo. Quanto maior o círculo, maior a variação. Nesse diagrama, a variação de Y é composta por duas áreas, a e b, e a variação de X consiste nas áreas b e c. A área a representa a variação em Y que não é relacionada à variação em X, e a área b representa a covariação entre X e Y.

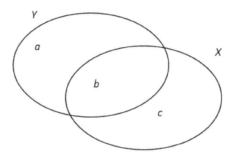

Figura 8.5 – Diagrama de Venn da variância e da covariância para X e Y.

Em um modelo bivariado, a área a é o resíduo ou a variação estocástica de Y. A estatística R^2 é igual à área b sobre a variação total em Y, que é igual à soma das áreas a e b. Assim, quanto menor o valor da área a e maior o valor da área b, maior é a estatística R^2. A fórmula para a variação total em Y (áreas a e b na Figura 8.5), também conhecida como a soma total dos quadrados, é dada por:

$$\text{TSS} = \sum_{i=1}^{n}(Y_i - \bar{Y})^2 .$$

A fórmula para a variação residual de Y, a área que não é explicada por X, chamada de soma dos resíduos quadrados (RSS), é dada por:

$$\text{RSS} = \sum_{i=1}^{n} \breve{u}_i^2 .$$

Uma vez que tenhamos calculado essas duas quantidades, podemos calcular a estatística R^2:

$$R^2 = 1 = \frac{\text{RSS}}{\text{TSS}} .$$

Modelo de regressão bivariado

A fórmula para a contraparte de TSS que não é a RSS, chamada de soma dos quadrados do modelo (MSS), é dada por:

$$\text{MSS}=\sum_{i=1}^{n}(\breve{Y}_i - \overline{Y})^2 \ .$$

Isso também pode ser usado para calcular o R^2 por:

$$\text{R}^2 = \frac{\text{MSS}}{\text{TSS}} \ .$$

A partir dos resultados numéricos descritos na Figura 8.4, podemos observar que a estatística R^2 para nosso modelo bivariado do voto no partido do incumbente é 0,329. Esse número aparece na quarta linha da coluna de resultados do lado direito da Figura 8.4. Ele indica que nosso modelo explica quase 33% da variação da variável dependente. Também podemos observar na Figura 8.4 os valores para MSS, RSS e TSS sob a coluna chamada "SS", no canto superior esquerdo da tabela.

8.4.3 ESTA QUALIDADE DO AJUSTE É "BOA"?

Uma pergunta lógica a se fazer quando observamos uma medida de qualidade do ajuste é "Qual seria um valor bom ou ruim para o *root MSE* e/ou R^2?" Essa não é uma pergunta fácil de ser respondida. Em parte, a resposta depende do que você pretende com seu modelo. Se você está tentando prever resultados eleitorais, digamos que prever o resultado com um erro médio de 4,95 pode não ser muito bom. Afinal, a maioria das eleições presidenciais é bastante apertada, portanto, 4,95% são muitos votos. De fato, podemos observar que em treze das 34 eleições que estamos examinando o candidato eleito venceu por uma margem menor que 4,95%, o que faz com que nosso modelo não seja apropriado para mais de um terço da nossa amostra de eleições. Por outro lado, podemos dizer que somos capazes de chegar perto do resultado e que, em termos do R^2, explicamos quase 33% da variação do voto no partido do presidente em exercício para as eleições entre 1876 e 2008 utilizando apenas uma medida econômica. Quando começamos a pensar sobre todas as diferenças da estratégia de campanha, personalidades, escândalos, guerras e todo o resto que não está nesse modelo simples, o nível de precisão é bastante expressivo. De fato, esse modelo nos informa algo bastante notável sobre a política nos Estados Unidos: que a economia é muito importante para explicar os resultados eleitorais.

8.4.4 INCERTEZA SOBRE OS COMPONENTES INDIVIDUAIS DO MODELO DE REGRESSÃO AMOSTRAL

Antes de iniciarmos o conteúdo desta seção, queremos alertá-lo sobre a existência de uma grande quantidade de fórmulas matemáticas nela. Para utilizar uma metáfora familiar, à medida que você for se confrontando com as fórmulas nesta seção, é im-

204   *Fundamentos da Pesquisa em Ciência Política*

portante que foque os contornos da floresta e não fique preso aos detalhes das muitas árvores com as quais deparará ao longo do caminho. Em vez de memorizar cada fórmula, concentre-se em entender o que faz com que cada um dos resultados gerados pelas fórmulas seja maior ou menor.

Uma parte crucial da incerteza no modelo MQO de regressão é o grau de incerteza sobre a estimação dos valores dos parâmetros individuais da população a partir do modelo de regressão amostral. Podemos utilizar a mesma lógica que discutimos no capítulo 6 sobre fazer inferências a partir da amostra dos valores da população para cada um dos parâmetros individuais de um modelo de regressão amostral.

Uma medida que é utilizada para estimação sobre a incerteza de cada um dos parâmetros populacionais é a variância estimada do componente estocástico populacional, u_i. Essa variância não observada, σ^2, é estimada a partir dos resíduos ($\breve{u}_i$), utilizando a fórmula abaixo, após os parâmetros da regressão com os dados da amostra terem sido estimados:

$$\breve{\sigma}^2 = \frac{\sum_{i=1}^{n} \breve{u}_i^2}{n-2}.$$

Analisando a fórmula, podemos observar dois componentes que desempenham um papel na determinação da magnitude do valor estimado. O primeiro componente é o valor individual dos resíduos ($\breve{u}_i$). Lembre-se que esses valores (calculados por $u_i = Y_i - \breve{Y}_i$) são a distância vertical entre cada valor Y_i observado e a reta de regressão. Quanto maiores forem esses valores, mais distantes estão os casos individuais da reta de regressão. O segundo componente dessa fórmula é o n, o tamanho da amostra. A essa altura, você deve estar familiarizado com a ideia de que quanto maior o tamanho da amostra, menor é a variância estimada. Esse é o caso da nossa fórmula para $\breve{\sigma}^2$.

Uma vez que tenhamos estimado $\breve{\sigma}^2$, a variância e os erros-padrão para o parâmetro de inclinação estimados (β) são estimados utilizando as seguintes fórmulas:

$$\text{var}(\breve{\beta}) = \frac{\breve{\sigma}^2}{\sum_{i=1}^{n}(X_i - \overline{X})\dagger},$$

$$\text{se}(\breve{\beta}) = \sqrt{\text{var}(\breve{\beta})} = \frac{\breve{\sigma}^2}{\sqrt{\sum_{i=1}^{n}(X_i - \overline{X})\dagger}}.$$

Ambas as fórmulas podem ser divididas em dois componentes que determinam a magnitude dos valores estimados. No numerador, temos o valor de $\breve{\sigma}^2$. Então, quanto maior for esse valor, maior será a variância e o erro-padrão do parâmetro de inclinação. Isso faz sentido, porque quanto mais distantes estiverem os pontos que representam nossos dados da reta de regressão, menos confiança teremos no valor da inclinação. Se observarmos o denominador nessa equação, temos o termo $\sum_{i=1}^{n}(X_i - \overline{X})^2$, que é uma medida da variação dos valores de X_i em torno da média de $X(\overline{X})$. Quanto maior essa variação, menor será a variância e o erro-padrão do parâmetro de inclinação estimado. Essa é uma propriedade importante; em termos do mundo real, isso

Modelo de regressão bivariado **205**

significa que quanto maior a variação de X, mais precisamente conseguiremos estimar a relação entre X e Y.

A variância e o erro-padrão do parâmetro do intercepto ($\breve{\alpha}$) são estimados pelas seguintes fórmulas:

$$\text{var}(\breve{\alpha}) = \frac{\breve{\sigma}^2 \sum_{i=1}^{n} X_i^2}{n \sum_{i=1}^{n} (X_i - \overline{X})^2},$$

$$\text{se}(\breve{\alpha}) = \sqrt{\text{var}(\breve{\alpha})} = \sqrt{\frac{\breve{\sigma}^2 \sum_{i=1}^{n} X_i^2}{n \sum_{i=1}^{n} (X_i - \overline{X})^2}}.$$

A lógica para os componentes dessas fórmulas é ligeiramente mais complicada, porque podemos observar que a soma dos valores de X_i ao quadrado aparece no numerador. Observamos, contudo, que o denominador contém a medida da variação dos valores X_i ao redor da média ($\overline{X}$) multiplicada por n, o número de casos. Assim, a mesma lógica básica se mantém para estes termos: quanto maiores os valores de $\breve{u}_i$ forem, maiores serão a variância e o erro-padrão do parâmetro do intercepto estimado; e quanto maior a variação dos valores de X_i em torno da sua média, menores serão a variância e o erro-padrão do parâmetro de intercepto estimado.

Menos óbvio – mas não menos verdade – é o fato de que, nas fórmulas anteriores, quanto maior o tamanho das amostras, menores serão os erros-padrão estimados[9]. Então, assim como aprendemos sobre os efeitos do tamanho da amostra quando calculamos o erro-padrão da média no capítulo 6, existe um efeito idêntico aqui. Amostras de maior tamanho produzirão, mantendo os demais fatores iguais, menores erros-padrão para os coeficientes estimados da nossa regressão.

8.4.5 INTERVALO DE CONFIANÇA PARA OS PARÂMETROS ESTIMADOS

No capítulo 6 discutimos como utilizamos a distribuição normal (apoiada pelo teorema do limite central) para estimar intervalos de confiança para a média populacional não observada a partir de dados amostrais. Empregamos os mesmos passos lógicos para estimar os intervalos de confiança para os parâmetros não observados do modelo de regressão populacional por meio dos resultados da nossa regressão com dados amostrais. As fórmulas para estimação de intervalos de confiança são:

$$\breve{\beta} \pm [t \times \text{se}(\breve{\beta})],$$

$$\breve{\alpha} \pm [t \times \text{se}(\breve{\alpha})],$$

---

[9]   Isso é verdade porque o numerador da expressão contém $\breve{\sigma}$, que, como previamente observado, tem o tamanho da amostra, n, como seu numerador.

em que o valor para t é determinado a partir da tabela-t disponível no Apêndice B. Então, por exemplo, se queremos calcular um intervalo de confiança de 95%, significa que devemos buscar na coluna pelo valor de $0,025$[10]. Uma vez que tenhamos determinado a coluna apropriada, selecionamos o valor que corresponde ao grau de liberdade. O grau de liberdade para o teste-t é igual ao número de observações (n) menos o número de parâmetros estimados (k). No caso de nosso modelo de regressão apresentado na Figura 8.4, temos $n = 34$ e $k = 2$, então nosso grau de liberdade é igual a 32. Observando a coluna do valor $0,025$, temos que na linha para $gl = 30$ o valor de $t = 2,042$. Contudo, como nosso grau de liberdade é igual a 32, o valor-t que deixa $0,025$ em cada uma das caudas é igual a $2,037$[11]. Assim, nossos intervalos de confiança de 95% são:

$$\check{\beta} \pm [t \times se(\check{\beta})] = 0,6249078 \pm (2,037 \times 0,1577315) = 0,30 \text{ a } 0,94,$$
$$\check{\alpha} \pm [t \times se(\check{\alpha})] = 51,50816 \pm (2,037 \times 0,8569026) = 49,76 \text{ a } 53,25.$$

Esses valores estão expostos no canto inferior direito da tabela apresentada na parte inferior da Figura 8.4.

A abordagem tradicional do teste de hipótese utilizando a regressão de MQO é que especificamos uma hipótese nula e uma **hipótese alternativa** e, então, comparamos as duas. Embora possamos testar hipóteses sobre os parâmetros de inclinação ou do intercepto, usualmente estamos mais preocupados com testes sobre o parâmetro de inclinação. Em particular, normalmente estamos preocupados com o teste de que o parâmetro de inclinação para a população é igual a zero. A lógica desse teste de hipótese é bastante próxima à lógica dos testes bivariados introduzidos no capítulo 7. Primeiro, observamos o parâmetro de inclinação da amostra, que consiste em uma estimativa do parâmetro de inclinação da população. A partir do valor desse parâmetro, do intervalo de confiança e do tamanho da nossa amostra, avaliamos quão provável é observarmos o valor da inclinação para a amostra se o valor verdadeiro, mas não observado na população, for igual a zero. Se a resposta for "bastante provável", então concluímos que o parâmetro de inclinação na amostra é igual a zero.

Para entender por que frequentemente estabelecemos para nossa comparação que o valor da inclinação é zero, pense sobre o que isso representa na fórmula da reta. Lembre-se que a inclinação é a mudança em Y para o aumento em uma unidade de X. Se a mudança é igual a zero, então não existe covariação entre X e Y e, portanto, falhamos em superar o terceiro obstáculo causal.

Esses tipos de teste podem ser realizados utilizando apenas uma ou as duas caudas da distribuição normal. A maioria dos programas estatísticos reportam os resultados para o teste bicaudal de que o parâmetro em questão não é igual a zero. Apesar disso,

---

[10] Para entender isso, pense novamente no capítulo 6, quando introduzimos os intervalos de confiança. Um intervalo de confiança de 95% significaria que deixaríamos um total de 5% nas caudas da curva normal. Como temos duas caudas, utilizamos a coluna com valor de $0,025$.

[11] O valor exato de t é calculado automaticamente pelos *softwares* estatísticos. Para uma ferramenta on-line que fornece os valores exatos, conferir: <http://www.stat.tamu.edu/~west/applets/tcal.html>.

Modelo de regressão bivariado **207**

muitas teorias em ciência política são mais apropriadamente traduzidas em testes uni-caudais de hipóteses, que algumas vezes são referidos como testes de hipótese "direcionais". Revisamos esses dois tipos de testes de hipótese nas próximas seções utilizando nossa regressão da Figura 8.4.

8.4.6 TESTES DE HIPÓTESE BICAUDAIS

A forma mais comum de teste estatístico de hipótese sobre os parâmetros de uma regressão MQO é o teste bicaudal para a hipótese de que o parâmetro de inclinação é igual a zero. Ele é expresso como:

$$H_0 : \beta = 0,$$
$$H_1 : \beta \neq 0,$$

em que H_0 é a hipótese nula e H_1 é a hipótese alternativa. Note que essas duas hipóteses rivais são expressas em termos do parâmetro de inclinação para o modelo de regressão populacional. Para examinar qual dessas hipóteses tem apoio dos dados, calculamos a **razão-t** na qual β é definido a partir do valor especificado na hipótese nula (neste caso, zero, porque $H_0 : \beta = 0$), que é representado como β^*:

$$t_{n-k} = \frac{\check{\beta} - \beta^*}{\mathrm{se}(\check{\beta})}.$$

Para o parâmetro de inclinação do modelo bivariado de regressão apresentado na Figura 8.4, podemos calcular isso por:

$$t_{32} = \frac{\check{\beta} - \beta^*}{\mathrm{se}(\check{\beta})} = \frac{0,6249078 - 0}{0,1577315} = 3,96.$$

A partir do que temos visto nos capítulos anteriores, podemos dizer que a razão-t calculada é bastante grande. Lembre-se que o padrão comum de significância estatística nas ciências sociais é que o valor-p seja menor que 0,05. Se observarmos o valor para grau de liberdade igual a 30 no Apêndice B, temos que, para ter um valor-p menor que 0,05, precisamos de uma razão-t de 2,042 ou maior (2,037 se utilizarmos o valor exato do grau de liberdade). Claramente superamos esse padrão[12]. De fato, se observarmos na coluna mais à direita do Apêndice B quando o grau de liberdade é igual a 30, vemos que a estatística-t calculada excede o valor t necessário para p menor que 0,002 (na coluna nomeada "0,001" temos o valor de 3,385 para graus de liberdade igual a 30). Isso significa que é extremamente improvável que H_0 tenha apoio, o que, por sua vez, aumenta nossa confiança em H_1. Se observamos a tabela na parte inferior da Figura 8.4, podemos observar que a estatística-t e o valor-p correspondente para esse

---

[12] Como esse é um teste de hipótese bicaudal, para o padrão $p < 0,05$ precisamos olhar a coluna com o nome "0,025". Isso ocorre porque, nesse caso, teremos 0,025 em cada uma das caudas.

teste de hipótese são apresentados na quarta e na quinta coluna da linha GROWTH. Vale notar que, embora o valor-p reportado seja 0,000, isso não significa que a probabilidade da hipótese nula ser verdade seja realmente igual a zero. Em vez disso, significa que este é um número extremamente pequeno que é arredondado como zero quando é reportado com três casas decimais.

Utilizamos exatamente a mesma lógica para testar hipóteses sobre o parâmetro do intercepto-y. A fórmula para a estatística-t é

$$t_{n-k} = \frac{\breve{\alpha} - \alpha^*}{se(\breve{\alpha})}.$$

Na Figura 8.4, observamos os cálculos para as seguintes hipóteses nula e alternativa:

$$H_0 : \alpha = 0,$$
$$H_1 : \alpha \neq 0.$$

A razão-t resultante é um gritante 60,11! Isso faz sentido quando pensamos sobre essa quantidade em termos do mundo real. Lembre-se que o intercepto-y é o valor esperado da variável dependente Y quando a variável independente X é igual a zero. Em nosso modelo, isso significa que queremos saber o valor esperado do voto no partido do presidente em exercício quando o crescimento é igual a zero. Isso porque, mesmo quando a economia está encolhendo, existem alguns partidários obstinados que votarão no partido do incumbente. Assim, faz sentido que a hipótese nula $H_0 : \alpha = 0$ seja bastante fácil de ser rejeitada.

Talvez uma hipótese nula mais interessante seja que os incumbentes obterão 50% dos votos se o crescimento for igual a zero. Nesse caso,

$$H_0 : \alpha = 50,$$
$$H_1 : \alpha \neq 50.$$

A estatística-t calculada correspondente é

$$t_{32} = \frac{\breve{\alpha} - \alpha^*}{se(\breve{\alpha})} = \frac{51,50816 - 50}{0,8569026} = 1,76.$$

Examinando a linha em que temos os valores da estatística-t quando o grau de liberdade é igual a 30, temos que a estatística-t é menor que 2,042, que equivale ao valor-$p < 0,05$ (valor na coluna nomeada como "0,025"), mas é maior do que 1,697, que equivale ao valor-$p < 0,10$ (valor na coluna nomeada como "0,05"). Com uma tabela-t mais detalhada ou um computador, poderíamos calcular o valor-p exato para esse teste de hipótese, que é 0,09. Com esses resultados, estamos em uma área um pouco nebulosa. Podemos ter bastante confiança de que o intercepto não é igual a 50, mas podemos apenas rejeitar a hipótese nula ($H_0 : \alpha = 50$) ao nível de confiança de 0,10 em vez do padrão amplamente aceito para a significância estatística de 0,05. Pensemos por um segundo sobre nosso interesse no intercepto com valor igual a 50.

Modelo de regressão bivariado

Mesmo que o teste para a hipótese alternativa que acabamos de realizar $(H_0 : \alpha \neq 50)$ seja do nosso interesse, poderíamos nos interessar ainda em saber se o partido do presidente em exercício venceria as eleições se o crescimento fosse igual a zero? Antes de abordarmos essa questão, é preciso explicar a relação entre intervalos de confiança e testes de hipótese bicaudais.

8.4.7 A RELAÇÃO ENTRE INTERVALOS DE CONFIANÇA E TESTES DE HIPÓTESE BICAUDAIS

Nas últimas três seções, introduzimos o intervalo de confiança e o teste de hipótese como duas das formas de inferir os parâmetros da população a partir do modelo de regressão para a amostra. Esses dois métodos para fazer inferências estão matematicamente relacionados. Isso ocorre pois ambos são baseados na tabela-t. A relação entre eles é tal que, se o intervalo de confiança de 95% não incluir um determinado valor, então a hipótese nula de que o parâmetro da população é igual a tal valor (em um teste de hipótese bicaudal) terá um valor-p menor que 0,05. Podemos observar isso para cada um dos três testes que discutimos na seção sobre testes de hipótese bicaudais:

- Porque o intervalo de confiança de 95% para o nosso parâmetro de inclinação não inclui o valor 0, o valor-p para o teste de hipótese de que $\beta = 0$ é menor que 0,05.

- Porque o intervalo de confiança de 95% para o nosso parâmetro do intercepto não inclui o valor 0, o valor-p para o teste de hipótese de que $\alpha = 0$ é menor que 0,05.

- Porque o intervalo de confiança de 95% para o nosso parâmetro do intercepto inclui o valor 50, o valor-p para o teste de hipótese de que $\alpha = 50$ é maior que 0,05.

8.4.8 TESTE DE HIPÓTESE UNICAUDAL

Como pontuamos nas seções anteriores, a forma mais comum de teste estatístico de hipótese para os parâmetros de um modelo de regressão de MQO é o teste bicaudal para a hipótese nula de que o parâmetro de inclinação é igual a zero. Não é por acaso que esse é o tipo mais comum. Por padrão, a maioria dos *softwares* estatísticos reporta os resultados utilizando esse tipo de teste. Na realidade, porém, a maioria das hipóteses em ciência política são de que um parâmetro é positivo ou negativo, e não que o parâmetro é diferente de zero. Chamamos esse tipo de hipótese de **hipótese direcional**. Considere, por exemplo, no nosso exemplo da teoria do voto econômico, como a traduziríamos em uma hipótese sobre o parâmetro do intercepto. Nossa teoria é que um melhor desempenho da economia levará a um aumento do percentual de votos recebidos pelo candidato do partido do incumbente. Em outras palavras, esperamos observar uma relação positiva entre crescimento econômico e o percentual de votos do partido do incumbente, o que significa que esperamos que β seja maior que zero.

Expressamos uma hipótese direcional por:

$$H_0 : \beta \leq 0,$$
$$H_1 : \beta > 0,$$

em que H_0 é a hipótese nula e H_1 é a hipótese alternativa. Como ocorre com o teste bicaudal, essas duas hipóteses rivais são expressas em termos do parâmetro de inclinação para o modelo de regressão da população. Para testar qual dessas hipóteses é respaldada pelos dados, calculamos a estatística-t em que β é definido como igual ao valor especificado na hipótese nula[13] (neste caso, zero, porque $H_0 : \beta \leq 0$), que é representado na fórmula abaixo por:

$$t_{n-k} = \frac{\check{\beta} - \beta^*}{\mathrm{se}(\check{\beta})} \ .$$

Para o parâmetro de inclinação no modelo de regressão bivariado apresentado na Figura 8.4, calculamos a estatística-t por:

$$t_{32} = \frac{\check{\beta} - \beta^*}{\mathrm{se}(\check{\beta})} = \frac{0,6249078 - 0}{0,1577315} = 3,96 \ .$$

Esses cálculos parecem familiares para você? Deveriam, porque essa estatística-t é calculada exatamente do mesmo modo que a estatística-t para o teste bicaudal desse parâmetro foi calculada. As diferenças advêm de como utilizamos a tabela-t do Apêndice B para chegar ao valor-p apropriado para o teste de hipótese. Como este é um teste de hipótese unicaudal, utilizamos a coluna nomeada como "0,05" em vez da coluna nomeada como "0,025" para avaliarmos se nosso valor-p é tal que temos $p < 0,05$. Em outras palavras, necessitaríamos de uma estatística-t com o valor de 1,697 para grau de liberdade igual a 30 (1,694 para grau de liberdade igual a 32) para alcançar esse nível de significância em um teste de hipótese unicaudal. Para um teste bicaudal de hipótese, necessitamos de uma estatística-t de 2,047 para grau de liberdade igual a 30 (e 2,042 para grau de liberdade igual a 32).

Retornando ao nosso teste de hipótese sobre o intercepto e o valor igual a 50, se mudarmos de um teste bicaudal para um teste unicaudal, temos:

$$H_0 : \alpha \leq 50,$$
$$H_1 : \alpha > 50,$$

e o valor da nossa estatística-t ainda é:

$$t_{32} = \frac{\check{\alpha} - \alpha^*}{\mathrm{se}(\check{\alpha})} = \frac{51,50816 - 50}{0,8569026} = 1,76 \ .$$

Mas, para grau de liberdade igual 32, esse teste de hipótese unicaudal leva a um valor-p de 0,04. Em outras palavras, este é um caso em que a formulação do nosso teste como um teste unicaudal faz uma diferença bastante grande, especialmente porque muitos estudiosos consideram 0,05 como o padrão para a significância estatística.

---

[13] Escolhemos 0 quando a hipótese nula é $H_0 : \beta \leq 0$, porque esse é o valor crítico para a hipótese nula. Sob essa hipótese nula, zero é o limiar, e qualquer evidência de que β é igual a um valor menor ou igual a zero é favorável à hipótese nula.

Modelo de regressão bivariado

Podemos observar a partir desses exemplos e da tabela-*t* que, quando temos uma hipótese direcional, podemos rejeitar mais facilmente a hipótese nula. Uma das peculiaridades da pesquisa em ciência política é que, mesmo quando as hipóteses são direcionais, pesquisadores frequentemente reportam os resultados para o teste bicaudal. Discutiremos a questão de como apresentar nossos resultados do modelo de regressão em detalhes no capítulo 12.

8.5 PRESSUPOSTOS, MAIS PRESSUPOSTOS E OS REQUISITOS MATEMÁTICOS MÍNIMOS

Se pressupostos fossem água, você precisaria de um guarda-chuva agora. Sempre que você estima um modelo de regressão, está implicitamente fazendo um amplo conjunto de pressupostos sobre o modelo populacional não observado. Nesta seção, dividimos estes pressupostos em pressupostos sobre o componente estocástico do modelo populacional e sobre a especificação do modelo. Adicionalmente, apresentamos alguns requisitos matemáticos mínimos que devem ser observados antes que se possa estimar um modelo de regressão. Na última seção, listamos esses pressupostos e requisitos e discutimos brevemente como eles se aplicam ao nosso exemplo de modelo bivariado para o impacto do crescimento econômico sobre o voto do partido do incumbente.

8.5.1 PRESSUPOSTOS SOBRE O COMPONENTE ESTOCÁSTICO DO MODELO POPULACIONAL

Os pressupostos mais importantes sobre o componente estocástico do modelo populacional u_i são sobre sua distribuição. Eles podem ser sumarizados por:

$$u_i \sim N(0, \sigma^2),$$

que significa que assumimos[14] que u_i é distribuído normalmente ($\sim N$) com a média igual a zero e a variância igual a σ^2. Essa sintética afirmação matemática contém três dos cinco pressupostos que fazemos sobre o componente estocástico do modelo populacional ao estimar um modelo de regressão. Passaremos por cada um deles.

u_i é normalmente distribuído

O pressuposto de que u_i é normalmente distribuído permite que utilizemos a tabela-*t* para fazer inferências probabilísticas sobre o modelo de regressão da população

---

[14] Estritamente falando, não precisamos adotar todos estes pressupostos para estimar os parâmetros de um modelo de MQO. Mas precisamos adotá-los para interpretar da maneira padrão os resultados de um modelo de MQO.

a partir do nosso modelo de regressão da amostra. A principal justificativa para esse pressuposto é o teorema do limite central que discutimos no capítulo 6.

$E(u_i) = 0$: sem viés

O pressuposto de que u_i tem média ou valor esperado igual a zero é também conhecido como pressuposto do viés zero. Considere o que aconteceria se $E(u_i) \neq 0$. Em outras palavras, nesse caso *esperaríamos* que nosso modelo de regressão não fosse preciso. Quando isso ocorre, essencialmente estamos ignorando alguns dos *insights* teóricos sobre as causas subjacentes de Y. Lembre-se de que o termo estocástico é supostamente randômico. Se $E(u_i) \neq 0$, então deve existir algum componente não randômico nesse termo. É importante notar que não esperamos que todos os nossos valores u_i sejam iguais a zero, porque sabemos que alguns terão valores acima e abaixo da reta de regressão. Porém, esse pressuposto significa que nosso melhor palpite ou valor esperado para cada valor individual u_i é zero.

Se pensarmos sobre o exemplo utilizado neste capítulo, este pressuposto significa que não há razão para esperarmos que qualquer um dos valores preditos para o percentual de voto do incumbente esteja subestimado ou sobrestimado em nosso modelo. Se, por outro lado, tivermos alguma expectativa nesse sentido, não poderíamos assumir tal pressuposto. Digamos, por exemplo, que esperássemos que, durante períodos de guerra, o partido do incumbente se saia melhor do que esperaríamos que se saísse caso apenas a economia fosse considerada. Sob essa circunstância não poderíamos assumir esse pressuposto. A solução para esse problema seria incluir outra variável independente em nosso modelo para medir se o país estava em guerra no ano da eleição. Uma vez que tenhamos controlado todas as fontes potenciais de viés, podemos nos sentir confortáveis para fazer esse pressuposto. A inclusão de variáveis independentes adicionais é o assunto principal do capítulo 9.

u_i tem variância igual a σ^2: homocedasticidade

O pressuposto de que u_i tem variância igual σ^2 parece bastante simples. Mas, como essa noção de variância não contém o subscrito i, significa que assumimos que a variância para cada caso em uma população subjacente é a mesma. A palavra para descrever essa situação é "homocedasticidade", que significa "a variância do erro é constante". Se esse pressuposto não foi assumido, temos uma situação em que a variância de u_i é σ^2, situação conhecida como "heterocedasticidade", que significa "variância do erro não é constante". Quando temos heterocedasticidade, nosso modelo de regressão ajusta alguns casos dos casos da população melhor do que outros. Essa pode ser uma causa potencial de problemas quando estamos estimando intervalos de confiança e testando hipóteses.

Em nosso exemplo, esse pressuposto seria violado se, por alguma razão, algumas eleições fossem mais difíceis do que outras de serem preditas pelo modelo. Nesse caso, nosso modelo seria heterocedástico. Isso poderia acontecer, por exemplo, se eleições que ocorreram após

Modelo de regressão bivariado **213**

debates políticos serem transmitidos pela televisão fossem mais difíceis de serem preditas pelo nosso modelo utilizando apenas a variável independente de desempenho econômico. Sob essas circunstâncias, o pressuposto da homocedasticidade não seria razoável.

Sem autocorrelação

Também assumimos que não existe autocorrelação. A autocorrelação ocorre quando o termo estocástico para dois ou mais casos estão relacionados sistematicamente uns com os outros. Isso claramente viola o cerne da ideia de que esses termos são estocásticos ou randômicos. Formalmente, expressamos esse pressuposto por

$$\text{cov}_{u_i, u_j} = 0 \, \forall i \neq j \, ;$$

isso significa que a covariância entre os termos de erro da população u_i e u_j é igual a zero para qualquer i não igual a j (para quaisquer dois casos únicos).

A forma mais comum de autocorrelação ocorre em modelos com dados de séries temporais. Como discutimos no capítulo 4, dados de séries temporais envolvem a mensuração das variáveis relevantes ao longo do tempo para uma única unidade espacial. No exemplo que estamos utilizando, empregamos medidas para crescimento econômico e para o percentual de votos recebido pelo partido do presidente em exercício mensuradas de quatro em quatro anos para os EUA. Se, por alguma razão, os termos de erro para pares de eleições adjacentes fossem correlacionados, teríamos autocorrelação.

Os valores de *X* são mensurados sem erro

A princípio, o pressuposto de que os valores de X foram mensurados sem erro pode parecer fora de lugar em uma lista de pressupostos sobre o componente estocástico da população. Mas esse pressuposto é assumido para simplificar as inferências que fazemos sobre o nosso modelo de regressão da população a partir do nosso modelo de regressão da amostra. Assumindo que X é mensurado sem erro, aceitamos que qualquer variabilidade da nossa reta de regressão é devida ao componente estocástico u_i, e não a modelos de mensuração em X. Colocando de outro modo, se X também tem um componente estocástico, necessitamos modelar X antes de modelar Y, e isto complicaria substancialmente o processo de estimação de Y.

Estaremos provavelmente bastante desconfortáveis com esse pressuposto em praticamente qualquer modelo de regressão que estimamos com dados do mundo real. No exemplo que estamos utilizando, estamos assumindo que temos as medidas corretas para a mudança percentual no PIB real *per capita* de 1876 a 2008. Se refletirmos um pouco mais sobre essa medida, podemos pensar sobre todos os tipos de potenciais erros na mensuração. E quanto às atividades econômicas ilegais que são de difícil mensuração para o governo? Como a medida é *per capita*, quão confiante estamos de que o denominador desse cálculo, a população, é mensurada corretamente?

214 Fundamentos da Pesquisa em Ciência Política

Apesar dos problemas óbvios com esse pressuposto, o assumimos todas as vezes que estimamos um modelo de MQO. A menos que utilizemos técnicas estatísticas consideravelmente mais complicadas, esse é um pressuposto com o qual temos que conviver e manter em nossa mente quando avaliamos a confiança geral que temos no que nosso modelo está nos dizendo.

Lembre-se do capítulo 5, em que, durante a discussão sobre a mensuração de nossos conceitos de interesse, argumentamos que a mensuração é importante porque se mensurarmos de maneira inadequada podemos fazer inferências causais incorretas sobre o mundo real. Esse pressuposto deve tornar as importantes lições deste capítulo claras.

8.5.2 PRESSUPOSTOS SOBRE AS ESPECIFICAÇÕES DO NOSSO MODELO

Os pressupostos sobre as especificações do nosso modelo podem ser sumarizados em um único pressuposto: que o modelo possui a especificação correta. Dividimos esse pressuposto em dois para lançar luz sobre um leque de modos pelos quais esse pressuposto pode ser violado.

Nenhuma variável causal foi deixada de fora; nenhuma variável não causal foi incluída

Este pressuposto significa que, ao especificarmos nosso modelo de regressão bivariado da relação entre X e Y, não pode haver nenhuma outra variável Z que também causa Y[15]. Também significa que X deve causar Y. Em outras palavras, este é apenas outro modo de dizer que o modelo de regressão da amostra que especificamos é o verdadeiro modelo de regressão para a população subjacente.

À medida que fomos utilizando o exemplo deste capítulo, já começamos a sugerir variáveis independentes adicionais que teorizamos ser causalmente relacionadas a nossa variável dependente. Para aceitar este pressuposto, precisamos incluir todas essas variáveis em nosso modelo. A adição de outras variáveis independentes em nosso modelo é o assunto do capítulo 9.

Linearidade dos parâmetros

O pressuposto da linearidade dos parâmetros é uma maneira sofisticada de dizer que nosso parâmetro β da população para a relação entre X e Y não varia. Em outras palavras, a relação entre X e Y é a mesma para todos os valores de X.

---

[15] Uma exceção a isso é o caso especial em que existe uma variável Z que é causalmente relacionada a Y, mas não correlacionada com X e u_i. Nesse caso, ainda seriamos capazes de produzir uma estimação razoável da relação entre X e Y apesar de deixar Z fora do modelo. Discutimos mais este caso no capítulo 9.

No contexto do nosso exemplo atual, isso significa que estamos assumindo que o impacto do aumento de uma unidade na mudança real do PIB *per capita* é sempre a mesmo. Então, quando nos movemos do valor de –10 para –9, temos o mesmo efeito que ao nos mover do valor 1 para 2. No capítulo 10, discutimos algumas técnicas para relaxar esse pressuposto.

8.5.3 REQUISITOS MATEMÁTICOS MÍNIMOS

Para uma regressão bivariada, temos dois requisitos mínimos que devem ser satisfeitos pelos nossos dados amostrais antes de podermos estimar nossos parâmetros. Adicionaremos outros requisitos quando expandirmos o modelo bivariado para o modelo de regressão multivariado.

X deve variar

Pense sobre como seria o gráfico de dispersão dos dados da nossa amostra se X não variasse. Basicamente, teríamos uma pilha de valores de Y no mesmo ponto do eixo-x. A única linha razoável que poderia ser traçada através desse conjunto de pontos seria uma linha reta paralela ao eixo-y. Lembre-se que nosso objetivo é explicar nossa variável dependente Y. Sob essas circunstâncias nós falharíamos de modo miserável, porque qualquer valor Y seria tão bom quanto qualquer outro, dado que X possui apenas um valor. Assim, precisamos de alguma variação em X para conseguir estimar um modelo de regressão de MQO.

$n > k$

Para estimar um modelo de regressão, o número de casos (n) deve exceder o número de parâmetros a ser estimados (k). Assim, quando estimamos um modelo de regressão bivariado com dois parâmetros, devemos ter *no mínimo* três casos.

8.5.4 COMO PODEMOS SATISFAZER TODOS ESSES PRESSUPOSTOS?

Os requisitos matemáticos para estimar um modelo de regressão não são tão severos, mas uma questão sensível a se fazer neste ponto é: "Como podemos razoavelmente satisfazer todos os pressupostos listados todas as vezes que estamos rodando um modelo de regressão?". Para responder a essa pergunta, nos referimos à discussão feita no capítulo 1 sobre a analogia entre mapas e modelos. *Sabemos* que todos os nossos pressupostos podem não ser passíveis de serem satisfeitos. Também sabemos que estamos tentando simplificar a realidade. O único modo pelo qual podemos fazer isso é por meio de um conjunto grande de pressupostos não realistas sobre o mundo. É crucial, porém, nunca perdermos de vista o fato de que estamos aceitando esses pressupostos. No próximo capítulo relaxamos um dos pressupostos mais irrealistas que fazemos em um modelo de regressão bivariado para controlarmos por uma segunda variável, Z.

CONCEITOS INTRODUZIDOS NESTE CAPÍTULO

- Estatística R^2 (R-quadrado) – uma medida de qualidade de ajuste do modelo que varia entre 0 e 1 e representa a proporção da variável dependente que é explicada pelo modelo.

- Estocástico – aleatório.

- Hipótese alternativa – uma expectativa baseada na teoria oposta à hipótese nula.

- Hipótese direcional – uma hipótese alternativa em que esperamos que a relação seja positiva ou negativa.

- Mínimos quadrados ordinários – também conhecidos como "MQO", são o método mais popular para estimar um modelo de regressão com dados amostrais.

- Modelo de regressão amostral – uma estimativa baseada na amostra do modelo de regressão para a população.

- Modelo de regressão populacional – uma formulação teórica da relação linear proposta entre, ao menos, uma variável independente e a variável dependente.

- Modelo estatístico – uma representação numérica da relação entre, ao menos, uma variável independente e a variável dependente.

- Parâmetro – um sinônimo para "fronteira" com uma conotação mais matemática. No contexto da estatística, o valor de uma característica da população desconhecida.

- Parâmetro estimado – cálculo para uma característica da população feito a partir de uma amostra.

- Razão-t – a razão entre um parâmetro estimado e seu erro-padrão estimado.

- Resíduo – o mesmo que o termo de erro da população.

- Raiz do erro quadrático médio (*Root mean-squared error*) – cálculo da qualidade do ajuste do modelo feito a partir da raiz quadrada da soma do quadrado de cada um dos valores de termo de erro do modelo da amostra divididos pelo número de casos. Também conhecido como "erro-padrão do modelo".

- Termo de erro da amostra – em um modelo de regressão para uma amostra, uma estimação do resíduo baseada na amostra.

- Termo de erro da população – em um modelo de regressão para a população, a diferença entre o valor predito pelo modelo para a variável dependente e o verdadeiro valor da variável dependente.

Modelo de regressão bivariado

EXERCÍCIOS

1. Desenhe os eixos X e Y no meio de um quadrado com dimensões de 10 cm × 10 cm. O ponto de intersecção entre as linhas X e Y é conhecido por "origem" e é definido como o ponto em que X e Y são iguais a zero. Desenhe cada uma das retas entre os valores −5 e 5 de X e escreva as equações de regressão correspondentes:

   a) Intercepto-y = 2, inclinação = 2

   b) Intercepto-y = −2, inclinação = 2

   c) Intercepto-y = 0, inclinação = 1

   d) Intercepto-y = 2, inclinação = −2

2. Resolva cada uma das seguintes expressões matemáticas de modo que o resultado seja um componente do modelo de regressão bivariado para a amostra:

   a) $\breve{\alpha} + \breve{\beta} X_i + \breve{u}_i$

   b) $Y_i - E(Y \mid X_i)$

   c) $\breve{\beta} X_i + \breve{u}_i - Y_i$

3. Utilizando o banco de dados "state_data.dta", estimamos um modelo de regressão bivariado utilizando os dados de renda *per capita* ("pcinc" no nosso banco de dados) para cada um dos estados americanos e do distrito de Columbia como variável dependente e o percentual de residentes no estado com nível superior completo ("pctba" no nosso banco de dados) como variável independente. A equação estimada foi:

$$pcinc_i = 11519,78 + 1028,96\, pctba_i$$

   Interprete os parâmetros estimados para o efeito do nível de educação no estado no valor da renda média.

4. No banco de dados descrito no exercício 3, o valor de pctba para Illinois é igual a 29,9. Qual é o valor predito pelo modelo para a renda *per capita* em Illinois?

5. O erro-padrão estimado para o parâmetro de inclinação do modelo descrito no exercício 3 foi igual a 95,7. Construa um intervalo de confiança de 95% para esse parâmetro estimado. Mostre todos os seus cálculos. O que isso nos diz sobre a relação estimada?

6. Teste a hipótese de que o parâmetro para pctba não é igual a zero. Mostre todos os cálculos. O que isso nos diz sobre a relação estimada?

7. Teste a hipótese de que o parâmetro para pctba é maior do que zero. Mostre todos os cálculos. O que isso nos diz sobre a relação estimada?

8. A estatística R^2 para o modelo descrito no exercício 3 é igual a 0,70 e o *root MSE* = 3773,8. O que esses números nos dizem sobre o nosso modelo?

9. Estime e interprete os resultados para um modelo de regressão bivariado diferente do modelo utilizado no exercício 3 utilizando o banco de dados "state_data.dta".

10. Pense em cada um dos pressupostos que você assumiu quando estava respondendo ao exercício 9. Qual deles você se sente mais confortável em fazer e qual você se sente menos confortável? Explique suas respostas.

11. No exercício 10 do capítulo 7, você calculou um coeficiente de correlação para a relação entre duas variáveis contínuas. Agora, estime um modelo de regressão bivariado utilizando as mesmas duas variáveis. Produza uma tabela de resultados e escreva sobre o que essa tabela diz sobre a política no Reino Unido em 2005.

CAPÍTULO 9
MODELO DE REGRESSÃO MULTIVARIADO: O BÁSICO

RESUMO:

Apesar de termos aprendido nos capítulos anteriores sobre testes de hipótese e significância estatística, ainda não superamos os quatro obstáculos para o estabelecimento de relações causais. Lembre-se que as técnicas aprendidas nos capítulos 7 e 8 são bivariadas, análises em que utilizamos Y e apenas uma variável independente X. Mas, para avaliar completamente se X causa Y, precisamos controlar por outras possíveis causas de Y, o que ainda não fizemos. Neste capítulo, mostramos como a regressão multivariada – que é uma extensão do modelo bivariado que apresentamos no capítulo 8 – faz isso. Conectamos explicitamente as fórmulas matemáticas a questões-chave de desenho de pesquisa que perpassam o livro. Também discutimos alguns dos problemas que ocorrem em modelos de regressão multivariados quando causas da variável dependente são omitidas, o que amarra este capítulo aos princípios fundamentais apresentados nos capítulos 3 e 4. Por fim, incorporaremos um exemplo da literatura de ciência política que utiliza regressão multivariada para avaliar relações causais.

9.1   MODELANDO A REALIDADE MULTIVARIADA

Desde o início deste livro, enfatizamos que quase todos os fenômenos interessantes possuem mais de uma causa. E que, ainda assim, a maioria das nossas teorias são, em sua natureza, bivariadas.

Mostramos a você (no capítulo 4) que existem distintos métodos para lidar com a natureza da realidade em nossos desenhos de pesquisa. Se formos afortunados o bastante para conduzir um experimento, então o processo de atribuição aleatória dos participantes nos grupos de tratamento e de controle irá automaticamente "controlar por" essas outras possíveis causas que não são parte de nossa teoria.

Mas, em uma pesquisa observacional – em que consiste a maioria das pesquisas em ciência política –, não existe um controle automático para outras possíveis causas de nossa variável dependente; temos que controlar por elas estatisticamente. A principal forma que cientistas sociais têm para realizar isso é por meio da regressão multivariada. A matemática neste modelo é uma extensão da matemática envolvida no modelo de regressão bivariado que acabamos de aprender no capítulo 8.

9.2 A FUNÇÃO DO MODELO DE REGRESSÃO PARA A POPULAÇÃO

Podemos generalizar o modelo de regressão para a população que aprendemos no capítulo 8 para incluir mais do que uma causa sistemática de Y, o que temos chamado de Z ao longo deste livro.

Modelo de regressão bivariado para a população: $Y_i = \alpha + \beta X_i + u_i$.

Modelo de regressão multivariado para a população: $Y_i = \alpha + \beta_1 X_i + \beta_2 Z_i + u_i$.

A interpretação dos coeficientes de inclinação de um modelo com três variáveis é similar à interpretação dos coeficientes em um modelo bivariado, com uma diferença bastante importante. Em ambas, o coeficiente na frente da variável X (β na regressão bivariada, β_1 na regressão multivariada) representa o efeito de X em Y. Porém, no caso da regressão multivariada, β_1 representa o efeito de X em Y *enquanto são mantidos constantes os efeitos de Z*. Se essa distinção soa importante, é porque ela realmente é. Mostramos como essas diferenças surgem na próxima seção.

9.3 DO MODELO BIVARIADO AO MODELO MULTIVARIADO

Lembre-se, do capítulo 8, de que a fórmula para a reta do modelo de regressão bivariado (da amostra) é dada por

$$Y_i = \breve{\alpha} + \breve{\beta} X_i + \breve{u}_i.$$

E lembre-se de que, para entender a natureza do efeito que X tem em Y, o coeficiente estimado $\breve{\beta}$ nos diz quantas unidades de mudança, em média, esperamos em Y dado o aumento de uma unidade em X. A fórmula para $\breve{\beta}$ no modelo bivariado, como aprendemos no capítulo 8, é

$$\breve{\beta} = \frac{\sum_{i=1}^{n} (X_i - \overline{X})(Y_i - \overline{Y})}{\sum_{i=1}^{n} (X_i - \overline{X})^2}.$$

Dado que nosso objetivo é controlar pelos efeitos de uma terceira variável, Z, como exatamente fazemos isso em equações de regressão? Argumentamos, no capítulo anterior, que um gráfico de dispersão em duas dimensões (X e Y) sugere a fórmula para uma *reta* e, ao adicionarmos uma terceira dimensão, ele passa a sugerir a fórmula de um *plano*, e a fórmula para esse plano é

$$Y_i = \alpha + \beta_1 X_i + \beta_2 Z_i.$$

Isso pode parecer enganosamente simples. Uma fórmula de uma reta[1] passa a representar um plano simplesmente pela inclusão de um termo adicional $\beta_2 Z_i$.

Preste atenção em como a notação mudou. Na fórmula da reta para uma regressão bivariada, não existem subscritos para os coeficientes β – porque, afinal, existe apenas um deles. Mas agora temos duas variáveis independentes, X e Z, que ajudam a explicar a variação em Y e, portanto, temos dois coeficientes β diferentes. Assim, utilizamos os subscritos neles para tornar claro que os dois coeficientes produzem efeitos diferentes[2].

A mensagem principal deste capítulo é que, na fórmula que acabamos de apresentar, o coeficiente β_1 representa mais do que o efeito de X em Y; em um modelo de regressão multivariado, ele representa *o efeito de X em Y enquanto controlamos pelo efeito de Z*. Simultaneamente, o coeficiente β_2 representa *o efeito de Z em Y enquanto controlamos pelo efeito de X*. Em um estudo observacional, esse é o elemento fundamental para superar o quarto obstáculo causal que introduzimos no capítulo 3.

Como o coeficiente β_1 controla efetivamente Z? Afinal, β_1 não está conectado com Z na fórmula; e é bastante óbvio que ele está conectado com X. A primeira coisa que precisamos entender aqui é que a fórmula da regressão multivariada para β_1 é diferente da fórmula do modelo bivariado para β do capítulo 8. (Logo apresentaremos a fórmula.) A consequência-chave disso é que o valor de β derivado de uma fórmula com duas variáveis, representando o efeito de X em Y, quase sempre será diferente – às vezes apenas ligeiramente diferente, às vezes bastante diferente – do valor de β_1 derivado da fórmula da regressão multivariada, representando o efeito de X em Y enquanto controlamos pelos efeitos de Z.

---

[1] Toda a matemática sobre a adição de mais uma variável independente, Z, é facilmente generalizável para a adição de ainda mais variáveis independentes. Utilizamos o caso de três variáveis para facilitar a ilustração.

[2] Em muitos livros sobre análise de regressão, os autores utilizam subscritos para as variáveis independentes, nomeando-as β_1, β_2, e assim por diante. Utilizamos a notação com X, Y e Z para enfatizar o conceito de controlar por outra variável enquanto examinamos a relação entre a variável independente e a variável dependente em que temos interesse teórico. Portanto, manteremos essa notação ao longo deste capítulo.

Mas como β_1 controla pelos efeitos de Z? Assumimos que X e Z são correlacionados. Eles não precisam ser relacionados *causalmente*, nem precisam ser *fortemente* relacionados. Eles precisam simplesmente ser relacionados entre si – isto é, a covariância deles não pode ser igual a zero. Assumindo que eles sejam relacionados, podemos escrever a relação entre eles como um modelo bivariado de regressão:

$$X_i = \breve{\alpha}' + \breve{\beta}'Z_i + \breve{e}_i.$$

Note que há alguma diferença na notação dessa fórmula. Em vez dos parâmetros $\breve{\alpha}$ e $\breve{\beta}$, chamamos os parâmetros estimados de $\breve{\alpha}'$ e $\breve{\beta}'$ para ter certeza de que você está consciente de que os valores são diferentes dos valores estimados de $\breve{\alpha}$ e $\breve{\beta}$ nas equações anteriores. Também note que os resíduos, que chamávamos de $\breve{u}_i$ nas equações anteriores, agora estão nomeados como $\breve{e}_i$.

Se utilizarmos Z para predizer X, então o valor predito de X (ou $\breve{X}$) baseado em Z é simplesmente

$$\breve{X}_i = \breve{\alpha}' + \breve{\beta}'Z_i,$$

que é a equação anterior, mas sem o termo de erro, porque esperamos que ele seja (na média) igual a zero. Agora, podemos substituir o termo do lado esquerdo da equação e ter:

$$X_i = \breve{X}_i + \breve{e}_i$$

ou, de forma equivalente,

$$\breve{e}_i = X_i - \breve{X}_i.$$

Esses $\breve{e}_i$, então, são os equivalentes exatos dos resíduos da regressão bivariada de Y sob X que você aprendeu no capítulo 8. Portanto, a interpretação deles é exatamente a mesma. Sendo esse o caso, o $\breve{e}_i$ é a porção da variação de X que Z não consegue explicar. (A porção de X que Z consegue explicar é o valor predito – o $\breve{X}_i$.)

Então, o que fizemos aqui? Documentamos a relação entre Z e X e particionamos a variação em X em duas partes – a porção que Z *consegue* explicar (o $\breve{X}_i$) e a porção que Z *não consegue* explicar (o $\breve{e}_i$). Mantenha isso em mente.

Podemos fazer exatamente a mesma coisa que acabamos de fazer para a relação entre Z e Y. O processo parecerá bastante similar, com uma pequena diferença na notação para distinguir o processo. Podemos modelar Y em função de Z do seguinte modo:

$$Y_i = \breve{\alpha}^* + \breve{\beta}^*Z_i + \breve{v}_i.$$

Modelo de regressão multivariado: o básico

Aqui, a inclinação estimada é $\breve{\beta}^*$ e o termo de erro é representado por $\breve{v}_i$.

Assim, como fizemos com Z e X, se utilizarmos Z para prever Y, então o valor predito de Y (ou $\breve{Y}$) (que será nomeado como $\breve{Y}^*$) baseado em Z é simplesmente

$$\breve{Y}_i^* = \breve{\alpha}^* + \breve{\beta}^* Z_i,$$

equação que, como antes, é idêntica à anterior, mas sem o termo de erro, porque esperamos que os resíduos (em média) sejam iguais a zero. E, novamente como antes, podemos substituir o termo do lado esquerdo na equação anterior e obter

$$Y_i = \breve{Y}_i^* + \breve{v}_i$$

ou, de forma equivalente,

$$\breve{v}_i = Y_i - \breve{Y}_i^*.$$

Esses $\breve{v}_i$, portanto, são interpretados de modo idêntico a como interpretamos os $\breve{e}_i$ precedentes. Eles representam a porção da variação de Y que Z não consegue explicar (A porção de Y que Z *consegue* explicar é o valor predito – o $\breve{Y}_i^*$.)

O que fizemos com tudo isso? Documentamos a relação entre Z e Y e particionamos a variação em duas – a porção que Z *consegue* explicar e a porção que Z *não consegue explicar*.

Agora, portanto, utilizamos Z para tentar explicar x e encontramos os resíduos (os valores $\breve{e}_i$); similarmente, também utilizamos Z para tentar explicar Y e também encontramos os seus resíduos (os valores $\breve{v}_i$). Agora, voltamos ao nosso modelo de três variáveis que apresentamos antes, em que temos Y como variável dependente e X e Z como variáveis independentes:

$$Y_i = \breve{\alpha} + \breve{\beta}_1 X_i + \breve{\beta}_2 Z_i + \breve{u}_i.$$

A fórmula para $\breve{\beta}_1$, que representa o efeito de X em Y enquanto controlamos por Z, é dada por

$$\breve{\beta}_1 = \frac{\sum_{i=1}^{n} \breve{e}_i \breve{v}_i}{\sum_{i=1}^{n} \breve{e}_i^2}.$$

Agora, sabemos que $\breve{e}_i$ e $\breve{v}_i$ são originários das equações anteriores. Portanto, substituindo, temos

$$\breve{\beta}_1 = \frac{\sum_{i=1}^{n} (X_i - \breve{X}_i)(Y_i - \breve{Y}_i^*)}{\sum_{i=1}^{n} (X_i - \breve{X}_i)^2}.$$

Preste bastante atenção a essa fórmula. Os componentes com acento circunflexo nessa expressão são provenientes das regressões bivariadas envolvendo Z que previamente estudamos. Os componentes fundamentais da fórmula para os efeitos de X em Y, enquanto controlamos por Z, são o $\breve{e}_i$ e $\breve{v}_i$, que, como acabamos de aprender, são as porções de X e Y (respectivamente) que Z não consegue explicar. É desse modo que, em um modelo de regressão multivariado, o parâmetro β_1, que representa o efeito de X em Y, *controla pelo* efeito de Z. Por quê? Porque os únicos componentes de X e Y que são usados são os componentes que Z não consegue explicar – isto é, o $\breve{e}_i$ e o $\breve{v}_i$.

A comparação da fórmula para estimar β_1 com a fórmula bivariada para a estimação de β é bastante reveladora. Em vez de utilizar os termos $(X_i - \bar{X})$ e $(Y_i - \bar{Y})$ no numerador, que são os componentes da regressão *bivariada* de Y por X do capítulo 8, na fórmula da regressão multivariada que controla por Z os termos do numerador são $(X_i - \breve{X}_i)$ e $(Y_i - \breve{Y}_i^*)$, em que, novamente, os termos com acento circunflexo representam os valores preditos de X e de Y a partir de Z.

Há outra coisa a ser notada na comparação entre a fórmula da regressão bivariada para a estimação de β e a da regressão multivariada para a estimação de β_1. O resultado de $\breve{\beta}$ na regressão bivariada de Y e X e o β_1 na regressão com três variáveis de Y sob X enquanto controlamos por Z será, na maior parte do tempo, diferente. De fato, é bastante raro – embora, em teoria, matematicamente possível – que esses dois valores sejam iguais[3].

A fórmula para a estimação de β_2, similarmente, representa o efeito de Z em Y enquanto os efeitos de X são controlados. Na verdade, esses processos acontecem simultaneamente.

Já se passou um bom número de capítulos – seis, para sermos precisos – entre o primeiro momento em que discutimos a importância de controlar por Z e este momento, em que acabamos de mostrar para você precisamente como fazer isso. O quarto obstáculo causal nunca esteve tão em evidência desde o capítulo 3, e agora você sabe o processo para superá-lo.

Porém, não fique otimista tão rapidamente. Como notamos, o modelo de regressão com três variáveis que acabamos de expor pode ser facilmente generalizado em mais de três variáveis, mas a fórmula para a estimação de β_1 controla apenas para os efeitos da variável Z que está incluída na equação da regressão. Ela não controla por outras variáveis que não estão mensuradas e que não estão inclusas no modelo. O que acontece quando falhamos em incluir uma causa relevante de Y em nosso modelo de regressão? Em poucas palavras: teremos problemas. Focaremos esses problemas um pouco mais adiante neste capítulo. A seguir, passamos a discutir como interpretar tabelas de regressão utilizando nosso exemplo das eleições presidenciais americanas.

---

[3] Mais a frente neste capítulo, apresentaremos duas situações nas quais os parâmetros estimados β são os mesmos para uma regressão bivariada e uma regressão multivariada.

9.4 INTERPRETANDO A REGRESSÃO MULTIVARIADA

Para uma ilustração de como interpretar os coeficientes de uma regressão multivariada, retornamos ao nosso exemplo do capítulo 8, no qual mostramos os resultados de uma regressão sobre as eleições presidenciais americanas e a taxa de crescimento da economia americana no ano anterior (ver Figura 8.4). O modelo que estimamos foi Voto=α+(β×Crescimento) e os coeficientes estimados foram $\breve{\alpha}=51,51$ e $\breve{\beta}=0,62$. Para utilizarmos esse mesmo exemplo nesta seção, precisamos descartar a eleição presidencial de 1876. Isso muda ligeiramente nossas estimativas e passamos a ter $\breve{\alpha}=51,67$ e $\breve{\beta}=0,65$[4]. Esses resultados estão na coluna A da Tabela 9.1.

Tabela 9.1 – Três modelos de regressão das eleições presidenciais nos Estados Unidos.

	A	B	C
Crescimento	0,65*	–	0,57*
	(0,16)	–	(0,15)
Boas notícias	–	0,92*	0,67*
	–	(0,33)	(0,28)
Intercepto	51,67*	47,29*	48,24*
	(0,86)	(1,94)	(1,64)
R^2	0,36	0,20	0,46
n	33	33	33

Notas: a variável dependente é o percentual de votos recebidos pelo partido do incumbente dos votos recebidos pelos dois maiores partidos. Erros-padrão entre parênteses.
*= $p < 0,05$ (teste-t bicaudal)

Na coluna A, você pode observar os parâmetros estimados para o crescimento anual da economia americana (na linha nomeada como "crescimento") e o erro-padrão do parâmetro em parênteses, 0,16. Na linha nomeada como "intercepto", você pode observar o intercepto-y estimado para a regressão, 51,67, e seu respectivo erro-padrão, 0,86. Ambos os parâmetros estimados são estatisticamente significantes, como indicam os asteriscos e a nota na parte inferior da tabela.

Lembre-se que a interpretação do coeficiente de inclinação em uma regressão bivariada indica que, para um aumento de uma unidade da variável independente, espe-

---

[4] Tivemos que descartar a eleição de 1876 porque os dados provenientes do banco de dados elaborado por Ray Fair para a variável "boa notícias" que utilizamos nos exemplos desta seção não existem para esse ano. Como discutimos em mais detalhes na seção 12.4.1, quando fazemos comparações entre diferentes modelos, é extremamente importante que tenhamos exatamente os mesmos casos.

ramos observar β unidades de mudança na variável dependente. Em nosso exemplo atual, $\check{\beta} = 0,65$ significa que, para cada ponto percentual extra na taxa de crescimento da economia americana, esperamos observar, em média, um aumento de 0,65 no percentual de votos recebidos pelo partido do incumbente nas eleições presidenciais americanas.

Mas lembre-se da nossa advertência ao longo deste livro sobre interpretar de maneira apressada qualquer resultado de uma análise bivariada como evidência de uma relação causal. Não mostramos, na coluna A da Tabela 9.1, que o aumento na taxa de crescimento da economia *faz* com que o percentual de votos recebido pelo partido do incumbente seja maior. Para deixar claro, a evidência apresentada na coluna A é consistente com uma conexão causal, mas não serve como *prova* da existência da relação causal. Por que não? Porque não controlamos por qualquer outra possível causa dos resultados eleitorais. Certamente existem outras causas do desempenho do partido do incumbente na eleição presidencial, além do crescimento da economia no ano anterior. De fato, podemos imaginar até mesmo outras causas *econômicas* que podem reforçar nossa explicação estatística das eleições presidenciais[5].

Considere o fato de que a variável crescimento considera o desempenho da economia nos primeiros três bimestres anteriores à eleição. Talvez o público recompense ou puna o partido incumbente por *manter* o crescimento econômico ao longo dos anos. Em especial, não faz necessariamente sentido para o público reeleger um partido que em três dos quatro anos obteve um crescimento econômico abaixo da média, mas que no quarto ano obteve crescimento econômico sólido. Adicionalmente, com nossa simples medida para crescimento, estamos assumindo – de modo bastante irrealista – que o público prestaria atenção à taxa de crescimento econômico apenas do ano eleitoral. Certamente o público considera o desempenho recente, mas ele pode também prestar atenção ao crescimento ao longo de todo o mandato.

Na coluna B da Tabela 9.1, estimamos outro modelo bivariado, dessa vez utilizando o número de trimestres consecutivos com crescimento econômico forte que antecederam a eleição presidencial – a variável é nomeada como "boas notícias" – como nossa variável independente[6] (o percentual de votos recebido pelo partido do presidente em exercício continua sendo nossa variável dependente). Na linha nomeada como "boas notícias", observamos que o parâmetro estimado é 0,92, o que significa que, na média, para cada trimestre consecutivo adicional de boas notícias econômicas, esperamos observar um aumento de 0,92 no percentual de votos recebido pelo partido do incumbente. O coeficiente é estatisticamente significante.

Nossos modelos de regressão bivariados mostram uma relação entre uma variável independente específica e o percentual de votos recebido pelo partido do incumbente.

---

[5] E, claro, podemos imaginar variáveis relacionadas ao sucesso e ao insucesso na política externa, por exemplo, como outra causa não econômica dos resultados eleitorais.

[6] Fair operacionalizou essa variável como "o número de trimestres entre os primeiros quinze trimestres do mandato presidencial no qual a taxa de crescimento real econômico *per capita* do PIB foi superior a 3,2%".

Modelo de regressão multivariado: o básico

Mas nenhum dos parâmetros estimados nas colunas A e B controlam por outra variável independente. Retificamos essa situação na coluna C, na qual estimamos simultaneamente os efeitos das variáveis "crescimento" e "boas notícias" no percentual de votos.

Compare a coluna C com as colunas A e B. Na linha nomeada como "boas notícias", observamos que o parâmetro estimado de $\hat{\beta} = 0,67$ indica que, para um trimestre adicional de fortes taxas de crescimento, esperamos observar um aumento de 0,67 ponto percentual recebido pelo partido do incumbente, *enquanto controlamos pelos efeitos de crescimento*. Note a cláusula adicional na interpretação, assim como a ênfase que colocamos. Os coeficientes da regressão multivariada sempre representam o efeito do aumento de uma unidade da variável independente sob a variável dependente, *enquanto controlamos pelos efeitos de todas as outras variáveis independentes do modelo*. Assim, quanto maior o número de trimestres consecutivos com crescimento econômico, maior deve ser o percentual de votos recebido pelo partido do presidente em exercício na próxima eleição, controlando pelo crescimento econômico no ano eleitoral.

É crítico para os objetivos deste capítulo sobre regressão multivariada que você note na coluna C como a inclusão da variável "boas notícias" altera o valor estimado do efeito da variável "crescimento" de 0,65 na coluna A para 0,57 na coluna C. O efeito na coluna C é diferente porque *ele controla pelos efeitos de "boas notícias"*. Isto é, quando os efeitos de longo prazo da expansão econômica são controlados, os efeitos de curto prazo do crescimento diminuem um pouco. O efeito é ainda bastante forte e ainda é estatisticamente significante, mas ele é mais modesto uma vez que os efeitos de longo prazo do crescimento são considerados[7]. Note também que a estatística R^2 aumenta de 0,36 na coluna A para 0,46 na coluna C, o que significa que adicionar a variável "boas notícias" aumenta em 10% a proporção da variância da variável dependente que explicamos[8].

Neste exemplo, a ênfase que estamos dando em controlar por outras causas pode parecer muito alvoroço por nada. Afinal, comparando as três colunas da Tabela 9.1,

---

[7] Podemos, de maneira similar, comparar o efeito da regressão bivariada de "boas notícias" no percentual de votos na coluna B com os resultados da regressão multivariada na coluna C. Note que o efeito de "boas notícias", no contexto multivariado, parece ser reduzido em aproximadamente um quarto.

[8] É importante sermos cuidadosos quando reportamos a contribuição de uma variável independente individual à estatística R^2, e essa tabela nos proporciona um bom exemplo do porquê. Se estimássemos primeiro o modelo A e depois o modelo C, poderíamos ser tentados a concluir que o crescimento explica 36% do voto e que "boas notícias" explicam 20%. Na verdade, ambas as conclusões são falsas. O R^2 é sempre uma medida do ajuste geral do modelo à nossa variável dependente. Então, tudo que podemos dizer sobre o modelo C é que crescimento, "boas notícias" e o termo do intercepto juntos explicam 46% da variação dos votos. Então, embora possamos falar sobre como a adição ou a subtração de uma variável em particular a um modelo aumenta ou diminui o R^2 do modelo, não devemos atribuir determinados valores do R^2 a variáveis independentes específicas. Se examinarmos a Figura 9.1, podemos ter alguma pista do porquê disso. A estatística R^2 para o modelo representado nesta figura é dado por $\dfrac{f+d+b}{a+f+d+b}$. É a presença da área d que não nos permite fazer afirmações definitivas sobre a contribuição individual das variáveis ao R^2.

não temos nenhuma mudança na interpretação do efeito do crescimento econômico de curto prazo na sorte eleitoral do partido do incumbente. Mas não sabíamos disso até testarmos para os efeitos de longo prazo do crescimento. Adiante neste capítulo, temos um exemplo no qual controlar por novas causas da variável dependente altera substancialmente nossa intepretação sobre as relações causais. Devemos ter clara outra coisa sobre a Tabela 9.1: apesar do controle por outra variável, ainda estamos longe de poder dizer que controlamos por todas as possíveis causas da variável dependente. Desse modo, devemos ser cuidadosos ao interpretarmos esses resultados como prova de causalidade. Todavia, à medida que continuamos adicionando variáveis independentes ao nosso modelo de regressão, estaremos cada vez mais próximos de afirmar que controlamos por todas as possíveis causas que conseguimos pensar. Lembre-se de que, como mostramos ao longo do capítulo 1, uma das regras do empreendimento científico é sempre estar disposto a considerar novas evidências. Novas evidências – quando as utilizamos na forma de controle para outras variáveis independentes – podem mudar nossas inferências sobre a possibilidade de uma variável independente estar causalmente relacionada à nossa variável dependente.

9.5 QUAL EFEITO É "MAIOR"?

Na análise anterior, você pode ter ficado tentado a olhar os coeficientes para as variáveis "crescimento" e "boas notícias" na coluna C da tabela 9.1 e concluir que o efeito de "boas notícias" é quase um terço maior do que o efeito de "crescimento". Por mais tentadora que essa conclusão pareça ser, ela deve ser evitada por uma razão fundamental: as duas variáveis independentes são mensuradas em métricas diferentes, o que torna a comparação enganosa. A taxa de crescimento econômico no curto prazo é mensurada em uma métrica diferente – que varia de números negativos quando a economia encolhe a valores positivos quando a economia cresce – à do número de trimestres consecutivos com forte crescimento econômico – que no banco de dados varia de 0 a 10. Isso torna a comparação dos coeficientes enganosa.

Como os coeficientes da Tabela 9.1 estão nas métricas nativas de suas variáveis, eles são conhecidos como **coeficientes não padronizados**. Embora eles normalmente não sejam comparáveis, existe um método bastante simples para remover a métrica de cada variável a fim de torná-las comparáveis. Como você pode imaginar, tais coeficientes, por possuírem uma métrica padronizada, são conhecidos como **coeficientes padronizados**. O cálculo desses coeficientes é bastante simples: pegamos os coeficientes não padronizados e extraímos as métricas – utilizando seus desvios-padrão – tanto das variáveis independentes como da variável dependente:

$$\breve{\beta}_{Std} = \breve{\beta}\frac{s_X}{s_Y},$$

em que $\breve{\beta}_{Std}$ é o coeficiente da regressão padronizado, $\breve{\beta}$ é o coeficiente não padronizado (como o da Tabela 9.1) e s_X e s_Y são os desvios-padrão de X e Y, respectivamente. Como é de se esperar, a interpretação dos coeficientes padronizados muda. Enquanto

Modelo de regressão multivariado: o básico

os coeficientes não padronizados representam a mudança esperada em Y dado o aumento de uma unidade em X, os coeficientes padronizados representam a mudança esperada no _desvio-padrão_ de Y dado o aumento de _um desvio-padrão_ em X. Agora, como todos os parâmetros estão na mesma unidade – isto é, em desvios-padrão –, eles se tornam comparáveis.

Implementando essa fórmula para os coeficientes não padronizados na coluna C da Tabela 9.1, produzimos os seguintes resultados. Primeiro, para "crescimento",

$$\check{\beta}_{Std} = 0,5704788 \left(\frac{5,496239}{6,01748} \right) = 0,52 \ .$$

E, para "boas notícias",

$$\check{\beta}_{Std} = 0,673269 \left(\frac{2,952272}{6,01748} \right) = 0,33 \ .$$

Esses coeficientes podem ser interpretados da seguinte maneira: para um aumento de um desvio-padrão em "crescimento", em média, esperamos um aumento de 0,52 desvio-padrão no percentual de votos recebido pelo partido do incumbente, controlando pelos efeitos de "boas notícias". E, para o aumento de um desvio-padrão em "boas notícias", esperamos observar, em média, um aumento de 0,33 desvio-padrão no percentual de votos recebidos pelo incumbente, controlando pelos efeitos de crescimento. Note como, quando observamos os coeficientes não padronizados, podemos enganosamente pensar que o efeito de "boas notícias" tem um efeito maior do que o crescimento. Mas os coeficientes padronizados nos dizem (corretamente) o oposto: o efeito estimado do "crescimento" é 150% do tamanho do efeito de "boas notícias"[9].

9.6 SIGNIFICÂNCIA ESTATÍSTICA E SUBSTANTIVA

De forma relacionada à advertência sobre qual é o "maior" efeito, considere a aparentemente simples pergunta: os efeitos na coluna C da Tabela 9.1 são "grandes"? É tentador responder dizendo: "Claro que eles são grandes. Ambos os coeficientes são estatisticamente significantes. Portanto, eles são grandes".

Essa lógica, embora seja tentadora, é falha. Lembre-se da discussão do capítulo 6 (especificamente, da seção 6.4.2) sobre os efeitos do tamanho da amostra sobre a magnitude do erro-padrão da média. Notamos o mesmo efeito do tamanho da amostra so-

---

[9] Algumas objeções têm sido levantadas sobre o uso de coeficientes padronizados (King, 1986). De uma perspectiva técnica, como os desvios-padrão podem ser diferentes entre amostras, isso torna os resultados dos coeficientes padronizados específicos para a amostra. Adicionalmente e a partir de uma perspectiva mais ampla, a mudança de uma unidade ou de um desvio-padrão nas variáveis independentes tem significados substanciais diferentes independentemente da métrica em que as variáveis estão mensuradas. Podemos, portanto, logicamente concluir que não existe muito uso na tentativa de descobrir qual é o maior efeito.

bre a magnitude do erro-padrão dos nossos coeficientes da regressão (especificamente, na seção 8.4). Isso significa que, mesmo se a força da relação (medida pelos nossos coeficientes estimados) se mantive constante, aumentando o tamanho da amostra podemos afetar a significância estatística desses coeficientes. Por quê? Porque a significância estatística é determinada pelo teste-t (ver seção 8.4.7), no qual o erro-padrão é utilizado como denominador. Sendo assim, torna-se mais provável encontrar relações estatisticamente significantes[10] à medida que nossa amostra aumenta. Também é aparente a partir do Apêndice B que, quando os graus de liberdade aumentam, alcançamos mais facilmente a significância estatística.

Esperamos que você consiga perceber que aumentar arbitrariamente o tamanho da amostra e, portanto, encontrar relações estatisticamente significantes não faz de modo algum que um efeito seja "o maior" ou mesmo "grande". Lembre-se que tais mudanças nos erros-padrão não possuem qualquer influência na natureza do efeito dos coeficientes de inclinação.

Como, então, você deve julgar se o efeito de uma variável sobre outra é "grande"? Um modo é utilizar o método que acabamos de descrever – o uso dos coeficientes padronizados. Ao colocarmos X e Y na mesma métrica, é possível realizar o julgamento sobre o quão grande o efeito é. Isso é particularmente útil quando as variáveis independentes X e Z, ou a variável dependente Y, ou todas as variáveis, são mensuradas em métricas que não são familiares ou são artificiais.

Quando as métricas das variáveis utilizadas em uma análise de regressão são intuitivas e bem conhecidas, contudo, julgar se o efeito é grande ou pequeno é uma questão de interpretação. Por exemplo, no capítulo 11, veremos um exemplo relacionado aos efeitos da mudança na taxa de desemprego (X) sobre a taxa de aprovação presidencial (Y). É bastante simples interpretar que um coeficiente de inclinação de, digamos, –1,51 significa que, para cada ponto adicional na taxa de desemprego, esperamos que a aprovação diminua em 1,51 ponto, controlando pelos demais fatores do modelo. Esse é um efeito grande, pequeno ou moderado? Há algo a ser julgado aqui, mas, ao menos nesse caso, as métricas tanto de X como de Y são bastante familiares; mesmo que a maioria das pessoas seja pouco familiarizada com política, não é necessário explicar o que significam as taxas de desemprego e de aprovação. Independentemente da significância estatística do que estimamos – que, você deve ter notado, não mencionamos aqui –, discussões como essa são tentativas de julgar a **significância substantiva** de um coeficiente estimado. A significância substantiva é mais difícil de ser julgada do que a significância estatística porque não existem fórmulas numéricas para fazer tais julgamentos. Pelo contrário, a significância substantiva é uma decisão realizada a partir de um julgamento de se relações estatisticamente significantes podem ou não ser consideradas "grandes" ou "pequenas" em termos do impacto no mundo real.

---

[10] Para deixar claro, nem sempre é possível aumentar o tamanho da amostra e, mesmo quando possível, é quase sempre custoso. A situação de pesquisa na qual o aumento do tamanho da amostra é mais provável, embora ainda custoso, é a de uma pesquisa baseada em *surveys* de massa.

Modelo de regressão multivariado: o básico　　　　　　　　　　　　　　　　**231**

De tempos em tempos, observaremos um parâmetro estimado "grande" que não é estatisticamente significante. Embora seja tentador descrever tal resultado como substancialmente significante, ele não é. Podemos entender isso pensando sobre o que significa para um determinado resultado ser estatisticamente significante. Como discutimos no capítulo 8, na maioria dos casos estamos testando a hipótese nula de que o parâmetro populacional é igual a zero. Em tais casos, mesmo que tenhamos um parâmetro estimado grande, se ele não é estatisticamente significante não podemos afirmar que ele não é estatisticamente diferente de zero. Portanto, um parâmetro estimado só pode ser substancialmente significante quando ele é estatisticamente significante.

9.7　O QUE ACONTECE QUANDO DEIXAMOS DE CONTROLAR POR *Z*?

Controlar pelos efeitos de outras possíveis causas da nossa variável dependente Y, como temos sustentado, é crítico para realizar afirmações causais corretas. Alguns de vocês podem estar se perguntando: "Como omitir Z do modelo de regressão afeta minha inferência se X causa Y? Z não é X e Z não é Y, então por que omitir Z importa?".

Considere o seguinte modelo de regressão com três variáveis envolvendo nosso já familiar trio X, Y, Z:

$$Y_i = \alpha + \beta_1 X_i + \beta_2 Z_i + u_i.$$

E assuma, por um momento, que esse é o modelo *correto* da realidade. Isto é, que apenas as únicas causas sistemáticas de Y são X e Z; e que, em algum grau, Y também é influenciado por algum componente de erro randômico, u.

Agora admita que, em vez de estimar o modelo correto, falhamos em estimar os efeitos de Z. Isto é, que estimamos:

$$Y_i = \alpha + \beta_1{}^* X_i + u_i{}^*.$$

Como previamente sugerido, o valor de β_1 no modelo de três variáveis correto e o valor de $\beta_1{}^*$, na maior parte das vezes, serão diferentes (a seguir apresentaremos as exceções). Por sabermos que o modelo com três variáveis é o modelo *correto* – e que isso significa que, obviamente, o valor estimado de β_1 que obtemos a partir da data será igual ao valor real da população – e por sabermos que β_1 não será igual a $\beta_1{}^*$, sabemos então que existe um problema com o valor estimado de $\beta_1{}^*$. Esse é um conhecido problema estatístico chamado **viés**, que significa que o valor esperado de um parâmetro estimado que obtemos a partir de uma amostra não será igual ao valor verdadeiro da população. O tipo específico de viés que resulta da falha de não incluir variáveis que pertencem ao nosso modelo de regressão é chamado de **viés de variável omitida**.

Vamos detalhar a natureza do viés de variável omitida. Se, em vez de estimarmos o modelo verdadeiro de três variáveis, estimarmos o modelo bivariado incorreto, a fórmula para o parâmetro de inclinação $\beta_1{}^*$ será

$$\breve{\beta}_1{}^* = \frac{\sum_{i=1}^{n}(X_i - \overline{X})(Y_i - \overline{Y})}{\sum_{i=1}^{n}(X_i - \overline{X})^2}.$$

Note que essa é simplesmente a fórmula bivariada para o efeito de X em Y (claro, o modelo que acabamos de estimar é um modelo bivariado, apesar do fato de sabermos que Z, assim como X, afeta Y). Mas, como sabemos que Z *deveria* estar no modelo, e como sabemos, a partir do capítulo 8, que retas de regressão perpassam os valores médios de cada variável, podemos afirmar que é verdade que:

$$(Y_i - \overline{Y}) = \beta_1(X_i - \overline{X}) + \beta_2(Z_i - \overline{Z}) + (u_i - \overline{u}).$$

Podemos fazer isso porque sabemos que o plano perpassará a média de cada variável.

Agora note que o lado esquerdo da equação anterior – o $(Y_i - \overline{Y})$ – é idêntico a uma parte do numerador do parâmetro de inclinação para $\breve{\beta}_1{}^*$. Portanto, podemos colocar os termos do lado direito da equação anterior – sim, toda ela – no numerador da fórmula para $\breve{\beta}_1{}^*$.

O resultado matemático dessa operação não está além das suas habilidades de álgebra, mas ela é um pouco trabalhosa, portanto não a apresentaremos aqui. Após algumas linhas de multiplicação e simplificações, porém, a fórmula para $\breve{\beta}_1{}^*$ se reduzirá a

$$E(\breve{\beta}_1{}^*) = \beta_1 + \beta_2 \frac{\sum_{i=1}^{n}(X_i - \overline{X})(Z_i - \overline{Z})}{\sum_{i=1}^{n}(X_i - \overline{X})^2}.$$

Isso pode parecer complicado – um fato que é difícil de negar –, mas há uma importante mensagem aqui. O que a equação diz é que o efeito estimado de X em Y, $\breve{\beta}_1{}^*$, que não inclui os efeitos de Z em Y (mas que deveria), será igual ao verdadeiro β_1 – isto é, o efeito com Z considerado – mais um monte de outras coisas. E, como esse viés é resultado da omissão de uma variável (Z) que deveria estar no modelo, ele é chamado de viés de variável omitida.

Obviamente, gostaríamos que o valor esperado do nosso $\breve{\beta}_1{}^*$ (estimado sem Z) fosse igual ao verdadeiro β_1 (como se tivéssemos estimado a equação com Z). Se o produto do lado direito do sinal de "+" na equação anterior for igual a zero, ele será. Quando isso acontece?[11] Em duas circunstâncias, mas nenhuma delas é particularmente provável. Primeiro, $\breve{\beta}_1{}^* = \beta_1$ se $\beta_2 = 0$. Segundo, $\breve{\beta}_1{}^* = \beta_1$ se o maior quociente no final da equação – $\dfrac{\sum_{i=1}^{n}(X_i - \overline{X})(Z_i - \overline{Z})}{\sum_{i=1}^{n}(X_i - \overline{X})^2}$ – for igual a zero. Qual é esse quociente? Ele deve parecer familiar; de fato, ele é o parâmetro de inclinação de uma regressão de Z sobre X.

---

[11] Para deixar claro, para o produto matemático ser igual a zero, um ou os dois componentes devem ser zero.

Modelo de regressão multivariado: o básico 233

Na primeira dessas duas circunstâncias especiais, o termo de viés será igual a zero se, e somente se, o efeito de Z em Y – isto é, o parâmetro β_2 – for igual a zero. Ou seja, é seguro omitir uma variável independente de uma equação de regressão se ela não tem efeito sobre a variável dependente (se isso parece óbvio para você, ótimo). A segunda circunstância é um pouco mais interessante: é seguro omitir uma variável independente Z de uma equação se ela for inteiramente não relacionada a outra variável independente X. Claro, se em tais circunstâncias omitimos Z, ainda estaremos privados de entender como Z afeta Y; mas, pelo menos, enquanto Z e X forem absolutamente não relacionadas, omitir Z não afetará adversamente nossa estimação do efeito de X em Y[12].

É preciso enfatizar que essa segunda condição é improvável de ocorrer na prática. Portanto, se Z afeta Y, e Z e X são relacionados, então, se omitimos Z do nosso modelo, nosso termo de viés não será igual a zero. E, no fim, omitir Z nos levará a estimar erroneamente o efeito de X em Y.

Esse resultado tem muitas implicações práticas. A mais direta é o fato de que, mesmo que não esteja teoricamente interessado na conexão entre Z e Y, você precisa controlar por ela, estatisticamente, para conseguir um estimador não enviesado do impacto de X, que é o foco da investigação teórica.

Isso pode parecer injusto, mas é verdade. Se estimarmos um modelo de regressão que omite uma variável independente (Z) que pertence ao modelo, então o efeito de Z estará de alguma maneira embutido no parâmetro estimado para a nossa variável independente (X) e poluirá nossa estimação do efeito de X em Y.

A equação anterior também sugere quando é provável que a magnitude do viés seja grande e quando é provável que seja pequena. Se um ou os dois componentes do termo de viés [β_2 e $\dfrac{\sum_{i=1}^{n}(X_i - \overline{X})(Z_i - \overline{Z})}{\sum_{i=1}^{n}(X_i - \overline{X})^2}$] são *próximos de* zero, então é provável que o viés seja pequeno (porque o termo de viés é o produto de ambos os componentes); mas, se ambos forem provavelmente grandes, então o viés provavelmente será bastante grande.

Adicionalmente, a equação também sugere a provável *direção* do viés. Tudo que afirmamos até o momento é que β_1* será enviesado – isto é, que não será igual ao valor verdadeiro. Mas qual será o tamanho desse viés? Se tivermos um bom palpite sobre os valores de β_2 e da correlação entre X e Z – isto é, se eles são positivos ou negativos –, então podemos ter um palpite sobre a direção do viés. Por exemplo, suponha que β_1, β_2 e a correlação entre X e Z sejam todos positivos. Isso significa que nosso coeficiente estimado β_1* será maior do que deveria ser, porque um número positivo mais o produto de dois números positivos será um número positivo ainda maior. E assim por diante[13].

Para entender melhor a importância de controlar por outras possíveis causas da variável dependente e a importância da relação (ou falta dela) entre X e Z, considere as seguintes ilustrações. Na Figura 9.1, representamos a variação total de Y, X e Z com um círculo cada[14]. A covariação entre quaisquer duas dessas variáveis – ou entre as três – é

---

[12] Omitir Z de um modelo de regressão também reduz a estatística R^2.

[13] Com mais de duas variáveis independentes, torna-se mais complexo descobrir a direção do viés.

[14] Lembre-se de como, no capítulo 8, utilizamos diagramas de Venn para representar variação (círculos) e covariação (a área de intersecção entre os círculos).

representada pelas intersecções, isto é, pelas áreas em que os círculos se sobrepõem. Assim, a variação total de Y é representada pela soma das áreas $a + b + d + f$. A covariação entre Y e X é representada pelas áreas $b + d$.

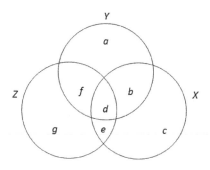

Figura 9.1 – Diagrama de Venn no qual X, Y e Z estão correlacionados.

Note, na figura, que a variável Z é relacionada tanto com Y como com X (porque o círculo que representa a variação de Z se sobrepõe com Y e X). Em particular, a relação entre Y e Z é dada pela área $f + d$, e a relação entre Z e X é dada pela área $d + e$. Como já vimos, d é também uma parte da relação entre Y e X. Se, hipoteticamente, apagarmos o círculo correspondente a Z da figura, atribuiríamos (incorretamente) toda a área dada por $b + d$ a X, enquanto a porção d da variação de Y é compartilhada por X e Z. É por isso que, quando Z é relacionado com X e Y, e falhamos em controlar por Z, estimamos um efeito enviesado de X em Y.

Considere o cenário alternativo, em que X e Z afetam Y, mas X e Z são completamente não relacionados. Os círculos de X e de Z se sobrepõem com o círculo de Y, mas eles não são sobrepostos entre eles. Nesse caso – que, como notamos, é bastante improvável em pesquisa aplicada – podemos de modo seguro omitir Z quando consideramos os efeitos de X em Y. Na figura, a relação entre X e Y – a área b – não é afetada pela presença (ou ausência) de Z no modelo[15].

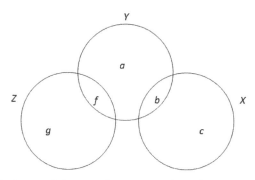

Figura 9.2 – Diagrama de Venn no qual X e Z estão correlacionados com Y, mas não entre si.

---

[15] Pelas mesmas razões, podemos estimar de maneira segura os efeitos de Z em Y – a área f – sem considerar o efeito de X.

9.7.1 UM REQUISITO MATEMÁTICO MÍNIMO ADICIONAL PARA A REGRESSÃO MULTIVARIADA

No capítulo 9, delimitamos um conjunto de pressupostos e de requisitos matemáticos mínimos para o modelo de regressão bivariado. No modelo de regressão multivariado, todos os pressupostos que aceitamos e todos os requisitos matemáticos mínimos se mantêm. Em adição a eles, contudo, precisamos de mais um requisito matemático mínimo para sermos capazes de estimar nossos modelos de regressão multivariados: *não pode haver colinariedade perfeita* entre duas ou mais das nossas variáveis independentes (que temos chamado de X e Z). Esse pressuposto também é conhecido como pressuposto da não **multicolinearidade perfeita** (que significa que X e Z não podem ser *perfeitamente* colineares, ou seja, que o coeficiente de correlação entre eles não pode ser de $r = 1,0$).

O que significa dizer que entre X e Z não pode existir uma relação linear perfeita? Volte à Figura 9.1. Se X e Z tiverem uma relação linear *perfeita*, em vez de observamos algum grau de sobreposição – isto é, algum grau imperfeito de correlação –, os círculos estariam perfeitamente sobrepostos. Em tal situação, é literalmente impossível estimar um modelo de regressão, na medida em que é impossível separar os efeitos de X em Y dos efeitos de Z em Y.

Isso não significa que devemos assumir que X e Z são totalmente não correlacionados entre si (como ocorre na Figura 9.2). De fato, em quase todos os modelos de regressão multivariados, X e Z terão algum grau de correlação entre si. As coisas se tornam complicadas somente quando a correlação se aproxima de 1,0; e, quando ela alcança 1,0, não conseguiremos estimar o modelo de regressão utilizando X e Z como variáveis independentes. No capítulo 10, discutiremos essa questão mais profundamente.

9.8 UM EXEMPLO DA LITERATURA: TEORIAS CONCORRENTES SOBRE COMO POLÍTICAS AFETAM O COMÉRCIO INTERNACIONAL

Quais são as forças que afetam o comércio internacional? Economistas há muito tempo têm notado que existem forças econômicas que moldam o volume de comércio entre duas nações[16]. O tamanho da economia de cada nação, a distância física entre elas e o nível geral de desenvolvimento têm sido investigados como causas econômicas do comércio[17]. Mas, em adição a forças econômicas, fatores políticos contribuem para o desenvolvimento do comércio internacional?

---

[16] Teorias sobre comércio e, certamente, muitas teorias sobre outros aspectos do comércio internacional são usualmente desenvolvidas com pares de países em mente. Assim, todas as variáveis relevantes, como comércio, são mensuradas em termos de pares de países, que são frequentemente referidas como "díades" pelos estudiosos das relações internacionais. Como resultado, os bancos de **dados diáticos** são frequentemente bastante grandes, porque contêm cada um dos pares de países relevantes.

[17] Tais modelos são referidos como "modelos gravitacionais", porque, de acordo com essas teorias, as forças que movem o comércio se assemelham às forças que determinam a atração gravitacional entre dois objetos físicos.

Morrow, Siverson e Tabares (1998) investigaram três explicações políticas concorrentes (e talvez complementares) para o nível de comércio internacional entre dois países. A primeira teoria sustenta que países que possuem relações de amizade têm maior probabilidade de realizar comércio do que países que estão em conflito. Conflito, nessa teoria, não significa que os países estão em conflito militar (embora esse possa ser o caso)[18]. Conflitos, os autores argumentam, podem reduzir o comércio de vários modos. Primeiro, conflitos entre Estados podem por vezes produzir embargos (ou proibições de comércio). Segundo, conflitos podem reduzir o comércio ao aumentar o risco para empresas que almejam realizar comércio interfronteiras.

A segunda teoria é de que o comércio será maior quando ambos os países são democracias e menor quando um deles (ou os dois) for uma autocracia[19]. Como democracias possuem sistemas políticos e judiciários mais abertos, o comércio deve ser maior entre democracias, porque empresas de um país terão mais garantias de que qualquer disputa comercial será resolvida de modo claro e justo nos tribunais. Em contraste, empresas de um país democrático podem ser mais relutantes em começar relações comerciais com países não democráticos, porque elas possuem menos certezas sobre como desentendimentos serão resolvidos. Adicionalmente, empresas podem ser mais cautelosas em relações comerciais com não democracias por medo de ter seus bens confiscados por um governo estrangeiro. Em suma, um país autocrático aumenta a percepção de risco por parte das empresas.

A terceira teoria é de que Estados aliados têm maior probabilidade de estabelecer relações comerciais entre eles do que Estados que não possuem tal tipo de aliança[20]. Quando Estados não são aliados, um país pode ficar relutante em possuir relações de comércio com outro se acreditar que os ganhos do comércio possam ser utilizados para se preparar para um futuro conflito. Em contraste, Estados aliados têm a ganhar com o comércio entre eles na medida em que o comércio pode levar ao aumento da riqueza de ambos.

Para testar essas teorias, Morrow, Siverson e Tabares observaram o comércio entre todas as potências do sistema internacional – os Estados Unidos, o Reino Unido, a França, a Alemanha, a Rússia e a Itália – durante quase todo o século XX. Eles consideraram cada par de Estados – chamados *díades* – separadamente e examinaram as exportações anuais para cada país[21]. A variável dependente foi a quantidade de exportação em cada díade para cada ano.

---

[18] Ver Pollins (1989) para uma discussão estendida dessa teoria.

[19] Ver Dixon e Moon (1993) para uma elaboração dessa teoria.

[20] Ver Gowa (1989) e Gowa e Mansfield (1993) para uma extensa discussão que inclui distinções entre organizações bipolares e multipolares do sistema internacional.

[21] Esse desenho de pesquisa é frequentemente referido como desenho de pesquisa de série temporal transversal (*time-series cross-section*). Nesse sentido, ele é um hibrido dos dois tipos de quase experimentos discutidos no capítulo 3.

Modelo de regressão multivariado: o básico

Tabela 9.2 – Excertos da tabela de Morrow, Siverson e Tabares sobre as causas políticas do comércio internacional.

	A	B	C	D
Relações pacíficas	1,12*	–	–	1,45*
	(0,22)	–	–	(0,37)
Parceiros democráticos	–	1,18*	–	1,22*
	–	(0,12)	–	(0,13)
Países aliados	–	–	0,29*	–0,50*
	–	–	(0,03)	(0,16)
PNB do exportador	0,67*	0,57*	0,68*	0,56*
	(0,07)	(0,07)	(0,07)	(0,08)
R^2	0,77	0,78	0,77	0,78
n	2631	2631	2631	2631

Notas: erros-padrão entre parênteses.
* = $p < 0,05$
Os autores utilizaram outras variáveis em seus modelos.
Aqui as excluímos para facilitar a apresentação.

A Tabela 9.2 mostra um excerto da análise de Morrow, Siverson e Tabares[22]. Na coluna A, eles mostram que, como a primeira teoria prediz, o aumento da paz interessados está associado com maiores quantidades de comércio entre países, controlando por fatores econômicos. Adicionalmente, quanto maior a economia for, mais comércio acontecerá (esse achado é consistente em todas as equações estimadas). Os resultados na coluna B indicam que pares de países democráticos possuem um volume maior de comércio do que pares envolvendo ao menos um país não democrático. Por fim, os resultados na coluna C mostram que o comércio é maior entre países aliados do que entre países que não possuem aliança. Todos esses efeitos foram estatisticamente significantes.

Até agora, cada uma das teorias recebeu ao menos algum apoio. Mas, como você pode ver a partir da análise da tabela, os resultados da coluna A até a C não controlam por outras explicações. Isto é, ainda precisamos analisar os resultados de um modelo multivariado completo, em que as teorias podem competir entre si por maior poder explicativo. Essa situação é retificada na coluna D, na qual as três variáveis políticas são utilizadas na mesma regressão. Nesse modelo, observamos que o efeito da redução da hostilidade entre países aumenta no contexto multivariado – o coeficiente no modelo A era de 1,12, enquanto o do modelo D é de 1,45. Similarmente, o efeito de os

---

[22] Interpretar a magnitude precisa dos parâmetros estimados neste caso é um pouco difícil, porque as variáveis independentes foram todas transformadas pelo uso do logaritmo natural.

dois países serem democráticos quase não se altera no modelo multivariado. Todavia, o efeito de ser aliado muda. Antes de controlar por conflito e democracia, o efeito de ser aliado era (como esperado) positivo e estatisticamente significante. Contudo, na coluna D, em que controlamos por conflito e democracia, o efeito de ser aliado muda de sinal e agora é *negativo* (e estaticamente significante), o que significa que, quando controlamos por esses fatores, países que são aliados possuem uma chance menor de estabelecer relações comerciais entre si.

O artigo de Morrow, Siverson e Tabares representa um caso em que a síntese de várias explicações competitivas para o mesmo fenômeno – comércio internacional – produz resultados surpreendentes. Utilizando o mesmo banco de dados que permitiu aos autores testar essas três teorias simultaneamente, Morrow, Siverson e Tabares foram capazes de descobrir quais teorias receberam apoio e quais não.

9.9 IMPLICAÇÕES

Quais são as implicações deste capítulo? O principal ponto dele – que falhar em controlar por todas as variáveis independentes relevantes frequentemente nos levará a inferências causais enganosas para as variáveis que estão no nosso modelo – pode ser aplicado a diversos contextos. Se você está lendo um artigo científico em uma das suas disciplinas e ele utiliza uma análise de regressão entre duas variáveis mas falha em controlar pelos efeitos de alguma outra possível causa da variável dependente, então você tem alguma razão em ser cético sobre os resultados reportados. Em particular, se você puder pensar em outra variável independente que é provável que esteja relacionada *tanto* com a variável independente *como* com a variável dependente, então a relação que o artigo mostra pode estar suscetível a viés. E, se for esse o caso, então existem razões suficientes para duvidar dos achados. Os achados *podem* estar certos, mas você não tem como saber se esse é o caso a partir da evidência apresentada no artigo; em específico, você precisaria controlar pela variável omitida para ter certeza sobre os achados.

Mas essa questão crítica não está presente apenas em artigos científicos. Quando você lê uma notícia do seu *site* de notícias favorito que reporta uma relação entre alguma causa e algum efeito presumidos – artigos de meios de comunicação usualmente não utilizam os termos "variável independente" ou "variável dependente" –, mas que falha em considerar alguma outra causa que você consegue imaginar que pode estar relacionada às variáveis dependente e independente, então você tem razões para duvidar das conclusões.

Pode ser tentador reagir ao viés de variável omitida dizendo "o viés de variável omitida é um problema potencial tão grande que não quero utilizar análise de regressão". Isso seria um erro. Na realidade, a lógica do viés de variável omitida se aplica a qualquer tipo de pesquisa, não importa qual tipo de técnica estatística é utilizada – na verdade, não importa se a pesquisa é qualitativa ou quantitativa.

Modelo de regressão multivariado: o básico **239**

Algumas vezes, como observamos, controlar por outras causas da variável dependente pode mudar nossos resultados apenas marginalmente. Isso ocasionalmente acontece na pesquisa aplicada. Outra vezes, contudo, falhar em controlar por uma causa relevante da variável dependente pode ter consequências sérias para nossas inferências causais sobre o mundo real.

Nos capítulos 10 e 11, apresentamos algumas importantes extensões do modelo de regressão multivariado que você provavelmente encontrará quando estiver consumindo ou conduzindo pesquisas.

CONCEITOS INTRODUZIDOS NESTE CAPÍTULO

- Coeficientes não padronizados – coeficientes da regressão em que a interpretação é feita nas unidades originais de cada variável.

- Coeficientes padronizados – coeficientes da regressão em que a interpretação é feita em unidades de desvios-padrão de cada variável.

- Dados diáticos – dados que refletem as características entre pares de unidades espaciais e/ou relações entre elas.

- Multicolinearidade perfeita – quando existe uma relação linear perfeita entre duas ou mais variáveis independentes de um modelo de regressão.

- Significância substantiva – um julgamento sobre uma relação estatisticamente significante ser "grande" ou "pequena" em termos do seu impacto no mundo real.

- Viés – um problema estatístico que ocorre quando o valor esperado de um parâmetro estimado que obtivemos a partir de uma amostra não é igual ao valor do parâmetro real para a população.

- Viés de variável omitida – um tipo específico de viés que resulta da falha em incluir uma variável que pertence ao nosso modelo de regressão.

EXERCÍCIOS

1. Identifique um artigo de um proeminente *site* que reporta uma relação causal entre duas variáveis. Você consegue pensar em outra variável que é relacionada às variáveis independente e dependente? Imprima-o e entregue uma cópia do artigo junto com suas respostas.

2. Estime a direção do viés resultante da omissão da terceira variável no exercício 1.

3. Complete os valores da terceira coluna da Tabela 9.3.

Tabela 9.3 – Viés em $\breve{\beta}_1$ quando o modelo populacional verdadeiro é $Y_i = \alpha + \beta_1 X_i + \beta_2 Z_i + u_i$, mas deixamos Z de fora.

β_2	$\dfrac{\sum_{i=1}^{n}(X_i - \breve{X})(Z_i - \breve{Z})}{\sum_{i=1}^{n}(X_i - \breve{X})^2}$	Resultado do viés em
0	+	?
0	–	?
+	0	?
–	0	?
+	+	?
–	–	?
+	–	?
–	+	?

4. Durante uma pesquisa você encontrou evidências de que um modelo de regressão bivariado apoia sua teoria de que a variável independente X é positivamente relacionada à variável dependente Y_i (o parâmetro de inclinação de X_i foi estatisticamente significante e positivo quando você estimou o modelo de regressão bivariado). Você apresenta sua pesquisa a outros pesquisadores que sustentam uma teoria de que outra variável independente, Z_i, é negativamente relacionada à variável dependente Y_i. Eles mostram os resultados para um modelo de regressão bivariado em que o parâmetro de inclinação para Z_i foi estatisticamente significante e negativo. Vocês utilizam a mesma variável dependente, Y_i. Diga qual seria sua reação a esses achados em cada uma das seguintes circunstâncias:

a) Você tem confiança de que a correlação entre Z_i e X_i é igual a zero.

b) Você acha que a correlação entre Z_i e X_i é positiva.

c) Você acha que a correlação entre Z_i e X_i é negativa.

Tabela 9.4 – Três modelos de regressão do salário dos professores nos estados americanos e distrito de Columbia.

	A	B	C
% de residentes do estado que possuem nível superior	704,02*	–	24,56
	(140,22)	–	(231,72)
Renda *per capita*	–	1,18*	0,66*
	–	(0,11)	(0,19)
Intercepto	28768,01*	21168,11*	21161,07*
	(3913,27)	(4102,40)	(4144.96)
R^2	0,34	0,47	0,47
n	51	51	51

Notas: a variável dependente é a média do salário para os professores de escolas públicas de educação elementar e secundária.
Erros-padrão em parênteses. *= $p < 0{,}05$ (teste bicaudal)

5. Utilizando a Tabela 9.4, interprete os resultados dos modelos bivariados apresentados nas colunas A e B.

6. Utilizando a Tabela 9.4, interprete os resultados do modelo de regressão multivariado apresentado na coluna C. Compare os resultados da coluna C com os das colunas A e B.

7. Desenhe um diagrama de Venn que descreva o que está acontecendo entre as três variáveis com base nos resultados da Tabela 9.4.

CAPÍTULO 10
ESPECIFICAÇÕES DO MODELO DE REGRESSÃO MULTIVARIADO

RESUMO:

Neste capítulo apresentamos *conselhos* e uma *discussão* introdutória para cenários de pesquisa comumente encontrados envolvendo modelos de regressão multivariados. As questões cobertas incluem tópicos como: o uso de variáveis independentes dicotômicas, modelos com termos interativos, casos influentes e multicolinearidade.

10.1 EXTENSÕES DO MQO

Nos dois últimos capítulos, discutimos em detalhes vários aspectos da estimação e da interpretação dos modelos de regressão MQO. Neste capítulo, passaremos por uma série de cenários de pesquisa comumente encontrados por cientistas políticos quando testam suas hipóteses em um contexto de MQO. O propósito deste capítulo é duplo – primeiro, ajudar você a identificar esses cenários quando se confrontar com eles e, segundo, ajudar você saber o que fazer para avançar.

Começamos com a discussão sobre variáveis independentes *dummies* (dicotômicas) e como utilizá-las de maneira apropriada para fazer inferências. Então discutimos como testar hipóteses interativas com variáveis dicotômicas. Depois voltamos nossa atenção a dois problemas recorrentes no MQO – valores discrepantes e multicolinearidade. Em ambos os casos, ao menos metade do desafio é identificar que você tem o problema.

10.2 SENDO INTELIGENTE COM VARIÁVEIS INDEPENDENTES *DUMMIES*[1] NO MQO

No capítulo 5, discutimos como uma parte importante de conhecer seus dados envolve conhecer a métrica em que cada uma das suas variáveis está mensurada. Ao longo dos exemplos que examinamos até agora, quase todas as variáveis, independentes e dependentes, eram contínuas. Isso não aconteceu por acaso. Escolhemos exemplos com variáveis contínuas porque eles são, em muitos casos, mais fáceis de serem interpretados do que modelos nos quais as variáveis não são contínuas. Nesta seção, porém, consideramos uma série de cenários envolvendo variáveis independentes que *não* são contínuas. Começamos com um caso relativamente simples em que temos uma variável independente categórica que pode assumir dois possíveis valores. Variáveis categóricas desse tipo são comumente chamadas de **variáveis *dummies* (dicotômicas)**. Embora seja possível que esse tipo de variável assuma quaisquer dois valores, a maior parte das variáveis *dummies* assumem valores iguais a 0 ou 1. Essas variáveis são algumas vezes chamadas também de "variáveis indicadoras", quando um valor igual a 1 indica a presença de uma determinada característica e um valor igual a 0 indica a ausência de tal característica. Após considerar as variáveis categóricas *dummies*, passamos a exemplos mais complicados em que temos uma variável independente que é categórica e assume mais de dois valores. Concluímos esta seção com um exame de como lidar com modelos em que temos múltiplas variáveis *dummies* representando múltiplas e sobrepostas classificações de casos.

10.2.1 UTILIZANDO VARIÁVEIS *DUMMIES* PARA TESTAR HIPÓTESES SOBRE UMA VARIÁVEL CATEGÓRICA QUE ASSUME SOMENTE DOIS VALORES

Durante a eleição presidencial americana de 1996 entre o presidente em exercício do partido democrata, Bill Clinton, e o desafiante do partido republicano, Robert Dole, a esposa de Clinton, Hillary, foi uma figura proeminente e polarizadora. Ao longo dos dois próximos exemplos, utilizaremos o resultado do "termômetro de empatia" sobre ela coletado a partir do *survey* elaborado pelo National Election Study (NES) como nossa variável dependente. Um termômetro de empatia é uma resposta a uma pergunta na qual o entrevistado responde como ele se *sente* (em oposição ao que ele *acha*) sobre indivíduos específicos ou grupos em uma escala de sentimento que tipicamente varia de 0 a 100. Respostas com valor igual a 50 indicam que o respondente não se sente nem caloroso, nem frio a respeito do grupo ou indivíduo em questão. Respostas com valores entre 50 e 100 representam sentimentos calorosos (ou favoráveis) e respostas entre 50 e 0 representam sentimentos frios (ou desfavoráveis).

---

[1] Neste título, os autores estão fazendo um trocadilho. *Dummy* pode ser utilizado como uma gíria, com o significado de "estúpido", "sem cérebro". Portanto, os autores querem dizer, com este título, que ensinarão como ser inteligente utilizando variáveis estúpidas. Como essas variáveis assumem apenas dois valores (0 e 1, normalmente), elas foram chamadas de *dummies* por mensurarem a realidade de modo muito simplificado. [N.T.]

Especificações do modelo de regressão multivariado   **245**

Durante a campanha de 1996, Hillary Clinton foi identificada como sendo uma feminista de esquerda. Dado isso, teorizamos que pode haver uma relação causal entre a renda familiar do entrevistado e o valor do seu termômetro de empatia em relação a Hillary Clinton – mantendo todo o resto constante, entrevistados com maior renda familiar devem têm menor probabilidade de gostar dela –, assim como deve haver uma relação entre o gênero do entrevistado e o valor do seu termômetro de empatia em relação a Hillary Clinton – mantendo todo o resto constante, mulheres devem têm maior probabilidade de gostar dela. Para manter nosso exemplo simples, assumiremos que nossa variável dependente e nossa variável independente de renda são contínuas[2]. O gênero de cada respondente foi, originalmente, codificado com valor 1 para "homem" e 2 para "mulher". Embora pudéssemos deixar essa variável como ela foi originalmente codificada, escolheremos criar duas novas variáveis *dummies*: "homem", que assume o valor 1 quando o gênero do respondente é masculino e 0 caso contrário, e "mulher", que assume o valor 1 quando o gênero do respondente é feminino e 0 caso contrário.

Nosso primeiro impulso é estimar um modelo MQO como o seguinte:

$$\text{Termômetro Hillary}_i = \alpha + \beta_1 \text{ Renda}_i + \beta_2 \text{ Homem}_i + \beta_3 \text{ Mulher}_i + u_i.$$

Mas, se tentarmos estimar esse modelo, nosso *software* estatístico nos dará uma mensagem de erro[3]. A Figura 10.1 reproduz a imagem que o Stata mostra quando tentamos estimar o modelo. Podemos observar que o Stata reportou os resultados para o modelo abaixo, em vez do modelo que tentamos estimar:

$$\text{Termômetro Hillary}_i = \alpha + \beta_1 \text{ Renda}_i + \beta_3 \text{ Mulher}_i + u_i$$

Em vez das estimativas para β_2, na segunda linha da coluna dos parâmetros estimados temos a mensagem de que essa variável foi "excluída"[4] do modelo. Isso ocorre porque falhamos em cumprir o critério matemático mínimo que introduzimos quando passamos do modelo bivariado MQO para o multivariado MQO no capítulo 9 – "não pode existir multicolinearidade perfeita". A razão pela qual falhamos em satisfazer esse critério para o nosso modelo com duas variáveis independentes, homem e mulher, é que

$$\text{Homem}_i + \text{Mulher}_i = 1 \forall i .$$

Em outras palavras, nossas variáveis "homem" e "mulher" são perfeitamente correlacionadas: se soubermos o valor da variável "homem" para um respondente, então sabemos o valor da variável "mulher" para esse respondente com absoluta certeza.

---

[2]   No *survey*, a renda da família do respondente foi mensurada em uma escala que varia de 1 a 24, de acordo com a categoria de renda que melhor descrevia a renda familiar no ano de 1995.

[3]   A maioria dos programas estatísticos estimarão o modelo com somente uma das duas variáveis *dummies* e reportarão os resultados juntamente com uma mensagem de erro.

[4]   No original, *dropped*. [N.T.]

```
. reg hillary_thermo income male

    Source |      SS        df       MS            Number of obs =    1542
-----------+------------------------------         F( 2,  1539) =   49.17
     Model | 80916.663       2   40458.3315        Prob > F      =  0.0000
  Residual | 1266234.71   1539   822.764595        R-squared     =  0.0601
-----------+------------------------------         Adj R-squared =  0.0588
     Total | 1347151.37   1541   874.205954        Root MSE      =  28.684


hillary_th~o |    Coef.   Std. Err.      t     P>|t|    [95% Conf. Interval]
-------------+----------------------------------------------------------------
      income |  -.8407732   .117856    -7.13   0.000   -1.071949   -.6095978
        male |  -8.081448  1.495216    -5.40   0.000   -11.01432   -5.148572
       _cons |   69.26185  1.92343     36.01   0.000    65.48903    73.03467
```

Figura 10.1 – Resultados do Stata quando são incluídas ambas as variáveis *dummies* de gênero no modelo.

Chamamos essa situação com variáveis *dummies* de **armadilha da variável dummy**. Para evitar essa armadilha, temos que omitir uma das variáveis *dummies*. Mas ainda queremos ser capazes de comparar os efeitos de ser homem com os de ser mulher em nosso teste de hipótese. Como podemos fazer isso, se temos que omitir uma das nossas variáveis que mensuram o gênero? Antes de responder a essa questão, observe os resultados da Tabela 10.1 para dois diferentes modelos. Em cada um deles omitimos uma das duas variáveis. Podemos aprender bastante observando o que é igual e o que não é igual entre esses modelos. Em ambos, o parâmetro estimado e o erro-padrão para renda são iguais. A estatística R^2 também é a mesma. O parâmetro estimado e o erro-padrão para o intercepto são diferentes. O parâmetro para a variável homem é igual a –8,08, enquanto para a variável mulher o parâmetro é de 0,12. Se você acha que essas similaridades não podem ter acontecido por coincidência, você está certo. Na verdade, esses dois modelos são, matematicamente falando, iguais. Todos os valores $\hat{Y}$ e os resíduos para os casos individuais são *exatamente* os mesmos. Mantendo a renda constante, a diferença estimada entre ser homem e ser mulher é de 8,08. O sinal desse coeficiente muda de direção (de positivo para negativo), quando mudamos do modelo 1 para o modelo 2, porque estamos enfatizando a mesma questão de modo diferente:

- No modelo 1: "Qual é a diferença estimada para uma mulher em relação a um homem?"

- No modelo 2: "Qual é a diferença estimada para um homem em relação a uma mulher?"

Então, por que os interceptos são diferentes? Pense novamente na nossa discussão nos capítulos 8 e 9 sobre a intepretação do intercepto – ele é o valor estimado da variável dependente quando as variáveis independentes são iguais a zero.

Especificações do modelo de regressão multivariado **247**

Tabela 10.1 – Dois modelos do efeito de gênero e renda nos *scores* do termômetro de Hillary.

	Modelo 1	Modelo 2
Homem	–	−8,08**
	–	(1,50)
Mulher	8,08**	–
	(1,50)	–
Renda	−0,84**	−0,84**
	(0,12)	(0,12)
Intercepto	61,18***	69,26**
	(2,22)	(1,92)
R^2	0,06	0,06
n	1542	1542

Notas: a variável dependente em ambos modelos é o valor
para o termômetro de empatia para Hillary Clinton.
Erros-padrão entre parênteses.
Teste-*t* bicaudal: *** indica $p < 0,01$;
** indica $p < 0,05$; * indica $p < 0,10$.

No modelo 1 isso equivale ao valor estimado da variável dependente para um homem de baixa renda. No modelo 2 isso equivale ao valor estimado da variável dependente para uma mulher de baixa renda. E a diferença entre esses dois valores – você deve adivinhar – é de $61,18 - 69,26 = 8,08$!

Como a reta de regressão para o modelo 1 ou modelo 2 se parece? A resposta é que ela depende do gênero do indivíduo para o qual estamos plotando a reta, mas ela independe do modelo que estamos utilizando para desenhá-la. Para homens, em que $\text{Mulher}_i = 0$ e $\text{Homem}_i = 1$, os valores preditos são calculados por:

Modelo 1 para Homem :

$$\breve{Y}_i = 61,18 + (8,08 \times \text{Mulher}_i) - (0,84 \times \text{Renda}_i)$$
$$\breve{Y}_i = 61,18 + (8,08 \times 0) - (0,84 \times \text{Renda}_i)$$
$$\breve{Y}_i = 61,18 - (0,84 \times \text{Renda}_i);$$

Modelo 2 para Homem :

$$\breve{Y}_i = 69,26 - (8,08 \times \text{Homem}_i) - (0,84 \times \text{Renda}_i)$$
$$\breve{Y}_i = 69,26 - (8,08 \times 1) - (0,84 \times \text{Renda}_i)$$
$$\breve{Y}_i = 61,18 - (0,84 \times \text{Renda}_i).$$

Como podemos observar, para homens, independentemente de utilizarmos os resultados do modelo 1 ou do modelo 2, a fórmula para os valores preditos é a mesma. Para mulheres, em que $\text{Mulher}_i = 1$ e $\text{Homem}_i = 0$, os valores preditos são calculados por:

Modelo 1 para Mulher :

$$\check{Y}_i = 61{,}18 + (8{,}08 \times \text{Mulher}_i) - (0{,}84 \times \text{Renda}_i)$$
$$\check{Y}_i = 61{,}18 + (8{,}08 \times 1) - (0{,}84 \times \text{Renda}_i)$$
$$\check{Y}_i = 69{,}26 - (0{,}84 \times \text{Renda}_i);$$

Modelo 2 para Mulher :

$$\check{Y}_i = 69{,}26 - (8{,}08 \times \text{Homem}_i) - (0{,}84 \times \text{Renda}_i)$$
$$\check{Y}_i = 69{,}26 - (8{,}08 \times 0) - (0{,}84 \times \text{Renda}_i)$$
$$\check{Y}_i = 69{,}26 - (0{,}84 \times \text{Renda}_i).$$

Novamente, a fórmula para mulheres utilizando o modelo 1 é a mesma fórmula quando usamos o modelo 2. Para ilustrar esses dois conjuntos de predições, plotamos ambas as retas na Figura 10.2. Dado que as duas fórmulas preditivas possuem o mesmo parâmetro de inclinação, não é surpreendente que as duas retas sejam paralelas, com a diferença do intercepto as separando.

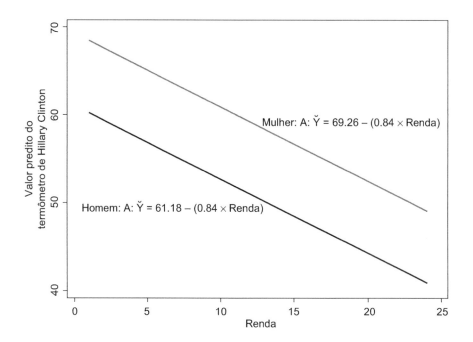

Figura 10.2 – Retas da regressão do modelo com uma variável *dummy* para gênero.

Especificações do modelo de regressão multivariado 249

10.2.2 UTILIZANDO VARIÁVEIS _DUMMIES_ PARA TESTAR HIPÓTESES SOBRE UMA VARIÁVEL INDEPENDENTE CATEGÓRICA QUE ASSUME MAIS DE DOIS VALORES

Como você pode imaginar, quando temos uma variável categórica com mais de duas categorias e a queremos incluir em nosso modelo MQO, as coisas se tornam mais complicadas. Continuaremos com nosso exemplo da modelagem do valor para o termômetro de empatia de Hillary Clinton como função das características dos indivíduos e suas opiniões. Nesta seção, utilizamos a filiação religiosa do respondente como variável independente. A frequência das diferentes respostas para este item no NES de 1996 é exposta na Tabela 10.2.

Podemos utilizar a "identificação religiosa" como ela foi originalmente codificada em nosso modelo de regressão? Sim, seria possível, mas essa seria uma ideia ruim. Lembre-se, esta é uma variável categórica, em que os valores da variável não estão ordenados do menor valor para o maior. Pelo contrário, não existe algo como "menor" ou "maior" valor nessa variável. Então, rodar um modelo de regressão com esses dados do modo como eles estão não teria sentido. Tenha cuidado: _nossos_ softwares _estatísticos não sabem que esta é uma variável categórica_. Nosso _software_ ficaria mais do que contente em rodar a regressão e reportar os parâmetros estimados, mesmo que essas estimativas não tenham sentido.

Tabela 10.2 – Identificação religiosa no NES de 1996.

Valor	Categoria	Frequência	Percentual
0	Protestante	683	39,85
1	Católico	346	20,19
2	Judeu	22	1,28
3	Outro	153	8,93
4	Nenhum	510	29,75
	Total	1.714	100

Na seção anterior, na qual tínhamos uma variável categórica ("gênero") que possuía apenas dois valores possíveis, vimos que, quando mudávamos qual dos valores eram representados por "1" e por "0", os parâmetros estimados mudavam de sinal. Isso acontecia porque as perguntas feitas com os modelos eram diferentes. Com variáveis categóricas que podem assumir mais de dois possíveis valores, temos mais de duas possíveis perguntas que podem ser feitas. Como utilizar a variável da forma original como ela foi codificada não é uma opção; a melhor estratégia para modelar os efeitos desse tipo de variável independente é incluindo variáveis _dummies_ para todos os valores da variável independente *com exceção de um*[5]. O valor da variável independente que não é incluído como variável *dummy* é conhecido como **categoria de referência**. Ele é conhecido por esse nome porque os parâmetros estimados para todas variáveis *dummies* que representam os demais valores da variável independente são estimados tendo como referência o valor da variável independente que está omitido do modelo. Então, digamos que escolhemos estimar o seguinte modelo:

$$\text{Termômetro Hillary}_i = \alpha + \beta_1 \text{ Renda}_i + \beta_2 \text{ Protestante}_i + \beta_3 \text{ Católico}_i$$
$$+ \beta_4 \text{ Judeu}_i + \beta_5 \text{ Outro}_i + u_i.$$

Para esse modelo seria útil usar a categoria "nenhum" como nossa categoria de referência para identificação religiosa. Isso significa que $\breve{\beta}_2$ seria o efeito estimado de ser protestante *em relação* a não ser religioso e poderíamos usar esse valor junto com seu erro-padrão para testar a hipótese de que esse efeito é estatisticamente significante, controlando pelos efeitos da renda. Os demais parâmetros estimados ($\breve{\beta}_3$, $\breve{\beta}_4$ e $\breve{\beta}_5$) também seriam interpretados como os efeitos estimados de ser cada uma das categorias remanescentes em relação à categoria "nenhum". Enquanto interpretarmos nossos resultados apropriadamente, não importa o valor que escolhemos utilizar como nossa categoria de referência. Mas podemos escolher uma categoria de referência para focar uma relação em que estamos particularmente interessados. Para cada possível par de categorias da variável independente, podemos conduzir um teste de hipótese separado. O modo mais fácil de obter todos os valores-p em que estamos interessados é estimando o modelo várias vezes com diferentes categorias de referência. A Tabela 10.3 mostra um modelo para a variável dependente "termômetro de empatia de Hillary Clinton" com cinco diferentes escolhas para a categoria de referência. Deve-se enfatizar que essa *não* é uma tabela com cinco modelos diferentes, mas que é uma tabela com o mesmo modelo mostrado de cinco maneiras diferentes. A partir dessa tabela podemos observar que, quando controlamos pelos efeitos da renda, algumas das categorias de afiliação religiosa produzem efeitos diferentes no valor da variável dependente que são estatisticamente diferentes uns dos outros, enquanto outras variáveis não produzem efeitos diferentes. Isso leva a uma interessante questão: podemos afirmar que o efeito da afiliação religiosa, controlado pela renda, é estatisticamente significante? A resposta para essa pergunta é que depende de qual categoria de afiliação religiosa queremos comparar.

---

[5] Se nossa teoria fosse que apenas uma das categorias, digamos que os católicos, fosse diferente das demais, então agruparíamos as demais categorias da variável em questão em um único valor e passaríamos a ter uma variável independente com duas categorias. Devemos fazer isso somente se tivermos justificativas teóricas para tanto.

Especificações do modelo de regressão multivariado   251

Tabela 10.3 – O mesmo modelo de religião e renda nos *scores* do termômetro de Hillary com diferentes categorias de referência.

Variável independente	Modelo 1	Modelo 2	Modelo 3	Modelo 4	Modelo 5
Renda	−0,97***	−0,97***	−0,97***	−0,97***	−0,97***
	(0,12)	(0,12)	(0,12)	(0,12)	(0,12)
Protestante	−4,24*	−6,66*	−24,82***	−6,30**	–
	(1,77)	(2,68)	(6,70)	(2,02)	–
Católico	2,07	−0,35	−18,51**	–	6,30**
	(2,12)	(2,93)	(6,80)	–	(2,02)
Judeu	20,58**	18,16**	–	18,51**	24,82***
	(6,73)	(7,02)	–	(6,80)	(6,70)
Outro	2,42	–	−18,16**	0,35	6,66*
	(2,75)	–	(7,02)	(2,93)	(2,68)
Nenhum	–	-2,42	−20,58**	−2,07	4,24*
	–	(2,75)	(6,73)	(2,12)	(1,77)
Intercepto	68,40***	70,83***	88,98***	70,47***	64,17***
	(2,19)	(2,88)	(6,83)	(2,53)	(2,10)
R^2	0,06	0,06	0,06	0,06	0,06
n	1542	1542	1542	1542	1542

Notas: a variável dependente em todos os modelos é o valor para o termômetro de empatia a Hillary Clinton.
Erros-padrão entre parênteses.
Teste-t bicaudal: *** indica $p < 0,01$; ** indica $p < 0,05$; * indica $p < 0,10$.

10.2.3 UTILIZANDO VARIÁVEIS *DUMMIES* PARA TESTAR HIPÓTESES SOBRE MÚLTIPLAS VARIÁVEIS INDEPENDENTES

É frequente o caso em que queremos utilizar múltiplas variáveis independentes *dummies* em um mesmo modelo. Considere o modelo apresentado na Tabela 10.4, estimado a partir de dados de um *paper* escrito por Lanny Martin e Georg Vanberg (2003) sobre o tempo que leva para uma coalizão de governo ser formada nos países da

Europa ocidental[6]. A variável dependente é o número de dias que levou para a formação da coalizão. O modelo conta com duas variáveis contínuas ("variação ideológica do governo" e "número de partidos no governo") que mensuram características do governo finalmente formado e duas variáveis independentes *dummies* que refletem as circunstâncias sob a quais o acordo aconteceu. A variável "pós-eleição" identifica governos que foram formados imediatamente após a eleição, enquanto a variável "regra de continuidade" identifica barganhas que ocorreram em uma configuração em que os partidos políticos que compõem o governo que está terminando são os primeiros a terem chance de formar um novo governo. Como a Tabela 10.5 indica, todas as quatro possíveis combinações entre as variáveis *dummies* ocorrem na amostra de casos utilizada para estimar o modelo apresentado na Tabela 10.4.

Como interpretamos esses resultados? Isso não é tão difícil de ser feito quanto parece à primeira vista. Lembre-se de que, no capítulo 9, quando mudamos do modelo de regressão bivariado para o modelo de regressão multivariado, tivemos que interpretar cada parâmetro estimado como o efeito estimado do aumento de um ponto em uma determinada variável independente na variável dependente, *enquanto controlávamos pelos efeitos de todas as outras variáveis independentes do modelo*. Isso não muda. Na verdade, o que é um pouco diferente dos exemplos que estávamos utilizando é que temos duas variáveis independentes *dummies* que podem variar uma independentemente da outra. Então, quando interpretamos os efeitos de cada uma das variáveis independentes, interpretamos o parâmetro estimado como o efeito estimado do aumento de um ponto naquela variável em particular na variável dependente, enquanto controlamos pelos efeitos de todas as demais variáveis independentes do modelo, incluindo as duas variáveis *dummies*. E, quando interpretamos o efeito estimado de cada variável independente *dummy*, interpretamos o parâmetro estimado como efeito estimado da mudança do valor da variável de 0 para 1 na variável dependente, enquanto controlamos pelos efeitos das demais variáveis independentes do modelo, incluindo a outra variável *dummy*. Por exemplo, o efeito estimado do aumento de uma unidade na variação ideológica do governo, mantendo todo o resto constante, é de 2,57 dias a mais no tempo de barganha. E o efeito estimado da barganha pós-eleitoral (contra a barganha em qualquer outro período), mantendo todo o resto constante, é de 5,87 dias a mais no tempo de barganha.

---

[6] O modelo que apresentamos na Tabela 10.4 é diferente do modelo que Martin e Vanberg utilizaram. O modelo que expomos contém menos variáveis do que o principal modelo dos autores. Adicionalmente, nosso modelo foi estimado utilizando um modelo de regressão de MQO, enquanto o modelo reportado originalmente pelos autores foi estimado como um modelo de riscos proporcionais (*proportional harzard models*). E não reportamos os resultados para uma variável técnica (nomeada pelos autores por "número de partidos no governo * ln(T)") empregada na especificação original. Todas essas modificações foram feitas para tornar esse exemplo mais adequado aos objetivos desta seção.

Especificações do modelo de regressão multivariado 253

Tabela 10.4 – Modelo para duração do acordo.

	Parâmetro estimado
Variação ideológica do governo	2,57*
	(1,95)
Número de partidos no governo	−15,44***
	(2,30)
Pós-eleição	5,87**
	(2,99)
Regra de continuidade	−6,34**
	(3,34)
Intercepto	19,63***
	(3,82)
R^2	0,62
n	203

Notas: a variável dependente é o número de dias transcorridos até o governo ser formado.
Erros-padrão entre parênteses.
Teste-*t* bicaudal: *** indica $p < 0,01$; ** indica $p < 0,05$; * indica $p < 0,10$.

Tabela 10.5 – Duas variáveis *dummies* sobrepostas nos modelos de Martin e Vanberg.

		Regra de continuidade?	
		Não (0)	Sim (1)
Pós-eleição?	Não (0)	61	25
	Sim (1)	76	41

Nota: os valores representam o número de casos.

10.3 TESTANDO HIPÓTESES INTERATIVAS COM VARIÁVEIS *DUMMIES*

Todos os modelos MQO que examinamos até agora pertencem a um tipo de modelo que podemos chamar de "aditivos". Para calcular o valor $\check{Y}$ para um caso em particular em um modelo aditivo, simplesmente multiplicamos o valor de cada variável independente para o caso pelo valor do parâmetro estimado e somamos todos esses valores. Nesta seção, exploramos alguns **modelos interativos**. Esses modelos contêm ao menos uma variável independente que criamos a partir da multiplicação de duas ou mais variáveis independentes. Quando especificamos modelos interativos, estamos testando teorias sobre como o efeito de uma variável independente sobre nossa variável dependente pode ser contingente ao valor de outra variável independente. Continuaremos com nosso exemplo atual de modelar o valor do termômetro de empatia de Hillary Clinton para os entrevistados no NES. Começamos com um modelo aditivo com as seguintes especificações:

$$\text{Termômetro Hillary}_i = \alpha + \beta_1 \text{ Termômetro do Movimento Feminista}_i$$
$$+ \beta_2 \text{ Mulher}_i + u_i.$$

Nesse modelo, estamos testando a teoria de que o sentimento de um entrevistado em relação a Hillary Clinton é função dos sentimentos dele em relação ao movimento feminista e o seu gênero. Essa especificação parece bastante razoável, mas também queremos testar uma teoria adicional de que o efeito dos sentimentos em relação ao movimento feminista tem um efeito maior na variável dependente entre mulheres do que entre homens. Note a diferença nessa frase. Em essência, queremos testar a hipótese de que a inclinação da linha que representa a relação entre o termômetro de empatia do movimento feminista e o termômetro de empatia de Hillary Clinton é mais íngreme para mulheres do que para homens. Para testar essa hipótese, precisamos criar uma nova variável que é o produto de duas variáveis independentes do nosso modelo e incluir essa nova variável em nosso modelo:

$$\text{Termômetro Hillary}_i = \alpha + \beta_1 \text{ Termômetro do Movimento Feminista}_i$$
$$+ \beta_2 \text{ Mulher}_i + \beta_3 \text{ (Termômetro do Movimento Feminista} \times \text{Mulher}_i) + u_i.$$

Especificando nosso modelo desse jeito, essencialmente criamos dois modelos diferentes, um para homens e outro para mulheres. Podemos reescrever nosso modelo como:

para Homens (Mulher=0):

$$\text{Termômetro Hillary}_i = \alpha + \beta_1 \text{ Termômetro do Movimento Feminista}_i + u_i;$$

para Mulheres (Mulher=1):

$$\text{Termômetro Hillary}_i = \alpha + \beta_1 \text{ Termômetro do Movimento Feminista}_i$$
$$+ (\beta_2 + \beta_3) \text{ (Termômetro do Movimento Feminista}_i) + u_i.$$

E podemos reescrever a fórmula para mulheres como:

para Mulheres (Mulher=1):

$$\text{Termômetro Hillary}_i = (\alpha + \beta_2)$$
$$+ (\beta_2 + \beta_3) \text{ (Termômetro do Movimento Feminista}_i) + u_i.$$

Especificações do modelo de regressão multivariado

Tabela 10.6 – Os efeitos de gênero e dos sentimentos em relação ao movimento feminista nos *scores* do termômetro de Hillary.

	Modelo aditivo	Modelo interativo
Termômetro para o movimento feminista	0,68*** (0,03)	0,75*** (0,05)
Mulher	7,13*** (1,37)	15,21*** (4,19)
Termômetro para o movimento feminista X mulher)	– –	−0,13** (0,06)
Intercepto	5,98** (2,13)	1,56 (3,04)
R^2	0,27	0,27
n	1466	1466

Notas: a variável dependente nos dois modelos é o valor para o termômetro de empatia a Hillary Clinton.
Erros-padrão entre parênteses.
Teste-t bicaudal: *** indica $p < 0,01$; ** indica $p < 0,05$; * indica $p < 0,10$.

Em suma, o que essas equações querem dizer é que estamos permitindo que a nossa reta de regressão seja diferente para homens e para mulheres. Para homens, o intercepto de inclinação é α e o parâmetro é β_1. Para mulheres, o intercepto é $\alpha + \beta_2$ e o parâmetro de inclinação é $\beta_1 + \beta_3$. Contudo, se $\beta_2 = 0$ e $\beta_3 = 0$, então as retas de regressão para homens e mulheres serão iguais. A Tabela 10.6 mostra os resultados para nossos modelos aditivo e interativo do efeito de gênero e sentimentos em relação ao momento feminista no termômetro de empatia de Hillary Clinton. Podemos observar, a partir do modelo interativo, que podemos rejeitar a hipótese de que $\beta_2 = 0$ e a hipótese nula de que $\beta_3 = 0$, portanto as retas de regressão para homens e mulheres são diferentes. Também podemos observar que o intercepto da reta para mulheres $(\alpha + \beta_2)$ é maior do que o intercepto para homens (α). Mas, talvez à diferença das nossas expectativas, o efeito estimado do termômetro de empatia em relação ao movimento feminista para homens é maior do que o efeito do termômetro de empatia em relação ao movimento feminista para mulheres.

O melhor modo para observar o efeito combinado de todos os resultados do modelo interativo da Tabela 10.6 é examiná-lo graficamente em uma figura como a da Figura 10.3. A partir desse gráfico, podemos observar as retas de regressão para homens e para mulheres ao longo da variação da variável independente. Fica claro a partir da análise do gráfico que, embora mulheres, em geral, tendam a ser mais favoráveis a Hillary Clinton, a diferença entre mulheres e homens tende a se estreitar quando comparamos indivíduos que apoiam mais o movimento feminista.

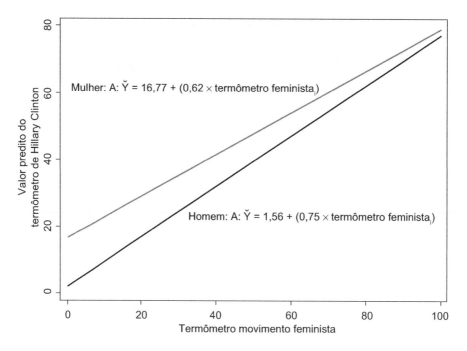

Figura 10.3 – Retas da regressão do modelo interativo.

10.4 VALORES DISCREPANTES E CASOS INFLUENTES NO MQO

Na seção 5.10, defendemos o uso de estatísticas descritivas para identificar valores discrepantes em nossas variáveis contínuas. No contexto de uma única variável, um valor discrepante é um caso que possui um valor extremo em relação aos valores dos demais casos da variável. Mas, no contexto de um modelo MQO, quando afirmamos que um caso é de valor discrepante, podemos estar nos referindo a coisas diferentes.

Devemos sempre nos esforçar para conhecer bem nossos dados. Isso significa que devemos examinar nossas variáveis e identificar os casos de valores discrepantes em cada uma delas. Mas, apenas porque um caso é um *outlier* em uma análise univariada, não significa que ela necessariamente será um *outlier* em todos os sentidos desse conceito em um mundo multivariado. No entanto, devemos procurar por valores discrepantes em nossas variáveis antes de rodar nossos modelos e ter certeza, quando identificamos tais casos, de que eles são os valores reais, e não valores criados por algum tipo de erro durante o manuseamento dos dados.

Em um contexto de regressão, casos individuais podem ser valores discrepantes de diferentes modos:

1. Podem ser casos que possuem valores não usuais para a variável independente. Nessa situação, dizemos que nosso caso possui bastante **alavancagem** (*leverage*). Ela pode ser gerada em razão de um único caso que possui um valor não usual

para uma única variável. Um único caso também pode ter uma grande alavancagem em razão de uma *combinação* de valores de duas ou mais variáveis. Existe uma variedade de diferentes medidas de alavancagem, mas todas elas são cálculos entre os valores das variáveis independentes que servem para identificar casos individuais que são diferentes dos demais.

2. Podem ser casos que possuem resíduos grandes (normalmente, observamos o valor dos resíduos quadrados para identificar valores discrepantes desse tipo).

3. Podem ser casos que possuem tanto alavancagem grande quanto resíduos grandes.

A relação entre esses conceitos de valores discrepantes para um único caso em um modelo MQO é frequentemente sumarizado como diferentes componentes do conceito de "influência", dado pela seguinte fórmula:

$$\text{influência}_i = \text{alavancagem}_i \times \text{resíduos}_i .$$

Como essa fórmula indica, a influência de um caso é determinada pela combinação de sua alavancagem e do valor de seus resíduos. Existem diferentes modos para mensurar esses dois fatores. Exploraremos dois deles nas seções seguintes, utilizando um controverso exemplo do mundo real.

10.4.1 IDENTIFICANDO CASOS INFLUENTES

Um dos mais famosos casos de valores discrepantes/casos influentes em dados políticos tem origem no estado da Flórida, durante a eleição presidencial americana de 2000. Em uma tentativa de mensurar a extensão em que irregularidades na votação podem ter influenciado os resultados eleitorais, uma variedade de modelos foi estimada em que a quantidade de votos recebidos pelos candidatos nos diferentes distritos eleitorais foi a variável dependente de interesse. Esses modelos foram bastante incomuns, porque os parâmetros estimados e outras quantidades que são quase sempre o foco nas nossas interpretações dos modelos foram alvo de pouco interesse. Na verdade, em sua maioria, esses modelos foram utilizados para o diagnóstico de valores discrepantes. Como exemplo, utilizaremos o seguinte modelo:

$$\text{Buchanan}_i = \alpha + \beta \text{Gore}_i + u_i .$$

Nesse modelo, os casos são os condados do estado da Flórida, a variável dependente (Buchanan_i) é o número de votos em cada condado para o candidato independente Patrick Buchanan e a variável independente é o número de votos em cada um dos condados[7] da Flórida para o candidato do partido democrata Al Gore (Gore$_j$). Tais modelos não são usuais, no sentido de que não existe uma afirmação sobre a relação subjacente entre as variáveis dependente e independente. Na verdade, a teoria por detrás desse tipo de modelo é que deve existir uma relação sistemática forte entre o número de votos recebidos por Gore e os recebidos por Buchanan ao longo dos distritos eleitorais da Flórida[8]. Isso porque existe a suspeita de que na eleição de 2000 a estrutura de votação utilizada em alguns condados – especialmente os infames *butterfly ballot*[9] – foi organizada de modo a confundir os eleitores que possuíam a intenção de votar em Gore, induzindo-os a votar em Buchanan. Se isso ocorreu, devemos observar que esses condados possuem alta influência na estimação do nosso modelo.

Tabela 10.7 – Votos em Gore e Buchanan nos condados da Flórida nas eleições presidenciais americanas de 2000.

Variável independente	Parâmetro estimado
Voto em Gore	0,004***
	(0,0005)
Intercepto	80,63*
	(46,4)
R^2	0,48
n	67

Notas: a variável dependente é o número de votos em Patrick Buchanan.
Erros-padrão entre parênteses.
Teste-t bicaudal: *** indica $p < 0,01$; ** indica $p < 0,05$; * indica $p < 0,10$.

Podemos observar a partir da Tabela 10.7 que de fato existe uma relação positiva estatisticamente significante entre os votos recebidos por Gore e Buchanan e que esse modelo simples explica 48% da variação dos votos recebidos por Buchanan nos condados da Flórida. Mas, como afirmamos anteriormente, a inferência mais interessante que podemos extrair deste tipo particular de modelo MQO é sobre a influência

---

[7] Condado é a subdivisão administrativa dos estados nos Estados Unidos. [N.T.]

[8] A maioria dos modelos desse tipo fazem ajustes/transformações nas formas funcionais das variáveis (por exemplo, utilizar o logaritmo natural das variáveis dependente e independente) para considerar a possibilidade de a relação não ser linear. Nesse exemplo, evitamos essa prática por uma questão de simplicidade.

[9] *Butterfly ballot*, ou "cédula borboleta", em tradução livre, é um tipo de cédula eleitoral utilizada na eleição de 2000 pelo condado de Palm Spring na Flórida. Nesse tipo de cédula, os nomes dos candidatos são expostos em duas colunas separados por uma coluna estreita na qual os eleitores devem marcar o voto com um furo na marca correspondente ao seu candidato. [N.T.]

de determinados casos. A Figura 10.4 apresenta o lvr2plot do Stata (abreviatura para *leverage versus residual square plot*, ou "gráfico de alavancagem *versus* resíduos quadrados") que expõe a medida do Stata para alavancagem no eixo vertical e uma medida normalizada dos resíduos quadrados na dimensão horizontal. A lógica desse gráfico é a seguinte: ao nos movermos para a direita da linha vertical, temos os casos que possuem valores de resíduo maiores do que o comum, e, ao nos movermos para cima a partir da linha horizontal, temos os casos que possuem valores de alavancagem maiores do que o comum. Casos que possuem tanto resíduo grande e alavancagem elevada são muito influentes. A partir desse gráfico, fica aparente que os condados de Pinellas, Hillsborough e Orange possuem alavancagem elevada, mas resíduo dentro do comum; enquanto os condados de Dade, Broward e Palm Beach são casos bastante influentes, possuindo valores elevados tanto para a alavancagem quanto para os resíduo.

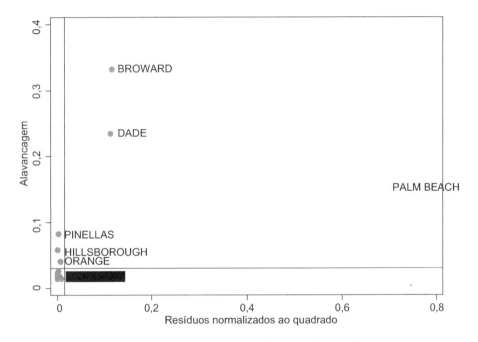

Figura 10.4 – lvr2plot do Stata para o modelo apresentado na Tabela 10.7.

Podemos ter uma melhor ideia da correspondência entre a Figura 10.4 e a Tabela 10.7 a partir da Figura 10.5, na qual plotamos a reta de regressão de MQO no gráfico de dispersão dos nossos dados. A partir desse gráfico, fica claro que Palm Beach está bastante acima da reta de regressão, enquanto os condados de Broward e Dade estão bastante abaixo. A partir de qualquer uma das medidas, esses três casos são bastante influentes no nosso modelo.

Um modo específico para detectar a influência de um caso individual envolve estimar nosso modelo com e sem determinados casos para observar o quanto isso modifica os parâmetros estimados. O resultado desse cálculo é conhecido como *score* **DFBETA** (Belsley, Kuh e Welsch, 1980). O *score* DFBETA é calculado a partir da diferença entre um parâmetro estimado sem um determinado caso e o parâmetro original dividido pelo erro-padrão do parâmetro originalmente estimado. A Tabela 10.8 apresenta os cinco maiores valores absolutos do *score* DFBETA para o parâmetro de inclinação (β) do modelo apresentado na Tabela 10.7. Não surpreendentemente, observamos que omitir os condados de Palm Beach, Broward e Dade apresenta o maior impacto na nossa estimação do parâmetro de inclinação.

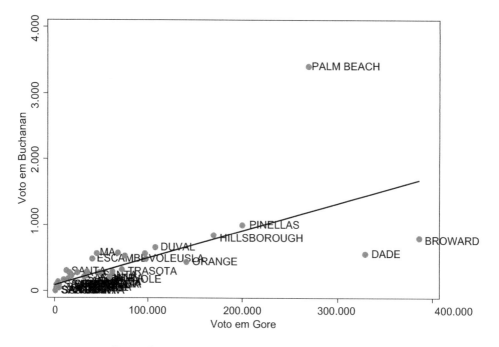

Figura 10.5 – Reta MQO com gráfico de dispersão para a Flórida, 2000.

Tabela 10.8 – Os cinco maiores (valor absoluto) *scores* de DFBETA para β no modelo apresentado na Tabela 10.7.

Condado	DFBETA
Palm Beach	6,993
Broward	−2,514
Dade	−1,772
Orange	−0,109
Pinellas	0,085

10.4.2 LIDANDO COM CASOS INFLUENTES

Agora que já discutimos como identificar a influência de casos particulares em nossos modelos, passamos para a discussão sobre o que fazer uma vez que tenhamos identificado esses casos. A primeira coisa que fazemos quando identificamos um caso com substancial influência é checar novamente os valores para todas as variáveis para esse caso. Queremos ter certeza de que não "criamos" um caso influente a partir de algum erro no processo de manuseio dos dados. Uma vez que tenhamos corrigido eventuais erros ocorridos durante o manuseio dos dados e verificado que ainda temos algum(s) caso(s) particularmente(s) influente(s), é importante que reportemos nossos achados sobre tais casos juntamente com nossos outros achados. Existe uma variedade de estratégias para fazer isso. A Tabela 10.9 apresenta cinco diferentes modelos que refletem várias abordagens para reportar resultados com casos com muita influência. No modelo 1 temos os resultados originais, como reportados na Tabela 10.7. No modelo 2, adicionamos uma variável *dummy* que identifica e isola o efeito do condado de Palm Beach. Essa abordagem é algumas vezes chamada de **dummying out**[10] (*dummy* de exclusão). Podemos observar o porquê desse nome a partir dos resultados do modelo 3, que consiste no modelo original excluindo da análise a observação para o condado de Palm Beach.

Tabela 10.9 – Votos em Gore e Buchanan nos condados da Flórida nas eleições presidenciais americanas de 2000.

Variável independente	Modelo 1	Modelo 2	Modelo 3	Modelo 4	Modelo 5
Voto em Gore	0,004***	0,003***	0,003***	0,005***	0,005***
	(0,0005)	(0,0002)	(0,0002)	(0,0003)	(0,0003)
Dummy de Palm Beach	–	2.606,3***	–	2.095,5***	–
		(150,4)	–	(110,6)	
Dummy de Broward	–	–	–	–1.066***	–
				(131,5)	
Dummy de Dade	–	–	–	–1.025,6***	–
				(120,6)	
Intercepto	80,6*	110,8***	110,8***	59***	59***
	(46,6)	(19,7)	(19,7)	(13,8)	(13,8)
R^2	0,48	0,91	0,63	0,96	0,82
n	67	67	66	67	64

Notas: a variável dependente é o número de votos em Patrick Buchanan.
Erros-padrão entre parênteses.
Teste-*t* bicaudal: *** indica $p < 0,01$; ** indica $p < 0,05$; * indica $p < 0,10$.

---

[10] Significa que estamos utilizando uma variável *dummy* que assume o valor 1 para a observação cujo efeito estamos interessados em detectar e o valor 0 para os demais. [N.T.]

Os parâmetros estimados e os erros-padrão para o intercepto e o parâmetro de inclinação são idênticos para os modelos 2 e 3. As únicas diferenças entre os modelos são a estatística R^2, o número de casos e o parâmetro adicional reportado no modelo 2 para a variável *dummy* que indica o condado de Palm Beach[11]. Nos modelos 4 e 5, observamos os resultados para o uso da *dummy* de exclusão para os três casos mais influentes quando os retiramos da análise.

Em todos os cinco modelos expostos na Tabela 10.9, o parâmetro de inclinação estimado é positivo e estatisticamente significante. Na maioria dos modelos, é nesse parâmetro que estamos interessados (testando hipóteses sobre a relação entre X e Y). Assim, a robustez relativa desse parâmetro entre diferentes especificações seria reconfortante. Independentemente dos efeitos dos casos muito influentes, primeiro é importante saber que eles existem e, segundo, reportar acuradamente o que eles influenciam e o que fizemos sobre eles.

10.5 MULTICOLINEARIDADE

Quando especificamos e estimamos um modelo de regressão de MQO, qual é a interpretação de cada parâmetro estimado? Como argumentamos, eles são nosso melhor palpite do impacto causal do aumento de uma unidade na variável independente sobre a variável dependente, controlando por todas as outras variáveis do modelo. Outro modo de dizer isso é que estamos observando o impacto do aumento de uma unidade em uma variável independente sobre a variável dependente, enquanto "mantemos as demais variáveis constantes". Sabemos, do capítulo 9, que um requisito matemático mínimo para estimar um modelo multivariado de MQO é que não exista multicolinearidade perfeita. Multicolinearidade perfeita, você se lembra, ocorre quando uma variável independente é uma função linear exata de uma ou mais variáveis independentes do modelo.

Na prática, multicolinearidade perfeita é usualmente causada por nossa amostra ser composta por um pequeno número de casos em relação ao número de parâmetros estimados, por variáveis independentes com pouca variação ou pela especificação do modelo. Como notamos, se existir multicolinearidade perfeita, os parâmetros do MQO não podem ser estimados. Porém, uma versão mais comum e mais difícil do problema é a **alta multicolinearidade**. Como resultado, quando as pessoas se referem a multicolinearidade, quase sempre estão se referindo a "alta multicolinearidade". A partir deste momento, quando nos referirmos a "multicolinearidade", queremos dizer "multicolinearidade alta, mas não perfeita". Isso significa que duas ou mais variáveis independentes no modelo são altamente correlacionadas.

---

[11] Esse parâmetro estimado foi visto por alguns como a estimativa de quantos votos as irregularidades no processo de votação custaram a Al Gore no condado de Palm Beach. Mas, se observarmos o modelo 4, no qual incluímos variáveis *dummies* para os condados de Broward e Dade, podemos verificar a base para um argumento de que nesses dois condados existem evidências de viés na direção oposta.

10.5.1 COMO A MULTICOLINEARIDADE ACONTECE?

A multicolinearidade é induzida por graus de liberdade pequenos e/ou alta correlação entre as variáveis independentes. A Figura 10.6 apresenta um diagrama de Venn que é útil para pensarmos sobre os efeitos da multicolinearidade no contexto de um modelo de regressão MQO. Como você pode observar a partir dessa figura, X e Z são bastante correlacionados. Nosso modelo de regressão, para esse exemplo, é dado por:

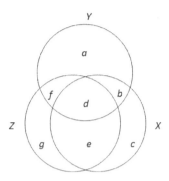

Figura 10.6 – Diagrama de Venn com multicolinearidade.

$$Y_i = \alpha + \beta_1 X_i + \beta_2 Z_i + u_i .$$

A partir dessa figura, podemos observar que o R^2 do nosso modelo será bastante alto $\left(R^2 = \frac{f+d+b}{a+f+d+b}\right)$. Mas podemos ver que as áreas para a estimação dos nossos dois parâmetros de inclinação – área f para β_1 e área b para β_2 – são bastante pequenas. Por causa disso, nossos erros-padrão para os parâmetros de inclinação tenderão a ser bastante grandes, o que faz com que relações estatisticamente significantes sejam mais difíceis de serem encontradas, e teremos mais dificuldade de fazer inferências precisas sobre o impacto de X e de Z em Y. É possível que, por causa desse problema, concluíssemos que nem X, nem Z possuem muito impacto em Y. Porém, claramente esse não é o caso. Como podemos observar a partir do diagrama, X e Z *estão* relacionados a Y. O problema é que a maior parte da área de variação entre Y e X e Z é também a área de variação entre X e Z. Em outras palavras, é o tamanho da área d que está nos causando problema. Assim, o tamanho da área que utilizamos para examinar o efeito de X em Y enquanto mantemos Z constante é muito pequeno e, similarmente, também há pouca margem para entender o efeito de Z em Y enquanto controlamos por X.

Cabe enfatizar que a multicolinearidade não é um problema estatístico (exemplos de problemas estatísticos são autocorrelação, viés e heterocedasticidade). Multicolinearidade, pelo contrário, é um problema com os dados. É possível ter multicolinearidade mesmo quando todos os pressupostos do MQO do capítulo 8 são respeitados e todos os requisitos mínimos do MQO são satisfeitos. Então, você pode perguntar, qual é a grande questão com a multicolinearidade? Para sublinhar a noção da multicolinearidade como um problema dos dados em vez de estatístico, Christopher Achen (1982) sugeriu que a palavra "multicolinearidade" deveria ser utilizada de modo intercambiável com **micronumerosidade**. Imagine o que aconteceria se pudéssemos dobrar ou triplicar o tamanho do diagrama da Figura 10.6 sem mudar o tamanho relativo de qualquer uma das áreas. À medida que expandimos todas as áreas, as áreas f e b finalamente se tornariam grandes o suficiente para estimarmos precisamente as relações do nosso interesse.

10.5.2 DETECTANDO A MULTICOLINEARIDADE

É bastante importante saber quando temos multicolinearidade. Em particular, é importante distinguir entre situações em que as estimações são estatisticamente insignificantes por realmente não serem significantes e situações em que as estimações não são significantes por causa da multicolinearidade. O diagrama da Figura 10.6 nos mostra um modo pelo qual podemos detectar multicolinearidade: se temos uma estatística R^2 alta, mas nenhum (ou poucos) dos nossos parâmetros estimados é estatisticamente significante, devemos suspeitar de multicolinearidade. Também devemos suspeitar de multicolinearidade se observarmos que, quando adicionamos ou removemos variáveis independentes do modelo, os parâmetros para as outras variáveis independentes (e, especialmente, seus erros-padrão) mudam substancialmente. Se estimamos o modelo representado na Figura 10.6 com apenas uma das duas variáveis independentes, teríamos uma relação estatisticamente significante. Mas, como sabemos a partir da discussão do capítulo 9, isso seria problemático. Presumivelmente, temos uma teoria sobre a relação entre cada uma dessas variáveis independentes (X e Z) e nossa variável dependente (Y). Então, embora as estimações para um modelo com apenas X ou apenas Z como variável independente nos ajudassem a detectar multicolinearidade, elas sofreriam de viés. E, como argumentamos no capítulo 9, o viés de variável omitida é um problema grave.

Um modo mais formal para diagnosticar a multicolinearidade é calculando o **fator de inflação da variância** (VIF, do inglês *variance inflation factor*) para cada uma das variáveis independentes. Esse cálculo é baseado em um **modelo de regressão auxiliar** no qual uma das variáveis independentes, que chamaremos de X_j, é a variável dependente e todas as demais variáveis independentes são utilizadas como variáveis independentes[12]. A estatística R^2 desse modelo auxiliar, R_j^2, é então utilizada para calcular o VIF para a variável j:

---

[12] Estudantes que se confrontam com diagnósticos para modelos de MQO frequentemente ficam surpresos que a primeira coisa que fazemos após estimar nosso modelo de interesse teoricamente especificado é estimar um grande conjunto de modelos auxiliares sem base teórica para testar propriedades do nosso modelo principal. Veremos que, embora esses modelos auxiliares nos apresentem os mesmos tipos de resultados que temos no nosso modelo principal, com frequência estamos interessados apenas em uma parte específica dos resultados que esses modelos nos fornecem. Com nosso "principal" modelo de interesse, temos que aprender que devemos incluir todas as variáveis que nossas teorias afirmam que devem ser incluídas e excluir as demais variáveis do modelo. Nos modelos auxiliares, não seguimos a mesma regra. Pelo contrário, rodamos esses modelos para testar se certas propriedades foram ou não satisfeitas em nosso modelo original.

$$VIF_j = \frac{1}{\left(1 - R_j^2\right)}.$$

Muitos programas estatísticos reportam como padrão o valor do VIF e do seu inverso $\left(\frac{1}{VIF}\right)$. O inverso do VIF é algumas vezes chamado de índice de tolerância. Quanto maior o valor do VIF_j, ou menor o índice de tolerância, maior é a variância estimada de X_j em nosso modelo teoricamente especificado. Outra estatística útil é a raiz quadrada do VIF. Por quê? Porque o VIF é mensurado em termos da variância, mas a maior parte dos nossos testes de hipóteses é feita com os erros-padrão. Assim, a raiz quadrada do VIF nos proporciona um indicador útil do impacto que a multicolinearidade terá no nosso teste de hipótese.

10.5.3 MULTICOLINEARIDADE: UM EXEMPLO SIMULADO

Até agora, fizemos algumas esparsas referências à simulação. Nesta seção, utilizaremos de simulação para entender melhor a multicolinearidade. Quase todo programa estatístico possui um conjunto de ferramentas para criar dados simulados. Quando utilizamos essas ferramentas, temos uma vantagem da qual nunca dispomos quando utilizamos dados do mundo real: *sabemos* as características da "população" subjacente (porque, ao gerar as variáveis, definimos os parâmetros). Quando conhecemos os parâmetros da população para um modelo de uma regressão e definimos uma amostra a partir dessa população, temos *insights* sobre o modo em que modelos estatísticos funcionam.

Para simular multicolinearidade, criaremos uma população com as seguintes características:

1. Duas variáveis X_{1i} e Y_{2i}, para as quais a correlação $r_{X_{1i}, X_{2i}} = 0,9$.

2. Uma variável u_i criada aleatoriamente a partir da distribuição normal, com média 0 e variância igual a 1 $[u_i \sim N(0,1)]$.

3. Uma variável Y_i, definida por $Y_i = 0,5 + 1X_{1i} + 1X_{2i} + u_i$.

Podemos observar, a partir da descrição da nossa população simulada, que satisfizemos todos os pressupostos do MQO, mas que temos alta correlação entre nossas duas variáveis independentes. Agora geraremos uma série de sorteios (amostras) aleatórios a partir dessa população e examinaremos os resultados dos seguintes modelos de regressão:

$$\text{Modelo 1: } Y_i = \alpha + \beta_1 X_{1i} + \beta_2 X_{2i} + u_i,$$
$$\text{Modelo 2: } Y_i = \alpha + \beta_1 X_{1i} + u_i,$$
$$\text{Modelo 3: } Y_i = \alpha + \beta_2 X_{2i} + u_i.$$

Em cada um desses sorteios aleatórios, aumentamos o tamanho da nossa amostra iniciando com cinco, passando para dez e terminando com 25 casos. Os resultados para os modelos estimados com cada uma das amostras são apresentados na Tabela 10.10. Na primeira coluna de resultados $(n = 5)$, podemos observar que ambos os parâmetros de inclinação são positivos, como esperaríamos, mas que o parâmetro estimado para X_1 é estatisticamente insignificante e o parâmetro estimado para X_2 é, na margem, estatisticamente significante. A estatística para ambas as variáveis é igual a 5,26, indicando que a variância para cada parâmetro estimado é substancialmente maior pela multicolinearidade. O intercepto do modelo é estatisticamente significante e positivo, mas longe do que sabemos ser o verdadeiro valor desse parâmetro na população. Nos modelos 2 e 3, temos que os parâmetros estimados para cada variável são positivos e estatisticamente significantes, mas ambos os parâmetros de inclinação estimados são quase duas vezes maiores do que os parâmetros verdadeiros da população.

Tabela 10.10 – Amostras aleatórias de tamanho crescente de uma população com multicolinearidade substancial.

Estimativa	Amostra: $n = 5$	Amostra: $n = 10$	Amostra: $n = 25$
Modelo 1:			
	0,546	0,882	1,012**
	(0,375)	(0,557)	(0,394)
	1,422*	1,450**	1,324***
	(0,375)	(0,557)	(0,394)
	1,160**	0,912***	0,579***
	(0,146)	(0,230)	(0,168)
R^2	0,99	0,93	0,89
	5,26	5,26	5,26
	5,26	5,26	5,26
Modelo 2:			
	1,827**	2,187***	2,204***
	(0,382)	(0,319)	(0,207)
	1,160**	0,912**	0,579***
	(0,342)	(0,302)	(0,202)
R^2	0,88	0,85	0,83
Modelo 3:			
	1,914***	2,244***	2,235***
	(0,192)	(0,264)	(0,192)
	1,160***	0,912***	0,579***
	(1,171)	(0,251)	(0,188)
R^2	0,97	0,90	0,86

Notas: a variável dependente é dada por .
Erros-padrão entre parênteses.
Os VIFs são iguais porque nossos modelos auxiliares possuem apenas uma variável explicativa.
Teste-*t* bicaudal: *** indica $p < 0,01$; ** indica $p < 0,05$; * indica $p < 0,10$.

Especificações do modelo de regressão multivariado
267

O intervalo de confiança de 95% para $\breve{\beta}_2$ não inclui o parâmetro verdadeiro da população. Este é claramente um caso de viés de variável omitida. Quando estabelecemos uma amostra de dez casos, ficamos próximos do parâmetro verdadeiro da população com $\breve{\beta}_1$ e $\breve{\alpha}$ no modelo 1. A estatística VIF se mantém a mesma porque não alteramos a relação subjacente entre X_1 e X_2. Porém, esse aumento no tamanho da amostra não ajuda com o viés da variável omitida nos modelos 2 e 3. Na verdade, agora rejeitamos o verdadeiro parâmetro de inclinação para ambos os modelos com substancial confiança. Com a nossa terceira amostra com 25 casos, o modelo 1 passa a ser bem próximo ao verdadeiro modelo populacional, todos os valores estimados são mais próximos dos da população verdadeira e são estatisticamente significantes. Nos modelos 2 e 3, o viés de variável omitida passa a ser ainda mais agudo.

Os resultados desse exercício de simulação espelham os resultados mais gerais da literatura teórica sobre modelos de MQO. *Aumentar o número de casos aliviará a multicolinearidade, mas não o viés de variável omitida.* Agora passaremos para a análise de um exemplo de multicolinearidade com dados do mundo real.

10.5.4 MULTICOLINEARIDADE: UM EXEMPLO DO MUNDO REAL

Nesta seção, estimamos um modelo para o *score* do termômetro de empatia em relação a George W. Bush em 2004. Nosso modelo é especificado do seguinte modo:

$$\text{Termômetro Bush}_i = \alpha + \beta_1 \text{ Renda}_i + \beta_2 \text{ Ideologia}_i + \beta_3 \text{ Educação}_i$$
$$+ \beta_4 \text{ Identificação Partidária}_i + u_i.$$

Tabela 10.11 – Correlações de pares entre variáveis independentes.

	Termômetro de Bush	Renda	Ideologia	Educação	Identificação partidária
Termômetro de Bush	1	–	–	–	–
Renda	0,09***	1	–	–	–
Ideologia	0,56***	0,13***	1	–	–
Educação	–0,07***	0,44***	–0,06*	1	–
Identificação partidária	0,69***	0,15***	0,60***	0,06*	1

Notas: as células representam o valor dos coeficientes de correlação.
Teste-*t* bicaudal: *** indica $p < 0,01$; ** indica $p < 0,05$; * indica $p < 0,10$.

Embora tenhamos teorias distintas sobre o efeito causal de cada variável no sentimento das pessoas em relação a Bush, a Tabela 10.11 indica que algumas dessas variáveis independentes são substancialmente correlacionadas umas com as outras.

Tabela 10.12 – Resultados de modelos utilizando amostras aleatórias de tamanho crescente do NES de 2004.

Variável Independente	Modelo 1	Modelo 2	Modelo 3
	0,77	0,72	0,11
Renda	(0,90)	(0,51)	(0,15)
	{1,63}	{1,16}	{1,24}
	7,02	4,57*	4,26***
Ideologia	(5,53)	(2,22)	(0,67)
	{3,50}	{1,78}	{1,58}
	−6,29	−2,50	−1,88***
Educação	(3,32)	(1,83)	(0,55)
	{1,42}	{1,23}	{1,22}
Identidade Partidária	6,83	8,44***	10***
	(3,98)	(1,58)	(0,46)
	{3,05}	{1,70}	{1,56}
Intercepto	21,92	12,03	13,73***
	(23,45)	(13,03)	(3,56)
R^2	0,71	0,56	0,57
n	20	74	821

Notas: a variável dependente para todos os modelos é o valor do termômetro de George W. Bush.
Erros-padrão entre parênteses; estatística VIF entre chaves.
Teste-t bicaudal: *** indica $p < 0,01$; ** indica $p < 0,05$; * indica $p < 0,10$.

Na Tabela 10.12, apresentamos as estimações do nosso modelo utilizando três diferentes amostras a partir dos dados do NES de 2004. No modelo 1, em que utilizamos dados de vinte respondentes aleatoriamente selecionados, podemos observar que nenhuma das nossas variáveis independentes é estatisticamente significante, apesar da estatística R^2 ser bastante alta. A estatística VIF para "ideologia" e "identificação partidária" indica que a multicolinearidade pode ser um problema. No modelo 2, estimado com dados de 74 respondentes aleatoriamente selecionados, a "identificação partidária" é estatisticamente significante (com sobras) e tem a direção esperada (positiva), enquanto "ideologia" está próxima da fronteira da significância estatística. Nenhuma das estatísticas VIF para esse modelo é incrivelmente alta, embora sejam maior que 1,5 para "ideologia", "educação" e "identificação partidária"[13]. Finalmente, no modelo 3, estimado com todos os 820 entrevistados para os quais as variáveis estão disponíveis, observamos que "ideologia", "identificação partidária" e "educação" são todos preditores significativos dos sentimentos das pessoas para com Bush. O tamanho da amostra é mais do que suficiente para reduzir a estatística VIF

---

[13] Quando trabalhamos com dados do mundo real, a tendência é que ocorram mais mudanças quando mudamos de uma amostra para outra.

para "identificação partidária" e "ideologia". Das nossas variáveis independentes, somente "renda" se mantém estatisticamente insignificante. Isso ocorre por causa da multicolinearidade? Afinal, quando examinamos a Tabela 10.11, observamos que renda tem uma correlação bastante positiva com os *scores* para o termômetro de empatia de Bush. Para responder a essa pergunta, precisamos voltar às lições que aprendemos no capítulo 9: uma vez que controlamos pelos efeitos de "ideologia", "identificação partidária" e "educação", o efeito da renda sobre os sentimentos das pessoas em relação a Bush desaparece.

10.5.5 MULTICOLINEARIDADE: O QUE DEVEMOS FAZER?

Na introdução desta seção sobre multicolinearidade, a descrevemos como um "problema comum e difícil". A razão pela qual a multicolinearidade é "enfadonha" é que não existe nenhuma mágica estatística para curá-la. Qual é a melhor coisa que podemos fazer quando detectamos multicolinearidade? A resposta (na teoria) é fácil: *coletar mais dados*. Mas a coleta de dados é cara. Se tivéssemos mais dados, os utilizaríamos e nunca teríamos o problema. Portanto, se você não possui um meio para aumentar sua amostra, então terá que conviver com a multicolinearidade. É importante saber que você tem multicolinearidade e apresentá-la reportando os resultados da estatística VIF para suas variáveis ou o que acontece com o seu modelo quando você adiciona ou retira as variáveis que são "culpadas" pelo problema.

10.6 ENCERRANDO

A chave para desenvolver bons modelos é ter uma boa teoria e então conduzir vários testes de diagnósticos para saber o que você realmente tem após a estimação do modelo. Vimos neste capítulo que existem obstáculos adicionais (mas não insuperáveis!) para transpor quando consideramos que alguma das nossas teorias envolve uma variável independente não contínua. No próximo capítulo, examinaremos situações de pesquisa nas quais encontramos variáveis dependentes *dummies* e um conjunto de circunstâncias especiais que podem surgir quando nossos dados estão no formato de séries temporais.

CONCEITOS INTRODUZIDOS NESTE CAPÍTULO

- Alavancagem (*leverage*) – em um modelo de regressão múltiplo, o grau em que o valor de uma variável para um caso individual difere dos demais casos para a mesma variável, ou que a combinação de valores para duas ou mais variáveis independentes é diferente dos demais casos.

- Alta multicolinearidade – em um modelo de regressão múltiplo, quando duas ou mais variáveis independentes em um modelo são muito correlacionadas, tornando difícil isolar os efeitos de cada uma delas.

- Armadilha da variável *dummy* – multicolinearidade perfeita resultante da inclusão de variáveis *dummies* que representam cada um dos valores possíveis de uma variável categórica.

- Categoria de referência – em um modelo de regressão múltiplo, o valor de uma variável independente categórica para a qual não incluímos uma variável *dummy* no modelo.

- *Dummying out* – adição de uma variável *dummy* ao modelo de regressão para mensurar ou isolar o efeito de uma observação influente.

- Fator de inflação da variância (*variance inflation factor*) – uma medida estatística para detectar a contribuição de cada variável independente de um modelo de regressão múltiplo para a multicolinearidade geral do modelo.

- Micronumerosidade – um sinônimo sugerido para multicolinearidade.

- Modelo de regressão auxiliar – um modelo de regressão que tem origem em um modelo de regressão teoricamente orientado que é utilizado para detectar uma ou mais propriedades estatísticas do modelo original.

- Modelos interativos – modelos de regressão multivariados que contêm ao menos uma variável independente que criamos a partir da multiplicação de duas ou mais variáveis independentes.

- *Score* DFBETA – uma medida estatística para calcular a influência de um caso individual no valor de um parâmetro estimado.

- Variável *dummy* – uma variável que pode assumir apenas um de dois valores (usualmente 0 ou 1).

EXERCÍCIOS

1. Utilizando o modelo apresentado na Tabela 10.4, qual seria a sua previsão para a formação de um governo com dois partidos políticos com uma variação ideológica de 2, se o acordo ocorresse imediatamente após a eleição e não existisse a regra de continuação? Mostre todos os cálculos.

2. Utilizando o modelo apresentado na Tabela 10.4, interprete o parâmetro estimado para a variável "regra de continuidade".

3. Utilizando o modelo apresentado na Tabela 10.4, interprete o parâmetro estimado para a variável "número de partidos no governo".

4. Utilizando o banco de dados "nes2008.dta", investigue duas possíveis causas para as atitudes dos entrevistados em relação ao aborto (que você tratará neste exercício como uma variável contínua). Utilize o gênero e o nível de escolaridade do entrevistado como suas duas variáveis independentes-chave. Primeiro, construa um modelo de regressão aditivo para investigar os efeitos do gênero e da educação na atitude dos entrevistados em relação ao aborto. Em seguida,

Especificações do modelo de regressão multivariado

construa um modelo de regressão multivariado interativo que adiciona um termo interativo entre gênero e educação. Apresente os resultados de ambos os modelos em uma única tabela. Primeiro interprete o modelo aditivo e, depois, o modelo interativo. O efeito da educação na atitude em relação ao aborto é igual, menor ou maior para as mulheres do que para os homens?

5. Utilizando o banco de dados "state_data.dta", estime o modelo C da Tabela 9.4. Teste se o modelo possui observações influentes usando o gráfico de alavancagem *versus* resíduos quadrados. Descreva o resultado do teste de diagnóstico.

6. Teste se o modelo que você estimou no exercício 5 possui observações influentes utilizando o *score* DFBETA. Descreva o resultado do teste de diagnóstico.

7. Baseado no que você encontrou nos exercícios 5 e 6, quais ajustes você faria ao modelo original?

8. Teste se o modelo que você estimou no exercício 5 sofre de multicolinariedade. Descreva o resultado do teste de diagnóstico.

CAPÍTULO 11

VARIÁVEIS DEPENDENTES LIMITADAS
E SÉRIES DE DADOS TEMPORAIS

RESUMO:

Neste capítulo, apresentamos uma introdução a duas frequentes extensões do modelo de regressão multivariado. A primeira lida com modelos de corte transversal em que a variável dependente é categórica, em vez de contínua. A segunda envolve modelos de séries temporais, nos quais a variável de interesse é mensurada repetidamente ao longo do tempo. Ao longo deste capítulo, utilizamos exemplos de uma variedade de situações de pesquisa para ilustrar importantes problemas com os quais devemos lidar em cada uma delas.

11.1 EXTENSÕES DO MQO

Percorremos um longo caminho para a compreensão e para aprender como utilizar a análise de regressão na ciência política. Aprendemos, matematicamente, de onde surgem os coeficientes do MQO; aprendemos como interpretá-los substantivamente; e aprendemos como utilizar o MQO para controlar por outras possíveis causas da nossa variável dependente. No capítulo 10, introduzimos variáveis *dummies*, utilizando-as como variáveis independentes em nossos modelos. Neste capítulo, estendemos o uso dessas variáveis para situações de pesquisa em que a variável dependente é uma variável *dummy*. Tais situações são comuns na ciência política, uma vez que muitas das variáveis dependentes pelas quais nos interessamos são variáveis *dummies* – por exemplo, se um indivíduo votou ou não na última eleição, se dois países iniciaram uma escalada de disputas que leva a uma situação de conflito aberto.

274 Fundamentos da Pesquisa em Ciência Política

Também introduzimos alguns problemas específicos do uso de MQO para a análise de perguntas de pesquisa que utilizam dados de séries temporais. Lembre-se que um dos principais tipos de desenho de pesquisa, o estudo observacional de série temporal, envolve dados coletados ao longo do tempo. A análise de dados de séries temporais apresenta oportunidades únicas para pesquisadores de ciência política, mas também possui armadilhas únicas. Neste capítulo, daremos algumas dicas sobre como identificar e evitar essas armadilhas. Mas, antes, apresentaremos a análise das chamadas variáveis dependentes *dummies*.

11.2 VARIÁVEIS DEPENDENTES *DUMMIES*

Até agora, nossa discussão sobre variáveis *dummies* esteve limitada a situações em que a variável em questão é uma das variáveis independentes do nosso modelo. Os obstáculos nesses modelos são relativamente simples. Contudo, as coisas se tornam um pouco mais complicadas quando a variável *dummy* passa a ser a nossa variável dependente.

Certamente, muitas das variáveis dependentes que são de interesse teórico para cientistas políticos não são contínuas. Muito frequentemente, isso significa que precisamos utilizar um modelo estatístico diferente do MQO se quisermos ter estimativas razoáveis para nosso teste de hipótese. Uma exceção é o **modelo linear de probabilidade** (MLP) (ou LPM, do inglês *linear probability model*). O MLP é um modelo MQO em que a variável dependente é uma variável *dummy*. É chamado de modelo de "probabilidade" porque podemos interpretar os valores $\check{Y}$ como "probabilidades preditas". Mas, como mostraremos, esse modelo não está livre de problemas. Em razão desses problemas, a maioria dos cientistas políticos não utiliza o MLP. Apresentamos, a seguir, uma breve discussão das alternativas mais populares ao MLP e, então, concluímos a seção com uma discussão sobre as medidas de qualidade do ajuste quando a variável dependente é uma variável *dummy*.

11.2.1 MODELO LINEAR DE PROBABILIDADE

Como exemplo de variável dependente *dummy*, utilizaremos o voto do eleitor americano na eleição presidencial de 2004, em que os eleitores tiveram que escolher entre o incumbente George W. Bush e o desafiante democrata John Kerry[1]. Nossa variável dependente, que chamaremos de "Bush", assume o valor 1 para os entrevistados que

---

[1] Poucos respondentes do NES se recusaram a revelar seu voto aos entrevistados ou votaram para um candidato diferente de Bush e Kerry. Mas um grande número de respondentes reportaram não ter votado. Ao excluir essas categorias, estamos definindo a população à qual faremos inferências como a que votou em Kerry ou Bush. A inclusão dos entrevistados que votaram em outros candidatos, dos que se recursaram a revelar o voto ou que não votaram mudaria nossa variável dependente de uma variável dependente dicotômica para uma variável dependente multicategórica. Os tipos de modelos utilizados para esse tipo de variável dependente são substancialmente mais complicados.

Variáveis dependentes limitadas e séries de dados temporais　　　275

responderam ter votado em Bush e igual a 0 para os que responderam ter votado em Kerry. Em nosso modelo, teorizamos que a escolha de votar em Bush ou em Kerry é função da identidade partidária individual (que varia entre −3 para democrata convicto a +3 para republicano convicto, sendo o valor 0 para os que se declaram independentes) e a avaliação que eles fazem da administração de Bush em relação à guerra ao terror e à economia (ambas as variáveis variam de +2 para "aprova fortemente" a −2 para "desaprova fortemente"). A fórmula para o modelo é dada por:

$$\text{Bush}_i = \alpha + \beta_1 \text{ Identificação Partidária}_i + \beta_2 \text{ Avaliação da guerra}_i$$
$$+ \beta_3 \text{ Avaliação econômica}_i + u_i.$$

Tabela 11.1 – Os efeitos do partidarismo e das avaliações do desempenho do governo nos votos em Bush em 2004.

Variável independente	Parâmetro estimado
Identificação partidária	0,09*** (0,01)
Avaliação: guerra ao terror	0,08*** (0,01)
Avaliação: desempenho da economia	0,08*** (0,01)
Intercepto	0,60*** (0,01)

Notas: a variável dependente assume o valor 1 quando o entrevistado respondeu ter votado em Bush e 0 quando respondeu ter votado em Kerry. Erros-padrão entre parênteses.
Teste-*t* bicaudal: *** indica $p < 0,01$; ** indica $p < 0,05$; * indica $p < 0,10$.

A Tabela 11.1 apresenta os resultados do MQO para esse modelo. Podemos observar a partir da tabela que todos os parâmetros são estatisticamente significantes e possuem a direção esperada (são positivos). Não surpreendentemente, observamos que pessoas que se identificam com o partido republicano e que têm avaliações mais positivas da administração do governo em relação à guerra e à economia tinham maior probabilidade de votar em Bush.

Para examinar como a interpretação desse modelo é diferente da de um modelo MQO regular, vamos calcular alguns valores individuais de $\breve{Y}$. Sabemos, a partir da Tabela 11.1, que a fórmula para $\breve{Y}$ é:

$$\breve{Y}_i = 0,6 + 0,09 \times \text{Identificação partidária}_i + 0,08 \times \text{Avaliação da guerra}_i$$
$$+0,08 \times \text{Avaliação econômica}_i.$$

Para um entrevistado que reportou ser um independente ("identificação partidá-ria" = 0), que aprova parcialmente a administração de Bush em relação à guerra ao ter-ror ("avaliação da guerra" = 1) e desaprova parcialmente a administração em relação à economia ("avaliação econômica" = −1), calcularíamos $\breve{Y}_i$ por:

$$\breve{Y}_i = 0,6 + (0,09 \times 0) + (0,08 \times 1) + (0,08 \times -1) = 0,6.$$

Um modo de interpretar esse valor predito é pensando que ele representa a **pro-babilidade predita** de que a variável dependente *dummy* seja igual a 1, ou, em outras palavras, a probabilidade predita de o entrevistado ter votado em Bush. Utilizando o exemplo em que acabamos de calcular $\breve{Y}_i$, prediríamos que o indivíduo do exemplo tem a probabilidade de 0,6 (ou 60% de chance) de votar em Bush em 2004. Como você pode imaginar, se mudarmos os valores das nossas três variáveis independentes, a probabilidade do indivíduo votar em Bush também mudará. Isso significa que o MLP é um caso especial do MQO para o qual podemos pensar nos valores preditos da variável dependente como probabilidades preditas. A partir daqui, representaremos a probabilidade predita para um determinado caso como "$\breve{P}_i$" ou "$\breve{P}(Y_j = 1)$" e podemos sumarizar essa propriedade especial do MLP como $\breve{P}_i = \breve{P}(Y_i = 1) = \breve{Y}_i$.

Um problema com o MLP surge quando os valores das probabilidades preditas chegam a valores extremos. Considere, por exemplo, um entrevistado que reportou ser um republicano convicto ("identificação partidária" = 3) e que aprova completa-mente a administração de Bush em relação à guerra ao terror ("avaliação da guerra" = 2) e à economia ("avaliação econômica" = 2). Para esse indivíduo, o valor de $\breve{P}_i$ seria calculado por:

$$\breve{P}_i = \breve{Y}_i = 0,6 + (0,09 \times 3) + (0,08 \times 2) + (0,08 \times 2) = 1,19.$$

Isso significa que prediríamos que tal indivíduo teria 119% de chances de votar em Bush na eleição de 2004. Tal probabilidade predita, obviamente, não faz sentido, por-que probabilidades não podem ser menores que 0 ou maiores que 1. Portanto, um dos problemas com o MLP é que ele pode produzir valores como esse. Porém, consideran-do o quadro geral, esse não é um problema muito grave, na medida em que podemos fazer interpretações mais qualificadas de valores preditos maiores que 1 ou menores que 0 – para esses casos, podemos afirmar que temos bastante confiança de que a pro-babilidade é próxima de 1 (para $\breve{P}_i > 1$) ou próxima de 0 (para $\breve{P}_i < 0$).

Os problemas potenciais mais sérios do MLP acontecem de duas formas – da he-terocedasticidade e da forma funcional. Discutimos heterocedasticidade no capítulo 8, quando notamos que, sempre que estimamos um modelo de MQO, assumimos que ele tem homocedasticidade (ou variância do erro igual). Podemos observar que esse pressuposto é particularmente problemático com o MLP porque os valores da variável dependente são todos iguais a 0 ou 1, mas $\breve{Y}$ ou os valores preditos variam em um espectro entre 0 e 1 (ou até mesmo além desses valores). Isso significa que os erros (ou o valor dos resíduos) tenderão a ser maiores para casos em que o valor predito é próximo de 0,5. Qualquer padrão não uniforme da variância do erro do modelo é chamado de heterocedasticidade, o que significa que os erros-padrão estimados podem ser muito altos ou muito baixos. Importamo-nos com isso porque erros-padrão que são muito altos ou muito baixos terão efeitos negativos em nosso teste de hipótese e, em última análise, em nossas conclusões sobre relações causais.

O problema da forma funcional é relacionado ao pressuposto da linearidade dos parâmetros que também discutimos no capítulo 8. No contexto do MLP, esse pressuposto equivale a dizer que o impacto do aumento de uma unidade em uma variável independente X é igual ao parâmetro estimado $\check{\beta}$ correspondente, a despeito do valor de X ou do valor de qualquer outra variável independente. Esse pressuposto pode ser especialmente problemático para o MLP, porque o efeito da mudança em uma variável independente pode ser maior para os casos que de outra maneira estariam próximos de 0,5 do que para aqueles em que a probabilidade predita estaria de outra maneira perto de 0 ou 1. Obviamente, a extensão desses dois problemas variará de modelo para modelo.

Por essas razões, a solução típica na ciência política quando se tem uma variável dependente *dummy* é evitar o uso do MLP. A maioria dos trabalhos que possuem variáveis dependentes *dummies* utiliza o modelo **binomial logit** (BNL) ou o **binomial probit** (BNP) em vez do MLP. Os modelos BNL e BNP possuem muitas similaridades, mas eles necessitam de um passo adicional para a interpretação dos resultados. Na próxima seção, apresentamos uma breve visão geral desses tipos de modelo.

11.2.2 *BINOMIAL LOGIT* E *BINOMIAL PROBIT*

Quando a variável dependente é dicotômica, a maioria dos cientistas políticos utiliza o modelo BNL ou o BNP em vez do MLP. Nesta seção apresentamos uma breve introdução a esses dois modelos, empregando o mesmo exemplo que usamos para o MLP na seção anterior. Para entender esses modelos, primeiro vamos reescrever nosso MLP do nosso exemplo anterior nos termos de uma afirmação probabilística:

$$P_i = P(Y_i = 1) = \alpha + \beta_1 \times \text{Identificação partidária}_i + \beta_2 \times \text{Avaliação da guerra}_i$$
$$+ \beta_3 \times \text{Avaliação econômica}_i + u_i.$$

Esse é apenas um modo de expressar a parte probabilística do MLP em uma fórmula em que "$P(Y_i = 1)$" se traduz em "a probabilidade de Y_i ser igual a um", que, no caso do nosso exemplo, é a probabilidade de um indivíduo ter votado em Bush. Podemos simplificar esse modelo para

$$P_i = P(Y_i = 1) = \alpha + \beta_1 X_{1i} + \beta_2 X_{2i} + \beta_3 X_{3i} + u_i,$$

e, então, para

$$P_i = P(Y_i = 1) = X_1 \beta + u_i,$$

em que definimos $X_i\beta$ como o componente sistemático de Y tal que[2] $X_i\beta = \alpha + \beta_1 X_{1i} + \beta_2 X_{2i} + \beta_3 X_{3i}$. O termo u_i continua a representar o componente estocástico ou aleatório de Y. Portanto, se você quiser determinar a probabilidade predita para um determinado caso, podemos escrevê-la como:

$$\breve{Y}_i = \breve{P}_i = \breve{P}(Y_i = 1) = X_i\breve{\beta} = \breve{\alpha} + \breve{\beta}_1 X_{1i} + \breve{\beta}_2 X_{2i} + \breve{\beta}_3 X_{3i}.$$

Um modelo BNL com as mesmas variáveis poderia ser escrito como

$$P_i = P(Y_i = 1) = \Lambda(\alpha + \beta_1 X_{1i} + \beta_2 X_{2i} + \beta_3 X_{3i} + u_i) = \Lambda(X_i\beta + u_i).$$

As probabilidades preditas para esse modelo seriam escritas como

$$\breve{P}_i = \breve{P}(Y_i = 1) = \Lambda(\breve{\alpha} + \breve{\beta}_1 X_{1i} + \breve{\beta}_2 X_{2i} + \breve{\beta}_3 X_{3i}) = \Lambda(X_i\breve{\beta}).$$

Um modelo BNP com as mesmas variáveis poderia ser escrito como

$$P_i = P(Y_i = 1) = \Phi(\alpha + \beta_1 X_{1i} + \beta_2 X_{2i} + \beta_3 X_{3i} + u_i) = \Phi(X_i\beta + u_i).$$

As probabilidades preditas para esse modelo seriam escritas como

$$\breve{P}_i = \breve{P}(Y_i = 1) = \Phi(\breve{\alpha} + \breve{\beta}_1 X_{1i} + \breve{\beta}_2 X_{2i} + \breve{\beta}_3 X_{3i}) = \Phi(X_i\breve{\beta}).$$

A diferença entre o modelo BNL e o MLP é o Λ, e a diferença entre o modelo BNP e o MLP é o Φ. Λ e Φ são conhecidos como **funções de ligação**. Uma função de ligação *liga* o componente linear de um modelo *logit* ou *probit*, $X_i\beta$, à quantidade em que estamos interessados, a probabilidade predita de que a variável dependente é igual a um $\breve{P}(Y_i = 1)$ ou $\breve{P}_i$. Uma grande consequência do uso dessas funções de ligação[3] é que não assumimos mais que a relação entre nossas variáveis dependente e independente seja linear. O modelo *logit* utiliza a função de distribuição cumulativa *logit*, abreviada como Λ, (e, por isso, o nome *logit*) para ligar o componente linear à probabilidade predita de que $Y_i = 1$. No modelo *probit*, a função de ligação utilizada para ligar o componente linear à probabilidade predita de $Y_i = 1$ é a função de distribuição cumulativa normal, abreviada como Φ. Os Apêndices C (para o BNL) e D (para o BNP) apresentam tabelas para a conversão de $X_i\beta$ em probabilidades preditas.

O melhor modo para entender como o MLP, o BNL e o BNP são similares e diferentes é examinando o resultado dos três para o mesmo modelo com os mesmos dados. Um exemplo é apresentado na Tabela 11.2. A partir dessa tabela fica aparente ao longo dos três modelos que os parâmetros estimados para cada variável independente possuem sinais e níveis de significância iguais. Mas também é aparente que a magnitude desses parâmetros estimados é diferente entre os modelos. Isso ocorre, principalmente, devido às diferenças entre as funções de ligação.

---

[2] Essa transformação é feita a partir de álgebra matricial. Embora a álgebra matricial seja uma ferramenta muito útil em estatística, não é necessário dominar essa matéria para compreender este livro.

[3] No original, *link function*. [N.T.]

Tabela 11.2 – Os efeitos do partidarismo e das avaliações do desempenho do governo nos votos em Bush em 2004: três diferentes tipos de modelos.

Variável independente	MPL	BNL	BNP
Identificação partidária	0,09*** (0,01)	0,82*** (0,09)	0,45*** (0,04)
Avaliação: guerra ao terror	0,08*** (0,01)	0,60*** (0,09)	0,32*** (0,05)
Avaliação: desempenho da economia	0,08*** (0,01)	0,59*** (0,10)	0,32*** (0,06)
Intercepto	0,60*** (0,01)	1,11*** (0,20)	0,58*** (0,10)

Notas: a variável dependente em todos os modelos assume o valor 1 quando o entrevistado respondeu ter votado em Bush e 0 quando respondeu ter votado em Kerry.
Erros-padrão entre parênteses.
Teste-t bicaudal: *** indica $p < 0,01$; ** indica $p < 0,05$; * indica $p < 0,10$.

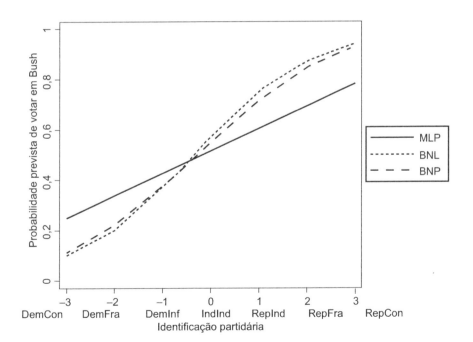

Figura 11.1 – Três diferentes modelos para o voto em Bush.

Para melhor ilustrar as diferenças entre os três modelos apresentados na Tabela 11.2, plotamos a probabilidade predita por cada um dos modelos na Figura 11.1. Essas probabilidades preditas são para um indivíduo que aprova fortemente o modo da administração de Bush lidar com a guerra ao terror, mas desaprova fortemente como ela lida com a economia[4]. No eixo horizontal dessa figura temos a identidade partidária – variando de democrata convicto (valor mais à esquerda) a republicano convicto (valor mais à direita). No eixo vertical temos a probabilidade predita de votar em Bush. Podemos observar a partir desse gráfico que os três modelos produzem predições bastante similares. As diferenças mais agudas ocorrem quando nos movemos para valores mais distantes da probabilidade de 0,50.

A reta do MLP tem, por definição, um parâmetro de inclinação constante ao longo da variação inteira de X. As linhas de probabilidades preditas para os modelos BNL e BNP possuem parâmetros de inclinação que mudam de modo que a inclinação vai se tornando mais suave à medida que nos movemos para longe da probabilidade predita de 0,50. Isso significa que o efeito da variável "identificação partidária" é sempre o mesmo sobre a probabilidade predita pelo MLP, independentemente do valor das demais variáveis. Mas, para os modelos BNL e BNP, o efeito de uma mudança na "identificação "partidária *depende* do valor das demais variáveis do modelo. Observa-se, também, que as diferenças entre as linhas do BNL e do BNP são triviais. É importante notar que as diferenças entre o MLP e os outros dois tipos de modelo devem-se às propriedades do modelo, e não a algum resultado empírico. Em outras palavras, a escolha do modelo determina a forma da sua linha de probabilidades preditas.

11.2.3 A QUALIDADE DO AJUSTE COM VARIÁVEIS DEPENDENTES *DUMMIES*

Embora possamos calcular a estatística R^2 quando estimamos um modelo de probabilidade linear, o R^2 não captura tão bem o que estamos fazendo quando queremos avaliar a qualidade do ajuste do modelo. O que estamos tentando avaliar é a habilidade do nosso modelo em separar nossos casos entre aqueles em que $Y = 1$ e aqueles em que $Y = 0$. Então é útil pensar nisso em termos de uma tabela 2×2 entre as expectativas baseadas no modelo e os valores reais. Para conhecer os valores esperados pelo modelo, precisamos escolher pontos de corte em que interpretamos que o modelo preveja um caso igual $Y = 1$. Um valor de corte óbvio é $\breve{Y} > 0,5$. A Tabela 11.3 mostra os resultados do uso desse método em uma tabela que chamamos de **tabela de classificação**. Tabelas de classificação comparam as expectativas baseadas no modelo com os valores reais da variável dependente.

---

[4] Essas foram as respostas mais comuns (valor modal) a essas duas questões de avaliação que foram incluídas no modelo apresentado na Tabela 11.2. É uma prática bastante comum ilustrar o impacto estimado de uma variável de interesse para esse tipo de modelo mantendo as outras variáveis constantes em seus valores médios ou modais e, então, variar a variável de interesse para mostrar como as probabilidades preditas mudam.

Variáveis dependentes limitadas e séries de dados temporais   **281**

Tabela 11.3 – Classificação pelo MLP dos efeitos do partidarismo e das avaliações do desempenho do governo nos votos em Bush em 2004.

	Expectativa baseada no modelo	
Voto real	Bush	Kerry
Bush	361	36
Kerry	28	355

Notas: as células representam o número de casos.
As predições são baseadas no corte de $\check{Y} > 0,5$.

Nessa tabela, podemos observar as diferenças entre as previsões do MLP e dos valores reais reportados pelos entrevistados no NES de 2004. Uma medida bastante simples de ajuste do modelo consiste no exame do percentual de casos que foram corretamente classificados utilizando esse modelo. Se somarmos os casos corretamente classificados e dividirmos o valor da soma pelo total de casos, tem-se:

$$\text{Casos corretamente classificados pelo } \text{MLP}_{0,5} = \frac{361 + 355}{780} = \frac{716}{780} = 0,918 \, .$$

Portanto, nosso MLP consegue classificar corretamente 0,918 ou 91,8% dos respondentes e classifica erroneamente o 0,082 ou 8,2% de casos remanescentes.

Embora essa pareça ser uma taxa de classificação bastante alta, não sabemos realmente com o que devemos compará-la. Uma opção é comparar a taxa de classificação do nosso modelo com a taxa de classificação de um modelo ingênuo (MI)[5] que prevê que todos os casos sejam iguais à categoria modal. Nesse caso, o MI prediria que todos os entrevistados votaram em Bush. Então, se calcularmos a taxa de classificação correta para o MI:

$$\text{Casos corretamente classificados pelo MI} = \frac{361 + 36}{780} = \frac{397}{780} = 0,509 \, .$$

Isso significa que o MI classifica corretamente 0,509 ou 50,9 % dos entrevistados e classifica erroneamente o 0,491 ou 49,1% de casos restantes.

Passando para a comparação entre o desempenho do nosso modelo com a do MI, podemos calcular a **redução proporcional do erro** que ocorre ao nos movermos do MI para nosso MLP, em que usamos a identificação partidária e as duas avaliações de performance como variáveis independentes. O percentual de casos erroneamente classificados no modelo ingênuo foi de 49,1 e o percentual no nosso MLP foi de 8,2. Então tivemos uma redução no erro de $49,1 - 8,2 = 40,9$. Se agora dividirmos esse valor do percentual de erros do modelo ingênuo, teremos $\frac{40,9}{49,1} = 0,833$. Isso significa que tivemos uma redução proporcional no erro de 0,833. Outro modo de dizermos isso é que, ao passarmos do IM para nosso MLP, reduzimos nosso erro de classificação em 83,3%.

---

[5] No original, *naive model* (NM). [N.T.]

11.3 SENDO CAUTELOSO COM DADOS DE SÉRIES TEMPORAIS

Nos últimos anos tem ocorrido uma proliferação massiva de valiosos dados de séries temporais na ciência política. Embora esse crescimento tenha levado a novas e excitantes oportunidades de pesquisa, ele também tem sido fonte de uma grande quantidade de controvérsias. No centro dessas controvérsias está o perigo de regressões espúrias devido a tendências em séries de dados temporais. Como veremos, falhar em reconhecer esse problema pode levar a erros de inferência causal. No restante desta seção introduziremos a notação utilizada em modelos com séries temporais, discutiremos os problemas das regressões espúrias e, por fim, discutiremos os *trade-offs* envolvidos em duas possíveis soluções: a variável dependente defasada e a diferenciação da variável dependente.

11.3.1 A NOTAÇÃO DOS MODELOS DE SÉRIES TEMPORAIS

No capítulo 4, introduzimos o conceito de estudo observacional de séries temporais. Embora tenhamos examinado alguns dados de séries temporais (como o banco de dados de Ray Fair nos capítulos 8-10), não utilizamos a notação matemática específica para dados de séries temporais. Em vez disso, utilizamos uma notação genérica na qual o subscrito i representa um caso individual. Na notação para séries temporais, casos individuais são representados com o subscrito t, que representa a ordem temporal na qual os casos ocorrem, e, na maior das parte vezes, essa ordem é importante[6]. Considere o seguinte modelo de MQO para a população com a notação que temos utilizado até o momento:

$$Y_i = \alpha + \beta_1 X_{1i} + \beta_2 X_{2i} + u_i.$$

Se os dados utilizados forem dados de séries temporais, escreveríamos o modelo como

$$Y_t = \alpha + \beta_i X_{1t} + \beta_2 X_{2t} + u_t.$$

Na maioria das situações na ciência política, os dados de séries temporais ocorrem em intervalos regulares. Intervalos comuns para dados de ciência política são semanas, meses, trimestres e anos. De fato, é bastante importante que esses intervalos temporais sejam descritos de maneira direta no nosso banco de dados. Por exemplo, os dados apresentados na Figura 2.1 deveriam ser descritos como uma "série temporal da popularidade presidencial mensal".

Utilizando essa notação, tratamos as observações na ordem em que elas aconteceram. Desse modo, é frequentemente útil considerar os valores das variáveis de modo

---

[6] Em banco de dados de corte transversal, quase sempre a ordem dos casos é irrelevante para a análise que conduzimos.

relativo aos seus **valores defasados** e **valores seguintes**. Valores defasados e seguintes são expressões de valores relativos ao tempo presente, que chamamos de tempo t. Um valor defasado de uma variável é o valor da variável para um período de tempo anterior. Por exemplo, um valor defasado para um período anterior ao tempo atual é conhecido como tempo $t-1$. Um valor seguinte de uma variável é o valor da variável para um período de tempo seguinte (futuro) ao tempo atual. Por exemplo, um valor seguinte para um período de tempo no futuro é conhecido como tempo $t+1$. Note que não especificamos um modelo com o valor seguinte para uma variável, porque isso levaria a uma teoria em que o valor futuro de uma variável independente exerce uma influência causal no passado.

11.3.2 MEMÓRIA E DEFASAGEM EM ANÁLISES DE SÉRIES DE DADOS TEMPORAIS

Você pode estar se perguntando o que, além da mudança do subscrito i para o t, é tão diferente na modelagem de dados de séries temporais. Nesta seção, daremos atenção especial a uma característica particular da análise de séries temporais que diferencia esse tipo de modelo da modelagem de dados de corte transversal.

Considere o seguinte modelo para a aprovação presidencial, assumindo que os dados são medidos mensalmente:

$$\text{Aprovação}_t = \alpha + \beta_1 \text{ Economia}_t + \beta_2 \text{ Paz}_t + u_t,$$

em que Economia e Paz se referem a mensurações da saúde da economia nacional e da paz internacional, respectivamente. Agora examine o que o modelo assume, de modo bastante explícito. A popularidade do presidente em um dado mês t é uma função do desempenho da economia no mês e do nível de paz internacional no mês (mais um termo de erro randômico), *e nada além disso, em qualquer ponto do tempo.* E quanto ao choque econômico que ocorreu nos meses passados ou uma guerra que tenha terminado três meses atrás? Eles não estão nesse modelo, o que significa dizer quase que literalmente que eles não podem afetar a taxa de popularidade presidencial no mês presente. Todos os meses – de acordo com esse modelo –, o público avalia a administração presidencial do zero, como se dissesse, no primeiro dia do mês: "Está bem, vamos esquecer o que aconteceu no mês passado. Vamos apenas verificar os dados econômicos deste mês e os conflitos internacionais atuais para avaliar se o presidente está fazendo um bom trabalho ou não". Não existe memória de um mês para outro. Cada variável independente tem um impacto imediato, e esse impacto dura exatamente um mês; após o termino do mês, o efeito desaparece por inteiro.

Isso é claramente absurdo. O público não apaga sua memória coletiva todos os meses. Mudanças nas variáveis independentes em muitos dos meses do passado podem ter efeitos prolongados nas avaliações atuais da administração presidencial. Na maioria dos casos, imaginamos que os efeitos de alterações nas variáveis independentes terminam por desaparecer após um período de tempo, à medida que novos eventos se tornam mais salientes na mente das pessoas e, de fato, alguns "esquecimentos" coletivos acontecem. Mas, certamente, isso não acontece ao final de um mês.

Sejamos claros sobre os problemas do modelo anterior para a taxa de aprovação. Se estivermos convencidos de que ao menos alguns dos valores da economia ainda têm efeito no presente, e que ao menos alguns valores da paz internacional possuem efeito no presente, mas estimamos um modelo com apenas efeitos contemporâneos (ao período t), então nosso modelo sofre do problema do viés de variável omitida – que, como enfatizamos ao longo dos dois últimos capítulos, é um dos erros mais sérios que um cientista social pode fazer. Falhar em explicar como valores defasados das nossas variáveis independentes podem afetar os valores atuais da nossa variável dependente é um problema sério em estudos observacionais de séries temporais. Não existe nada semelhante a esse problema no mundo dos dados de corte transversal. Na análise de séries temporais, mesmo se soubermos que Y é causado por X e Z, ainda temos que nos preocupar com o modo como os valores defasados de X e Z podem afetar Y.

Um leitor astuto pode ter uma resposta pronta para essa situação: devemos especificar variáveis defasadas das nossas variáveis independentes em nosso modelo:

$$\text{Aprovação}_t = \alpha + \beta_1 \text{ Economia}_t + \beta_2 \text{ Economia}_{t-1} + \beta_3 \text{ Economia}_{t-2}$$
$$+ \beta_4 \text{ Economia}_{t-3} + \beta_5 \text{ Paz}_t + \beta_6 \text{ Paz}_{t-1} + \beta_7 \text{ Paz}_{t-2}$$
$$+ \beta_8 \text{ Paz}_{t-3} + u_t.$$

De fato, essa é uma das possíveis soluções para a questão sobre como incorporar valores duradouros do passado sobre o presente. Mas o modelo se torna um pouco mais difícil de manejar, com muitos parâmetros a serem estimados. Mais importante, porém, é que essa solução leva a uma série de questões sem respostas:

1. Quantas variáveis independentes defasadas devemos incluir em nosso modelo? Na nossa especificação anterior incluímos variáveis defasadas do período t até o t-3, mas como sabemos que essa é a escolha correta? Desde o início deste livro, enfatizamos que você deve ter razões *teóricas* para incluir variáveis em seus modelos estatísticos. Mas qual teoria nos diz que devemos incluir variáveis independentes com três, quatro ou seis períodos de defasagem em nosso modelo?

2. Se incluirmos várias variáveis defasadas de todas as nossas variáveis independentes em nosso modelo, quase certamente teremos multicolinearidade entre elas. Isto é, X_t, X_{t-1} e X_{t-2} são provavelmente muito correlacionadas entre si (em razão da natureza de dados de séries temporais). Esses modelos, então, terão todos os problemas associados com uma alta multicolinearidade que identificamos no capítulo 10 – em particular, erros-padrão grandes e consequências adversas ao teste de hipótese.

Antes de mostrar duas alternativas a saturar nossos modelos com várias variáveis independentes defasadas, precisamos confrontar um problema diferente da análise de

Variáveis dependentes limitadas e séries de dados temporais 285

dados de séries temporais. Mais adiante neste capítulo, apresentaremos um exemplo real de pesquisa sobre as causas da aprovação presidencial que lida com esse problema.

11.3.3 TENDÊNCIAS E O PROBLEMA DA REGRESSÃO ESPÚRIA

Ao discutir os dados sobre a popularidade presidencial, fica fácil perceber como uma série temporal tem uma "memória" – que significa que os valores atuais para uma série parecem ser altamente dependentes dos seus valores no passado[7]. Algumas séries possuem memórias do passado suficientemente longas para induzir problemas estatísticos. Em particular, mencionamos um, chamado **problema da regressão espúria**[8].

Como exemplo, considere os seguintes fatos: nos Estados Unidos após a Segunda Guerra, o golfe tornou-se um esporte cada vez mais popular. Conforme sua popularidade crescia, talvez de modo previsível, o número de campos de golfe nos Estados Unidos crescia para acomodar a demanda por lugares onde se jogar. Esse crescimento continuou firme até o início do século XXI. Podemos pensar no número de campos de golfe nos Estados Unidos como uma série temporal, medida com uma métrica anual. No mesmo período, as taxas de divórcios só cresceram nos Estados Unidos. Enquanto o divórcio antigamente era uma prática incomum, hoje ele é lugar-comum na sociedade americana. Também podemos pensar a estrutura familiar como uma série temporal – neste caso, o percentual de domicílios que possui um casal[9].

Ambas as séries temporais – provavelmente por razões diferentes – possuem memórias longas. No caso dos campos de golfe, o número de campos em um ano *t* obviamente depende muito do número de campos do ano anterior. No caso da taxa de divórcios, a dependência do passado presumidamente decorre da persistente influência de forças sociais em vários períodos que levaram à aceitação do divórcio em primeiro lugar. O número de campos de golfe nos Estados Unidos e o percentual de famílias em que existe um casal são apresentados na Figura 11.2[10]. Fica claro que, consistentemente com nossa descrição, ambas as variáveis possuem tendências. No caso dos campos de golfe, a tendência é de aumento; para o casamento, a tendência é de diminuição.

---

[7] Em qualquer série temporal de opinião pública, a palavra "memória" é um termo particularmente útil, embora seu uso também seja aplicável a todos os outros tipos de séries temporais.

[8] O problema da regressão espúria é algo com o qual economistas como John Maynard Keynes se preocupavam muito antes de ser demonstrado por Granger e Newbold (1974) utilizando dados simulados. A principal preocupação dos autores foi a existência de tendências gerais em uma variável ao longo do tempo. Para deixar claro, a palavra "tendência" obviamente possui vários significados populares. Porém, na análise de séries temporais, geralmente utilizamos a palavra tendência para nos referir a um movimento de longa duração na história de uma variável, e não a uma mudança temporária para uma ou outra direção.

[9] Para os propósitos deste exemplo, ignoramos a diferença entre divórcio e pessoas não casadas morando na mesma casa.

[10] Os dados sobre o número de campos de golfe foram gentilmente cedidos pela National Golf Foundation. Os dados sobre a estrutura familiar são do *Current Population Reports* do United States Census Bureau.

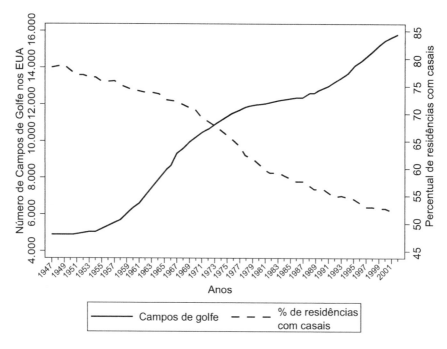

Figura 11.2 – O crescimento do golfe e o declínio do casamento nos Estados Unidos, 1947-2002.

Qual é o problema aqui? Sempre que uma série temporal com longa memória é utilizada em um modelo de regressão com outra série que também possui uma longa memória, podemos encontrar evidências falsas da relação causal entre as duas variáveis. Esse problema é conhecido como o "problema da regressão espúria". Se utilizássemos a diminuição do casamento como nossa variável dependente e o número de campos de golfe como nossa variável independente, certamente observaríamos uma relação, estatística, entre essas duas variáveis. Em termos substantivos, podemos ser tentados a concluir que o crescimento do número de campos de golfe nos Estados Unidos *levou* ao colapso da família nuclear. Mostramos os resultados dessa regressão na Tabela 11.4. A variável dependente é o percentual de domicílios com casal e a variável independente é o número de campos de golfe (em milhares). Os resultados são exatamente o que temíamos. Para cada mil campos de golfe construídos nos Estados Unidos, há uma diminuição de 2,53% domicílios com um casal presente. A estatística R^2 é bastante alta, sugerindo que aproximadamente 93% da variância da taxa de divórcio é explicada pelo crescimento da indústria do golfe.

Estamos bastante certos de que alguns de vocês – presumidamente não jogadores de golfe – estão balançando a cabeça em sinal de concordância e pensando "Talvez o golfe *seja* a causa do aumento do número de divórcios! O termo 'viúva do golfe' lembra alguma coisa?". Mas temos aqui o problema das variáveis com tendência e o porquê de esse ser um problema sórdido nas ciências sociais. Poderíamos substituir a variável número de campos de golfe por *qualquer* variável com tendência que teríamos a mesma "conclusão".

Tabela 11.4 — Golfe e declínio do casamento nos Estados Unidos, 1947-2002.

Variável	Coeficiente (erro-padrão)
Campos de golfe	−2,53*
	(0,09)
Intercepto	91,36*
	(1,00)
R^2	0,93
n	56

Nota: * indica $p < 0{,}05$.

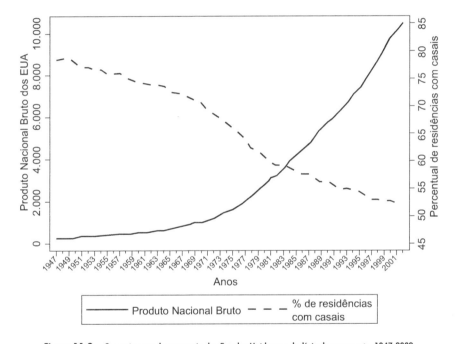

Figura 11.3 — O crescimento da economia dos Estados Unidos e o declínio do casamento, 1947-2002.

Para provar esse ponto, examinemos outro exemplo. Em vez de analisarmos o crescimento do golfe, vamos examinar o outro tipo de crescimento — o crescimento econômico. Nos Estados Unidos pós-guerra, o PIB cresceu constantemente, com poucas interrupções em sua trajetória ascendente. A Figura 11.3 mostra o PIB, em termos anuais, juntamente com a nossa já familiar série de dados sobre divórcio. Obviamente, o PIB é uma série com memória de longa duração, com tendência de crescimento, na qual os valores atuais da série dependem muito fortemente dos valores da variável no passado.

O problema da regressão espúria também está presente aqui. A Tabela 11.5 mostra uma relação forte, negativa e estatisticamente significante entre nossa variável dependente — a taxa de domicílios com casais — e nossa variável independente — o PIB. Isso não ocorre porque altas taxas de produção econômica levaram à destruição da família americana. Ocorre porque ambas as variáveis possuem tendências, e uma regressão com variáveis que possuem tendências produzirá evidências espúrias sobre a relação entre elas – mesmo se elas, na realidade, não forem associadas.

Tabela 11.5 – PIB e declínio do casamento, 1947-2002.

Variável	Coeficiente (erro-padrão)
PNB (em trilhões)	−2,71*
	(0,16)
Intercepto	74,00*
	(0,69)
R^2	0,84
n	56

Nota: * indica $p < 0,05$.

Os dois problemas que acabamos de mencionar – como lidar com os efeitos do passado em uma série temporal e se o problema da regressão espúria é relevante ou não – são problemas tratáveis. Ademais, novas soluções para esses problemas têm surgido à medida que o estudo de análises de séries temporais sofistica-se. A seguir, apresentamos duas potenciais soluções para esses problemas.

11.3.4 A VARIÁVEL DEPENDENTE DIFERENCIADA

Um modo de evitar o problema da regressão espúria é utilizando **a variável dependente diferenciada**. Calculamos uma variável diferenciada (ou, de modo equivalente, a "primeira diferença") a partir da subtração do primeiro valor defasado da variável $\left(Y_{t-1}\right)$ do valor atual Y_t. O resultado é uma série temporal tipicamente representada como $\Delta Y_t = Y_t - Y_{t-1}$.

De fato, quando séries temporais possuem memórias longas, podemos tirar a primeira diferença das variáveis independentes e dependente. O efeito disso é que, em vez de Y_t representar o *nível* de uma variável, ΔY_t representa a *mudança* no nível da variável. Para muitas (mas não todas) das variáveis com memórias longas, tirar a primeira diferença eliminará o padrão visual de que uma variável parece sempre aumentar (ou diminuir).

A Figura 11.4 apresenta a primeira diferença para o número de campos de golfe nos Estados Unidos, assim como a primeira diferença para o percentual de casais nos Estados Unidos. Como você notará, fica claro que as séries temporais apresentadas neste gráfico parecem drasticamente diferentes das suas contrapartes da Figura 11.2, em que elas representavam o nível da variável. De fato, a "evidência" visual da associação entre essas duas variáveis que aparece na Figura 11.2 desaparece. Quem é o culpado da evidência enganosa da Figura 11.2? A existência de tendências em ambas as variáveis.

Variáveis dependentes limitadas e séries de dados temporais 289

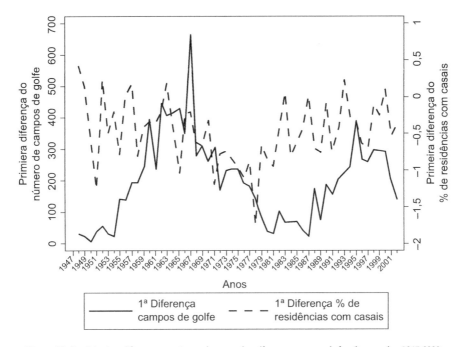

Figura 11.4 – Primeiras diferenças no número de cursos de golfe e porcentagem de famílias casadas, 1947-2002.

Como, nesses casos, tirar a primeira diferença da série remove a longa memória, essas séries transformadas não estarão mais sujeitas ao problema da regressão espúria. Mas a diferenciação de séries temporais deve ser feita somente após refletirmos sobre o assunto. Porque em certas circunstâncias, diferenciar variáveis pode eliminar algumas evidências (verdadeiras) de uma associação entre séries temporais.

Recomendamos que, sempre que possível, você tenha razões teóricas para diferenciar uma série temporal ou para analisá-la em seu nível. Com efeito, você deve se perguntar se sua teoria sobre uma conexão causal entre X e Y faz mais sentido com suas variáveis no nível ou diferenciadas. Por exemplo, se você está analisando dados orçamentários de uma agência governamental, sua teoria especifica resultados sobre a quantidade absoluta do gasto da agência (nesse caso, você analisaria os dados no nível), ou especifica resultados particulares sobre o que causa mudanças no orçamento de um ano para o outro (nesse caso, você analisaria os dados diferenciados)?

Também vale notar que tirar a primeira diferença da sua série temporal não resolve diretamente o problema do número de variáveis independentes defasadas a incluir no seu modelo. Para isso, passamos para a especificação da variável dependente defasada.

11.3.5 A VARIÁVEL DEPENDENTE DEFASADA

Considere por um momento um sistema simples de duas variáveis com nossas familiares variáveis X e Y, exceto que, para permitir a possibilidade de que valores defasados de X possam afetar os valores atuais do nível de Y, incluímos um grande número de variáveis defasadas X em nosso modelo:

$$Y_t = \alpha + \beta_0 X_t + \beta_1 X_{t-1} + \ldots + \beta_k X_{t-k} + u_t.$$

Esse modelo é conhecido como um **modelo de defasagem distribuída**. Note a pequena mudança na notação; utilizamos um subscrito nos nossos coeficientes β indicando o número de períodos em que a variável está defasada em relação ao seu valor atual; assim, o β para X_t é β_0 (porque $t - 0 = t$). Nessa configuração, o **impacto acumulativo** β de X em Y é

$$\beta = \beta_0 + \beta_1 + \beta_2 + \ldots + \beta_k = \sum_{i=0}^{k} \beta_i.$$

Vale enfatizar que estamos interessados no impacto acumulativo de X em Y, não meramente no **efeito instantâneo** de X_t sobre Y_t representado pelo coeficiente β_0.

Mas como podemos capturar os efeitos de X em Y sem estimar um modelo bizarro como o anterior? Como pontuamos, um modelo como esse certamente sofreria de multicolinearidade.

Se estamos dispostos a assumir que o efeito de X em Y é inicialmente maior e diminui geometricamente a cada período (finalmente, após muitos períodos, tornando-se 0), então o uso de alguma álgebra geraria o seguinte modelo matematicamente idêntico ao anterior[11]. Esse novo modelo seria dado por

$$Y_t = » Y_{t-1} + \alpha + \beta_0 X_t + v_t.$$

Esse processo é conhecido como **transformação Koyck** e é frequentemente referido como **modelo da variável dependente defasada**, por razões que esperamos que sejam óbvias. Compare a transformação Koyck com o modelo de defasagem distribuída anterior. Ambos têm a mesma variável dependente, Y_t, ambos têm uma variável que representa o impacto imediato de X_t em Y_t. Mas, enquanto o modelo de defasagem distribuída também possui uma enorme quantidade de coeficientes para representar todas as defasagens de 1 até k para X em Y_t, o modelo da variável dependente defasada contém uma única variável e coeficiente, $» Y_{t-1}$. Como as duas configurações são equivalentes, significa que a variável dependente defasada não representa como Y_{t-1} de algum modo causa Y_t, mas, em vez disso, Y_{t-1} é um substituto para o efeito acumulado de todos os valores defasados de X (isto é, para as defasagens de 1 até k) em Y_t. Conseguimos estimar esse efeito a partir da estimação de um único coeficiente, em vez de um grande número de parâmetros.

O coeficiente λ, então, representa como os valores anteriores de X afetam o valor atual de Y, o que resolve satisfatoriamente o problema sublinhado no início desta seção. Normalmente, o valor de λ variará entre[12] 0 e 1. Você pode facilmente observar

---

[11] Sabemos que esse modelo não parece matematicamente idêntico, mas ele é. Para simplificar a apresentação, pulamos a álgebra necessária para demonstrar a equivalência.

[12] Na verdade, valores próximos de 1 e, especialmente, maiores que 1 indicam que existem problemas com o modelo, provavelmente relacionados à existência de tendências nos dados.

Variáveis dependentes limitadas e séries de dados temporais 291

que, se $\lambda=0$, então literalmente não existe efeito dos valores anteriores de X em Y_t. Contudo, tais valores, na prática, são incomuns. Quanto maior for λ, maior é a persistência ao longo do tempo do efeito dos valores defasados de X em Y_t.

Nesses modelos, o efeito acumulado de X em Y é convenientemente descrito por

$$\beta = \frac{\beta_0}{1-\lambda}.$$

Examinando a fórmula, observamos facilmente que, quando $\lambda=0$, o denominador é igual a 1 e o impacto acumulado é exatamente igual ao impacto imediato. Portanto, não existe efeito defasado em absoluto. Quando $\lambda=1$, contudo, temos problemas; o denominador passa a ser igual a 0, então o quociente é indefinido. Mas, à medida que λ se aproxima de 1, você pode observar que o efeito acumulativo cresce. Assim, à medida que os valores do coeficiente da variável dependente defasada se move de 0 a 1, o impacto acumulado da mudança de X em Y cresce.

Essa breve incursão na análise de séries temporais obviamente apenas cobre a superfície da discussão. Quando lemos uma pesquisa que utiliza técnicas de séries temporais ou especialmente quando embarcamos na nossa própria análise de séries temporais, é importante estar consciente sobre como o feito da mudança em nossas variáveis independentes pode persistir ao longo dos vários períodos de tempo e, também, das potenciais armadilhas das tendências de longa memória. Na próxima seção apresentamos um exemplo proeminente da literatura de opinião pública americana que utiliza a análise de séries temporais.

11.4 EXEMPLO: A ECONOMIA E A POPULARIDADE PRESIDENCIAL

Suspeitamos que todos vocês estejam familiarizados com as pesquisas sobre popularidade presidencial (ou aprovação presidencial). A **popularidade presidencial**, de fato, é um dos grandes recursos que presidentes têm à disposição; eles utilizam a aprovação como instrumento de barganha em situações de negociação. Afinal, não é fácil dizer "não" a um presidente popular. De modo oposto, presidentes impopulares frequentemente são presidentes com pouca influência. Assim, todos os presidentes se importam com suas taxas de aprovação.

Mas por que as taxas de aprovação flutuam no curto e no longo prazo? Quais são as forças sistemáticas que fazem presidentes serem populares ou impopulares ao longo do tempo? Desde o começo dos anos 1970, é comum atribuir à *realidade econômica* – usualmente mensurada pelas taxas de inflação e de desemprego – a causa das subidas e das descidas na taxa de popularidade. Quando a economia vai bem – isto é, quando a inflação e o desemprego são baixos –, o presidente desfruta de altas taxas de aprovação; e, quando a economia vai mal, o oposto ocorre[13]. Essas expectativas são representadas

---

[13] Pesquisadores reconhecem que existem outras causas sistemáticas da aprovação do presidente. Por exemplo, escândalos, crises internacionais e baixas de guerra. Focamos, neste exemplo, exclusivamente a economia para simplificar a apresentação.

graficamente na Figura 11.5. Uma considerável quantidade de pesquisas ao longo de muitos anos tem encontrado evidências favoráveis a essas expectativas.

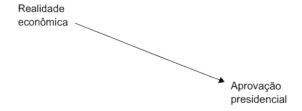

Figura 11.5 – Um modelo causal simples da relação entre economia e aprovação presidencial.

No começo dos anos 1990, contudo, um grupo de três cientistas políticos questionou o modo tradicional de entender as dinâmicas da taxa de aprovação presidencial, sugerindo que não é a *realidade econômica* que influencia a taxa de aprovação, mas a percepção que o público tem da economia – o que, usualmente, chamamos de **confiança do consumidor** (ver MacKuen, Erikson e Stimson, 1992). A lógica dos autores foi que, para a taxa de aprovação presidencial, não importa se a inflação e o desemprego estão baixos se as pessoas não *perceberem* que a economia está se saindo bem. O modelo causal revisado a partir das afirmações dos autores é apresentado na Figura 11.6.

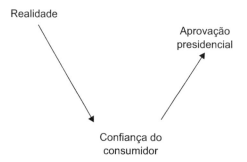

Figura 11.6 – Um modelo revisado da aprovação presidencial.

O que esses pesquisadores precisavam fazer, então, era testar a expectativa anterior sobre a relação estabelecida entre a variável independente (X) e a variável dependente (Y), controlando por uma nova variável (Z) baseada em suas expectativas teóricas. Os autores realizaram esse teste utilizando dados de *survey* quadrimestrais do segundo trimestre de 1954 até o segundo trimestre de 1988. A Tabela 11.6 recria uma parte da Tabela 2 de MacKuen, Erikson e Stimson. Na coluna A, temos a confirmação das expectativas tradicionais. (Você consegue imaginar por que os autores incluíram esta coluna na tabela?) Você deve pensar nessa coluna de resultados como o teste do modelo causal da Figura 11.5. O coeficiente para a taxa de inflação, –0,39, indica que, para cada aumento de 1 ponto na taxa de inflação, a aprovação presidencial cairá 0,39 ponto, em média, controlando pelos efeitos da taxa de desemprego (e das demais variáveis do

Variáveis dependentes limitadas e séries de dados temporais **293**

modelo que foram omitidas da tabela). De acordo com a tabela, o efeito desse coeficiente passa facilmente pelo limiar da significância estatística.

Tabela 11.6 – Excertos da tabela de relação entre economia e aprovação presidencial de MacKuen, Erikson e Stimson.

	A	B
Aprovação t−1	0,87*	0,82*
	(0,04)	(0,04)
Inflação	−0,39*	−0,17
	(0,13)	(0,13)
Mudança no desemprego	−1,51*	0,62
	(0,74)	(0,91)
Confiança do consumidor	−	0,21*
	−	(0,05)
R^2	0,93	0,94
n	126	117

Notas: erros-padrão entre parênteses.
* indica $p < 0,05$.
Os modelos foram estimados utilizando outras variáveis, excluídas desta tabela para facilitar a apresentação.

Similarmente, a coluna A apresenta os resultados para o efeito da mudança da taxa de desemprego sobre a aprovação presidencial. O coeficiente de inclinação de −1,51 indica que, para cada ponto adicional na taxa de desemprego, a aprovação presidencial cai em 1,51 ponto, em média, controlando os efeitos da inflação (e outras variáveis que não mostramos). O parâmetro estimado também é estatisticamente significante.

Como nosso foco neste capítulo são algumas características básicas da análise de séries temporais, note também a presença de uma variável dependente defasada no modelo, nomeada como "Aprovação$_{t−1}$". Lembrando da nossa discussão anterior, encontramos que o coeficiente de 0,87, que é estatisticamente significante, indica que 87% do efeito de uma mudança em uma das variáveis independentes persiste para o período posterior. Assim, os efeitos de uma mudança em X não desaparecem imediatamente; pelo contrário, uma grande parte desses efeitos persiste ao longo do tempo[14]. Isso significa que, por exemplo, o coeficiente para "inflação" de −0,39 representa apenas o efeito *imediato* da inflação, não os efeitos *acumulados*. O efeito acumulado para "inflação", como aprendemos anteriormente, é igual ao efeito imediato dividido por 1 menos o coeficiente para a variável dependente defasada, ou,

$$\beta = \frac{\beta_0}{1-\lambda} = \frac{-0,39}{1-0,87} = -3,0 \; .$$

---

[14] De fato, no segundo período, $0,87^2$ do efeito de uma mudança em X no tempo t se mantém e $0,87^3$ se mantém no terceiro período, e assim por diante.

O efeito imediato de –0,39, então, subestima consideravelmente o impacto total de uma mudança na taxa de inflação, que, em razão da forte dinâmica no modelo – o valor da variável dependente defasada, 0,87, é bastante próximo a 1 –, é consideravelmente mais impressionante em termos substantivos. Uma mudança de 1 ponto na taxa de inflação custa por fim uma perda de 3 pontos na taxa de aprovação a um presidente.

Em suma, a primeira coluna da Tabela 11.6 apresenta algumas confirmações para as expectativas tradicionais. Mas os resultados da coluna A não controlam pelos efeitos da "confiança do consumidor". Os resultados de MacKuen, Erikson e Stimson, controlando pela "confiança do consumidor", são apresentados na coluna B da Tabela 11.6. Note, primeiro, que o coeficiente para a "confiança do consumidor" é de 0,21. Isto é, para cada aumento de um ponto na "confiança do consumidor", esperamos observar um crescimento imediato na aprovação presidencial de 0,21, *controlando pelos efeitos da "inflação" e "desemprego"*. E esse efeito é estatisticamente significante[15].

Contudo, note também o que acontece com os coeficientes para "inflação" e "desemprego". Comparando o efeito estimado na coluna A com os da coluna B, temos diferenças substanciais. Na coluna A, em que não existe controle pela "confiança do consumidor", verificou-se que "inflação" e "desemprego" possuem efeitos fortes e estatisticamente significantes. Mas, na coluna B, os coeficientes mudam em razão do controle pela "confiança do consumidor". O efeito de "inflação" diminui de –0,39 para –0,17, refletindo o controle pela "confiança do consumidor". E o efeito não está nem perto de ser estatisticamente significante. Não podemos mais rejeitar a hipótese nula de que não existe relação entre inflação e aprovação presidencial.

A mesma coisa acontece com o efeito da mudança na taxa de "desemprego". Na coluna B, quando controlamos pela "confiança do consumidor", o efeito da mudança na taxa de "desemprego" se move de –1,51 para 0,62, uma redução substancial na magnitude do efeito, mas também muda a *direção* da relação. Entretanto, como o coeficiente não é mais estatisticamente significante, não podemos mais rejeitar a hipótese nula de que esse efeito é na verdade igual a zero.

A segunda coluna da Tabela 11.6, portanto, é consistente com a Figura 11.6, que mostra que não existe uma conexão direta entre a realidade econômica e a aprovação presidencial. Contudo, existe uma conexão direta entre a confiança do consumidor e a taxa de aprovação. Nesse caso, a introdução de uma nova variável ("confiança do consumidor") produz achados bastante diferentes sobre um conceito ("realidade econômica") que estudiosos por muitas décadas pensaram que exercia uma influência causal direta na aprovação.

---

[15] Novamente, note que o efeito acumulado da mudança de um ponto na "confiança do consumidor" será maior, em razão da forte dinâmica no modelo representada pelo valor do coeficiente para a variável dependente defasada.

Variáveis dependentes limitadas e séries de dados temporais

11.5 ENCERRANDO

Neste capítulo, discutimos duas situações de pesquisa comuns – variáveis dependentes *dummies* e dados de séries temporais. Realizamos uma apresentação introdutória dos problemas associados com cada uma dessas situações e algumas das abordagens comumente utilizadas pelos pesquisadores. No último capítulo, nos afastaremos de tais problemas técnicos e discutiremos estratégias para colocar em prática tudo que você aprendeu até agora com este livro, objetivando produzir um projeto de pesquisa original.

CONCEITOS INTRODUZIDOS NESTE CAPÍTULO

- *Binomial logit* – um modelo para uma variável dependente *dummy* que utiliza a distribuição logística para converter os valores preditos em probabilidades preditas.

- *Binomial probit* – um modelo para uma variável dependente *dummy* que utiliza a distribuição normal acumulada para converter os valores preditos em probabilidades preditas.

- Confiança do consumidor – uma avaliação subjetiva feita por membros do público (por meio de *surveys*) que registra o otimismo ou pessimismo do público em relação ao estado da economia.

- Efeito instantâneo – em um modelo de variável dependente defasada, o impacto do aumento de uma unidade na variável independente no momento atual (tempo t).

- Funções de ligação – funções que convertem o componente linear de um modelo não linear para a quantidade de interesse.

- Impacto acumulativo – em um modelo de variável dependente defasada, o impacto do aumento de uma unidade na variável independente ao longo do tempo.

- Modelo de defasagem distribuída – um modelo de série temporal em que o impacto de uma variável independente é mensurado por meio da inclusão de muitas versões defasadas da variável.

- Modelo da variável dependente defasada – um modelo de série temporal em que uma variável defasada da variável dependente é incluída como uma variável dependente no modelo.

- Modelo linear de probabilidade (*linear probability model*) – um modelo de MQO em que a variável dependente é uma variável *dummy*.

- Popularidade presidencial (ou aprovação) – o grau em que membros do público aprovam ou desaprovam o modo como um presidente está se saindo no cargo.

- Probabilidade predita – em modelos com uma variável dependente *dummy*, o valor esperado de uma variável dependente condicionado aos valores da(s) variável(is) independente(s).

- Problema da regressão espúria – uma situação em que tendências de longa duração em variáveis produzem falsas evidências da relação estatística entre variáveis quando, na verdade, não existe relação.

- Redução proporcional do erro – um cálculo utilizado para avaliar a utilidade de um modelo a partir da comparação da sua acurácia preditiva com a de um modelo ingênuo que sempre prediz que a variável dependente é igual ao valor modal da variável.

- Tabela de classificação – tabelas que comparam as expectativas baseadas no modelo com os valores reais da variável dependente.

- Transformação Koyck – justificativa teórica do modelo de variável dependente defasada.

- Valores defasados – em séries temporais, os valores de uma variável que ocorrem antes do período atual.

- Valores seguintes – em séries temporais, os valores de uma variável que ocorrem após o período atual.

- Variável dependente diferenciada (ou "primeira diferença") – uma transformação da variável dependente na qual o valor defasado é subtraído do valor atual da variável.

EXERCÍCIOS

1. Imagine um entrevistado que tenha declarado ser um republicano convicto ("identidade partidária" = 3) e desaprova totalmente o modo como Bush lida com a guerra ao terror e com a economia ("avaliação da guerra" = −2 e "avaliação da economia" = −2). Utilizando os resultados do modelo de probabilidade linear apresentados na Tabela 11.2, calcule a probabilidade predita de esse indivíduo votar em Bush. Mostre todos os cálculos.

2. Utilizando o modelo *binomial logit* da Tabela 11.2, calcule a probabilidade predita de o indivíduo descrito no exercício 1 votar em Bush. Mostre todos os cálculos.

3. Utilizando o modelo *binomial probit* da Tabela 11.2, calcule a probabilidade predita de o indivíduo descrito no exercício 1 votar em Bush. Mostre todos os cálculos.

Tabela 11.7 – Classificação de um modelo BNP dos efeitos do partidarismo e das expectativas prospectivas nos votos em Obama em 2008.

	Expectativa baseada no modelo	
Voto real	Obama	McCain
Obama	1.575	233
McCain	180	1.201

Notas: as células representam o número de casos.
As predições são baseadas no corte de $\breve{Y} > 0,05$.

Variáveis dependentes limitadas e séries de dados temporais

4. A Tabela 11.7 é a tabela de classificação para um modelo *binomial probit* em que a variável dependente era uma variável *dummy* que assumia o valor 1 se o entrevistado afirmou votar em Obama e 0 se o entrevistado afirmou votar em McCain. As variáveis independentes nesse modelo foram a identificação partidária do entrevistado e suas expectativas quanto ao desempenho da economia e da política externa. Calcule o percentual de entrevistados corretamente classificados pelo modelo. Mostre todos os seus cálculos.

5. Utilizando a Tabela 11.7, calcule o percentual de entrevistados que seriam corretamente classificados por um modelo ingênuo que prevê que todos os entrevistados votariam na categoria modal da variável dependente. Mostre todos os seus cálculos.

6. Utilizando os cálculos que você fez nos exercícios 4 e 5, calcule a redução proporcional do erro quando trocamos o modelo ingênuo pelo modelo BNP. Mostre todos os seus cálculos.

7. A partir da coluna B da Tabela 11.6, calcule o efeito de longo prazo para a mudança de um ponto da confiança do consumidor na taxa de aprovação presidencial. Mostre todos os seus cálculos.

8. Encontre e leia o artigo "Recapturing the Falklands: Models of Conservative Popularity, 1979-1983" (Clarke, Mishler e Whiteley, *British Journal of Political Science*, 1990). Qual é a variável dependente-chave no modelo dos autores? A partir do que você aprendeu neste capítulo, essa variável parece ter uma tendência de longa memória que poderia trazer problemas para a análise dos autores? Os autores descrevem adequadamente como lidam com esse problema? Explique.

9. Colete uma série de dados temporais de uma fonte governamental (por exemplo, http://www.fedstats.gov/)[16], produza um gráfico com a série e examine se existem evidências da existência de tendências de longa memória. Escreva sobre o que você acha que acontecerá com a série. Transforme sua resposta em um gráfico.

10. Crie uma primeira diferença da variável da série temporal que você usou no exercício 9. Produza um gráfico com a variável diferenciada. Qual é a interpretação substantiva dessa nova série e como ela difere da série de dados original?

---

[16] Para dados sobre o Brasil, utilizar: <http://www.sidra.ibge.gov.br/> ou <http://www.ipeadata.gov.br/>. [N.T.]

CAPÍTULO 12
JUNTANDO TODAS AS PARTES PARA PRODUZIR UMA PESQUISA EFICAZ

RESUMO:

No capítulo 2, discutimos a arte da construção de teorias. Neste capítulo, discutiremos a arte de utilizar tudo o que aprendemos para produzir uma pesquisa eficaz. Como no caso da construção de teorias, não existe fórmula mágica para uma pesquisa eficaz, mas existem algumas boas estratégias que você pode utilizar. Começamos o capítulo com uma elaboração sobre alguns dos temas discutidos no capítulo 2. Então, passamos para uma discussão mais aprofundada de como analisar pesquisas já publicadas, aproveitando o fato de que agora você já absorveu as lições e as estratégias apresentadas. Com efeito, agora podemos discutir como dissecar uma pesquisa em alto nível e preparar você para começar a produzir suas próprias pesquisas.

Amat victoria curam (A vitória ama a preparação) – provérbio latino.

Se consegui enxergar mais longe, foi por estar sobre os ombros de gigantes – Isaac Newton.

12.1 DUAS ROTAS PARA UM PROJETO CIENTÍFICO NOVO

Começamos este livro com três objetivos. Primeiro, tornar você um melhor consumidor de informação. Segundo, tornar você capaz de entender mais facilmente debates teóricos em suas outras aulas de ciência política. Terceiro, motivar e preparar você para começar a fazer suas próprias pesquisas. Este último capítulo é dedicado a este terceiro objetivo.

Como afirmamos no começo deste livro, os objetivos gêmeos de toda ciência, incluindo a ciência política, são: gerar novas teorias causais sobre o mundo e, então, testá-las. Você aprendeu ao longo deste livro que uma das chaves para o teste de uma teoria é controlar por outras possíveis explicações da variável dependente.

Se conseguimos ser bem-sucedidos ao longo do livro, alguns de vocês devem estar se sentido ansiosos para começar seus próprios projetos de pesquisa ou seus trabalhos de conclusão de curso. Mas como começamos um novo grande projeto como os que acabamos de mencionar? Nesta seção, sugeriremos duas grandes estratégias (e um desdobramento) para iniciar novas agendas de pesquisa. Essas estratégias, para deixar claro, representam uma simplificação dos modos pelos quais cientistas políticos geram seus programas de pesquisa. Mas algumas vezes simplificar as coisas é útil, especialmente quando estamos diante de uma tarefa possivelmente assustadora.

De forma consistente com o modo como temos descrito a variável dependente como Y e a variável independente-chave como X, as duas rotas para a formulação de um novo projeto são:

1. Um novo Y (e algum X).

2. Um Y existente e um novo X.

A seguir, trataremos das duas estratégias separadamente.

12.1.1 PROJETO TIPO 1: UM NOVO Y (E ALGUM X)

O primeiro tipo de projeto envolve a criação, invenção ou descoberta de algum novo tipo de variável dependente e a teorização sobre alguma variável independente que possa ser a causa da variação dessa variável dependente. O que torna projetos como este distintos – e difíceis! – é a palavra "novo". Um projeto de pesquisa deste tipo é excessivamente criativo e também bastante raro. Cientistas políticos não chegam ao escritório pela manhã, tomam um gole de café e têm como primeiro pensamento do dia "Está certo, vamos começar. Hoje criarei outra nova variável dependente para analisar", como se fosse simples assim!

O fardo do processo de criação de um novo conceito para representar uma nova variável dependente é considerável. Adicionalmente, como a pesquisa nunca acontece em um vácuo metafórico, é preciso que seja criado um conceito que outros estudiosos considerem interessante. Caso contrário, infelizmente é bastante provável que seu trabalho seja ignorado.

Se você conseguir criar um conceito genuinamente novo e então proceder à sua mensuração, então o próximo (e crítico) passo é teorizar sobre algum X que pode causar a variação desse novo Y. Novamente, essa é algumas vezes uma tarefa formidável, mas, por outro lado, caso seja capaz de imaginar uma nova variável dependente, talvez você já tenha uma pista sobre qual força ou quais forças podem causar a variação desse Y.

Projetos desse tipo podem estabelecer novos caminhos para o conhecimento científico – caminhos que outros estudiosos podem seguir e que podem levar a novas teo-

Juntando todas as partes para produzir uma pesquisa eficaz **301**

rias e achados sobre como o mundo funciona. Um exemplo de um projeto desse tipo é o artigo de Nelson Polsby "The Institutionalization of the U.S. House of Representatives", que foi publicado na *American Political Science Review* em 1968. Polsby desenvolveu uma nova variável, que chamou de "institucionalização" de uma organização. À medida que uma organização se torna mais institucionalizada, segundo Polsby, três coisas acontecem. Primeiro, a separação entre a organização e o meio em que ela se encontra se torna mais clara. Segundo, a organização se torna cada vez mais complexa, com funções e papéis que não podem ser simplesmente intercambiáveis. Finalmente, a organização desenvolve um conjunto crescente de regras complexas e procedimentos para lidar com seus trabalhos internos. Nos três níveis, Polsby foi capaz de mostrar que, desde a fundação da república, o Congresso dos Estados Unidos tem se tornado cada vez mais institucionalizado. Isto é, o novo conceito introduzido por Polsby se tornou uma variável que pede uma explicação científica – em outras palavras: por que a House of Representatives se tornou mais institucionalizada? Em seu artigo, Polsby oferece alguma especulação teórica sobre as causas desse fenômeno. O artigo exemplifica esse primeiro tipo de projeto, já que nenhum estudioso tinha pensado anteriormente sobre esse fenômeno como uma variável dependente que precisa ser explicada. E, após sua publicação, o artigo já foi citado quase mil vezes por estudiosos.

Então, como você encontra um novo Y? Primeiro você precisa saber que ele é, de fato, novo. O que significa que nenhum outro estudioso tenha conduzido uma pesquisa com essa variável dependente. Isso requer a condução de uma pesquisa minuciosa da literatura existente, provavelmente utilizando o Google Acadêmico e algumas palavras-chave[1]. Além disso, não existe fórmula mágica ou receita a se seguir que leve a uma nova variável dependente que precise de explicação. O que podemos dizer, para voltar a nossa analogia do capítulo 2, é que o melhor modo de ser atingido pelo raio metafórico é lendo trabalhos acadêmicos. Ler com uma vontade que leve a questões como "O que você *não* sabe ainda?". Esse é o tema a que retornaremos no final deste capítulo.

12.1.2 PROJETO TIPO 2: UM *Y* CONHECIDO E UM NOVO *X*

Talvez você ache que criar uma nova variável dependente do nada é demasiado desafiador para você e para o seu projeto. Nesse caso, você está em muito boa companhia. Muitos pesquisadores acreditam que todas as boas variáveis dependentes já são conhecidas. Se você concorda com isso, talvez seja o momento de considerar nosso segundo tipo de projeto de pesquisa: escolher um Y conhecido e teorizar como um novo X pode causá-lo.

Você notará que projetos como esse também possuem a palavra "novo" – embora o novo não seja a variável dependente, mas a variável independente. O desafio de produzir algo novo – o que significa uma relação entre X e Y que outros estudiosos

---

[1] O Google Acadêmico pode ser encontrado em www.scholar.google.com. [www.scholar.google.com. br, na versão em português]. Essa ferramenta é diferente do método principal de pesquisa do Google, encontrado no www.google.com. Tenha cuidado para não confundi-los.

não tenham examinado da maneira que você está propondo – é ainda considerável. Mas em projetos como esse, a sensação de que o pesquisador está "sobre o ombro de gigantes" é bem mais evidente. Outros estudiosos podem já ter examinado uma determinada variável dependente, propondo diferentes causas que podem explicar sua variação. Essas causas, para deixarmos claro, podem competir umas com as outras, ou podem ser complementares. O cerne desse tipo de projeto é identificar alguma *outra* possível causa de Y que não tenha sido examinada adequadamente.

O desafio da novidade requer uma minuciosa investigação da literatura existente sobre o fenômeno do seu interesse. Por exemplo, se você está interessado em explicar a variação transnacional do porquê de cidadãos de alguns países confiarem mais no governo, enquanto outros parecem menos confiantes nele, significa que você terá que consumir essa literatura, notando sistematicamente quais variáveis independentes – ou categorias de variáveis independentes (como "a economia") – já foram examinadas por pesquisadores.

Um projeto se torna um projeto original uma vez que você proponha um novo X que não tenha sido testado. Controlar por uma nova variável, como temos visto ao longo deste livro – especialmente no capítulo 9 –, algumas vezes altera o padrão dos achados que eram previamente aceitos. Isto é, controlar por sua nova variável independente pode mudar como alguma variável independente previamente investigada se relaciona com a variável dependente uma vez que os efeitos da sua variável são controlados. Esse é o modo como a ciência progride.

Portanto, quando embarcamos em um projeto deste tipo, é absolutamente crítico ter certeza de que estamos, de fato, controlando por essas explicações prévias. Isso pode ser feito pelo desenho de pesquisa – especialmente se você for capaz de conduzir um experimento – ou pelos controles estatísticos, caso você esteja utilizando um desenho de pesquisa observacional. Se você estiver utilizando um desenho observacional, então, é claro, precisará ter a certeza de coletar os dados para as variáveis independentes estabelecidas para que seja capaz de controlar estatisticamente pelo efeito delas.

12.1.3 VARIANTES DOS DOIS TIPOS DE PROJETOS

Enfatizamos que existem dois grandes tipos de projetos novos. Na verdade, essa é uma simplificação. Nesta subseção, consideremos um terceiro tipo de projeto que pode ajudar na criação do conhecimento científico.

Um terceiro caminho para um projeto original pode ser o exame de uma relação entre $X-Y$ previamente examinada em um novo contexto. Novamente, note a palavra "novo" aqui; para o seu trabalho fazer uma contribuição original, alguma coisa precisa ser nova. Nesta variante, algumas vezes a novidade vem do teste de uma relação entre $X-Y$ estabelecida em um novo período do tempo – seja um mais recente ou mais antigo. Talvez seja mais comum, neste tipo de projeto, que a novidade venha do teste de uma relação estabelecida entre $X-Y$ em um novo contexto geográfico. Também poderíamos pensar em uma comparação teoricamente interessante entre di-

Juntando todas as partes para produzir uma pesquisa eficaz **303**

ferentes grupos de casos dentro de uma amostra para a qual a relação entre $X - Y$ já foi testada e estabelecida.

Em um projeto desse tipo, a esperança é que, quando testamos uma relação existente em um novo contexto, surjam padrões interessantes que possam criar oportunidades adicionais para pesquisa. É útil pensar sobre projetos desse tipo refletindo sobre a comparação do teste de uma relação $X - Y$ em uma amostra de casos com o da relação entre $X - Y$ em diferentes subamostras de casos. Em ambos os testes queremos utilizar os resultados sobre as amostras utilizadas para fazer inferências sobre as populações não observadas. Em um desenho como esse, podemos pensar em maneiras teoricamente interessantes de dividir nossos casos em diferentes subpopulações.

Para um exemplo de como criamos algo "novo" em um desenho que utiliza um novo período de tempo para examinar uma relação previamente estabelecida, considere que, ao menos desde o trabalho de Converse (1964), tem-se notado que entre o povo americano não existe uma relação particularmente forte entre a identificação partidária individual (X) e as atitudes políticas (Y). Isto é, existe uma correlação entre ser republicano e ter atitudes políticas mais conservadoras, mas a correlação sempre foi modesta. Pesquisas recentes, porém, particularmente as conduzidas por Levendusky (2009), que investigam essa mesma conexão entre $X - Y$ para um novo período de tempo, têm mostrado que as correlações têm se tornado um pouco fortes nos anos recentes. Isto é, no que Levendusky chama de "o tipo partidário", alguma coisa aconteceu para fazer com que a correlação entre a identidade partidária de um indivíduo e suas atitudes políticas se fortalecesse. Isso levou Levendusky, claro, a perguntar o que fez isso acontecer, e abriu um espaço considerável para novas pesquisas no campo do estudo da opinião pública americana.

Outros projetos investigam uma conexão existente entre $X - Y$ em um contexto geográfico diferente. Ao longo deste livro, utilizamos recorrentemente o exemplo da relação entre a economia americana e a sorte eleitoral do partido do presidente em exercício. De fato, muitos dos trabalhos pioneiros sobre o que é chamado de voto econômico foram realizados no contexto americano. Esses resultados, como você pode observar, mostram que uma economia forte claramente beneficia o candidato do partido incumbente e uma economia fraca prejudica a sorte do partido do presidente em exercício. Naturalmente, estudiosos questionaram se esse padrão também acontece em outras democracias. Em alguns países, de forma fascinante, acontece uma relação similar à entre $X - Y$ nos Estados Unidos, mas em outros nenhuma conexão foi encontrada. Isso, é claro, levou estudiosos a questionarem por que evidências do voto econômico foram fortes em alguns países e ausentes em outros. Powell e Whitten (1993) mostram que a força do voto econômico é ditada por, entre outras coisas, o que eles chamaram de "clareza de responsabilidade" sobre o partido que está manuseando a economia. Em países com governos de coalizão, em que múltiplos partidos dividem o poder, por exemplo, é muito menos claro quem merece crédito ou culpa pelo desempenho da economia do que em um país onde o controle da economia é concentrado nas mãos de um único partido.

12.2 UTILIZANDO A LITERATURA SEM SER SOTERRADO POR ELA

Ao iniciar um projeto de pesquisa original, você deve estar consciente dos trabalhos acadêmicos que já foram feitos na área de pesquisa. Como você pode fazer isso? Esta seção é dedicada a como identificar os gigantes em cujos ombros você gostaria de se apoiar.

12.2.1 IDENTIFICANDO TRABALHOS IMPORTANTES SOBRE UM ASSUNTO – UTILIZANDO A CONTAGEM DE CITAÇÕES

Uma das tarefas mais difíceis enfrentada por um pesquisador iniciante é a de identificar o que já foi feito. A maioria das buscas por palavras-chave resulta em um grande número de artigos e outras publicações que sobrecarrega mesmo o mais ávido leitor. Felizmente, a contagem de citações proporciona um poderoso atalho para ordenar quais dos trabalhos publicados são mais importantes.

Por agora, você provavelmente tem alguma experiência em como produzir um trabalho de revisão de literatura. Citações são uma das moedas mais valorizadas da ciência. Ser citado é ser relevante; não ser citado é ser ignorado. Por essa razão, citações têm sido utilizadas como a base para um amplo leque de índices pelos quais cientistas, revistas científicas, departamentos acadêmicos e mesmo universidades são ranqueados. É possível afirmar com segurança que a academia é hoje obcecada por citações.

Como tal, recomendamos utilizar como vantagem o fato de que citações são uma poderosa ferramenta para distinguir os artigos que você encontrar em uma busca no Google Acadêmico ou com ferramentas similares. Então, uma questão óbvia decorrente disso é: quantas citações uma publicação precisa ter para ser considerada como uma pesquisa de impacto substancial? Como regra de bolso, sugerimos que você utilize vinte citações. Claro, como você pode imaginar, o número de citações que uma publicação tem é, em parte, uma função de tempo. Assim, um artigo publicado em 2011 que já possua dez citações em 2013 provavelmente terá substancial influência no futuro.

12.2.2 OH, NÃO! ALGUÉM JÁ FEZ O QUE EU ESTAVA PLANEJANDO FAZER. O QUE FAÇO AGORA?

Uma das coisas mais frustrantes que podem acontecer durante uma busca na literatura é encontrar que alguém já fez o que você tinha em mente e publicou um artigo ou um livro testando sua teoria ou algo próximo dela. Mesmo que pareça frustrante em um primeiro momento, isso é, na verdade, um bom sinal, porque significa que o que você tinha em mente era de fato uma boa ideia. Se isso acontecer com você, você deve ler o trabalho e pensar sobre como ele pode ser melhorado.

12.2.3 DISSECANDO AS PESQUISAS DE OUTROS ESTUDIOSOS

Uma vez que você tenha identificado os trabalhos influentes na sua área de interesse, é importante examiná-los a fim de utilizá-los a favor dos seus propósitos.

Juntando todas as partes para produzir uma pesquisa eficaz   **305**

Recomendamos que você tome nota sobre os trabalhos tentando responder às seguintes perguntas:

- Qual era a pergunta/problema de pesquisa?

- Qual era a teoria?

- Qual foi o desenho de pesquisa?

- Como eles lidaram com os quatro obstáculos causais?

- Qual foi a conclusão?

- Pode a teoria ser aplicada a outros lugares de modo interessante?

Por exemplo, uma sinopse de um parágrafo do artigo sobre a confiança do consumidor e a aprovação presidencial de MacKuen, Erikson e Stimson (1992), descrito no capítulo 11, pode ser feito da seguinte forma:

> Em seu artigo, MacKuen, Erikson e Stimson (1992) examinam a questão de como mudanças na economia se traduzem em variações das taxas de aprovação presidencial. Enquanto a teoria tradicional sustenta que a realidade econômica (objetiva) – usualmente a inflação e o desemprego – altera as taxas de aprovação, a teoria dos autores argumenta que a confiança do consumidor (subjetiva) é que provoca variações para baixo e para cima das taxas de aprovação. A fim de testar a teoria, eles conduzem um estudo observacional de série temporal no período de 1954-1988, controlando por um grande número de fatores não econômicos que também moldam a aprovação presidencial. Eles encontram que, uma vez controlado o sentimento do consumidor, inflação e desemprego não são mais preditores da taxa de aprovação, enquanto a confiança do consumidor é.

Examinando sistematicamente pesquisas anteriores, como fizemos, e sumarizando-as de maneira compacta, torna-se possível observar o que a literatura, como um todo, ensina-nos sobre o que sabemos e o que não sabemos a respeito de um determinado fenômeno.

12.2.4 LEIA EFETIVAMENTE PARA ESCREVER EFETIVAMENTE

Um dos melhores modos de aprender estratégias para comunicar efetivamente suas ideias de pesquisa é examinar o modo como outros pesquisadores comunicaram as deles. Preste atenção a como outros escrevem. É possível aprender muito com bons e maus escritores. Quando você estiver lendo, esteja particularmente consciente do modo como argumentos causais são apresentados. Tome notas sobre os argumentos que você achar imediatamente persuasivos e os que você não achar. E reflita sobre o que os autores fizeram para melhorar ou piorar o argumento.

Para sermos claros, não estamos recomentando que você copie a escrita literal de alguém; isso seria plágio. Em vez disso, o que estamos recomentando é que você pense cuidadosamente sobre as decisões estratégicas que os autores cujos trabalhos você estiver lendo tomaram. Qual é o modo de se expressar ou o estilo de argumento que faz com que os autores o convençam de que estão certos ou que o deixem com dúvidas?

Como exemplo de como escrever efetivamente, considere o artigo de Robert Franzese (1999) intitulado "Partially Independent Central Banks, Politically Responsive Governments, and Inflation". O parágrafo de abertura de Franzese começa com:

> Cientistas políticos e economistas geralmente concordam que bancos centrais independentes reduzem a inflação. Ambos também definem independência do banco central como o grau de autonomia que ele conserva da autoridade política para lidar com a política monetária. Na visão dos cientistas políticos, bancos centrais são instituições burocráticas, compostas por *experts* em finanças que usualmente atacam duramente a inflação, seja porque eles são socializados com essa visão ou porque são provenientes de grupos da população com esse interesse.

Note o modo como Franzese escreve sobre a literatura relevante para seu artigo. O parágrafo abre com uma afirmação geral autorizativa sobre uma relação causal que é reconhecida por dois amplos campos de pesquisa. Isso é seguido por uma explicação mais específica e nuançada sobre o que cada campo acredita. Franzese começa seu segundo parágrafo com a seguinte frase: "Este artigo explora o simples fato de que a autonomia dos bancos centrais em gerir a política monetária é, por definição, uma questão de *grau*". Essa frase bastante direta ao ponto é seguida por uma série de frases que elaboram as dinâmicas que moldam o principal processo causal examinado no artigo. Franzese conclui o segundo parágrafo com uma síntese: "Portanto, política monetária e, desse modo, inflação são sempre parcialmente controladas pelos bancos centrais e particularmente pelos governos em exercício". Ele então começa o terceiro parágrafo com: "Quatro conclusões são apresentadas". Essa frase de quatro palavras é bastante efetiva em chamar a atenção dos leitores antes de o autor listar as proposições teóricas que serão testadas no artigo. Franzese conclui a introdução de seu artigo com um quarto parágrafo, no qual apresenta o mapa do trajeto do restante do artigo.

O tom, mas ainda acessível autorizado com que Franzese escreveu a introdução de seu artigo faz com que os leitores queiram ler mais. Em apenas quatro curtos parágrafos, ele introduz o assunto e se estabelece como uma autoridade. Apresenta os elementos essenciais para suas ideias teóricas sobre o processo causal que trabalha no artigo e avisa aos leitores o que podem esperar nas seções seguintes.

12.3 ESCREVENDO EFETIVAMENTE SOBRE SUA PESQUISA

Escrever é pensar – Diedre McCloskey.

Nesta seção, discutimos um conjunto de estratégias para escrever efetivamente sobre sua pesquisa. Não há como supervalorizar a importância da escrita na pesquisa de ciência política. Mesmo os resultados estatísticos mais excitantes podem ser soterrados por uma má escrita. A boa escrita científica é alcançada por meio da clareza – pensamento claro e escrita clara.

12.3.1 ESCREVA CEDO, ESCREVA FREQUENTEMENTE, PORQUE ESCREVER É PENSAR

"Escrever é pensar." Essa simples frase é o título de um capítulo do livro clássico de Diere McCloskey chamado *Economical Writing* (1999, p. 6). Não podíamos concordar mais. Sempre que você tem uma ideia de pesquisa, encorajamos fortemente que você comece escrevendo. Podemos dizer, a partir da nossa experiência, que é simplesmente espetacular quão frequentemente gastar um tempo escrevendo sobre uma ideia ajuda a clarear o pensamento. Algumas vezes, você perceberá que, ao escrever, é possível superar a névoa de pensamentos que vagam soltos e unificá-los. Outras vezes, escrever exporá problemas lógicos em uma teoria que parecia ser bastante sólida quando estava na sua cabeça. Em qualquer uma das situações, é melhor conhecer o mais cedo possível a qualidade de uma determinada ideia.

Então, por que pessoas esperam para escrever? Uma resposta fácil é que escrever é difícil e outras atividades podem parecer mais divertidas e imediatamente recompensadoras. Com a pesquisa de ciência política moderna, uma ocorrência frequente é que pesquisadores se animem com seus dados e façam muitas análises antes de escrever. Algumas vezes, isso funciona bem, mas outra vezes, quando eles começam a escrever, percebem que esqueceram algo importante e precisam voltar e pensar sobre a análise. Nossa sugestão é pensar na escrita e na condução de análise como um processo integrado, em vez de duas partes separadas em um projeto de pesquisa. Um modo de integrar efetivamente escrita e análise é documentar sua codificação.

12.3.2 DOCUMENTANDO SUA CODIFICAÇÃO – ESCREVENDO E PENSANDO ENQUANTO VOCÊ CODIFICA

No *site* deste livro, apresentamos um guia sobre como conduzir a análise estatística discutida do capítulo 5 até o 11 em três programas estatísticos diferentes (SPSS, Stata e R). Embora análises nesses três programas possam ser conduzidas utilizando os menus, recomendamos fortemente que pesquisadores escrevam suas próprias programações para conduzir suas análises. Uma parte importante dessa programação é o que se conhece como "documentar" seu código. Isso envolve tomar notas sobre o que você está fazendo e por que está fazendo. Embora essa forma de trabalhar possa parecer lenta e talvez um pouco tediosa, isso tem dois importantes propósitos. Primeiro, quando se força a diminuir o passo e escrever sobre o que está fazendo, você é compelido a pensar mais profundamente sobre isso. E, segundo, quando você documenta seu código, você produz um trabalho que pode ser replicado. Em um excelente artigo escrito que ensina pesquisadores de ciência política a programar, Jonathan Nagler (1995) esboça os objetivos da documentação desta forma: "Primeiro, o pesquisador deve ser capaz de replicar seu próprio trabalho seis horas depois, seis meses depois e mesmo seis anos depois. Segundo, outros devem ser capazes de examinar o código e entender o que foi feito (e, preferencialmente, por que foi feito)".

12.3.3 DIVIDA E CONQUISTE – UMA ESTRATÉGIA SEÇÃO POR SEÇÃO PARA A CONSTRUÇÃO DO SEU PROJETO

Pensar sobre escrever um manuscrito inteiro pode ser bastante intimidador. Por essa razão, recomendamos uma abordagem inicial na qual seu projeto é dividido em seções: "Introdução", "Revisão da literatura", "Desenho de pesquisa e dados", "Achados/ resultados" e "Implicações e conclusões". Pesquisadores mais avançados podem querer trabalhar com um diferente conjunto de seções, mas essa lista básica de seis é, na nossa experiência, uma boa estrutura para começar a trabalhar.

Recomendamos elencar o nome dessas seis seções em seu documento, escolher uma seção e começar a escrever. Sim, isso mesmo, não há necessidade de iniciar pelo começo. Mesmo que você comece a escrever sua introdução, você provavelmente irá mudá-la futuramente. Então escolha uma seção com a qual você se sinta mais confortável para escrever e escreva. Discutiremos brevemente os componentes essenciais que devem estar em cada uma das seções.

Introdução

A seção de introdução deve responder à pergunta: "Qual é a contribuição deste trabalho?". Desse modo, a introdução deve prover uma visão geral da teoria que será testada. Você não deve apresentar todos os detalhes do mecanismo causal por detrás da teoria; é para isso que a seção de teoria serve. Mas você deve ao menos dar uma visão geral da contribuição teórica que você pretende fazer. Se a importância do assunto estudado não for óbvia, é necessário explicá-la logo na introdução.

Pesquisadores iniciantes frequentemente ficam tentados a carregar a introdução com citações de pesquisas já publicadas. Somos fortemente contra essa prática. Em vez disso, sugerimos selecionar no máximo três grandes trabalhos para serem citados nessa seção. O ponto dessa seção é introduzir os leitores ao que você fará e fazê-los querer ler. Muitos autores terminam a introdução de seus projetos com uma breve descrição das seções que compõem o trabalho.

Em nossa experiência, introduções menores são mais eficientes. O seu objetivo nessa seção é introduzir o resto do projeto e avançar.

Revisão da literatura

A seção de revisão da literatura é onde você descreve a literatura relevante para os seus propósitos. Não é preciso fazer referência a todos os trabalhos que foram feitos sobre o seu tópico. Em vez disso, você deve escrever com autoridade sobre as partes da literatura que são mais relevantes para o que fará em seu manuscrito. É importante ser estratégico na elaboração dessa seção. Você quer que seu leitor seja capaz de antecipar qual será a sua contribuição para a literatura.

Esta seção do seu projeto deve responder, para o leitor, a duas questões que provavelmente estão na mente dele. Primeiro, o que a literatura nos ensina sobre as causas da variável dependente de interesse? Segundo, o que ainda não sabemos sobre essas causas? Essas duas questões provêm o básico para a seção, o subtexto essencial subjacente às suas frases e parágrafos.

Enquanto é certamente razoável ser crítico com pesquisas publicadas, recomendamos que qualquer crítica seja feita de maneira cautelosa e diplomaticamente formulada. Como discutimos no capítulo 1, parte de empregar a abordagem científica ao estudo da política é ser cético e desafiador quando consideramos a pesquisa de outros cientistas. Isso pode levar a uma tendência de querer destruir a pesquisa conduzida por outros estudiosos. Mas é importante ter em mente que, criticando duramente o trabalho de outros pesquisadores, você também pode acabar criticando um trabalho que é apreciado por seus leitores. E isso, por sua vez, pode fazê-los ler seu trabalho com uma abordagem mais negativa. É importante ter em mente que falhas das pesquisas de outros estudiosos nos provêm oportunidades para fazer melhorias. E, no final das contas, se um trabalho é completamente inútil, por que você o está citando?

Teoria

A seção de teoria é onde você precisa apresentar uma resposta definitiva para o primeiro obstáculo causal: "Existe algum mecanismo crível que conecta X a Y?". Isso pode ser feito de vários modos, mas precisa ser bem-feito. Como discutimos na subseção 12.2.4, recomendamos fortemente gastar algum tempo analisando o que funciona e o que não funciona no modo como outros pesquisadores escrevem. Isso é particularmente útil em termos de apresentação de teorias.

Você também pode querer utilizar essa seção do seu projeto para responder à pergunta: "Podemos anular a possibilidade de Y causar X?". Todavia, se você acreditar que a resposta a essa questão está dada pelo seu desenho de pesquisa, deve apresentá-la na seção "Desenho de pesquisa e dados".

Escrever a seção de teoria é difícil. Simplesmente não existe um modo de contornar esse fato. Um dos benefícios, porém, de estruturar projetos de pesquisa do modo como estamos sugerindo é que ver uma seção de "Teoria" separada e entendendo que ela contém *novas* ideias causais nos ajuda a entender quão importantes são as ideias teóricas. Ao determinar que o resumo e a crítica da literatura prévia sejam feitos em uma seção separada, a seção de teoria deve conter então novas afirmações causais, completas e com novos mecanismos ligando sua variável independente à variável dependente, e é aqui que a originalidade do seu projeto é apresentada. Em outras palavras, uma seção de teoria não é onde você insere ideias causais de *outros* estudiosos; estas pertencem à seção de revisão da literatura. Algumas vezes, isso faz com que as seções de teoria sejam quase vazias, ou bem curtas. Se isso acontecer, você deve entender que a contribuição teórica do seu projeto precisa de alguma clarificação.

Desenho de pesquisa e dados

Na seção de desenho de pesquisa e dados, você precisa escrever com clareza sobre como operacionalizou suas variáveis e como os casos estudados foram escolhidos. Você conduziu um estudo experimental ou observacional? Por quê? O estudo observacional foi transversal ou de série temporal? Por quê? De onde você coletou seus dados? Como as variáveis foram mensuradas? Qual é a amostra de casos e qual é a população para a qual você está fazendo inferências? Todas essas perguntas devem ser respondidas nessa seção.

Achados/resultados

Na seção 12.4 discutimos a preparação e a apresentação de tabelas e gráficos. Esse tipo de trabalho ocupará a maior parte do que você fará nesta seção do seu projeto. Adicionalmente, para expor os resultados aos leitores, é importante que nesta seção você mostre o grau em que sua hipótese é apoiada pela análise que você está apresentando.

Implicações e conclusões

Nesta seção final, você deve retornar à sua teoria original e discutir o grau em que ela foi apoiada pela análise que você apresentou. Nesta seção você deve escrever de modo mais amplo sobre as implicações do que você encontrou. Esta é também uma seção na qual você deve discutir como o que você encontrou leva a outras ideias para trabalhos futuros e como seu projeto se encaixa na literatura que você revisou na seção 12.3.3.

12.3.4 REVISE, REVISE E ENTÃO REVISE OUTRA VEZ

Existe a tendência de que, uma vez que tenha escrito um rascunho do seu projeto, você se sinta bastante satisfeito. Você deve. Contudo, para um estudioso sério, existe ainda muito trabalho a ser feito. A revisão tem uma importância crítica para a escrita efetiva sobre qualquer assunto, mas especialmente quando você está escrevendo sobre um empreendimento técnico como um teste de teoria. Quanto mais técnico o assunto sobre o qual você está escrevendo, mais importante a revisão se torna. Você quer que seus leitores sejam capazes de ler facilmente o que você escreveu, de modo que eles possam ter um entendimento claro do que você está tentando comunicar. Isso somente pode ser alcançado por meio do duro trabalho de revisão.

Estudantes iniciantes frequentemente igualam revisão a verificação ortográfica com *softwares*. Conferir a ortografia é importante, mas mesmo os melhores programas não podem dizer a você quando uma palavra utilizada é realmente uma palavra, mas claramente não é a palavra que você gostaria de utilizar. (Considere a expressão "opinião púbica"; alunos de ambos os autores deste livro já submeteram trabalhos de final de curso com esse erro. Se isso não tiver convencido você de que a verificação ortográfica não é suficiente, então provavelmente nada convencerá.) Simplesmente não existe um substituto à leitura cautelosa do seu trabalho.

Existem múltiplos modos pelos quais você pode e deve rever cada projeto que escreve. Se você tiver tempo – e você terá, se escrever cedo e frequentemente –, deve rever seu trabalho múltiplas vezes com diferentes focos. Também recomendamos pensar sobre revisão em diferentes níveis – revisões no nível macro e no nível micro. Por microrrevisão, queremos dizer rever seu projeto frase por frase para ter certeza de que cada frase está gramaticalmente correta e que cada frase está individualmente adequada. Na revisão de foco intermediário, leia seu projeto com foco na fluidez e no ritmo de cada parágrafo. Nesse nível, você deve também fazer a revisão com foco em cortar palavras e frases desnecessárias. No nível mais macro, examine seu projeto e escreva acima de cada parágrafo uma frase que explique o seu ponto. Recomendamos fazer isso em itálico, para destacar do resto do texto. Se não conseguir escrever uma frase simples que explique o ponto do parágrafo, você provavelmente precisa reestruturá-los até que isso possa ser feito. Nesse momento, recomendamos observar a última frase de cada parágrafo e a primeira frase do parágrafo seguinte. Seu objetivo deve ser que essas duas frases sejam escritas de tal modo que melhorem a fluidez geral do seu projeto.

Embora possa ser um exercício bastante doloroso, recomendamos fortemente pedir a alguém que leia o texto em voz alta para você. Talvez você possa aliviar a dor desse exercício concordando em fazer a mesma coisa para um colega de classe. Quando alguém lê sua prosa em voz alta para você, geralmente fica bastante óbvio em quais pontos a prosa flui bem e em quais não.

12.4 FAZENDO USO EFETIVO DE TABELAS E GRÁFICOS

Recomendamos fortemente que você gaste bastante tempo construindo as tabelas e os gráficos que incluirá nos seus projetos. A maioria dos leitores, ao abrir pela primeira vez seu trabalho impresso (ou eletrônico), dará uma rápida examinada no título e na introdução e então passará diretamente para suas tabelas e gráficos. Isso é certamente uma coisa razoável de se fazer quando alguém está tentando avaliar se deve ou não investir mais tempo lendo um trabalho. Assim, embora possam aparecer na parte final do seu trabalho, gráficos e tabelas frequentemente determinam a primeira impressão que leitores em potencial têm. Portanto, recomendamos que você construa suas tabelas e seus gráficos de modo que eles possam ser entendidos individualmente e atraiam leitores. Com esses dois objetivos em mente, temos um conjunto de recomendações para o que você deve e não deve fazer quando utilizar tabelas e gráficos. Também recomendamos que você informe aos leitores no texto do seu projeto o que eles devem observar em suas tabelas e gráficos. Essa é outra parte do ofício em que repetimos as lições da seção 12.2.4 – use algum tempo para analisar o que funciona e o que não funciona no uso de tabelas e gráficos no trabalho de outros estudiosos.

12.4.1 CONSTRUINDO TABELAS DE REGRESSÃO

Como deixamos claro nos capítulos anteriores, a análise de regressão multivariada é a principal ferramenta que pesquisadores em ciência política utilizam para testar suas afirmações causais. Consumidores de pesquisas de ciência política são bem treinados para ler tabelas de regressão e fazer afirmações baseadas no que observam nelas. Em adição à feitura de afirmações sobre os resultados específicos apresentados em uma tabela, leitores também utilizarão o que observam e não observam em tabelas de regressão para fazer afirmações sobre a competência técnica da pessoa que tenha construído a tabela. Como isso tem um grande impacto sobre a avaliação geral do seu projeto, você deve ter cuidado e esmero na construção de suas tabelas.

A construção de tabelas de regressão envolve um movimento de ida e volta entre os resultados obtidos em um programa estatístico e as ferramentas de construção de tabelas do programa de processamento de texto que você estiver utilizando. O modo mais fácil e *pior* de fazer isso é simplesmente copiando e colando o resultado estatístico em seu programa de edição de texto. Esse é um modo ruim de se proceder por, ao menos, seis razões. Primeiro, não fica visualmente bonito. Segundo, programas estatísticos tendem a fornecer muitas informações quando você estima um modelo de regressão. Essas informações são frequentemente mais do que você necessita apresentar em sua tabela de regressão. Terceiro, o padrão em que o programa apresenta os resultados pode ser diferente do que é apropriado para os seus propósitos. Por exemplo, como discutimos no capítulo 8, quase todos os programas estatísticos apresentam os resultados para testes de hipótese bicaudais, enquanto que a maioria das nossas hipóteses na ciência política são direcionais (e, assim, devem ser examinadas com testes unicaudais). Quarto, programas estatísticos apresentam o nome das suas variáveis como elas aparecem nos bancos de dados. Enquanto as abreviações que você escolheu como nome para suas variáveis provavelmente fazem sentido para você, elas quase certamente serão confusas para os leitores. Quinto, programas de computador usualmente apresentam estatísticas com mais casas decimais do que você precisa apresentar. Recomendamos que você arredonde os resultados para duas casas decimais. E sexto, programas de computador apresentam resultados de modelos com as variáveis em uma ordem determinada, mas essa ordem pode não ser a melhor para enfatizar aspectos importantes dos seus resultados.

Estabelecido o que você *não deve* fazer durante a construção de suas tabelas, passamos a falar sobre o que você *deve* fazer. Lembre-se que seus objetivos são fazer uma tabela de resultados que consiga ser entendida sem o auxílio de outras coisas e atrair potenciais leitores. Para tal, você quer que suas tabelas transmitam a outros pesquisadores o que você fez. Sua tabela de regressão deve incluir:

- um título que comunique o propósito do modelo e/ou as implicações mais importantes.

- nomes para as variáveis independentes que sejam o mais claro possível;

- suas variáveis independentes em uma ordem que seja adequada aos seus propósitos (usualmente com a(s) sua(s) variável(is) teórica(s) principal(is) no topo e as variáveis de controle listadas abaixo;

Juntando todas as partes para produzir uma pesquisa eficaz   **313**

- o efeito estimado de cada variável independente (usualmente o parâmetro estimado);

- alguma indicação da incerteza/significância estatística de cada um dos efeitos estimados (erros-padrão ou estatísticas-t em parênteses abaixo dos parâmetros estimados);

- alguma indicação de quais resultados são estatisticamente significantes de acordo com um padrão determinado (por meio de asteriscos próximos aos resultados para $p < 0,05$);

- alguma indicação de qual é a variável dependente;

- algum diagnóstico geral que comunique o ajuste do modelo e o número de casos utilizados para sua estimação;

- um conjunto de notas que ajude o leitor a decodificar qualquer coisa que seja necessário decodificar (por exemplo, que ** significa "p < 0,01");

- qualquer outra informação que precise ser comunicada para transmitir a importância dos resultados.

Como um exemplo de uma tabela de resultados, considere a Tabela 12.1[2]. Se examinarmos a lista do que uma tabela deve conter, podemos avaliar quão bem essa tabela se sai em cada item. O título é bastante informativo sobre o que está sendo feito no modelo descrito na tabela e certamente transmite as implicações mais importantes. Mas os nomes das variáveis independentes certamente poderiam ser mais claros. Por exemplo, não sabemos exatamente o que "crescimento" e "desemprego" representam, embora possamos ter um bom palpite. Também não sabemos apenas a partir da tabela o que "mudança do governo" é, e seria bastante difícil adivinhar. A tabela claramente contém os parâmetros estimados e uma indicação (na forma dos erros-padrão) da incerteza sobre eles. Adicionalmente, podemos dizer, a partir da nota abaixo da tabela, que os asteriscos significam diferentes níveis de significância estatística. As notas também tornam bastante claras o que a variável dependente é, embora tenhamos que descobrir por nós mesmos que os dados são de *surveys* mensais. Então, em geral, embora a tabela seja bastante clara, ela certamente poderia ser melhorada.

Como vimos nos capítulos 9 a 11, é frequente o caso em que queremos reportar os resultados de vários modelos de regressão em uma única tabela. Quando fazemos isso, é importante ter certeza de que configuramos a tabela para a comparação entre nossos modelos de modo que transmita exatamente o que queremos. Existem dois tipos de comparações que tipicamente fazemos quando apresentamos modelos de regressão multivariados em uma mesma tabela: comparações entre modelos com diferentes especificações utilizando os mesmos dados ou comparações entre modelos com a mesma especificação utilizando amostras diferentes. É bastante importante não

---

[2]   As Tabelas 12.1 e 12.3 são baseadas nas tabelas do artigo de Palmer, Whitten e Williams (2012).

utilizar os dois tipos de comparação de modelos em uma mesma tabela sem uma razão convincente.

Considere, por exemplo, as Tabelas 9.1 e 9.2. Nessas tabelas apresentamos modelos com diferentes especificações utilizando os mesmos dados. Podemos observar bastante bem, à medida que nos movemos entre as colunas dessas tabelas e mudamos de modelo, a mudança nos efeitos estimados de nossas variáveis. Mas é importante notar que se a amostra da Tabela 9.1 ou da Tabela 9.2 não fosse *exatamente* igual nas diferentes colunas, não saberíamos por que os efeitos estimados mudam. Em tal caso, as mudanças poderiam ser devidas à amostra ou à alteração da especificação do modelo.

Tabela 12.1 – Modelos econômicos de apoio mensal ao governo britânico, 2004-2011 – apenas medidas econômicas objetivas.

Variável	Coeficiente (erro-padrão)
Crescimento	0,25**
	(0,11)
Desemprego	0,07
	(0,20)
Δ inflação	−2,72***
	(0,75)
Mudança de governo	12,46***
	(2,27)
Aprovação$_{t-1}$	0,78***
	(0,06)
Intercepto	6,37***
	(2,13)
R^2	0,81
n	89

Notas: *** = $p < 0,01$, ** = $p < 0,05$, * = $p < 0,1$ (teste de hipótese bicaudal).
A variável dependente é o percentual de respondentes em cada amostra que afirmou que votaria no governo se a eleição acontecesse na época do *survey*.

Como um exemplo do segundo tipo de comparação, no qual examinamos modelos com a mesma especificação mas com diferentes amostras, considere as Tabelas 12.2 e 12.3. Essas tabelas são exemplos do tipo de desenho de pesquisa discutido na seção 12.1.3, no qual estamos interessados em diferenças na relação entre X e Y para subpopulações de casos. A Tabela 12.2 mostra tal tipo de comparação utilizando o exemplo que apresentamos no capítulo 10 da relação entre o termômetro de empatia em relação ao movimento feminista e o termômetro de empatia de Hillary Clinton e a diferença da relação dado o gênero do entrevistado. No capítulo 10, discutimos como fazer essa comparação a partir do uso de um termo interativo. Aqui mostramos essa diferença na

Juntando todas as partes para produzir uma pesquisa eficaz 315

relação entre X e Y por meio da apresentação de um modelo bivariado de regressão em que o *score* para o termômetro de Hillary Clinton é a variável dependente e o *score* do termômetro do movimento feminista é a variável independente para a amostra inteira e então para subamostras de casos definidas a partir do gênero do entrevistado. Podemos observar a partir dessa tabela que, embora existam mudanças de amostra entre as colunas, a especificação do modelo é a mesma. Também podemos afirmar a partir dessa comparação que existem diferenças entre as colunas em termos das relações estimadas. Como ilustrado pelo mesmo exemplo no capítulo 10, também verificamos esse tipo de diferença na relação entre X e Y em subpopulações utilizando um modelo interativo. A Tabela 12.3 mostra que quando estimamos o modelo apresentado na Tabela 12.1 para três diferentes subpopulações definidas a partir do nível de renda, também observamos diferenças substanciais no modo como as variáveis econômicas, as principais variáveis X do modelo, impactam o apoio ao governo.

Tabela 12.2 – Apresentação alternativa dos efeitos de gênero e do sentimento em relação ao movimento feminista nos *scores* do termômetro de Hillary Clinton.

	Amostra		
Variável independente	Todos	Homens	Mulheres
Termômetro para o movimento feminista	0,70***	0,75***	0,62***
	(0,03)	(0,05)	(0,04)
Intercepto	8,52	1,56	16,77***
	(2,10)	(3,03)	(2,89)
R^2	0,25	0,27	0,21
n	1466	656	810

Notas: a variável dependente para todos os modelos é o valor do termômetro de Hillary Clinton.
Erros-padrão entre parênteses.
Teste-*t* bicaudal: *** indica $p < 0,01$; ** indica $p < 0,05$; * indica $p < 0,10$.

Tabela 12.3 – Modelos econômicos para a taxa de aprovação mensal do governo britânico entre grupos de eleitores, 2004-2011 – apenas medidas econômicas objetivas.

	Amostra			
Variável independente	Todos	Renda alta	Renda média	Renda baixa
Crescimento	0,25**	0,61**	0,35**	0,33*
	(0,11)	(0,21)	(0,15)	(0,20)
Desemprego	0,07	1,18**	−0,24	−1,76***
	(0,20)	(0,47)	(0,31)	(0,51)
Δ Inflação	−2,72***	−3,40**	−4,21***	−3,38***

Variável independente	Amostra			
	Todos	Renda alta	Renda média	Renda baixa
Mudança no governo	(0,75)	(1,46)	(1,12)	(1,59)
	12,46***	19,60***	6,28*	-5,11
Aprovação$_{t-1}$	(2,27)	(4,56)	(3,42)	(4,84)
	0,78***	0,58***	0,56***	0,28***
Intercepto	(0,06)	(0,09)	(0,08)	(0,10)
	6,37***	5,30**	15,95***	34,61***
	(2,13)	(2,65)	(3,66)	(5,74)
R^2	0,81	0,66	0,58	0,48
n	89	89	89	89

Notas: *** = $p < 0,01$; ** = $p < 0,05$; * = $p < 0,10$.
(Teste-t bicaudal, apesar das hipóteses direcionais.)
A variável dependente é o percentual de respondentes em cada amostra que afirmou que votaria no governo se a eleição acontecesse na época do *survey*.
Erros-padrão entre parênteses.

12.4.2 ESCREVENDO SOBRE TABELAS DE REGRESSÃO

Embora nosso objetivo na construção de tabelas seja torná-las compreensíveis sem nenhum outro tipo de auxílio, quando escrevemos sobre tabelas de regressão, é importante *apontar* para o leitor o que você quer que ele observe. Considere o modo como terminamos a seção 12.4.1. Embora essa tabela esteja construída de modo competente, não temos certeza de para quais partes da tabela os olhos dos nossos leitores são atraídos. Tudo que dissemos aos leitores é que existem diferenças substanciais entre os grupos. Em vez de deixar para o acaso, devemos mostrar para os leitores o que eles devem observar nessa tabela – por exemplo, que o maior efeito do crescimento acontece entre os indivíduos do grupo de maior renda. Também devemos apontar que o efeito de desemprego aparece na direção oposta a nossas expectativas teóricas para o grupo de maior renda, que é estatisticamente não significante para o grupo de renda intermediária e que é estatisticamente significante e possui a direção esperada para o grupo de menor renda. Devemos pontuar que os efeitos da inflação são, *grosso modo*, iguais entre os três diferentes grupos, que são estatisticamente significantes e possuem a direção esperada (negativa), enquanto que apenas para o grupo de maior renda existe um efeito estatisticamente significante e positivo para a mudança no governo do partido trabalhista para a coalizão entre o partido conservador e o liberal democrata representado pela variável "mudança do governo". Finalmente, como aprendemos no capítulo 11, devemos pontuar que esses efeitos que acabamos de discutir são somente efeitos de curto prazo e que todas essas variáveis também possuem efeitos de longo prazo, porque esses modelos incluem uma variável dependente defasada, nomeada na tabela como "Aprovação$_{t-1}$". Podemos então introduzir a discussão do efeito estimado de longo prazo utilizando a fórmula $\beta = \dfrac{\beta_0}{1-\lambda}$.

Juntando todas as partes para produzir uma pesquisa eficaz

Em poucas palavras, o que se deve ter em mente quando escrever sobre tabelas de regressão é que você quer apontar para o seu leitor o que ele deve observar. Isso ajudará você a maximizar o impacto do que encontrou e a manter sua audiência focada no que está tentando comunicar.

12.4.3 OUTROS TIPOS DE TABELAS E GRÁFICOS

Enfatizamos a criação de tabelas de regressão e como escrever sobre elas por uma boa razão: a análise de regressão faz o trabalho pesado da pesquisa em ciências sociais. Mas podem existir outros tipos de tabelas ou gráficos que você pode achar útil, em grande parte dependendo do tipo de desenho de pesquisa que você utiliza e qual novo tipo de projeto você está adotando. Essas decisões devem ser guiadas, enfatizamos, por uma antecipação do que você espera que seus leitores fiquem mais interessados em observar.

Por exemplo, se seu novo tipo de projeto é da primeira variante – isto é, você criou um novo Y e está explorando se ele é causado por algum X – então, em geral, cabe a você descrever de alguma forma sua nova variável dependente. Isso pode ser feito em uma tabela ou um gráfico, ou ambos, dependendo das circunstâncias. Em seu trabalho sobre as causas das preferências do público nos Estados Unidos por políticas raciais liberais ou conservadoras, por exemplo, Kellstedt (2000) criou um índice que representa a preferência agregada do público por políticas raciais liberais ou conservadoras ao longo de um período de cinquenta anos. Como a variável dependente era nova, Kellstedt incluiu um gráfico mostrando sua variável dependente de interesse. De fato, porque a variável independente-chave do autor – cobertura da mídia sobre raça nos Estados Unidos – também era nova, ele incluiu um gráfico mostrando o movimento das variáveis ao longo do tempo. O ponto é proporcionar ao leitor um quadro mental (que pode, claro, ser literalmente um quadro) de como sua variável dependente "se parece".

Apesar de gráficos como esses também poderem ser úteis em pesquisas de corte transversais, eles são particularmente valiosos em estudos observacionais de séries temporais. Em um estudo de corte transversal, talvez seja mais comum expor uma tabela de frequência com os valores para uma variável dependente. O intento, nessas circunstâncias, é fornecer ao leitor uma noção da tendência central e da variabilidade da nova variável dependente.

Mostrar um gráfico ou criar uma tabela de frequência para a variável dependente é menos útil quando nosso projeto é do segundo tipo – em que examinamos um Y existente e temos um novo X. De fato, nessas circunstâncias, geralmente é sábio mostrar o que é *novo* – nesse caso, o novo X. Se for um desenho de pesquisa de série temporal, então um gráfico talvez seja mais apropriado. Se for um desenho transversal, então provavelmente uma tabela de frequência é mais apropriada.

Em geral, a estratégia que recomendamos é mostrar o que é novo – e, portanto, intrigante e não familiar – aos seus leitores.

EXERCÍCIOS

1. Pesquise no Google Acadêmico (www.scholar.google.com) e na principal ferramenta de busca do Google (www.google.com) a seguinte lista de conceitos (utilize aspas apenas quando indicamos nos termos). Escreva quantas das entradas da primeira página de resultados da busca no Google "comum" também estão na primeira página do Google Acadêmico:

   a) "duração do governo"

   b) regimento interno

   c) "aprovação presidencial"

   d) economia política internacional

2. Em três palavras ou menos, escreva a frase que melhor descreva seu interesse atual de projeto de pesquisa. Conduza uma busca de citações utilizando essa frase no Google Acadêmico ou alguma outra ferramenta de busca de citações. Escreva sobre o que você achou.

3. Leia um artigo publicado e que seu professor tenha aprovado. Responda a cada uma das seguintes perguntas sobre o artigo.

   a) Qual era a pergunta/problema de pesquisa?

   b) Qual era a teoria?

   c) Qual foi o desenho de pesquisa?

   d) Como eles lidaram com os quatro obstáculos causais?

   e) Qual foi a conclusão?

   f) A teoria pode ser aplicada a outros lugares de modo interessante?

4. A Tabela 2.2 contém do 11º ao 20º artigos mais citados da *American Political Science Review*. Busque cada um desses artigos no Google Acadêmico. Qual é o artigo mais recente que citou o artigo que você escolheu? Obtenha uma cópia desse artigo e descubra sua pergunta de pesquisa. Escreva sobre o que você aprendeu ao fazer isso.

APÊNDICE A
VALORES CRÍTICOS DO QUI-QUADRADO

gl	Nível de significância				
	0,1	0,05	0,025	0,01	0,001
1	2,706	3,841	5,024	6,635	10,828
2	4,605	5,991	7,378	9,210	13,816
3	6,251	7,815	9,348	11,345	16,266
4	7,779	9,488	11,143	13,277	18,467
5	9,236	11,070	12,833	15,086	20,515
6	10,645	12,592	14,449	16,812	22,458
7	12,017	14,067	16,013	18,475	24,322
8	13,362	15,507	17,535	20,090	26,125
9	14,684	16,919	19,023	21,666	27,877
10	15,987	18,307	20,483	23,209	29,588
11	17,275	19,675	21,920	24,725	31,264
12	18,549	21,026	23,337	26,217	32,910
13	19,812	22,362	24,736	27,688	34,528
14	21,064	23,685	26,119	29,141	36,123
15	22,307	24,996	27,488	30,578	37,697
20	28,412	31,410	34,170	37,566	45,315
25	34,382	37,652	40,646	44,314	52,620
30	40,256	43,773	46,979	50,892	59,703
35	46,059	49,802	53,203	57,342	66,619
40	51,805	55,758	59,342	63,691	73,402
50	63,167	67,505	71,420	76,154	86,661

	Nível de significância				
gl	0,1	0,05	0,025	0,01	0,001
60	74,397	79,082	83,298	88,379	99,607
70	85,527	90,531	95,023	100,425	112,317
75	91,061	96,217	100,839	106,393	118,599
80	96,578	101,879	106,629	112,329	124,839
90	107,565	113,145	118,136	124,116	137,208
100	118,498	124,342	129,561	135,807	149,449

APÊNDICE B
VALORES CRÍTICOS DE *T*

	Nível de significância					
gl	0,1	0,05	0,025	0,01	0,005	0,001
1	3,078	6,314	12,706	31,821	63,657	318,313
2	1,886	2,920	4,303	6,965	9,925	22,327
3	1,638	2,353	3,182	4,541	5,841	10,215
4	1,533	2,132	2,776	3,747	4,604	7,173
5	1,476	2,015	2,571	3,365	4,032	5,893
6	1,440	1,943	2,447	3,143	3,707	5,208
7	1,415	1,895	2,365	2,998	3,499	4,782
8	1,397	1,860	2,306	2,896	3,355	4,499
9	1,383	1,833	2,262	2,821	3,250	4,296
10	1,372	1,812	2,228	2,764	3,169	4,143
11	1,363	1,796	2,201	2,718	3,106	4,024
12	1,356	1,782	2,179	2,681	3,055	3,929
13	1,350	1,771	2,160	2,650	3,012	3,852
14	1,345	1,761	2,145	2,624	2,977	3,787
15	1,341	1,753	2,131	2,602	2,947	3,733
20	1,325	1,725	2,086	2,528	2,845	3,552
25	1,316	1,708	2,060	2,485	2,787	3,450
30	1,310	1,697	2,042	2,457	2,750	3,385
40	1,303	1,684	2,021	2,423	2,704	3,307
50	1,299	1,676	2,009	2,403	2,678	3,261

gl	Nível de significância					
	0,1	0,05	0,025	0,01	0,005	0,001
60	1,296	1,671	2,000	2,390	2,660	3,232
70	1,294	1,667	1,994	2,381	2,648	3,211
75	1,293	1,665	1,992	2,377	2,643	3,202
80	1,292	1,664	1,990	2,374	2,639	3,195
90	1,291	1,662	1,987	2,368	2,632	3,183
100	1,290	1,660	1,984	2,364	2,626	3,174
∞	1,282	1,645	1,960	2,326	2,576	3,090

APÊNDICE C
FUNÇÃO DE LIGAÇÃO Λ PARA O MODELO *BINOMIAL LOGIT*

Traduzindo valores negativos de $X_i\check{\beta}$ em probabilidades preditas ($\check{P}_i$)									
$X_i\check{\beta}$	–,00	–,01	–,02	–,03	–,04	–,05	–,06	–,07	–,08	–,09
–4,5	,0110	,0109	,0108	,0107	,0106	,0105	,0104	,0103	,0102	,0101
–4,0	,0180	,0178	,0176	,0175	,0173	,0171	,0170	,0168	,0166	,0165
–3,5	,0293	,0290	,0287	,0285	,0282	,0279	,0277	,0274	,0271	,0269
–3,0	,0474	,0470	,0465	,0461	,0457	,0452	,0448	,0444	,0439	,0435
–2,5	,0759	,0752	,0745	,0738	,0731	,0724	,0718	,0711	,0704	,0698
–2,0	,1192	,1182	,1171	,1161	,1151	,1141	,1130	,1120	,1111	,1101
–1,9	,1301	,1290	,1279	,1268	,1256	,1246	,1235	,1224	,1213	,1203
–1,8	,1419	,1406	,1394	,1382	,1371	,1359	,1347	,1335	,1324	,1312
–1,7	,1545	,1532	,1519	,1506	,1493	,1480	,1468	,1455	,1443	,1431
–1,6	,1680	,1666	,1652	,1638	,1625	,1611	,1598	,1584	,1571	,1558
–1,5	,1824	,1809	,1795	,1780	,1765	,1751	,1736	,1722	,1708	,1694
–1,4	,1978	,1962	,1947	,1931	,1915	,1900	,1885	,1869	,1854	,1839
–1,3	,2142	,2125	,2108	,2092	,2075	,2059	,2042	,2026	,2010	,1994
–1,2	,2315	,2297	,2279	,2262	,2244	,2227	,2210	,2193	,2176	,2159
–1,1	,2497	,2479	,2460	,2442	,2423	,2405	,2387	,2369	,2351	,2333
–1,0	,2689	,2670	,2650	,2631	,2611	,2592	,2573	,2554	,2535	,2516
–,9	,2891	,2870	,2850	,2829	,2809	,2789	,2769	,2749	,2729	,2709
–,8	,3100	,3079	,3058	,3036	,3015	,2994	,2973	,2953	,2932	,2911
–,7	,3318	,3296	,3274	,3252	,3230	,3208	,3186	,3165	,3143	,3112

Traduzindo valores negativos de $X_i\breve{\beta}$ em probabilidades preditas ($\breve{P}_i$)									
$X_i\breve{\beta}$	−,00	−,01	−,02	−,03	−,04	−,05	−,06	−,07	−,08	−,09
−,6	,3543	,3521	,3498	,3475	,3452	,3430	,3407	,3385	,3363	,3340
−,5	,3775	,3752	,3729	,3705	,3682	,3659	,3635	,3612	,3589	,3566
−,4	,4013	,3989	,3965	,3941	,3917	,3894	,3870	,3846	,3823	,3799
−,3	,4256	,4231	,4207	,4182	,4158	,4134	,4110	,4085	,4061	,4037
−,2	,4502	,4477	,4452	,4428	,4403	,4378	,4354	,4329	,4305	,4280
−,1	,4750	,4725	,4700	,4675	,4651	,4626	,4601	,4576	,4551	,4526
−,0	,5000	,4975	,4950	,4925	,4900	,4875	,4850	,4825	,4800	,4775

Traduzindo valores positivos de $X_i\breve{\beta}$ em probabilidades preditas ($\breve{P}_i$)									
$X_i\breve{\beta}$	−,00	−,01	−,02	−,03	−,04	−,05	−,06	−,07	−,08	−,09
,0	,5000	,5025	,5050	,5075	,5100	,5125	,5150	,5175	,5200	,5225
,1	,5250	,5275	,5300	,5325	,5349	,5374	,5399	,5424	,5449	,5474
,2	,5498	,5523	,5548	,5572	,5597	,5622	,5646	,5671	,5695	,5720
,3	,5744	,5769	,5793	,5818	,5842	,5866	,5890	,5915	,5939	,5963
,4	,5987	,6011	,6035	,6059	,6083	,6106	,6130	,6154	,6177	,6201
,5	,6225	,6248	,6271	,6295	,6318	,6341	,6365	,6388	,6411	,6434
,6	,6457	,6479	,6502	,6525	,6548	,6570	,6593	,6615	,6637	,6660
,7	,6682	,6704	,6726	,6748	,6770	,6792	,6814	,6835	,6857	,6878
,8	,6900	,6921	,6942	,6964	,6985	,7006	,7027	,7047	,7068	,7089
,9	,7109	,7130	,7150	,7171	,7191	,7211	,7231	,7251	,7271	,7291
1,0	,7311	,7330	,7350	,7369	,7389	,7408	,7427	,7446	,7465	,7484
1,1	,7503	,7521	,7540	,7558	,7577	,7595	,7613	,7631	,7649	,7667
1,2	,7685	,7703	,7721	,7738	,7756	,7773	,7790	,7807	,7824	,7841
1,3	,7858	,7875	,7892	,7908	,7925	,7941	,7958	,7974	,7990	,8006
1,4	,8022	,8038	,8053	,8069	,8085	,8100	,8115	,8131	,8146	,8161
1,5	,8176	,8191	,8205	,8220	,8235	,8249	,8264	,8278	,8292	,8306
1,6	,8320	,8334	,8348	,8362	,8375	,8389	,8402	,8416	,8429	,8442
1,7	,8455	,8468	,8481	,8494	,8507	,8520	,8532	,8545	,8557	,8569
1,8	,8581	,8594	,8606	,8618	,8629	,8641	,8653	,8665	,8676	,8688
1,9	,8699	,8710	,8721	,8732	,8744	,8754	,8765	,8776	,8787	,8797
2,0	,8808	,8818	,8829	,8839	,8849	,8859	,8870	,8880	,8889	,8899
2,5	,9241	,9248	,9255	,9262	,9269	,9276	,9282	,9289	,9296	,9302
3,0	,9526	,9530	,9535	,9539	,9543	,9548	,9552	,9556	,9561	,9565
3,5	,9707	,9710	,9713	,9715	,9718	,9721	,9723	,9726	,9729	,9731
4,0	,9820	,9822	,9824	,9825	,9827	,9829	,9830	,9832	,9834	,9835
4,5	,9890	,9891	,9892	,9893	,9894	,9895	,9896	,9897	,9898	,9899

APÊNDICE D
FUNÇÃO DE LIGAÇÃO Φ PARA O MODELO *BINOMIAL PROBIT*

	Traduzindo valores negativos de $X_i\check{\beta}$ em probabilidades preditas ($\check{P}_i$)									
$X_i\check{\beta}$	−,00	−,01	−,02	−,03	−,04	−,05	−,06	−,07	−,08	−,09
−3,4	,0003	,0003	,0003	,0003	,0003	,0003	,0003	,0003	,0003	,0002
−3,0	,0013	,0013	,0013	,0012	,0012	,0011	,0011	,0011	,0010	,0010
−2,5	,0062	,0060	,0059	,0057	,0055	,0054	,0052	,0051	,0049	,0048
−2,0	,0228	,0222	,0217	,0212	,0207	,0202	,0197	,0192	,0188	,0183
−1,9	,0287	,0281	,0274	,0268	,0262	,0256	,0250	,0244	,0239	,0233
−1,8	,0359	,0351	,0344	,0336	,0329	,0322	,0314	,0307	,0301	,0294
−1,7	,0446	,0436	,0427	,0418	,0409	,0401	,0392	,0384	,0375	,0367
−1,6	,0548	,0537	,0526	,0516	,0505	,0495	,0485	,0475	,0465	,0455
−1,5	,0668	,0655	,0643	,0630	,0618	,0606	,0594	,0582	,0571	,0559
−1,4	,0808	,0793	,0778	,0764	,0749	,0735	,0721	,0708	,0694	,0681
−1,3	,0968	,0951	,0934	,0918	,0901	,0885	,0869	,0853	,0838	,0823
−1,2	,1151	,1131	,1112	,1093	,1075	,1056	,1038	,1020	,1003	,0985
−1,1	,1357	,1335	,1314	,1292	,1271	,1251	,1230	,1210	,1190	,1170
−1,0	,1587	,1562	,1539	,1515	,1492	,1469	,1446	,1423	,1401	,1379
−,9	,1841	,1814	,1788	,1762	,1736	,1711	,1685	,1660	,1635	,1611
−,8	,2119	,2090	,2061	,2033	,2005	,1977	,1949	,1922	,1894	,1867
−,7	,2420	,2389	,2358	,2327	,2296	,2266	,2236	,2206	,2177	,2148
−,6	,2743	,2709	,2676	,2643	,2611	,2578	,2546	,2514	,2483	,2451

Traduzindo valores negativos de $X_i\breve{\beta}$ em probabilidades preditas ($\breve{P}_i$)										
$X_i\breve{\beta}$	−,00	−,01	−,02	−,03	−,04	−,05	−,06	−,07	−,08	−,09
−,5	,3085	,3050	,3015	,2981	,2946	,2912	,2877	,2843	,2810	,2776
−,4	,3446	,3409	,3372	,3336	,3300	,3264	,3228	,3192	,3156	,3121
−,3	,3821	,3783	,3745	,3707	,3669	,3632	,3594	,3557	,3520	,3483
−,2	,4207	,4168	,4129	,4090	,4052	,4013	,3974	,3936	,3897	,3859
−,1	,4602	,4562	,4522	,4483	,4443	,4404	,4364	,4325	,4286	,4247
−,0	,5000	,4960	,4920	,4880	,4840	,4801	,4761	,4721	,4681	,4641

Traduzindo valores positivos de $X_i\breve{\beta}$ em probabilidades preditas ($\breve{P}_i$)										
$X_i\breve{\beta}$	−,00	−,01	−,02	−,03	−,04	−,05	−,06	−,07	−,08	−,09
+,0	,5000	,5040	,5080	,5120	,5160	,5199	,5239	,5279	,5319	,5359
+,1	,5398	,5438	,5478	,5517	,5557	,5596	,5636	,5675	,5714	,5753
+,2	,5793	,5832	,5871	,5910	,5948	,5987	,6026	,6064	,6103	,6141
+,3	,6179	,6217	,6255	,6293	,6331	,6368	,6406	,6443	,6480	,6517
+,4	,6554	,6591	,6628	,6664	,6700	,6736	,6772	,6808	,6844	,6879
+,5	,6915	,6950	,6985	,7019	,7054	,7088	,7123	,7157	,7190	,7224
+,6	,7257	,7291	,7324	,7357	,7389	,7422	,7454	,7486	,7517	,7549
+,7	,7580	,7611	,7642	,7673	,7704	,7734	,7764	,7794	,7823	,7852
+,8	,7881	,7910	,7939	,7967	,7995	,8023	,8051	,8078	,8106	,8133
+,9	,8159	,8186	,8212	,8238	,8264	,8289	,8315	,8340	,8365	,8389
+1,0	,8413	,8438	,8461	,8485	,8508	,8531	,8554	,8577	,8599	,8621
+1,1	,8643	,8665	,8686	,8708	,8729	,8749	,8770	,8790	,8810	,8830
+1,2	,8849	,8869	,8888	,8907	,8925	,8944	,8962	,8980	,8997	,9015
+1,3	,9032	,9049	,9066	,9082	,9099	,9115	,9131	,9147	,9162	,9177
+1,4	,9192	,9207	,9222	,9236	,9251	,9265	,9279	,9292	,9306	,9319
+1,5	,9332	,9345	,9357	,9370	,9382	,9394	,9406	,9418	,9429	,9441
+1,6	,9452	,9463	,9474	,9484	,9495	,9505	,9515	,9525	,9535	,9545
+1,7	,9554	,9564	,9573	,9582	,9591	,9599	,9608	,9616	,9625	,9633
+1,8	,9641	,9649	,9656	,9664	,9671	,9678	,9686	,9693	,9699	,9706
+1,9	,9713	,9719	,9726	,9732	,9738	,9744	,9750	,9756	,9761	,9767
+2,0	,9772	,9778	,9783	,9788	,9793	,9798	,9803	,9808	,9812	,9817
+2,5	,9938	,9940	,9941	,9943	,9945	,9946	,9948	,9949	,9951	,9952
+3,0	,9987	,9987	,9987	,9988	,9988	,9989	,9989	,9989	,9990	,9990
+3,4	,9997	,9997	,9997	,9997	,9997	,9997	,9997	,9997	,9997	,9998

BIBLIOGRAFIA

ANSOLABEHERE, Stephen; IYENGAR, Shanto. *Going Negative*. New York: Simon and Schuster, 1997.

ARCENEAUX, Kevin; JOHNSON, Martin. Does Media Fragmentation Produce Mass Polarization? Selective Exposure and a New Era of Minimal Effects. 2011. Manuscrito não publicado.

ARROW, Kenneth. *Social Choice and Individual Values*. 2nd ed. New York: Wiley, 1990.

AXELROD, Robert. An Evolutionary Approach to Norms. *American Political Science Review*, v. 80, p. 1095-1111, 1986.

BACHRACH, Peter; Morton S. BARATZ. Two Faces of Power. *American Political Science Review*, v. 56, p. 947-952, 1962.

BARABAS, Jason; JERIT, Jennifer. Are Survey Experiments Externally Valid? *American Political Science Review*, v. 104, p. 226-242, 2010.

BECK, Nathaniel; KATZ, Jonathan N. What to Do (and Not to Do) With Time-Series Cross-Section Data. *American Political Science Review*, v. 89, p. 634-647, 1995.

BELSLEY, David A.; KUH, Edwin; WELSCH, Roy E. *Regression Diagnostics: Identifying Influential Data and Sources of Collinearity*. New York: Wiley, 1980.

BRADY, Henry E. Models of Causal Inference: Going Beyond the Neyman-Rubin-Holland Theory. Trabalho apresentado no encontro anual da Political Methodology Society, Seattle, 2002.

BRADY, Henry E. Introduction. *Perspectives on Politics*, v. 2, p. 295-300, 2004.

CAMERON, David R. The Expansion of the Public Economy: A Comparative Analysis. *American Political Science Review*, v. 72, p. 1243-1261, 1978.

CAMPBELL, Donald T.; STANLEY, Julian C. *Experimental and Quasi-Experimental Designs for Research*. Chicago: Rand McNally, 1963.

CLARKE, Harold D.; MISHLER, William; WHITELEY, Paul. Recapturing the Falklands: Models of Conservative Popularity, 1979-1983. *British Journal of Political Science*, v. 20, p. 63-81, 1990.

COPERNICUS, Nicolaus. *On the Revolutions of Heavenly Spheres*. Philadelphia: Running Press Book Publishers, 2004.

CURRIE, Janet; THOMAS, Duncan. Does Head Start Make a Difference? *The American Economic Review*, v. 85, p. 341-364, 1995.

DAHL, Robert A. *Polyarchy: Participation and Opposition*. New Haven: Yale University Press, 1971.

DANZIGER, Sheldon; Peter GOTTSCHALK. The Measurement of Poverty: Implications for Antipoverty Policy. *American Behavioral Scientist*, v. 26, p. 739-756, 1983.

DEUTSCH, Karl W. Social Mobilization and Political Development. *American Political Science Review*, v. 55, p. 493-514, 1961.

DIXON, William; MOON, Bruce. Political Similarity and American Foreign Trade Patterns. *Political Research Quarterly*, v. 46, p. 5-25, 1993.

DOYLE, Michael W. Liberalism and World Politics. *American Political Science Review*, v. 80, p. 1151-1169, 1986.

DUFLO, Esther; KREMER, Michael ; ROBINSON, Jonathan. Nudging Farmers to Use Fertilizer: Theory and Experimental Evidence from Kenya. *The American Economic Review*, v. 101, p. 2350-2390, 2011.

EDMONDS, David; EIDINOW, John. *Wittgenstein's Poker: The Story of a Ten-Minute Argument Between Two Great Philosophers*. New York: Harper Perennial, 2003.

ELKINS, Zachary. Gradations of Democracy? Empirical Tests of Alternative Conceptualizations. *American Journal of Political Science* v. 44, 2000.

FENNO, Richard F. *Congressmen in Committees*. Boston: Little, Brown, 1973.

FIORINA, Morris P. *Congress: Keystone to the Washington Establishment*. 2nd ed. New Haven: Yale University Press, 1989.

FRANZESE, Robert J. Partially Independent Central Banks, Politically Responsive Governments and Inflation. *American Political Science Review*, v. 43, p. 681-706, 1999.

GEER, John G. *In Defense of Negativity: Attack Ads in Presidential Campaigns*. Chicago: University of Chicago Press, 2006.

GIBSON, James L. Alternative Measures of Political Tolerance: Must Tolerance be "Least-Liked"? *American Journal of Political Science*, v. 36, p. 560-577, 1992.

GOWA, Joanne. Bipolarity, Multipolarity, and Free Trade. *American Political Science Review*, v. 83, p. 1245-1256, 1989.

GOWA, Joanne; MANSFIELD, Edward D. Power Politics and International Trade. *American Political Science Review*, v. 87, p. 408-420, 1993.

GREEN, Donald P.; SHAPIRO, Ian. *Pathologies of Rational Choice Theory: A Critique of Applications in Political Science*. New Haven: Yale University Press, 1994.

HIBBS, Douglas A., Jr. Political Parties and Macroeconomic Policy. *American Political Science Review*, v. 71, p. 1467-1487, 1977.

INGLEHART, Ronald. The Silent Revolution in Europe: Intergenerational Change in Post-Industrial Societies. *American Political Science Review*, v. 65, p. 991-1017, 1971.

_____. The Renaissance of Political Culture. *American Political Science Review*, v. 82, p. 1203-1230, 1988.

IYENGAR, Shanto; KINDER, Donald R. *News that Matters: Television and American Opinion.* 2nd ed. Chicago: University of Chicago Press, 2010.

KELLSTEDT, Paul M. Media Framing and the Dynamics of Racial Policy Preferences. *American Journal of Political Science*, v. 44, p. 245-260, 2000.

KRAMER, Gerald H. Short-Term Fluctuations in U.S. Voting Behavior, 1896-1964. *The American Political Science Review*, v. 65, p. 131-143, 1971.

KUHN, Thomas S. *The Structure of Scientific Revolutions*. Chicago: University of Chicago Press, 1962.

LAZARSFELD, Paul F.; BERELSON, Bernard R.; GAUDET, Hazel. *The People's Choice: How the Voter Makes Up His Mind in a Presidential Campaign.* 1st ed. New York: Columbia University Press, 1948.

LEWIS-BECK, Michael S. Who's the Chef? Economic Voting Under a Dual Executive. *European Journal of Political Research*, v. 31, p. 315-325, 1997.

LIPSET, Seymour Martin. Some Social Requisites of Democracy: Economic Development and Political Legitimacy. *American Political Science Review*, v. 53, p. 69-105, 1959.

LUSKIN, Robert C. Measuring Political Sophistication. *American Journal of Political Science*, v. 31, p. 856-899, 1987.

MAOZ, Zeev; RUSSETT, Bruce. Normative and Structural Causes of Democratic Peace, 1946-1986. *American Political Science Review*, v. 87, p. 624-638, 1993.

MARCH, James G.; OLSEN, Johan P. The New Institutionalism: Organizational Factors in Political Life. *American Political Science Review*, v. 78, p. 734-749, 1984.

MARTIN, Lanny W.; VANBERG, Georg. Wasting Time? The Impact of Ideology and Size on Delay in Coalition Formation. *British Journal of Political Science*, v. 33, p. 323-344, 2003.

MAYHEW, David R. *Congress: The Electoral Connection.* New Haven: Yale University Press, 1974.

McCLOSKEY, Diedre N. *Economical Writing.* 2nd ed. Prospect Heights: Waveland Press, 1999.

McCLOSKY, Herbert. Consensus and Ideology in American Politics. *American Political Science Review*, v. 58, p. 361-382, 1964.

MILGRAM, Stanley. *Obedience to Authority: An Experimental View.* New York: Harper and Row, 1974.

MILLER, Arthur H. Political Issues and Trust in Government: 1964-1970. *American Political Science Review*, v. 68, p. 951-972, 1974.

MILLER, Warren E.; STOKES, Donald W. Constituency Influence in Congress. *American Political Science Review*, v. 57, p. 45-56, 1963.

MORROW, James D.; SIVERSON, Randolph M.; TABARES, Tressa E. The Political Determinants of International Trade: The Major Powers, 1907-90. *American Political Science Review*, v. 92, p. 649-661, 1998.

MORTON, Rebecca B.; WILLIAMS, Kenneth C. *Experimental Political Science and the Study of Causality: From Nature to the Lab.* New York: Cambridge University Press, 2010.

MUELLER, John. *War, Presidents and Public Opinion.* New York: Wiley, 1973.

MUNCK, Gerardo L.; VERKUILEN, Jay. Conceptualizing and Measuring Democracy: Evaluating Alternative Indices. *Comparative Political Studies*, v. 35, p. 5-34, 2002.

NAGLER, Jonathan. Coding Style and Good Computing Practices. *PS - Political Science & Politics*, v. 28, p. 488-492, 1995.

NIEMI, Richard G.; M. JENNINGS, Kent. *The Political Character of Adolescence: The Influence of Families and Schools.* Princeton: Princeton University Press, 1974.

PALMER, Harvey D.; WHITTEN, Guy D.; WILLIAMS, Laron K. Who Should be Chef? The Dynamics of Valence Evaluations across Income Groups during Ecnomic Crises. *Electoral Studies*, v.32, p. 425-431, 2013.

PEARL, Judea. *Causality: Models, Reasoning, and Inference.* New York: Cambridge University Press, 2000.

PIAZZA, Thomas; SNIDERMAN, Paul M.; TETLOCK, Philip E. Analysis of the Dynamics of Political Reasoning: A General-Purpose Computer-Assisted Methodology. *Political Analysis*, v. 1, p. 99-120, 1990.

POLLINS, Brian M. Does Trade Still Follow the Flag? *American Political Science Review*, v. 83, p. 465-480, 1989.

POLSBY, Nelson W. The Institutionalization of the U.S. House of Representatives. *American Political Science Review*, v. 62, p. 144-168, 1968.

POOLE, Keith T.; ROSENTHAL, Howard. *Congress: A Political-Economic History of Roll Call Voting.* New York: Oxford University Press, 1997.

POSNER, Daniel N. The Political Salience of Cultural Difference: Why Chewas and Tumbukas Are Allies in Zambia and Adversaries in Malawi. *American Political Science Review*, v. 98, p. 529-545, 2004.

POWELL, G. Bingham, Jr.; WHITTEN, Guy D. A Cross-National Analysis of Economic Voting: Taking Account of the Political Context. *American Journal of Political Science*, v. 37, p. 391-414, 1993.

PUTNAM, Robert P. *Bowling Alone.* New York: Simon & Schuster, 2000.

RICHARDS, Diana *et al.* Good Times, Bad Times and the Diversionary Use of Force: A Tale of Some Not So Free Agents. *The Journal of Conflict Resolution*, v. 37, p. 504-535, 1993.

RIKER, William H. *Liberalism Against Populism: A Confrontation Between the Theory of Democracy and the Theory of Social Choice*. San Francisco: W. H. Freeman, 1982.

RIKER, William H.; ORDESHOOK, Peter C. A Theory of the Calculus of Voting. *The American Political Science Review*, v. 62, p. 25-42, 1968.

ROGERS, James R. A Primer on Game Theory. In: ROGERS, James R.; FLEMMING, Roy B.; BOND, Jon R. *Institutional Games and the U.S. Supreme Court*. Charlottesville: University of Virginia Press, 2006.

SALMON, Wesley C. Probabilistic Causality. In: ed. SOSA, Ernest; TOOLEY, Michael. *Causation*. Oxford: Oxford University Press, 1993. chapter 8, pp. 137-153.

SHAPLEY, L. S.; SHUBIK, Martin. A Method for Evaluating the Distribution of Power in a Committee System. *American Political Science Review*, v. 48, p. 787-792, 1954.

SHERMAN, Lawrence W.; BERK, Richard A. The Specific Deterrent Effects of Arrest for Domestic Assault. *American Sociological Review*, v. 49, p. 261-272, 1984.

SIGELMAN, Lee. Top Twenty Commentaries. *American Political Science Review*, v. 100, n. 3, p. 667-687, 2006.

SKIDMORE, Thomas E. *Brazil: Five Centuries of Change*. Oxford: Oxford University Press, 2009.

SNIDERMAN, Paul M.; PIAZZA, Thomas. *The Scar of Race*. Cambridge: Harvard University Press, 1993.

STOUFFER, Samuel C. *Communism, Conformity, and Civil Liberties*. New York: Doubleday, 1955.

SULLIVAN, John L.; PIERESON, James; MARCUS, George E. An Alternative Conceptualization of Political Tolerance: Illusory Increases 1950s-1970s. *American Political Science Review*, v. 73, p. 781-794, 1979.

TIJMS, Henk. *Understanding Probability: Chance Rules in Everyday Life*. Cambridge: Cambridge University Press, 2004.

TUFTE, Edward R. Determinants of the Outcomes of Midterm Congressional Elections. *American Political Science Review*, v. 69, p. 812-826, 1975.

VERBA, Sidney *et al.* Race, Ethnicity and Political Resources: Participation in the United States. *British Journal of Political Science*, v. 23, p. 453-497, 1993.

WALKER, Jack L. The Diffusion of Innovations among the American States. *American Political Science Review*, v. 63, p. 880-899, 1969.

WATTENBERG, Martin P.; BRIANS, Craig Leonard. Negative Campaign Advertising: Demobilizer or Mobilizer? *American Political Science Review*, v. 94, p. 891-899, 1999.

WEATHERFORD, M. Stephen. Measuring Political Legitimacy. *American Political Science Review*, v. 86, p. 149-166, 1992.

ÍNDICE

Números de páginas em itálico se referem a figuras e tabelas.

achados, e escrevendo projetos de pesquisa, 310

Achen, Christopher, 263

afirmações normativas, 43, 45

Afro-americanos: e efeitos educacionais do Head Start, 88; e participação política, 86-7, 94, 128

agregado e agregação: definição de, 111; e desenvolvimento da teoria, 58-9; e estudos observacionais, 105

alavancagem, e modelos de regressão MQO, 259, 269

álgebra matricial, 278n2

alta multicolinearidade, 262, 270

altruísmo, e conceito de utilidade, 61

American Political Science Review, 50-1, 62, 301

American Psychiatric Association, 119n7

amostra aleatória, definição de, 111, 164. *Ver também* amostragem aleatória

amostra de conveniência, 103, 111, 162

amostra(s) e amostragem: definição de, 164; distinção crítica entre populações e, 151-3; e modelos de regressão bivariados

194-6; e teorema do limite central, 155-60. *Ver também* amostra de conveniência; amostragem aleatória; tamanho da amostra

amostragem aleatória: definição de, 111, 164; e teorema do limite central, 162; *versus* atribuição randômica, 100. *Ver também* amostra aleatória; amostra(s) e amostragem

análise tabular, 168, 172-7

apêndice, e apresentação dos dados, 132n20

Arceneaux, Kevin, 104n6

armadilha da variável *dummy*, 246, 270

Arrow, Kenneth, 66

associação mensurável, relações causais e, 79

ativismo judicial, 120

atribuição randômica: e amostra aleatória, 100; definição de, 112; para os grupos de tratamento e de controle, 96-100

autocorrelação, e modelos de regressão bivariados, 212-3

Barabas, Jason, 104n6

Berelson, Bernard R., 32

biblioteca, como fonte de dados, 117n2

bivariado, definição de, 89. *Ver também* relações bivariadas

BNL. *Ver* modelo *binomial logit*

BNP. *Ver* modelo *binomial probit*

box-plot, 141, *179*

Brady, Henry E., 77n2, 78n4

Campbell, Donald T., 107n7

categoria de referência, 250, 270

causal, definição de, 45. *Ver também* causalidade; relações causais

causalidade: e análise observacional, 110; importância do estudo da, 85-9; linguagem do dia a dia, 75-8. *Ver também* relações causais

cenários de causalidade reversa, em estudos observacionais, 79

censo, 152, 164

ceticismo, e conhecimento científico, 30

ciência normal, 31, 45

ciência política: e conceito de preconceito, 124; contribuições da teoria formal para a, 64; e exemplos de estudos de causalidade, 85-9; introdução a objetivos e normas de pesquisa em, 27-44; e mensuração de problemas, 119-21, 123-4

ciências físicas, e problemas de mensuração, 118

ciências sociais, e problemas de mensuração, 118

citações, e pesquisas de literatura, 304-5

clareza conceitual, e mensuração, 121-2

códigos e regras de codificação: conjuntos confiáveis *versus* não confiáveis de, 122-3; e escrevendo projetos de pesquisa, 307; e medidas de democracia, 128

coeficientes de correlação, 169, 182-7

coeficientes não padronizados, 228-9, 239

coeficientes padronizados, 228-9, 239

colégio eleitoral, 63

Comitê de Pesquisa com Seres Humanos, 117n1

comparação: como chave para o estabelecimento de relações causais, 93-4; de desenhos de pesquisa experimentais e não experimentais, 97

componente estocástico, 194, 204, 211, 216

computadores. *Ver* códigos e regras de codificação; *softwares*/programas

conclusões, e escrevendo projetos de pesquisa, 310

confiabilidade: definição de, 146; e mensuração dos conceitos de interesse, 122-3; relação entre validade e, 125

confiança do consumidor, 292, 294, 295

Congresso, dos Estados Unidos: e institucionalização, 301; e mensuração de níveis de liberalismo, 120; e Rules Committee, 67

conhecimento científico: e explicações sobre o processo científico, 30-1; e regras do caminho para o conhecimento científico sobre política, 41-4

conjuntos de dados, 107, 112

contextos geográficos, e novos projetos de pesquisa, 302-3

controles e grupo(s) de controle: definição de, 112; desenhos de pesquisa experimentais e atribuição randômica a, 96-9

Converse, Philip E., 303

Copérnico, Nicolau, 31

correlação: e causalidade, 79; definição, 41n6, 45. *Ver também* coeficientes de correlação, estudos correlacionais

covariação: definição de, 41, 45; e estudos observacionais, 106

covariância, e testes de hipóteses bivariados, 183

covariar, definição de, 45. *Ver também* covariância, covariação

Currie, Janet, 88

curtose, da variável, 143n28, 146

curva em formato de sino, 156

dados: avaliar mensuração e variação de, 116-7; e características de uma "boa" teoria, 69; definição de, 45, 112; e descrição de variáveis categóricas, 136; e escrevendo relatórios de pesquisa, 310; e estudo observacional, 107; e expectativas de relações positivas ou negativas, 41; mensuração de desenvolvimento econômico e mundo real, 35; métodos estatísticos e conhecendo os dados, 131-2; e multicolinearidade, 269; e problema de teorias baseadas na observação do mundo real, 42. *Ver também* conjunto de dados, dados diáticos; dados simulados

dados diáticos, 235n16, 239

dados simulados, 43n7

Dahl, Robert, 126, 128

datum, definição de, 112. *Ver também* dados

debate público, e afirmações causais, 81-3

democracia: e comércio internacional, 236, 238; controvérsias sobre mensuração de, 125-9; satisfação com a vida e estabilidade da, 85-6; validade de constructo e medidas de, 124

Demócrito, 75

desenhos de pesquisa: definição de, 94, 112; e escrevendo relatórios de pesquisa, 310; formas experimentais de, 94-105; formas observacionais de, 105-11. *Ver também* pesquisa

desenhos de pesquisa experimental: e atribuição randômica *versus* amostra aleatória, 100; comparados aos estudos observacionais, 106-7; desvantagens dos, 101-5; princípios básicos dos, 94-100; variedades de, 100-1

desenvolvimento econômico: e estudos observacionais, 106; e experimentos de campo, 101

desvio-padrão: definição de, 143, 146; e distribuição normal, *155*, 156, 158; e regressão multivariada, 228-9

diagrama de Venn, 202, *234*, 263. *Ver também* gráficos e criando gráficos

diferença de médias, 168, 177-82

diferença de unidade constante, 134, 146

dimensão espacial, da variável dependente, 52, 71

dimensão temporal: definição de, 71; e novos projetos de pesquisa, 302-3; da variável dependente, 51-2

direção e direcionalidade: e estabelecimento de relações causais, 79; e estudos observacionais, 106; de relações hipotetizadas, 38; e testes de hipótese unicaudais, 209. *Ver também* hipótese alternativa

dispersão, da variável, 146

distribuição amostral, 158-60, 164

distribuição de frequência, 156, 164

distribuição normal, 156-60, 164, 211-2

distribuição uniforme, 157n7

Dixon, William, 236n19

documentação, de códigos de programação, 307

Downs, Anthony, 63

Duflo, Esther, 101

dummying out, de casos influentes, 260-2, 270

economia e ciência econômica: e conceitos de realidade econômica, 291, 292; e eleições presidenciais, 33-40, 182-7, 200-3, 209, 225-8, 275-7, 302-3; e estudos de séries temporais sobre o crescimento, 287-8; e medidas de apoio ao governo do Reino Unido, 313, *314, 315-6*, 316; e problemas de mensuração, 117-9; relatos da mídia e preocupação pública sobre, 109-10; e taxas de aprovação presidencial, 283-5, 291-4; e teoria do voto econômico, 34-40. *Ver também* desenvolvimento econômico; economia política; inflação

economia política, e problemas de mensuração, 119-20

Economical Writing (McCloskey, 1999), 307

Edmonds, David, 77n3

efeito instantâneo, da variável dependente defasada, 290, 291, 295

Eidinow, John, 77n3

Elkins, Zachary, 126n13

empírico, definição de, 45, 30n3

ênfase, desenhos experimentais e erros de, 105

ensaio clínico aleatório, 94n1

Erikson, Robert S., 292, 294, 305

erro. *Ver* erro-padrão; redução proporcional do erro; termo de erro da amostra

erro-padrão: definição de, 164; e diferença de médias, 180; e princípios básicos da probabilidade, 159-60; tamanho da amostra, 162-4; e taxas de aprovação presidencial, 161

escolha racional, 59, 71

escrevendo, e projetos de pesquisa, 305-11, 316-7

espúrio, definição de, 89. *Ver também* relações espúrias

estatística *R*-quadrado, 201-3, 216, 227n8, 264, 265

estatística(s) de ordenamento, 138-41

estatística(s) de momento, 138, 142-3, 146

estatística-*t*, 187

estímulo, validade externa do, 103-4

estudos correlacionais, 106, 112

estudos observacionais: definição de, 112; desvantagens de, 110-1; como forma de desenho de pesquisa, 105-10

estudos observacionais de corte transversal: definição de, 112; e passos para a construção de teorias, 51-2, 53-4; como tipo de estudos observacionais, 106-7, 109, 111; e uso efetivo de gráficos e tabelas, 317

estudos observacionais de séries temporais: definição de, 112; e memória, 283-5; e modelos de regressão MQO, 282-91; e passos da construção de teorias, 51-3; e tipos de estudos observacionais, 106-7, 109-10, 111; e unidades espaciais, 107; e uso efetivo de gráficos e tabelas, 317

evento, e probabilidade, 154, 164

eventos independentes, 154, 164

evidência, comparação das abordagens do direito e da ciência, 30-1. *Ver também* evidência empírica

evidência empírica, e regras do caminho para o conhecimento científico, 42-3

Experimental and Quasi-experimental Designs for Research (Campbell & Stanley, 1963), 107n7

experimento, definição de, 112. *Ver também* desenhos de pesquisa experimental

experimento de campo, 100-1, 112

experimento natural, 101, 112

experimentos médicos, e dilemas éticos, 104

fator de inflação da variância [*variance inflation fator* (VIF)], 264, 267-9, 270

Fenno, Richard, 67

figuras. *Ver* gráficos e criação de gráficos

forças no nível individual, e níveis de agregação, 58-9

formação de preferências, e teoria formal, 61

Franzese, Robert, 305-6

Índice **337**

funções de ligação, e modelos lineares de probabilidade, 278, 295

Gaudet, Hazel, 32

generalização: e características de uma "boa" teoria, 69; e desenvolvimento de teorias, 55; e regras para o caminho científico, 43-44

Google Acadêmico (*site*), 301, 304

Gore, Al, 257-62

governo: distinguindo entre "legítimo" e "ilegítimo", 120; dívida como percentual do PIB, 107, *108*; duração do parlamentarismo, 178-82; modelos econômicos para o apoio do governo no Reino Unido, 313, *314*, *315-6*, 316; tempo para a formação da coalizão na Europa ocidental, 251-2. *Ver também* Congresso; democracia

Gowa, Joanne, 236n20

gráfico de barras, 136, *137*

gráficos de densidade de *kernel*, 143, *145*, *180*

gráficos de dispersão, 182-3, 196-7

gráficos de setores, 136

gráficos e criação de gráficos: e aprendendo a conhecer os dados, 132; e gráficos de dispersão, 182-3; limitações das estatísticas descritivas em, 145; e teoria do voto econômico como exemplo de variáveis e explicações causais, 36-40; uso efetivo em projetos de pesquisa, 311-7; e variáveis categóricas, 136. *Ver também box-plot*; diagramas de Venn; gráfico de barras, gráficos de densidade de *kernel*; gráficos de dispersão; histograma(s)

Granger, C. W. J., 285n8

graus de liberdade, 142n26

Green, Donald P., 64n17

grupo de países G7, 56

grupos de tratamento: definição de, 112; e atribuição randômica, 96-100

grupos focais, 95

heterocedasticidade, e modelos de regressão bivariados, 212

hipótese, definição de, 30-1, 45. *Ver também* hipótese alternativa; hipótese nula; teste de hipótese

hipótese alternativa, e modelos de regressão bivariados, 206, 207, 216

hipótese nula: definição de, 30, 31, 45; e regressão MQO, 206; e testes de hipótese bicaudais, 207, 208; e valores-*p*, 171-2

histograma(s), 143, *144*, 146

homocedasticidade, e modelo de *regressão bivariados*, 212

House of Commons (Reino Unido), 178n7

ideologia, estatística VIF para, 267-9

impacto acumulativo, e modelo de variável dependente defasada, 290, 291, 295

implicações, e escrevendo projetos de pesquisa, 310

"Implicações Empíricas de Modelos Teóricos" [*Empirical Implications of Theoretical Models* (EITM)], 64n17

incerteza: e reta da regressão de MQO, 200-11; e taxas de aprovação presidenciais, 161n11

independente(s), e identificação com partido político, 134, 135

inferência(s) estatística(s), 165

inflação: e medidas de apoio ao governo no Reino Unido, 313, *314*, *315-6*, 316; taxas de aprovação presidencial, *108*, 109-10, 292

informação completa, e conceito de utilidade, 62, 71

informação incompleta, e conceito de utilidade, 62, 71

Inglehart, Ronald, 86

instituições e institucionalização: organizações e graus de, 301; regras e construção de teorias, 64-7

338   *Fundamentos da Pesquisa em Ciência Política*

intervalo interquartis (IIQ), 139, 141

intervalo(s) de confiança: e parâmetros estimados, 205-7; e probabilidade, 159-60, 163-4, 165; e testes de hipótese bicaudais, 209

intransitivo, definição de, 71

Jenning, Kent, 32

Jerit, Jennifer, 104n6

Johnson, Lyndon, 87

Johnson, Martin, 104n6

Kellstedt, Paul M., 317

Keynes, John Maynard, 285n8

Kremer, Michael, 101

Kuhn, Thomas S., 31, 32

Lazarsfeld, Paul F., 32

leis Jim Crow, 128

Levendusky, Matthew, 303

Lewis-Beck, Michael, 56

Liberalism Against Populism (Riker, 1982), 66

liberalismo: e definição de ativismo, 120n9; e estudos observacionais de corte transversal *versus* de séries temporais, 111; mensuração do seu nível no Congresso, 120

linearidade do parâmetro, e modelos de regressão bivariados, 214-5

MacKuen, Michael B., 292, 294, 305

Mansfield, Edward D., 236n20

Marcus, George E., 130, 131

Martin, Lanny, 251

maximizadores racionais de utilidade, 60, 71

McCloskey, Diedre N., 306

McDonald, Michael D., 178

média. *Ver* diferença de médias; valor médio; erro-padrão

medida temporal, 52-3, 71

medida(s) de corte transversal, 53-4, 71

memória, e análise de séries temporais, 283-5

Mendes, Silvia M., 178

mensuração: de conceitos de interesse em testes de hipótese, 121-5; consequências de diferentes escolhas em, 35n5; consequências de mensurações ruins, 131; da democracia, 125-8; e descrição de variáveis categóricas, 136; métodos de avaliação de, 116-7; problemas de mensuração nas ciências sociais, 117-8; da tolerância política, 129-31; e uso do termo "operacionalização", 35n4

métrica de mensuração, 132-6, 146

MI. *Ver* modelo ingênuo

micronumerosidade, 264, 270

Milgram, Stanley, 104

moda, 136, 146

modelo *binomial logit* (BNL), 277-80, 295

modelo *binomial probit* (BNP), 277-80, 295

modelo bivariado de regressão da população, 220

modelo de defasagem distribuída, 295

modelo de regressão auxiliar, 264, 270

modelo de regressão multivariado para a população, 220

modelo de regressão populacional, 194, 216, 220

modelo estatístico, 194

modelo ingênuo (MI) [*naïve model* (NM)], 281

modelo linear de probabilidade (MLP) [*linear probability model* (LPM)], 274-7, 278, 295

modelo teórico, definição de, 40, 45

modelos aditivos, 253

modelos de regressão amostral, 195, 203-5, 216

modelos de regressão bivariados: e incerteza sobre a reta de regressão MQO, 200-11; populações e amostras para, 194-6; e pressupostos, 211-5; e regressão bivariada, 193; e reta de regressão estimada, 196-200. *Ver também* modelo bivariado de regressão da população

modelos de regressão MQO. *Ver* regressão dos mínimos quadrados ordinários

modelos e modelagem: da realidade multivariada, 219-20; ; e tabelas de regressão, 314-5; e visão geral da abordagem para o estudo científico da política, 28-9, 40-1. *Ver também* modelo *binomial logit*; modelo *binomial probit*; modelo de regressão auxiliar; modelo linear de probabilidade; modelos aditivos; modelos de regressão bivariados; modelos espaciais; modelos estatísticos; modelos gravitacionais; modelos ingênuos; modelos interativos; modelos teóricos

modelos espaciais, e teoria dos jogos, 67-8

modelos gravitacionais, 235n17

modelos interativos, 270

Moon, Bruce, 236n19

Morrow, James D., 235-8

Morton, Rebecca B., 104n6

Mueller, John, 55, 58

multicolinearidade, e modelos de regressão MQO, 262-9, 269

multicolinearidade perfeita, 235, 239

múltiplas variáveis independentes, 251-2

multivariado, definição de, 89

Munck, Gerardo L., 126n14

Nagler, Jonathan, 307

não óbvia, e características de uma "boa" teoria, 70

National Annenberg Election Survey (NAES), 174-5

National Election Study (NES), 133, 136, *137*, 268, 274n1, 281

National Science Foundation, 64n17

NBC News, 160-4

Newbold, Paul, 285n8

Niemi, Richard, 32

nome de uma variável, 33, 46

notação matemática, e dados de séries temporais, 282-3

"novo" e novidade: e características de uma "boa" teoria, 70; e estratégias para agendas de pesquisa, 300-3, 309

obliquidade, da variável, 143n28, 146

operacionalizar e operacionalização: definição de, 34-5, 46; e evidência para o teste de teorias, 116; da variável independente, 38; e viés de mensuração, 123. *Ver também* mensuração

ordenação de preferências, 64-5, 71

Ordeshook, Peter, 62

paradigma e mudança de paradigma, 31, 32, 45, 46

"paradoxo do voto", 62

parâmetro(s), 194, 216

parâmetros estimados, 195, 205-7, 264

parcimônia e parcimonioso: e características de uma "boa" teoria, 69-70; e causalidade na linguagem do dia a dia, 76; definição de, 46; regras do caminho para o conhecimento científico, 43-4

Pearson, Karl, 176, 179

pensamento e habilidades mentais: e escrevendo, 306-7; e identificando afirmações causais, 81-4, 89 pesquisa: e características de uma "boa" teoria, 68; construindo teorias e examinando pesquisas prévias, 57-9; e escrevendo efetivamente, 305-11; novas variáveis e desenvolvimento de projetos, 300-3, 309; e pesquisas de literatura, 301, 302, 304-6, 308-9; e uso efetivo de tabelas e gráficos, 311-7. *Ver também* desenhos de pesquisa

pesquisa de literatura, e novos projetos de pesquisa, 301, 302, 304-6, 308-9

persuasão, e afirmações causais, 82

Pierson, James, 130, 131

placebo, 96, 112

plágio, 305

Pollins, Brian M., 236n18

Polsby, Nelson W., 301

população: e atribuição randômica *versus* amostra aleatória, 100; definição de, 112, 165; distinção crítica entre amostras e, 151-3; e modelos de regressão bivariados, 194-6; e teorema do limite central, 155-160

Posner, Daniel N., 101

Powell, G. Bingham, Jr., 303

preferências intransitivas, 65

preferências transitivas, 65

pressupostos, e modelos de regressão bivariados, 211-5

probabilidade: princípios básicos da, 153-5; taxas de aprovação presidencial como exemplo de, 160-4; e teorema do limite central, 155-60. *Ver também* valor-*p*

probabilidade predita, 295

problema da regressão espúria, 285-8, 296. *Ver também* relações espúrias

produto interno bruto (PIB): *dívida do governo como percentual do,* 107, *108;* e estudos de séries temporais do crescimento econômico, 287-8; como percentual do gasto militar, 53-4

programas estatísticos. *Ver software/* programas

propriedade da soma zero, 142, 147

propriedade dos mínimos quadrados, 142, 147

prova, e procedimento de testes de hipóteses, 30-1

psicologia: e ética em desenhos de pesquisa experimentais, 104; problema de mensuração em, 119. *Ver também* psicologia social

psicologia política, 120

psicologia social, 123-4

qualidade do ajuste: e testes de hipótese bivariados, 201-3; e variáveis dependentes *dummies,* 280-1

r de Pearson, 186

raiz do erro quadrático médio (*root MSE*), 201, 203, 216

razão-*t,* 216

redução proporcional do erro, 296

regra do 68-95-99, 156, 165

regressão. *Ver* modelos auxiliares de regressão; modelos bivariados de regressão; modelos de regressão amostral; problema da regressão espúria; regressão bivariada; regressão dos mínimos quadrados ordinários (MQO); regressão multivariada; tabelas de regressão

regressão bivariada, 193, 205-6, 220-4

regressão dos mínimos quadrados ordinários (MQO) [*ordinary least-squares* (OLS) *regression*]: definição de, 216; extensões da, 273-4; impacto da economia sobre as taxas de aprovação presidenciais como exemplo, 291-4; e incerteza, 200-11; e multicolinearidade, 262-9; e valores discrepantes, 256-62; propriedades matemáticas da, 198-200; e séries temporais, 282-91; variáveis *dummies* em, 243-55, 274-81

Índice **341**

regressão múltipla: e falha em controlar pela variável Z, 231-4; e função do modelo de regressão populacional, 220; implicações do, 238-9; interpretação do, 225-8; e reta do modelo de regressão bivariado, 220-4; significância estatística e substantiva, 229-31; e tamanho do efeito, 228-9; teorias rivais sobre política e comércio internacional como exemplo, 235-8. *Ver também* modelos de regressão MQO; tabelas de regressão

relação probabilística, 77, 89

relações bivariadas: e estabelecimento de relações causais, 79; e realidade, 76. *Ver também* testes de hipótese bivariados.

relações causais: e características de uma "boa" teoria, 68-70; comparação e estabelecimento de, 93-4; e desenvolvimento da teoria, 41, 59-64; e visão geral da abordagem científica da política, 29-32, 33-40. *Ver também* relações bivariadas; relações espúrias; relações multivariadas; *scoreboard* dos obstáculos causais

relações deterministas, 77, 78

relações espúrias: e estabelecimento da causalidade, 80; e variáveis colineares, 78, 83-4

relações lineares, e modelos de regressão multivariados, 235

relações multivariadas: e estabelecimento da causalidade, 79-80; e modelagem da realidade, 219-20; e natureza da realidade, 76. *Ver também* regressão múltipla

relações negativas: definição de, 46; exemplos de, 38

relações positivas, definição de, 37, 38, 46

replicação, e desenhos de pesquisa experimentais, 103, 112

resíduos, e modelos de regressão bivariados, 196, 197-8, 216

resíduos ao quadrado, 198

resultados, e escrevendo projetos de pesquisa, 310

revisão, e escrevendo um projeto de pesquisa, 310-1

revisão no nível macro, 311

revisão no nível micro, 311

revoluções científicas, 31

Riker, William, 62, 66

Robinson, Jonathan, 101

Rogers, James, 40-1

ruído aleatório, em medidas de comportamento, 195

Russell, Bertrand, 151

Salmon, Wesley C., 77n4

score de Polity, e medidas de democracia, 126-8

score DFBETA, 259, 270

scoreboard dos obstáculos causais, 80-1, 84, 89, 99

seção de teoria, do relatório de pesquisa, 309

seção introdutória, de um relatório de pesquisa, 308

Shapiro, Ian, 64n17

significância estatística: e regras da probabilidade, 155; e regressão multivariada, 229-31; e testes bivariados de hipótese, 177; e valores-p, 171

significância substantiva, e regressão multivariada, 229-31, 239

simplificações, modelos como, 41

simulação, e multicolinearidade, 265-7

Siverson, Randolph M., 235-8

softwares/programas: e escrevendo relatórios de pesquisa, 307; e tabelas de regressão, 312; e variáveis contínuas, 138

soma dos quadrados do modelo (MSS), 203

Stanley, Julian C., 107n7

Stata (*software*/programa), 138, *138*, 259

Stewart, Potter, 115, 126

Stimson, James A., 292, 294, 305

Stouffer, Samuel, 129-30, 131

Sullivan, John L., 130, 131

surveys: e desenho de pesquisa experimental, 100-1, 112; e dimensão espacial dos dados, 52; gênero do respondente como métrica de mensuração, 132; e mensuração da renda individual, 121-2

Tabares, Tressa E., 235-8

tabelas. *Ver* gráficos e criando gráficos; tabelas de classificação; tabelas de frequência

tabela de frequência, 136, 317

tabelas de classificação, 296

tabelas de regressão, 312-7

tamanho da amostra: efeitos do, 162-4; e modelo de regressão amostral, 204; e regressão multivariada, 230n10; e valores-*p*, 170

taxas de aprovação presidencial: e ataques terroristas, 55; definição de, 295; e economia, 283-5, 291-4; como exemplo de estudo observacional de séries temporais, 52-3, 283-5; como exemplo de probabilidade, 160-4; e inflação, *108*

taxas de câmbio, 53-4

tendência central, 136, 147

teorema do limite central, 155-61, 162, 165

teoria: e afirmações de "confirmação", 40; e aprendendo a usar o conhecimento, 54-6; e características de uma "boa" teoria, 68-70; e causalidade, 41, 59-64; definição de, 29, 46; e escolha do método de mensuração, 145-6; e estratégias para a construção de boas teorias, 49-50; e examinando pesquisas prévias, 57-9; extensões da, 67-8; identificação de variações interessantes como o primeiro passo na construção de, 51-4; e oferecendo respostas para perguntas de pesquisa interessantes, 50-1; operacionalização e avaliação de, 116; regras das instituições e construção de, 64-7; teste de, 30-1. *Ver também* teoria dos jogos; teoria formal

teoria dos jogos, 67-8, 71

teoria formal: e conceito de utilidade, 60-1; contribuição à ciência política, 64; definição de, 71; e formação de preferências, 61; uso do termo, 59. *Ver também* modelos espaciais

termo de erro da amostra, 196, 216

termo de erro da população, 196, 216

teste de hipótese: definição de, 30-1, 46; lógica básica, 40; e mensuração de conceitos de interesse, 121, *125*; e variáveis *dummies*, 244-53. *Ver também* testes bivariados de hipótese; testes de hipótese bicaudais; testes de hipótese unicaudais

teste qui-quadrado, 176-7

testes bivariados de hipótese: e análise tabular, 172-7; e coeficiente de correlação, 182-7; e diferença de médias, 177-82; escolha de métodos para, 168-9; e estabelecimento de relações causais, 167-8; e valor-*p*, 169-72. *Ver também* modelos de regressão bivariados; relações bivariadas

testes de hipótese bicaudais, 207-9

testes de hipótese unicaudais, 209-11

testes empíricos, 30

teste-*t*, 180-2

Thomas, Duncan, 88

Tijms, Henk, 156

títulos das seções, e organização dos relatórios de pesquisa, 308-11

transformação de Koyck, 290, 296

transitivo, definição de, 71

Tullock, Gordon, 63

unidades espaciais: definição de, 113; e estudos observacionais de corte transversal *versus* de séries temporais, 106-7, 109-10

unidades espaciais individuais, e estudos observacionais de corte transversal, 109

unidades temporais: definição de, 113; e estudos observacionais de corte transversal *versus* de séries temporais, 106-7

Índice   **343**

utilidade: definição de, 71; teoria formal e conceito de, 60-2

utilidade esperada, 60-2, 71

validade: definição de, 147; de mensuração, 123-5. *Ver também* validade de conteúdo; validade de face; validade externa; validade interna

validade de constructo, 124, 147

validade de conteúdo, 124, 147

validade de face, 124, 147

validade ecológica, 104n6

validade externa, de desenhos de pesquisa experimentais, 100, 102-4, 113

validade interna, de desenhos de pesquisa experimentais, 99-100, 102, 113

valor crítico: e estatística-t para o coeficiente de correlação, 187; e teste qui-quadrado, 176-7

valor esperado, da variável, 142, 147

valor mediano, 139, 147

valor médio, 147

valor médio, da variável, 142

valores de uma variável, 33, 46

valores defasados, e notação em séries temporais, 282-3, 296

valores discrepantes: definição de, 147; estatísticas de ordenamento, 139; e modelos de regressão MQO, 256-62; de variáveis contínuas, 138

valores seguintes, e notação em séries temporais, 282-3, 296

valores "típicos", para variáveis, 131-2

valor-p, e testes de hipótese bicaudais, 169-72, 181-2

Vanberg, Georg, 251

variação: definição de, 147; e mensuração dos dados, 116-7, 127. *Ver também* covariação

variância, 147. *Ver também* covariância

variância do erro desigual.
Ver heterocedasticidade

variância do erro uniforme.
Ver homocedasticidade

variáveis: análise estatística e tipos de, 135-6; como conceito-chave no processo de estudo científico da política, 28; definição de, 46; valores "típicos" para, 131-2; e visão geral da abordagem científica para a ciência política, 33-40. *Ver também* variação; variância; variáveis colineares; variáveis contínuas; variáveis dependentes; variáveis *dummies*; variáveis independentes; variáveis intervalares; variáveis ordinais; "variáveis-razão"

variáveis categóricas: definição de, 133, 147; mensuração e descrição de, 136; e testes bivariados de hipóteses, 168, *169*. *Ver também* variáveis *dummies*

variáveis colineares: definição de, 89; e desenhos de pesquisa experimental, 98, 99; e relações causais espúrias, 78, 83

variáveis contínuas: definição de, 148; e diferença de unidade constante, 134-5; mensuração e descrição de, 138-45; e testes de hipóteses bivariadas, *169*

variáveis dependentes diferenciadas, 288-9, 296

variáveis *dummies*, em modelos de regressão MQO, 243-56, 270, 273, 274-81

variáveis independentes: e causalidade na linguagem do dia a dia, 76; definição de, 46; e estudos observacionais, 105-6; múltiplas formas de, 251-2; e novos projetos de pesquisa, 300-2; e testes bivariados de hipótese, 168, 168n1, *169*; visão geral da abordagem científica para a pesquisa em ciência política, 33. *Ver também* múltiplas variáveis independentes; variáveis *dummies*

variáveis indicadoras, 244

variáveis intervalares, 135n22

variáveis ordinais, 133-4, 135

"variáveis-razão", 135n22

variável dependente: e causalidade na linguagem do dia a dia, 76; construção de teorias e causas que levam à variação em, 59-60; definição de, 46; e novos projetos de pesquisa, 300-1; e testes de hipótese bivariado, 168, *169*, 168n1,; e visão geral da abordagem científica para a pesquisa em ciência política, 33. *Ver também* variáveis dependentes defasadas; variáveis dependentes diferenciadas

variável dependente defasada, 289-91, 295

Verba, Sidney, 86-7

verificação ortográfica, e revisão, 310-1

Verkuilen, Jay, 126n14

viés: e confiabilidade da mensuração, 123, 148; definição de, 239; e modelos de regressão bivariados, 212; e regressão multivariada, 232-4. *Ver também* viés de variável omitida

viés de mensuração, 123, 148

viés de variável omitida, 231-3, 238, 267

VIF. *Ver* fator de inflação da variância

voto estratégico, 66-67, 71

Whitten, Guy D., 303